Change Management Praxis

Strategische Organisationsentwicklung

Ein Leitfaden für
Führungskräfte, Berater und Coaches

Hüseyin Özdemir

2. Auflage

edition oezpa

Widmung

Ich bedanke mich bei meiner Frau und Geschäftspartnerin Barbara Lagler Özdemir vom ganzen Herzen für ihre langjährige Energie, Kreativität, Weitsicht und Vertrauen.

Ohne sie hätten wir diesen langen Weg nicht gehen können, dieses Buch wäre nicht entstanden.

Dieses Buch widme ich Dir, Barbara!

edition oezpa
Schlosshotel Kloster Walberberg
D-53332 Bornheim-Walberberg

Tel.: +49 2227 9215700
Fax.: +49 2227 9215720

E-Mail: edition@oezpa.de

Lindemann Verlag - 63075 Offenbach-Bürgel
Die Deutsche Bibliothek - CIP Einheitsaufnahme
Özdemir, Hüseyin
Change Management Praxis
Strategische Organisationsentwicklung
Ein Leitfaden für Führungskräfte Berater und Coaches

ISBN 978-3-941165-03-8
2. Auflage

Bestellungen über den Buchhandel, oder direkt bei:

edition oezpa
Schlosshotel Kloster Walberberg
Rheindorfer Burgweg 39
D-53332 Bornheim-Walberberg
Verlagsnummer: 978-3-941165
Tel.: +49 2227 9215700
Email: edition@oezpa.de

© 2016 Originalausgabe by edition oezpa

oezpa GmbH
Schlosshotel Kloster Walberberg
D-53332 Bornheim-Walberberg

Alle Rechte vorbehalten
Cover Gestaltung: edition oezpa

Druck: Lindemann Verlag - 63075 Offenbach-Bürgel

Alle Rechte vorbehalten
Printed in Germany

ISBN 978-3-941165-03-8

Inhalt

Zu dieser zweiten Auflage	9
Entwicklung der Organisationsentwicklung	11
Die Organisation als soziales System	13
Systemisch Denken und Arbeiten	15
Was bedeutet Veränderung in Organisationen?	19
Struktur- und Prozesselemente einer Organisation	27
Das Burke-Litwin-Organisationsmodell	29
Organisationsentwicklung – Definition	33
Ziele der Organisationsentwicklung	38
Positionierung der Strategischen Organisationsentwicklung	46
OE Beratungsselbstverständnis und Arbeitsweise	50
Interventionen und Hebel in der OE	52
Kommunikationsstrategie	61
Erkennen und Umgang mit Widerständen	84
Fragen im Vorfeld von Veränderungen	93
Umgang mit Krisen und Konflikten	99
Erfolgsfaktoren der Umsetzung	106
Phasenmodelle der Organisationsentwicklung	108
Der Veränderungsprozess nach Lewin	111
Unternehmenswandel in acht Schritten nach Kotter	112
oezpa OE - Phasenmodell	116
Kontrakt	125
Rollen und Aufgaben in OE-Prozessen	128
Interne Veränderungsmanager - OE´ler	137
Einsatz von externen OE-Beratern	138
Erforderliche Kompetenzen	145

Werte, Haltung und Selbstverständnis	147

OE-Methoden und -Instrumente	148
Strategieentwicklung	148
Leitbilderarbeitung	165
Die Zukunftskonferenz	176
RTSC-Konferenzen - Strategischer Wandel in Echtzeit	179
Das Igelprinzip von Jim Collins	181

Prozessberatung 209

Integrations- und Joint Venture-Beratung	252

Organisationsdiagnose als OE-Prozess	285
Der "Analysespiegel" – Intensive Rückmeldung	292
Appreciative Inquiry	296
SWOT-Analyse	299

Geschäfts-Prozessanalyse und -optimierung	301

Kulturentwicklung - Kulturarbeit in Unternehmen konkret	311
Grundsätze der Führung und Kooperation	325

Hohe Kunst der OE-Workshopleitung	326
Durchführung von Workshops	339

Coaching	348

Teamcoaching   365

Führungskräfteentwicklungs-Programme	373

Kurzanleitung Action Learning	386
Trainings-Gruppe (T-Group)	387
Business-Simulation ORGcamp	388
Organisationslaboratorium (ORGlab)	390
Unternehmenstheater	391
Rollenarbeit	393
Organisationsentwicklung	399
World Café	406
Storytelling	413
Bereichs- und Teamentwicklung	421
Literaturhinweise	429
Der Autor	439
oezpa GmbH	441

Zu dieser zweiten Auflage

Das vorliegende Buch soll einen Überblick über die Arbeitsweisen und -Methoden geben, die praxiserprobt und zurzeit in vielen Organisationen im In- und Ausland als strategische OE-Arbeit anerkannt sind. Ich hoffe, dass Sie viele Impulse für Ihre eigene Organisationsarbeit erhalten. Die Ansätze und Methoden können Sie anhand der genannten weiterführenden Literatur weiter vertiefen.

Unseren aktuellen und potentiellen Klienten soll es helfen, uns und unseren Ansatz besser zu verstehen. Meinen Studenten an den Universitäten soll es einen Einblick in die Vielfalt der spannenden Organisationsentwicklungsarbeit ermöglichen. Meinen Teilnehmern aus unseren Berater-, Führungskräfte- und Coaching-Weiterbildungen soll es eine Orientierung im "Dickicht" der OE und des Change Managements (CM) geben.

22 Jahre oezpa Institut bedeutete auch den Aufbau und die eigene Entwicklung unseres Unternehmens von der Wohnzimmerecke, über das Schloss Buschfeld nun zum ehemaligen Kloster Walberberg. Diese nicht immer einfache Reise, hat uns geholfen, selbst als Unternehmer und Führungskräfte organisatorische Veränderungen und Entwicklungen zu steuern und daraus zu lernen.

Ich hoffe, dass die beschriebenen, praxiserprobten Ansätze und Praxisfälle Sie ansprechen und dass Sie unsere Freude damit teilen können.

In diesem Buch werden Sie der Einfachheit halber keine Unterscheidung in die feminine und die maskuline Bezeichnung finden. Ich bitte alle Leserinnen um Verständnis.

Die Praxisbeispiele sollen helfen, die OE-Methoden und -Vorgehensweisen besser zu verstehen und auf ihre Praxistauglichkeit zu überprüfen. Ich hoffe, dass Sie sich selbst bzw. anderen Ihre eigenen Praxisbeispiele erzählen können. Unsere Praxisbeispiele sollen Sie hierzu anregen.

Die systemisch-analytische Haltung in unserer OE-CM-Arbeit wird sich wie ein roter Faden durch dieses Buch ziehen. Es ist mittlerweile Teil unseres

Selbstverständnisses. Mit diesem Buch will ich meine Erfahrungen aus 30 Jahren beraterischer und helfender Tätigkeit an meine Klienten, Mitarbeiter, Weiterbildungsteilnehmer weitergeben, sie zur Diskussion und zum Dialog mit uns anregen.

Gleichzeitig soll dieses Praxishandbuch zeigen, welche Vorhaben, Projekte, Unternehmungen, mit dem OE-CM-Ansatz begleitet werden können.

In dem vorliegenden Praxishandbuch sind nur Methoden und Ansätze aufgenommen, die wir selbst als OE-CM-Praktiker angewendet haben.

Unser Beratungsansatz ist über die Jahre geprägt durch die systemische Denkweise (z. B. Maturana, Luhmann), durch die strategische Arbeitsweise (Ansoff, Mintzberg), durch Action Learning (Evans), durch den Group-Relations-Ansatz mit seinen soziotechnischen, analytischen (unbewusste, psychodynamische Prozesse in Organisationen) und systemischen Modellen (u. a. Miller, A.K. Rice).

Die verschiedenen Ansätze und Methoden entwickelten sich mit den Jahren und mit den Organisationsprojekten zu unserem praktischen Ansatz der "Strategischen Organisationsentwicklung".

Das Buch schreibe ich aus der Perspektive eines Praktikers, der größere OE-CM-Prozesse intern als Organisationsberater innerhalb der Unternehmensentwicklung des Vorstandsvorsitzenden eines Multinationalen Konzerns und als externer Berater beraten hat.

Die zweite Auflage erscheint in korrigierte Fassung.

Entwicklung der Organisationsentwicklung

Strategische Organisationsentwicklung ist heute sehr stark von Disziplinen wie dem strategischen Management, der Organisations-Theorie, der Organisationspsychologie und dem Human Relations Management beeinflusst.

In den 50igern und 60igern entstand Organisationsentwicklung als ein neuer, integrierter Ansatz. Geprägt wurde der Begriff Organisationsentwicklung ("Organization Development") im Jahre 1958 durch Richard Beckhard. Im gleichen Jahr entwickelte Beckhard auch eines der ersten OE-Programme am NTL-Institut in den USA. Um geplante Veränderungen herbeizuführen, wurde verhaltenswissenschaftliches Wissen systematisch auf den Ebenen Gruppe, zwischen Gruppen und auf der Gesamtorganisationsebene angewandt (vgl. Newstrom/ Davis, 1993). Zu dieser Zeit waren die OE-Interventionen einheitlich ausgerichtet und hauptsächlich auf die psychosozialen Elemente konzentriert.

Nach der Theorie von Cummins und Huse (1989) hat OE vier verschiedene Wurzeln:

Eine der Wurzeln liegt in dem Laboratoriums-Ansatz ("Laboratory Training") des National Training Laboratory (NTL) in den USA. 1946 entwickelte hier Kurt Lewin mit seinem Stab am Forschungszentrum für Gruppendynamik des MIT (Research Center for Group Dynamics, gegründet 1945 durch Kurt Lewin) die Sensivity Training und die T-Group Methode (T steht für Training), mit dem Ziel, kommunale Führungskräfte zu trainieren.

Um dieses Ziel zu verfolgen, entwickelten sie einen Workshop. Abends nach dem Training saßen sie informell im Kollegenkreis (Staff) zusammen und besprachen die Gruppendynamiken und Verhaltensweisen, die sie tagsüber beobachtet hatten. Als die Führungskräfte von diesen abendlichen Besprechungen erfuhren, fragten sie, ob sie in diesen dabeisitzen könnten. Die Forscher waren zunächst zurückhaltend, willigten am Ende jedoch ein. Damit war die T-Group-Methode geboren (vgl. Abschnitt T-Group).
Die zweite Wurzel liegt in der Daten Feedback Methode ("Survey Research

Feedback"). Sie stellt das Kernstück der OE dar. Nach dem Tod von Kurt Lewin im Jahre 1947, ging sein Stab an die Universität Michigan um sich dem "Survey Research Center" anzuschließen.

Das Zentrum, welches von Rensis Likert geleitet wurde, war Teil des Institutes für Sozialforschung. Likert war ein Pionier in der Entwicklung von wissenschaftlichen Methoden zu Verhaltensforschung. Er entwickelte u. a. die so genannte `Fünf-Punkte-Likert-Skala´.

Die dritte Wurzel liegt in der Aktionsforschung ("Action Research"). In den 40ger Jahren entdeckten John Collier, Kurt Lewin und William Whyte, dass Forschung sehr eng an die Praxis und an Aktionen verknüpft sein muss, damit Organisationsmitglieder die Forschungsergebnisse für die Gestaltung von Veränderungsprozessen nutzen können.

Aktionsforschung (Praxisforschung) hat zwei zentrale Ergebnisse:

1. Organisationsmitglieder nutzen die Forschungsergebnisse für sich in ihrer Organisationspraxis um Maßnahmen und Veränderungen zu gestalten.
2. Aktionsforscher sind dann in der Lage, um neue Erkenntnisse und Informationen über diese Interventionen zu gewinnen.

Kurt Lewin und seine Studenten haben in der Hardwood Manufacturing Company im Feld der Aktionsforschung wichtige Forschungen durchgeführt (vgl. Marrow/ Bowers/ Seashore 1967). Eine weitere Forschungsarbeit ist die von Lester Coch und John French's in Bezug auf Umgehen mit Veränderungswiderstand (Coch/ French 1948).

Die vierte Wurzel der OE liegt im Bereich der Produktivität und Qualität des Arbeitslebens. Dieser Ansatz entstand ursprünglich in den 50ger Jahren in Europa. Er begründet sich auf den Arbeiten von Eric Trist, Eric Miller und ihren Kollegen am Tavistock Institute of Human Relations in London. Dieser Ansatz untersuchte sowohl den technischen Aspekt, als auch den sozialen in Organisationen, sowie ihre Wechselwirkung.

Die Organisation als soziales System

Über Organisationen wurde viel geforscht und geschrieben (vgl. z. B. Morgan, Kieser). An dieser Stelle werde ich das Verständnis von Organisationen darstellen, welches unserer Arbeitsweise als Organisationsentwickler zugrunde liegt. Dieses Verständnis prägt die Vorgehensweise in organisatorischen Veränderungs- und Entwicklungsprozessen.

Organisation verstehen wir als lebende, soziale und offene Systeme. Offen deshalb, da es sich im ständigen Austausch mit seinem Umfeld befindet. Sozial deshalb, da es von Menschen und ihren Handlungen konstituiert wird. System deshalb, da es eine innere Eigendynamik hat und ihre einzelnen Organisationselemente sich gegenseitig bedingen.

Jede Veränderung eines dieser Elemente wirkt sich auf andere Elemente aus. Wer aktiv an Organisationsveränderungen arbeitet, wird sich vorstellen können, was es bedeutet, z. B. einen neuen Standort in einem sogenannten Niedriglohnland zu eröffnen. Sie werden mit massiven Widerständen, Irritationen und Demotivation in der Firmenzentrale konfrontiert.

Oder was es heißt, ein neues Gehaltssystem einzuführen und dann großen Widerständen und einer Demotivation bei Mitarbeitern zu begegnen.

Oder eine neue weltweite Strategie im Führungskreis zu entwickeln, um dann festzustellen, dass keiner sie versteht und schon gar nicht befolgen will. Diese Liste könnte lange fortgesetzt werden, zeigt sie doch, wie wenig der Ausgang eines organisatorischen Veränderungsprozesses sich vorhersehen lässt.

Es gilt, Organisation als soziale Systeme zu sehen, die genauso "menscheln" können wie ein Mensch als personales System auch.
3.1 Die Organisation und ihr Umfeld

Organisationen sind lebende, soziale Systeme, die ihre sehr spezifische Dynamik und ihren Eigensinn haben und (bewusst oder unbewusst) "pflegen". Sie existieren jedoch nicht für sich in einem luftleeren Raum, sondern sind eingebettet in ihr jeweiliges gesellschaftliches, politisches, ökologisches, wirtschaftliches und technologisches Umfeld mit entsprechenden Wechselwirkungen und Einflüssen.

Die Berücksichtigung des Umfelds wird insbesondere dann wichtig, wenn es sich um internationale Veränderungsprojekte handelt. So macht es einen Unterschied, ob ich ein organisatorisches Veränderungsprojekt in Deutschland oder in China durchführe.

Die gesellschaftlichen Werte, z. B. bezüglich Führung, Familie, Zeitperspektive, Kommunikation, Kooperation, Loyalität und Partizipation (in Sinne demokratischer Beteiligung) können hier sehr unterschiedlich sein und bestimmen das Leben und damit die Arbeit in der Organisation.

Organisationsintern bestehen Wechselwirkungen zwischen den in der Organisation agierenden Menschen mit ihren Fähigkeiten und Bedürfnissen, den herrschenden Regeln bzgl. Aufbau- und Ablauforganisation sowie der gegebenen Infrastruktur. Diese Wechselwirkungen finden vor dem Hintergrund der herrschenden Organisationskultur, Machtkonstellationen, verschiedener formeller und informeller Gruppierungen und weiterer Einflüsse statt.

Angesichts dieser verwirrenden Vielfalt an Einflussfaktoren muss bei Veränderungsprozessen die Organisation in all ihren Zusammenhängen weitestgehend erfasst und verstanden werden. Danach kann versucht werden, an den richtigen Stellen und im richtigen Maß Maßnahmen anzusetzen.

Wichtig hierbei ist, sich auf das Wesentliche zu konzentrieren und nur die Daten zu erfassen, die für den Veränderungsprozess wirklich erforderlich sind. Ansonsten besteht die Gefahr, den Wald vor lauter Bäumen nicht mehr zu sehen und sich in "Details zu verzetteln". Eine Paralyse durch Analyse muss vermieden werden.

Organisationsentwicklung bedeutet in diesem Zusammenhang die Anpassung der Organisation an veränderte Umweltbedingungen und Anforderungen. Dies kann Kostendruck sein oder der Zwang, die Organisation zu internationalisieren. Auch kulturelle Erfordernisse, z. B. die stärkere Ausrichtung der Organisation auf Kundenorientierung oder auf Innovationsfähigkeit, können Anlässe für Veränderungsprozesse sein.

Systemisch Denken und Arbeiten

Wie oben besprochen, verstehen wir in unserer OE-Arbeit Organisationen, Teams und Individuen als soziale Systeme. "Systemisch" hat seinen Wortursprung aus dem Griechischen "histamein" und bedeutet; "zusammenstehen".

Systemisches Denken ist in verschiedenen Wissenschaftsdisziplinen verwurzelt. So z. B. in der Biologie, in den Ingenieurwissenschaften, der Physik, der Kybernetik, der Erkenntnistheorie, der Soziologie, der Psychologie. Eine einheitliche, in sich geschlossene Theorie gibt es nicht. Und das würde schließlich ja auch seiner Natur und dem Gedanken eines offenen Systems widersprechen, was das systemische Denken selber auch ist.

Soziale Systeme haben teiloffene Grenzen und befinden sich im ständigen Austausch mit ihren äußeren und inneren Umwelt. Dies macht die enorme Komplexität von Organisationen aus. Der Kontext, die Vernetzung und die Wechselwirkungen der einzelnen Systemelemente werden bei der systemischen OE-Arbeit besonders berücksichtigt. Systemisch arbeiten heißt auch, in Ganzheit zu denken.

Der Blick wird auf Zusammenhänge und nicht auf Einzelheiten gelegt. In der OE-Arbeit ist es eine Herausforderung, nicht nur auf die Personenebene oder maximal auf die Teamebene zu blicken, sondern gesamthaft, also auch auf Abhängigkeiten und Wechselwirkungen zu sehen. Den Blick also auf die Gesamtorganisation zu legen.

Dies bedeutet nicht, dass Sie bei jedem Auftrag versuchen, den Vorstandsvorsitzenden zu sprechen oder bei einer Teamentwicklung das ganze Unternehmen in den Fokus zu nehmen. Nein, vielmehr gilt es, den Blick auch auf zukünftige Ziele und Strukturen zu legen.

System bedeutet in diesem Zusammenhang eine Einheit von einzelnen Elementen, nicht die einfache Summierung dieser Elemente. Jedes Mal, wenn Sie eines dieser Elemente verändern, verändert sich das gesamte System. Es entsteht eine neue Einheit.

Denken Sie an Probleme in Ihrer Organisation oder bei Ihren Klienten, die immer wieder mit unterschiedlichen Ansätzen, Beratern und Führungskräften bearbeitet wurden und immer noch nicht gelöst sind.

Denken Sie an Projekte, die zum zweiten oder dritten Male gestartet werden. Jetzt vielleicht mit anderen Führungskräften oder Beratern. Dennoch sind Veränderungen und eine Zielerreichung nicht möglich. Dies sind Erfahrungen, die auf einen systemischen Zusammenhang des Problems hinweisen können.

Bestimmte Muster und Wechselwirkungen werden wirken, die das Problem bestehen lassen. Probleme, als Symptome auftretend, können einen bestimmten Sinn erfüllen und einen regulativen Effekt in der Organisation haben. Diese gilt es mit Hilfe des systemischen OE-CM-Ansatzes zu erkennen, zu verstehen und umzudeuten.

Probleme und Konflikte in der Organisation können in diesem Zusammenhang wichtige Hinweise auf Wirkzusammenhänge geben. Diese können dann bewusst in der OE-CM-Arbeit bearbeitet werden. So können Abteilungen und Personen bewusst in Workshops und Klausuren in Beziehung gebracht werden, um Konflikte offen zu legen und diese zu bearbeiten. Alternative Lösungswege können gesucht werden.

Konflikte werden dann nicht vermieden, sondern akzeptiert und aktiviert. Die hier benannten Projekte und Lösungsansätze können das Problem selbst bzw. problemfördernd sein. Da kann ein Weniger an Lösungen und Projekten eines der Lösungsmöglichkeiten sein.

Ressourcenorientierung

In der systemischen Perspektive gehen wir auch von Ressourcen und Potentialen aus, die im System vorhanden sind. Der Blick ist somit nicht auf Defizite gerichtet. Systeme konstruieren ihre Wirklichkeiten. Wir sind immer mit Wirklichkeitskonstruktionen konfrontiert.

Das einzig Wirkliche und Richtige gibt es nicht. Die Wirklichkeit, die wir als

OE'ler konstruieren und in unseren Feedbacks dokumentieren, ist immer eine Wirklichkeit aus der eigenen individuellen Beobachterperspektive. Deshalb ist es wichtig, das Beobachtete und seine Zusammenhänge, den eigenen Standpunkt sowie die eigene Rolle und Perspektive gut zu reflektieren.

Je nachdem, welche berufliche Sozialisation ich habe, sehe ich das Beobachtete unterschiedlich, schaue also mit meiner ganz eigenen "Brille". Ein psychologisch sozialisierter OE´ler wird eher Kommunikationsstörungen und kulturelle Aspekte wahrnehmen und herausfinden. Jemand, der betriebswirtschaftlich ausgebildet ist wird zunächst auf das Zahlenwerk einer Organisation schauen.

Deshalb ist es wichtig, bei der Besetzung von OE-Teams auf Vielfalt in den beruflichen Hintergründen zu achten. Diese unterschiedlichen Diagnosefähigkeiten können für das Verstehen der Zusammenhänge und das Erarbeiten von Lösungsmöglichkeiten hilfreich sein.

Komplexität und Dynamik

Organisationseinheiten (z. B. Bereiche, Abteilungen, Teams, Projekte) welche als Systeme gesehen werden, begründen sich in ihren Eigenheiten, stabilisieren und verändern sich durch ihre Wechselwirkungen. Individuelles Verhalten von Führungskräften werden als Teil eines komplexen Interaktionsmusters gesehen.

Individuelle Personenzuschreibungen (z. B. "er ist ein Low-Performer") würden hier zu kurz greifen. Verhaltensweisen oder Symptome werden daher nicht als Eigenschaften einer Person betrachtet, sondern als Teil einer systemischen Struktur, in die der Mitarbeiter eingebunden ist.

Das komplexe Wirkgeflecht und die Regeln dieses Zusammenspiels sind beim Versuch einer Veränderung von außen oder innen zu diagnostizieren. Wenn sich nun individuelles Coaching bzw. Training rein auf Verhaltensweisen konzentriert, reicht dies nicht aus. Vielmehr gilt es darauf zu achten, wie Strukturen und das System der Interaktion sowie Zusammenarbeit gestaltet werden sollte, damit dies das individuelle Verhalten verändert.

Diese Systeme sind wie zirkuläre Regelkreise und wirken durch Feedback auf sich selbst zurück. Sie verstärken dadurch bestimmte Verhaltensweisen oder schwächen sie ab. Individuen können dann nicht nur durch feste persönliche Eigenschaften definiert werden, sondern müssen eher in ihrer Rolle und Funktion für das System verstanden werden.

Selbstorganisation

In Systemen findet ein kontinuierlicher Wechsel zwischen Ordnung und Chaos statt. Stabil erscheinende Zustände sind lediglich Ruhepunkte zwischen verschiedenen Ordnungen. Auftretende Probleme sind als ein komplexes Muster zu sehen, welches durch die OE-CM-Beratung gestört und destabilisiert wird, damit sich ein neues Gleichgewicht einstellen kann. Systemische OE-CM-Beratung versucht hier durch die Schaffung eines neuen Kontextes und mit Hilfe der Selbstorganisation des Klienten Systems ein passenderes Muster zu erreichen. Diese Sichtweise hilft, den Berater von seiner ihm zugeschriebenen Expertenrolle zu entlasten. Er kann sich auf eine prozessberatende Rolle begrenzen.

Konstruktivismus

Der Berater ist ein Individuum mit eigenen Wertvorstellungen. Eine objektive Sicht auf die Probleme ist daher nicht möglich. Menschen sind selbst-organisierende Systeme, die Reize aus ihrer Umwelt sehr individuell nach ihren individuellen, inneren Strukturen verarbeiten. Der Berater schaut immer auch durch seine eigene Brille. Im Zuge der Kybernetik zweiter Ordnung, die Kybernetik erster Ordnung trennt den Beobachter vom beobachteten Objekt, wird der Berater als Teil des Beratungssystems gesehen. Seine Sicht wird nicht wahrer oder richtiger als die des Klienten sein. Vielmehr wird seine beraterische Arbeit daran gemessen, ob sie in Bezug auf die Ziele der Veränderung nützlich und hilfreich ist.

Was bedeutet Veränderung in Organisationen?

Organisationen sind dem ständigen Wandel ihrer Umwelten und Herausforderungen ausgesetzt, denen es zu begegnen und sich anzupassen gilt. Die Umwelten sind kein stabiler, verlässlicher Faktor. Sie befinden sich selbst in ständigem Wandel. Um als Organisation langfristig überleben zu können und erfolgreich zu sein, ist die Anpassung an diese Veränderungen überlebensnotwendig.

Die kontinuierliche Anpassung an diese Veränderungen kann die Effektivität und die Existenz der Organisationen sichern. Folgende Faktoren und Herausforderungen können die Organisation u. a. unter Druck setzen:

Externe Faktoren Herausforderungen

Markt und Kunden:

Markt und Kunden sind ihrerseits ständigen Veränderungen in ihren Märkten und in ihrem Umfeld ausgesetzt.

Wettbewerb:
Wettbewerber können in die Märkte eindringen und Produkte unter Druck setzen.

Globalisierung:
Wettbewerbsdruck z.B. durch Niedriglohnländer kann entstehen.

Technologie:
Neue Technologien und Managementtechniken können Organisationen neue Perspektiven aufzeigen.

Gesetzliche Rahmenbedingungen:
Neue Märkte können eröffnet werden. Handlungsfreiräume können einge-

schränkt werden.

Neben diesen externen Faktoren können interne Dynamiken die Organisation zu Veränderungen, zu Entwicklungsprozessen und Anpassungen führen:

Interne Faktoren Herausforderungen

Interner Wettbewerb:
In Konzernen kann ein interner Wettbewerbsdruck entstehen („Benchmarking").

Kunden- und Mitarbeiterzufriedenheit:
Sinkende Zufriedenheit der Mitarbeiter einhergehend z. B mit hohen Abwesenheitszahlen (Krankenstand etc.). Kunden sind mit den Leistungen und Produkten unzufrieden und wandern zum Wettbewerber ab.

Kostendruck:
Sinkende Profitabilität durch Kostensteigerung bei z.b. Overheads und internen Prozessen.

Fluktuation und Krankenstand:
Das Unternehmen kann wichtige Mitarbeiter nicht längerfristig halten.

Strategische Neuausrichtung:
Die Organisation muss nach der neuen strategischen Linie ausgerichtet werden.

Diese Faktoren setzen Führungskräfte unter Druck. Es gilt, ständig auf der Hut zu sein, den Markt und das wirtschaftliche Geschehen zu beobachten und mit der eigenen Organisation in gutem Kontakt zu stehen.

Durch regelmäßige Mitarbeiterbefragungen, z. B. alle zwei Jahre, wird die Lage der Mitarbeiter navigiert. Manche Firmen führen sogar zweimal im Jahr elektronische Befragungen durch.

Veränderungen in Organisationen werden von den Beteiligten sehr individuell wahrgenommen. Diese individuelle Betroffenheit gilt es in der Veränderungsarbeit zu verstehen und zu würdigen. Veränderung ist die Spannung zwischen Bewahren und Verändern. Es sollte nicht nur um Veränderung, sondern auch um Bewahrung des Bewährten gehen. Veränderungsarbeit in Organisationen bedeutet in diesem Zusammenhang auch die gemeinsame Arbeit von Führungskräften, Mitarbeitern und Beratern an diesem Spannungsfeld.

Das System Organisation erneuert seine einzelnen Elemente von innen heraus, vergleichbar mit lebenden Systemen, die sich durch eigene Kraft erneuern. Diese spezifische Organisationsdynamik, das heißt das ständige Wechselspiel der einzelnen Elemente untereinander wie z. B. Ziele, Aufgaben, Strukturen, Arbeitsabläufe, Organisationskultur erzeugt eine Eigendynamik. Die Berücksichtigung dieser Eigendynamik, die stark von den Umwelten mitgeprägt wird, ist für das Gelingen von organisatorischen Veränderungen von großer Bedeutung.

Das System Organisation wird durch umfassende Leistungsprozesse (Aufgabenprozesse) wie z. B. Forschung und Entwicklung, Produktion, und Vertrieb in der Industrie bzw. der Therapie und Pflege in sozialen Organisationen ausgebildet.

Auswirkungen einer einzelnen Veränderung sollten auf ihre Wirkung hinsichtlich anderer Elemente bzw. hinsichtlich des Gesamtzusammenhanges überprüft werden.

Diese Arbeit erfordert eine gesamthafte Wahrnehmung und Betrachtung der Organisation, die in der Analyse der Ausgangssituation Berücksichtigung finden sollte.

Es genügt nicht, nur die Strukturen, Abläufe und Führungssysteme („harte" Organisationselemente) zu verändern. Ebenso wichtig ist die Überprüfung dessen, ob die Organisationskultur, die Qualifikation und Fähigkeiten der Mitarbeiter und Führungskräfte sowie der „Eigensinn" der Organisation („weiche" Organisationselemente) die geplanten Veränderungen zulassen und fördern.
Veränderungsprozesse sind keine linearen Prozesse, die wie ein „ruhiger

langer Fluss" ablaufen. Es können Krisen und Komplikationen auftreten, die im Vorfeld nicht planbar sind.
Einmal eingeleitete, angestoßene Veränderungsprozesse können im „Dominoeffekt" eine Eigendynamik entwickeln. Komplexe Veränderungsprozesse sind nicht vollständig kontrollierbar. Der Ausgang von Veränderungen ist nicht vorhersehbar.

Was Veränderung in oder für Organisationen bedeuten kann, habe ich im Kleinen bei einem Berliner Antiquar festgestellt. Er sagte mir, dass er vor 20 Jahren sein Laden eröffnet hätte und dass er heute 70% des Verkaufes über das Internet abwickeln würde. Er käme sich vor wie ein Sekretär, da er nur an seinem Computer säße. Gleichzeitig wäre ihm bewusst, sagte er, dass er ohne das Internet den Laden schon längst hätte schließen müssen.

Veränderung durch Überwindung tradierter Verhaltensweisen

Bei einem Übergang von einer gegebenen Ist- in eine angestrebte Soll-Position ist im Rahmen von Organisationsentwicklung eine Balance zwischen einer Überwindung änderungshemmender und einer Aktivierung änderungsfördernder Kräfte herzustellen.

Hierzu kann es auch erforderlich sein, Führungskräften und Mitarbeitern, die nicht mitziehen oder z. B. an der Rettung der Organisation kämpfen, deutlich zu konfrontieren. Diese Erfordernisse habe ich seit meinem Einstieg in die OE-CM-Arbeit Anfang der Achtziger Jahre immer wieder erfahren. Das Verhalten zu verändern, Akzeptanz und Identifikation mit dem Veränderungsvorhaben zu erreichen (z. B. mit einer Fusion bzw. Reorganisation) gelingt nicht immer.
Es scheint auch immer weniger Zeit dafür vorhanden zu sein. Die größten Veränderungserfolge haben wir in den OE-CM-Projekten erlebt, wenn bis hin zur obersten Führung auch neue Personen eingestiegen sind. Diese neuen Führungskräfte standen mit ihrer Einstellung, mit ihrer Haltung und Wirkung für die erwünschten Werte, Kultur und Strategie.

Hier sehe ich in der Führung einer Organisation eine hervorragende Verantwortung. Am Ende geht es um den Erhalt und die Weiterführung der Organisation auf einem hohen Leistungs- und Zufriedenheitsniveau.
Änderungshemmende Kräfte, die wir später auch als eine Form des Widerstands betrachten werden, können ihre Ursachen z. B. in der Angst den Arbeitsplatz zu verlieren oder in der Unklarheit bezüglich der eigenen Zukunft liegen.
Änderungsfördernde Kräfte können freigesetzt werden z. B. durch eine klare Anforderung seitens der obersten Führung, durch neue Führungskräfte und Mitarbeiter und durch die Schaffung einer klaren Aufbruchstimmung mit einer realistischen Entwicklungs- und Veränderungsvision.

Hierbei geht es nicht ohne einen bestimmten Grad an Widerstand. Wie bei einer physikalischen Aktion bei Bewegung Reibung zu erkennen ist, entsteht auch bei einer organisatorischen Veränderung Reibung und Widerstand. Jedes Projekt ist eine Innovation. Die Situation nach der Durchführung des Projektes ist nicht mehr so wie vorher. Diese Projekte führen daher zwangsläufig zu Widerständen.

Organisationsentwicklung hat sich in den Anfangsphasen eher recht kompliziert mit dem Thema Veränderung befasst, bis ihre Methodiker feststellen mussten, dass Veränderung eigentlich etwas sehr natürliches ist. Diese Erkenntnis führte zum mittlerweile inflationär gebrauchten Satz, dass die "einzige Konstante die Veränderung selbst ist". Wir verändern uns biologisch gesehen von Sekunde zu Sekunde. Dagegen ist nichts zu machen. Trotzdem tun wir uns mit Veränderungen äußerst schwer. Veränderungen erzeugen Angst in uns.

Veränderung bedeutet für unmittelbar Betroffene sowohl Verlust als auch Gewinn:
Verlust einer langjährigen und vielleicht eingefahrenen Position kann in einem neuen Arbeitskontext völlig neue Perspektiven eröffnen und bisher nicht aktivierte Fähigkeiten zu Tage bringen. Diesen Möglichkeiten steht oftmals die Angst gegenüber, das Gefühl der Sicherheit und des Schutzes, die insbesondere durch große Organisationen gegeben ist, zu riskieren.

Veränderung führt zu existentiellen Ängsten:
Diese existentielle Bedrohung kann im Veränderungsprozess bei Mitarbei-

tern und Organisationseinheiten enorme Widerstände zur Folge haben, die es zu erkennen und frühzeitig zu öffnen bzw. für das Veränderungsvorhaben einzusetzen gilt. Dieses einsetzen kann z. B. durch die Einbindung der "Widerständler" in Interviews, in Workshops und sogar in engeren Projektteams erfolgen. Hierdurch werden Erkenntnisse bezüglich der Widerstandsgründe gewonnen und konstruktiv genutzt. Bei einem Gewinn dieser Personen für das Vorhaben werden andere Mitarbeiter, an die Sie vielleicht ohne weiteres nicht herankommen, mitgezogen.

Veränderung kann neue Energien freisetzen:
Die Lebendigkeit der Organisation und ihrer Mitglieder werden hierdurch erhöht, das Vorhaben bekommt einen starken Schub nach vorne.

In organisatorischen Veränderungsprozessen wirken gegenläufige Kräfte, die es zu überwinden gilt. Die folgende Skizze ist eine Abwandlung der Kraft-Feld-Analyse von Kurt Lewin (1947), dem Begründer der modernen Sozialpsychologie.

Skizze: Veränderung durch Überwindung tradierter Verhaltensweisen

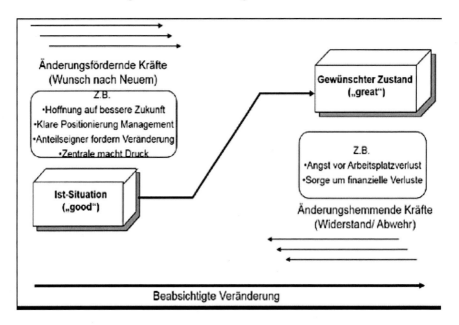

Praxisbeispiel: Kulturwandel durch neuen Chef

In die Geschäftsführung einer Bank-Dienstleistungsgesellschaft wurde von außen ein neuer Geschäftsführer hineingenommen. Der bisherige Chef dieser Einheit, die ausgegliedert und sich als eigenständige Firma im Markt gegen sehr starke Wettbewerber durchsetzen sollte, war überfordert. Warum sollte er auch plötzlich anders führen als all die Jahre zuvor.

Durch den Neuen kam ein neuer Wind und eine neue Führungskultur in die Organisation. Er war kein Eigengewächs des Unternehmens, nicht vernetzt und konnte alles in Frage stellen.

Sein Ansehen und Stand beim Vorstand war sehr gut, was ein wesentlicher Faktor dafür war, dass die Organisation ihn nicht wieder ausschloss. Zunehmend kam die Begeisterung der Mitarbeiter für die wirkungsvolle Führungsarbeit und -Persönlichkeit als Erfolgsfaktor hinzu. Er brachte völlig neue Führungsprinzipien und Werte hinein. Der Kunde rückte in den Fokus des Geschehens. Das "Geld kam nicht mehr aus der Steckdose". Kostenbewusstsein wurde eingefordert. Führungsverhalten des mittleren Managements wurde konsequent beurteilt und bei Bedarf auch sanktioniert. Wir Organisationsberater lernten viel von ihm.

Über das Lernen im Umgang mit permanenter Veränderung

Unsere Gesellschaft, ihre Institutionen und unsere Organisationen befinden sich im permanenten Prozess der Veränderung. Wir können nicht mehr Stabilität für eine längere Zeit erwarten. Die organisatorischen Veränderungszyklen haben sich in den letzten Jahrzehnten immer weiter verkürzt. Wir müssen eher lernen, diese Veränderungen zu verstehen, zu leiten, zu beeinflussen und aktiv zu gestalten.

Diese Veränderungen müssen ein Teil von uns und von unseren Organisationen werden. Gleichzeitig ist es wichtig, bei all den Herausforderungen und Veränderungsprozessen einen klaren Kopf zu bewahren und innere Stabilität zu zeigen.

Strategische Organisationsentwicklung zeichnet sich dadurch aus, dass kontinuierlich die Zukunft gedacht wird. Es reicht in der schnelllebigen Zeit nicht mehr aus, im klassischen Sinne der OE, sich nur an die veränderten Rahmenbedingungen anzupassen, um das organisatorische Überleben und den Erfolg abzusichern. Vielmehr müssen nun Veränderungen vorweg gedacht und Trends erkannt werden. Als offenes System muss die Organisation permanent im Informationsaustausch mit seinem Markt, seinen Kunden, Lieferanten und Wettbewerbern sein. Je stärker dieses mit der in ihr arbeitenden Menschen gelingt, desto nachhaltiger ist die OE-Arbeit. Erfolgreiche Unternehmen sind ständig damit beschäftigt, Produktivität und Qualität ihrer Leistungen zu verbessern. Sie führen neue Methoden und Ansätze ein, und versuchen sich dadurch "State of the Art" zu halten. Mit der strategischen OE kommt die Dimension Mensch und Kultur noch stärker in den Vordergrund und ergänzt bzw. komplettiert diese Bestrebungen.

Mit anderen Worten, es geht um das ständige organisatorische Lernen. Lernende Systeme zu schaffen, die in der Lage sind, sich kontinuierlich weiter zu entwickeln und anzupassen, ist die Herausforderung. Der Verlust an Stabilität erfordert das Lernen über das Lernen. Folgende Leitfragen lassen sich hierzu stellen (nach Schon 1973):

- Was ist die Natur der Selbstveränderungsprozesse, die Organisation, Institutionen und Gesellschaften sich verändern lässt?
- Was sind die Merkmale von effektiven Lernsystemen?
- Welche Anforderungen werden an Personen in diesen Lernprozessen gestellt?

Im Folgenden werde ich von Veränderungsprozessen sprechen, damit sind auch Bereichs- und Teamentwicklungsprozesse mit eingeschlossen.

Struktur- und Prozesselemente einer Organisation

Bei Entwicklung und Umsetzung von gesamthaften Interventionen berücksichtigt Organisationsentwicklung das komplexe Wirkungsgeflecht aus Strukturelementen (sog. "hard factors") und der psychodynamischen Ebene, die wir als "Prozesselemente" (sog. "soft factors") bezeichnen.

Struktur- und Prozesselemente werden somit bei der Begleitung organisatorischer Veränderungsprozesse integrativ verbunden. Strukturelemente einer Organisation können direkt erfasst werden. Strukturelemente können z. B. Ziele, Strategien, Strukturen, Abläufe oder Bezahlsystem sein. Als "Prozesselemente" bezeichnen wir die Elemente, die nicht unmittelbar erfassbar sind. Dies können unbewusste Prozesse sein, z. B. das Betriebsklima, die Werte einer Organisation, die Motivationslage ihrer Mitarbeiter, ihre Organisationsgeschichte oder ihre unausgesprochenen Regeln.

Diese beiden Ebenen wirken aufeinander, beeinflussen sich gegenseitig und hängen sehr eng miteinander zusammen. So kann es beispielsweise sein, dass nach einer Veränderung der Führungsstruktur die Mitarbeiter demotiviert sind, da ihr langjähriger und ihnen vertrauter Vorgesetzter die Firma verlassen musste.

Es kann auch sein, dass eine bestimmte neue Strategie, z. B. internationaler zu werden, am Selbstverständnis der Organisationsmitglieder und an ihren Fähigkeiten (z. B. Sprachkenntnisse, kulturelle Flexibilität, Offenheit und Bereitschaft) scheitert. Die Kündigung von Mitarbeitern kann in der Organisation große Ängste bei den verbleibenden Mitarbeitern hervorrufen. Falls diese Ängste, insbesondere durch die Führungskräfte, nicht aufgefangen werden, kann die Leistungsfähigkeit und damit die Produktivität der Organisation ernsthaft gestört bzw. gefährdet werden.

Skizze: Struktur- und Prozesselemente einer Organisation

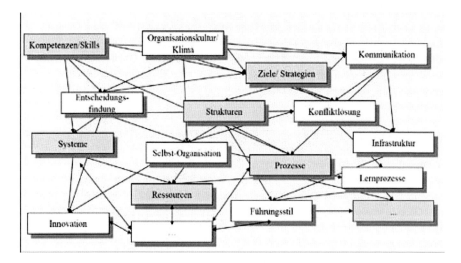

Weder die Struktur- noch die Prozesselemente können isoliert betrachtet und verändert werden. Vielmehr sind die systemischen Zusammenhänge, die Wechselwirkungen und die Abhängigkeiten zu berücksichtigen. So kann beispielsweise nicht ohne weiteres eine neue Strategie entwickelt und verkündet werden, ohne die vorherrschende Kultur der Organisation zu berücksichtigen, oder im Veränderungsprozess auf sie einzuwirken.

Eine Organisationseinheit, die jahrzehntelang in einem Großunternehmen wie eine königlich-hoheitliche Informatik-Funktion geherrscht hat, kann nicht ohne weiteres mit der gleichen personellen Besetzung in eine dienstleistungs- und kundenorientierte Tochter-GmbH verwandelt werden. Sie wird nicht ohne Weiteres in der Lage sein, mit anderen Unternehmen im Markt um Aufträge zu konkurrieren.

Organisationsentwickler müssen in der Lage sein, diese beiden Ebenen gesamthaft zu sehen und zu bearbeiten.

Zu den Prozesselementen gehört auch die Geschichte der Organisation. So werden Ereignisse und Geschehnisse im Leben der Organisation durch Erzählungen und unbewusste Prozesse an neue Mitarbeiter weitergegeben.

Dies lässt sich auch nicht verändern, wenn große Teile der Organisationsmitglieder ausgetauscht werden. Die Art und Weise, wie Personen die Organisation verlassen, wie sie gekündigt und verabschiedet werden, brennt sich in das geschichtliche Bewusstsein der Organisation ein.

Diese Erfahrungen und Gedanken werden die Organisationsmitglieder in ihrem Verhalten beeinflussen. Die Mitarbeiter werden sich fragen, wer der nächste sein wird, das Unternehmen in dieser Art und Weise zu verlassen. Diese Erkenntnis kann in der Kulturarbeit, als einem wichtigen Teil der OE-CM-Arbeit, z. B. mit der Methode des Story-Tellings (Geschichten erzählen) in Workshops genutzt werden.

Das Burke-Litwin-Organisationsmodell

Dieses Modell wurde entwickelt, um organisatorische Veränderungen und Leistungen zu untersuchen. Das Modell ermöglicht, eine Verbindung zwischen dem äußeren Umfeld und Kontext der Organisation ("externe Umwelt") und den inneren Veränderungsprozessen zu knüpfen.

Folgende Erkenntnisse kommen hierbei zum Tragen:

Die äußere Umwelt ist der stärkste Treiber für organisatorische Veränderungsprozesse (z. B. Druck vom Markt, Arbeitsmarktsituation, politische Umbrüche, Technologieveränderungen etc.).

Veränderungen in diesen Umwelten führen zu erheblichen Veränderungen in Organisationen. Ihre Mission und Strategie, ihre Organisationskultur und ihre Führung (Personen, Führungsstil und Methodik) verändern sich. Diese Veränderungen erzeugen ihrerseits Veränderungen bei anderen Faktoren in der Organisation wie bei der Struktur, bei Systemen und Regelwerken und bei den so genannten Management-Praktiken. Diese sind eher operationale Faktoren und führen nicht zwingend zu organisationsweiten Veränderungen. Gemeinsam wirken sich diese Faktoren auf das Arbeitsklima und damit auf die Motivation aus. Im Gegenzug wirkt sich diese wiederum auf die individuelle und die organisatorische Leistung aus.

Skizze: Burke-Litwin-Modell

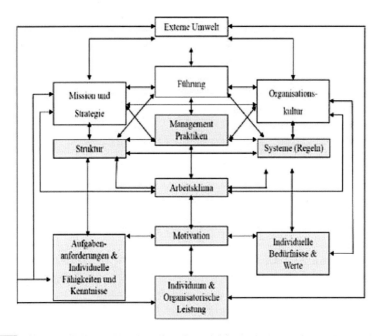

☐ Transaktionale Faktoren: Fokus liegt auf dem Prozess des Wandels. Sie stehen in Bezug zu Management Praktiken
☐ Transformationale Faktoren: Sind in erster Linie mit dem Wandel an sich beschäftigt (z. B. Erarbeitung und Kommunikation der Vision, Einbringen von Ideen).

Das Modell beschreibt 12 Organisationselemente. In diesen Elementen sind die 7 Elemente des 7-S-Modelle von McKinsey und ihre Beziehung zueinander integriert. Jedes dieser 12 Elemente steht im Austausch mit den anderen. Die Veränderung eines dieser Elemente kann andere beeinflussen. Diese Beobachtungsweise helfen nicht nur organisatorische Dynamiken und Leistungsprozesse zu verstehen. Sie zeigen auch, wie Organisationen verändert werden können.

Einsatz des Burke-Litwin-Modells in der Praxis

Das Modell kann in der Praxis mit folgenden Schritten eingesetzt werden: Hierbei bietet das Modell die Möglichkeit, die Diagnose anhand der einzelnen Elemente durchzuführen, die relevanten Fragen zu stellen und eine Reflexion über die Situation der Organisation anzuregen.

- Datensammlung: Sammeln Sie Informationen und Daten zu den einzelnen Elementen durch Interviews, Fragebögen und Dokumentenauswertung.
- Zusammenfassung: Fassen Sie Ihre Erkenntnisse in einem Bericht („Analysespiegel") zusammen, melden Sie diese dem Management zurück. Diese Elemente können dann im Management diskutiert werden.
- Bearbeitung: Die Verantwortung bzgl. Leistungssteigerung und Veränderungen kann dann dem jeweiligen Manager zugeordnet und im folgenden Prozess von ihm unter Beteiligung weiterer Personen bearbeitet werden.

Kernfragen im Hinblick auf Organisationselemente

Mit folgenden Kernfragen je Element kann die Organisation analysiert werden:

- Externe Umwelt: Welches sind die wesentlichen externen Treiber und Trends? Wie könnten diese Treiber die Umwelt beeinflussen? Ist die Organisation sich dieser Treiber und Trends bewusst?
- Mission und Strategie: Welche Mission und Strategie wird durch das Management verfolgt? Wie werden diese von den Mitarbeitern wahrgenommen und gedeutet?
- Führung: Wer gibt die Gesamtrichtung in der Organisation vor? Welche Führungsrollenmodelle gibt es? Was ist der allgemeine Führungsstil der Organisation? Was sind die Perspektiven der Mitarbeiter in Bezug auf ihre eigene Karriere und Entwicklung?
- Organisationskultur: Welche sichtbaren und unbewussten Werte, Einstellungen, Normen, Prinzipien und Gewohnheiten bestimmen das Verhalten in der Organisation?

- Strukturen: Wie sind Strukturen, Funktionen, Aufgaben und Personen auf bestimmte Bereiche und Verantwortungseinheiten verteilt? Welche Entscheidungs-, Kommunikations- und Kontrollstrukturen gibt es?
- Systeme und Prozeduren: Was ist die Unternehmenspolitik, wie sind Prozeduren und Systeme z. B. in Bezug auf Bezahlung, Leistungsanreize, Informationspolitik, Personal und Ressourcenplanung?
- Managementpraktiken: Wie setzen Manager menschliche und materielle Ressourcen zur Verfolgung der Unternehmensstrategie ein? Wie ist ihr Managementstil? Wie ist ihre Beziehung zu Mitarbeitern?
- Arbeitsklima: Welche Erwartungen, Gefühle und Eindrücke haben die Mitarbeiter in Ihrer Organisation insgesamt? Wie ist die Natur der Beziehungen innerhalb der Organisationseinheiten und zu anderen Einheiten?
- Aufgabe und individuelle Fertigkeiten: Was sind die Aufgabenanforderungen und die individuellen Fähigkeiten, Fertigkeiten, Wissensressourcen und Erfahrungen im Hinblick auf die erfolgreiche Erfüllung der Aufgabe? Wie passend ist die Aufgabe-Person-Zuordnung in der Organisation?
- Individuelle Bedürfnisse und Werte: Was schätzen die Mitarbeiter an ihrer Arbeit? Welches sind die psychologischen Faktoren, die ihre Aufgaben ausfüllen und ihre Arbeitszufriedenheit erhöhen würden?
- Motivation: Ist die Mitarbeiterschaft motiviert, um die Strategie der Organisation zu verfolgen? Welches der bisher genannten Elemente scheint die Motivation zu beeinflussen?
- Individuelle und organisatorische Leistung: Was ist der Grad der organisatorischen Produktivität, Kundenzufriedenheit, Qualität usw.? Welche dieser Faktoren ist für die Motivation und damit die Leistungserbringung kritisch?

Organisationsentwicklung – Definition

Organisationsentwicklung (OE), als ein Management Konzept, ist die langfristige Begleitung einer Organisation mit dem Ziel, die Effizienz, die Qualität der Arbeitsprozesse, die Zufriedenheit ihrer Mitarbeiter und damit ihre Leistungsfähigkeit durch Verbesserung der strukturellen und der psychodynamischen Elemente sowie deren Abstimmung aufeinander zu erhöhen bzw. nachhaltig zu sichern.

Organisationsentwicklung ist ein geistiger Rahmen und eine effektive Methode zur Diagnose der aktuellen organisatorischen Leistung sowie zur Koordination von Veränderung und Verbesserungen der gesamten Organisation.

Mit Begleitung ("facilitation"), als eine helfende Funktion ist die Beratung, das Coaching von Personen und Teams sowie die Qualifizierung (Training) gemeint. Der Angelsächsische Begriff "facilitation" ist hierbei ein passender Begriff für Begleitung. Obwohl dieser oft mit Moderation gleichgesetzt wird, reicht dies als beraterische Tätigkeit nicht aus.

Die bewusste Auseinandersetzung mit Organisationsentwicklung reicht nunmehr fast 50 Jahre zurück. Immer noch wird weltweit anhand der ursprünglichen Ansätze experimentiert und gearbeitet. Organisationsentwicklung hat eine Schlüsselrolle für Organisationen, sich selbst zu verändern bzw. neu zu definieren. Organisationsentwicklung hilft Organisationen, sich selbst und ihr Umfeld zu diagnostizieren, um es zu verstehen und zu revitalisieren. Sie hilft, Strategien, Strukturen und Prozesse neu zu entwickeln.

OE war selten wichtiger als heute, wenn es darum geht, Antworten auf zentrale Herausforderungen von Organisationen zu geben und von praktischer Relevanz zu sein, für die Fragen der Organisationen in einer sehr komplexen und sich stark verändernden Welt. (vgl. Cummings /Worley 1993, Seite 4).

OE-Methoden und -Techniken, die wir in den nächsten Abschnitten näher betrachten werden, sind in allen Situationen hilfreich, obwohl sie insbesondere in organisatorischen Veränderungsprozessen wie z. B. Reorganisationen, Fusionen, Auslagerungen, Sanierungen, Schließungsprozessen oder Neugründungen nützlich sind.

Bereits 1969 hat Beckhard Organisationsentwicklung als eine geplante, organisations- umfassende, Top-Down-gesteuerte Anstrengung definiert, mit dem Ziel die organisatorische Effektivität und die organisatorische Gesundheit durch geplante Interventionen in die organisatorischen Prozesse zu verbessern. Dabei wird auf verhaltens- wissenschaftliches Wissen zurückgegriffen. In ihrem Kern ist OE also ein geplantes System von Veränderungen. (Beckhard 1969).

Organisationsentwicklung ist als eigenständiger Bereich in der Managementphilosophie zu sehen. Organisationsentwicklung ist eng mit Personalentwicklung und Qualitätsmanagement verbunden. Das positive Menschenbild in der OE basiert auf Werten wie Wertschätzung, Respekt, demokratische Beteiligungsprozesse, Selbständigkeit, Eigenverantwortung und Diversity.

OE bedeutet, in längeren Zeitabschnitten zu denken

In dieser Definition sind die Kernelemente der Organisationsentwicklung enthalten. Auch wenn kleinere OE-Maßnahmen, wie eine Teamentwicklungsmaßnahme, durchgeführt werden können, so ist OE doch eher langfristig orientiert und vermeidet sog. "Schnellschüsse". In einem internationalen Treffen von CM-Kollegen (CM= Change-Management) am Centre for Leadership Studies, an der Universität Exeter, merkte ein Kollege aus New York an, dass er mit seinen Klienten Beziehungen von

10-15 Jahren eingehen würde, und dieses im ersten Kontakt auch benennen würde, um den Klienten die Langfristigkeit des CM-Ansatzes deutlich zu machen. Was natürlich nicht bedeutet, dass der CM-Berater nun 10 Jahre lang für die Organisation tätig ist. Vielmehr steht der CM-Berater dem Klienten zur Seite, lässt sich bei Bedarf in die Organisation holen und geht auch wieder raus, ohne den Klienten von sich abhängig zu machen.
OE bedeutet organisationsumfassend zu schauen und zu arbeiten

OE ist auf die Verbesserung des gesamten Systems ausgerichtet und bezieht sich mit ihren Interventionen auf die gesamte Organisation bzw. auf ihre Teile im Kontext des größeren Umfelds, welches sich auf sie auswirkt (vgl. Cummings/ Worley 1993, S. 1). Das heißt, dass es wichtig ist, die Organisation als Ganzes zu betrachten und durch entsprechende OE-Interventionen zu bewegen bzw. in Bewegung zu halten.

Auch wenn die Veränderungsmaßnahme nur eine Abteilung betreffen sollte, ist es erforderlich, den Gesamtorganisationsbezug bei der Veränderungsarbeit herzustellen. Die Abteilung wird im Gesamtkontext gesehen. Der Auftrag der Organisation an die Abteilung, z. B. den Verkaufsprozess zu organisieren und durchzuführen, wird in Bezug auf die Arbeit in der Abteilung gesetzt, um Anforderungen und Ziele abzuleiten. Es kommt bei der OE also nicht darauf an, ein einzelnes, isoliertes oder vorübergehendes Problem zu lösen. Vielmehr ist es die Intention der OE, die Organisation auf eine höhere Arbeits- bzw. Funktionsebene zu entwickeln, welches bedeutet, die Leistung und die Zufriedenheit ihrer Mitglieder zu verbessern (vgl. Stoner 1978, S. 385).

OE bedeutet Entwicklung und Veränderung

Es geht im Organisationsentwicklung nicht immer nur um Veränderung im Sinne organisatorischer Veränderungen. Entwicklung steht ebenso im Mittelpunkt der OE-CM-Aktivitäten. Hierbei kann es sich um die Entwicklung hin zu einer bestimmten Organisationskultur handeln. Die Organisation soll kundenorientierter oder ergebnis- orientierter werden. Es werden Kompetenzen und Wissen aufgebaut, Prozesse werden optimiert um den Kunden z. B. besser und schneller bedienen zu können. Es kann sich auch um die Entwicklung der Qualifizierung seiner oberen Führungskräfte im Hinblick auf Führungs- und Veränderungskompetenz durch ein Entwicklungsprogramm handeln.

OE bedeutet lebenslanges Lernen durch Praxiserfahrung

OE bedeutet eine ‚Lernende Organisation' aufzubauen. Unter Lernender Organisation verstehe ich die Fähigkeit einer Organisation und der in ihr tätigen

Menschen ihr Lernen unentwegt zu fördern und aus den Erfahrungen, den Fehlern, den Konflikten und Problemen neue Erkenntnisse für die Zukunft zu gewinnen. Die Organisation wird damit kontinuierlich an ihre Einflüsse von außen und an die Anforderungen angepasst bzw. vorbereitet.

Lernen im OE-Sinne steht ganz oben in der Wichtigkeit der psychodynamischen OE-Elemente. Hierbei wird auf allen Ebenen gelernt. Die Organisation lernt ebenso sehr wie das Individuum oder Teams. OE-Projekte sind Lernprojekte, deren Fortgang reflektiert und an alle Organisationsmitglieder durch Kommunikationsmaßnahmen vermittelt wird.

OE bedeutet direkte Mitwirkung der Mitarbeiter

Dieses Element ist der klassische OE-Ansatz der Partizipation ("Betroffene zu Beteiligten machen"). Diese Beteiligung gilt jedoch nicht um jeden Preis. Zielorientiert werden Betroffene oder ihre Vertreter je nach Betroffenheit und Erfordernis einbezogen. Die Beteiligung hat als Ziel z. B. die Aufnahme von wichtigen Informationen aus operativen Bereichen, über die nur die Betroffenen verfügen. Dies ist insofern ein schwieriger Punkt, als es nicht darum geht, diese Personen auszunutzen, sondern durch personalpolitische Maßnahmen aufzufangen, falls ihr Arbeitsplatz durch eine Reorganisation wegfällt und ihr Wissen um Abläufe und Produkte erforderlich sein sollte.

OE bedeutet die Verbesserung der Leistungsfähigkeit der Organisation

In diesem Punkt wird das Hauptziel der OE deutlich. Es geht insbesondere darum, durch geeignete OE-Interventionen und -Maßnahmen die Leistungsfähigkeit des sozialen Systems Organisation zu steigern.

OE bedeutet die Erhöhung bzw. den Erhalt der Arbeitszufriedenheit der Menschen

Dieser Punkt hat zwei Stoßrichtungen. Zum einen geht es darum, durch OE-CM eine Organisation zu gestalten, in dem Menschen gerne arbeiten und sich persönlich weiterentwickeln können. Zum zweiten hängt mit diesem Punkt wiederum die Einsicht zusammen, dass zufriedene Mitarbeiter zu mehr Effizienz der Organisation beitragen. Das heißt, dass OE-CM ganz klare wirtschaftliche Ziele verfolgt und dem Menschen gleichzeitig ein Umfeld bietet, indem er seine Fähigkeiten entfalten kann.

Mit der Bezeichnung Organisationsentwicklung bekam die OE eine breitere Wirkung und Akzeptanz in Organisationen. Zu dieser Popularität verhalf auch die Erkenntnis, dass viele Veränderungsprojekte, seien es Fusionen oder sog. Reengineeringprojekte (radikale Umwälzungen von Organisationen, vgl. Champy/ Hammer), zu einem größeren Prozentsatz versagen und ihre Ziele nicht erreichen.

Mit der Entdeckung der Organisationsentwicklung wurde deutlich, dass es nicht nur die so genannten "hard factors" (harte Organisationselemente wie z. B. Strategien, Märkte, Produkte, Strukturen, Systeme), sondern auch sogenannte "soft factors" (weiche Organisationselemente, ich rede von psychodynamischen Faktoren, wie z. B. Kultur, Fähigkeiten, Führungsstil, Lernen, Kommunikation) zum Erfolg einer organisatorischen Veränderung beitragen.

Projekte, die jetzt aufgesetzt wurden, bekamen den Auftrag auch das Thema Organisationsentwicklung zu berücksichtigen. Je nach Kultur und Erfahrung der Organisation geschah dies in vielfältigster Form. Das Spektrum reicht von professionellen Organisationsentwickler-Rollen, die Vollzeit eingesetzt werden, bis zu rein externer Besetzung dieser Rolle.

Ziele der Organisationsentwicklung

In der OE geht es auch darum, die Organisation im Sinne einer ‚Lernenden Organisation' befähigen, selbst in die Lage zu kommen, ihre eigenen Hindernisse und Probleme zu beheben sowie Stärken und Chancen einzuschätzen, zu verbessern bzw. aufzubauen.

In der OE geht es darum, die Organisation als Ganzes und seine einzelnen Elemente unter Berücksichtigung von Wechselwirkungen dieser Elemente zu optimieren. Es geht bei der OE nicht darum, einzelne, bzw. temporäre Probleme zu bereinigen, sondern die Organisation als Gesamtsystem auf eine höhere Ebene der Funktionalität und Leistung zu bekommen sowie die Zufriedenheit der Mitarbeiter zu erhöhen. OE und der Einsatz ihrer Instrumente in der Organisation sind zu jeder Zeit wichtig. Jedoch kommt sie gerade in Veränderungsprozessen zu ihrer vollen Entfaltung und Bedeutung (vgl. Stoner 1978, S. 385 f).

Die OE-Ziele sind neben den allgemeinen Zielen für jeden Prozess auf Basis der Veränderungsvision und -zielsetzung neu zu definieren. Schwerpunkte werden gebildet.

Folgende Ziele werden mit Organisationsentwicklung verfolgt.

Strukturelle Ziele:

- Erhöhen der organisatorischen Effizienz und Effektivität
- Steigern der Produktivität
- Erhöhen der Qualität der Arbeits- und Serviceprozesse

Ziele in Bezug auf Arbeitsqualität:

- Zufriedenheit der Mitarbeiter erhöhen
- Leistungsfähigere Form der Zusammenarbeit aufbauen
- Führungsqualität steigern
- Eine lernende Organisation aufbauen
- Organisationskultur entwickeln
- Problemlösefähigkeit erhöhen

- Organisationsmitglieder stärken

Skizze: OE-Konzeptelemente

Was leistet Organisationsentwicklung?

Organisationsentwicklung hat zwei Wirkrichtungen. Zum einen bedeutet Organisationsentwicklung den Markt und das Umfeld der Organisation kontinuierlich zu beobachten, um sich diesen Veränderungen schnell anpassen zu können. Zum anderen bedeutet Organisationsentwicklung, die interne, zukunftsgerichtete Gestaltung und Abstimmung aller strukturellen Elemente der Organisation.

Hierbei werden aus einer formulierten Vision und einer erarbeiteten Strategie alle Anforderungen an Organisationsprozesse und -Strukturen, Personal (Kapazität als auch Qualifikation), Instrumente und Systeme (z. B. Bezahlsystem, Informationssysteme) abgeleitet. Es kann in der OE-Arbeit auch darum gehen, eine Instabilität in der Organisation bezüglich dieser bzw. bezüglich der psychodynamischen Faktoren zu erkennen, den Zusammenhang zu verstehen und auf die Elemente, unter Berücksichtigung ihrer Wechselwirkungen mit anderen Elementen, zu wirken. Für viele Führungskräfte und Mitarbeiter ist es nicht einfach zu verstehen, was Organisationsentwicklung bedeutet, was die Organisationsentwickler "den ganzen Tag so tun".

"Der Begriff Organisationsentwicklung lässt sich zurückführen auf die Restrukturierungs- und Reengineering-Bewegung der 80er Jahre. Organisationsentwicklung zielt darauf ab, Veränderungsprozesse auf Unternehmens- und persönlicher Ebene zu planen, zu initiieren, zu realisieren, zu reflektieren und zu stabilisieren. Es geht darum, planmäßige mittel- bis langfristige Veränderung von Verhaltensmustern und Fähigkeiten zu erreichen, um zielgerichtet Prozesse und Strukturen zu optimieren. (vgl. Kostka/ Mönch 2002, S. 9).

Dahinter steht ein Konzept, das Veränderungsprozesse in Unternehmen auf einer professionellen Ebene steuert. Entscheidend in diesem Zusammenhang ist, dass die Umsetzung in erster Linie von der Einstellung der Organisationsmitglieder und deren emotionaler Einstellung abhängig ist. Um den Wandel im Unternehmen erfolgreich zu vollziehen, bezieht Organisationsentwicklung die Organisationsmitglieder sowie ihre Einstellungen, Bedürfnisse und Verhaltensweisen in ihre Vorgehensweise mit ein." (Schulze-Oben 2004).

OE als Führungsaufgabe

Bewusste Organisationsentwicklung ist Führungsaufgabe. Jede Führungskraft muss sich mit der Entwicklung ihrer Organisation aktiv befassen. Hierzu kann sie sich interner und externer OE´ler bedienen.

Organisationsentwicklung ist eine zentrale Aufgabe der Organisationsführung. Um im meinem Geschäft erfolgreich zu sein, bin ich als Unternehmensführer verpflichtet, für die höchstmögliche Effektivität (das WAS) und Effizienz (das WIE) in meinem Unternehmen zu sorgen. Diese Betrachtung ist eine sehr umfassende Sicht der OE. Organisationsentwicklung findet immer statt. Entweder inkrementell, in kleinen Schritten, oder radikal im Sinne einer umfassenden Reorganisation, Sanierung oder Vollfusion zweier Organisationen. OE im Sinne einer strategischen OE, die sich auf die Zukunft der Organisation ausrichtet, zielt jedoch darauf ab, die Entwicklung einer Organisation bewusst zu gestalten, sie auf die Anforderungen und Bedürfnisse der Zukunftsgestaltung anzupassen, sie zu fördern und zu fordern. OE wird dann zu einem bewussten Instrument, welches "Strategische Organisationsentwicklung" genannt werden kann.

Zentrale Aufgaben der Organisationsentwicklung

OE´ler verfolgen ein Spektrum an Aufgaben. Im Folgenden werden einige der zentralen Aufgaben genannt.

Mit der Methode der Strategischen Organisationsentwicklung wird der Prozess tiefgreifender, organisatorischer Veränderungen und Entwicklungen aktiv gestaltet. Gleichzeitig können mit Maßnahmen der OE die Entwicklungsprozesse über einen längeren Zeitraum unterstützt werden. Organisationsentwicklung bedeutet in diesem Zusammenhang lernen, lernen, lernen. Und dies auf allen Ebenen. So auch auf der Ebene der Gesamtorganisation, auf der Ebene von Teams und von Personen, als auch auf allen Hierarchieebenen. In größeren Veränderungsprozessen kommt es insbesondere darauf an, das Projekt als temporäre Lernorganisation aufzubauen.

Die Methoden der Organisationsentwicklung werden dazu genutzt, das Veränderungsvorhaben zum Erfolg zu führen. Organisatorische Veränderungsprojekte werden durch OE mit den Hebeln verantwortungsvoller und bewusster Führung, durch umfassende Kommunikation, durch zielgerichtete Beteiligung von Organisationsmitgliedern und durch die Gestaltung von Lernprozessen unterstützt.

Veränderungsvorhaben können z. B. sein: Reorganisationen, Prozessoptimierungen, Fusionen, Effizienzsteigerungsprojekte, Auslagerungen, Teamzusammenführungen, Einführung von neuen Führungs- und Steuerungskonzepten wie z. B. Projektmanagement. Wurde schon genannt! Eine besondere Rolle kommt der Führung zu. Sie verantwortet den Veränderungsprozess, steuert ihn unter Beteiligung von Mitarbeitern, zeigt Präsenz, ohne zu dominieren. Getragen wird die Veränderung in erfolgreichen Veränderungsprozessen neben der Führung durch breite Teile der Mitarbeiter.

Führungskräfte und Auftraggeber von Beratungsprozessen fragen oft, was Organisationsentwicklung eigentlich ist, was sie leistet, "was es kostet und was es bringt". Oft wissen Organisationsentwickler auch keine direkte Antwort auf diese manchmal überraschende und provozierende Frage.

Eine junge Mitarbeiterin kommt nervös auf mich zu und fragt: "Was haben wir eigentlich ein Jahr lang in der Fusion von zwei Sparkassenrechenzentren geleistet, was hat unsere Arbeit gebracht?" Die Fusion ist nach 3 Jahren wieder auseinandergebrochen. Die beiden Teile wurden wieder in die Sparkassenorganisationen zurück integriert. Gleichzeitig holt einer der Bereichsleiter, der kritischste von 9 Bereichsleitern, uns als Organisationsentwickler in seine neue Firma, zu der er gewechselt ist.

Worum geht es bei Organisationsentwicklung? Ein Praxisbeispiel

Eine Darstellung aus einem unserer konkreten organisatorischen Veränderungsprojekte in einem Informatik-Dienstleistungsunternehmen aus der Bankenlandschaft, erschienen in der Mitarbeiterzeitung, unter unserer Mitarbeit, umreißt die Aufgaben der OE recht gut.

"Bei der Organisationsentwicklung geht es im Großen und Ganzen um Veränderungen im Unternehmen. Veränderungen, die der Markt diktiert, aber auch und vor allem Veränderungen, die ein Unternehmen selbst gezielt herbeiführt. Organisationsentwicklung heißt Management aller Gestaltungsfelder. Drei Schwerpunkte können hier gesehen werden: Zum einen kann von den so genannten "soft factors", unter denen die Unternehmenskultur und die Menschen im Unternehmen mit ihren individuellen Fähigkeiten verstanden werden.

Zum anderen können die so genannten "hard factors" gesehen werden. Das sind z. B. Prozesse, betriebliche Abläufe und Aufbaustrukturen. Das dritte Gestaltungsfeld ist das der Visionen und Strategien. In diesem Dreieck findet Organisationsentwicklung statt, eingebettet in Kommunikation. Ohne die geht es nicht, wenn sich die Mitarbeiter für Veränderungen begeistern sollen.

Ein wesentlicher Erfolgsfaktor für jedes Unternehmen ist die Bereitschaft und Fähigkeit, sich auf Veränderungen einzustellen. Deshalb sollen Veränderungen als Herausforderungen und Chancen verstanden werden, und anstelle von Problemen werden neue Ziele formuliert und neue Strategien entwickelt. Diese Prozesse müssen wie ein Großprojekt professionell gemanagt, das heißt: geplant, organisiert, gezielt umgesetzt und begleitet werden.
Eine der wichtigsten Aufgaben der Organisationsentwicklung besteht darin, die Mitarbeiter bereits im Stadium der Ideenfindung aktiv in die Prozesse einzubinden und ihnen so die Möglichkeit des Mitgestaltens zu geben. Weitere Themen sind auch die Entwicklung einer Vision und eines Leitbildes und vor allem die Förderung einer offenen Kommunikation. In enger Zusammenarbeit mit allen Führungskräften, sozusagen im Team, werden Organisationsentwicklungs-Maßnahmen entwickelt, initiiert und gebündelt. Fach- und Führungskräfte werden eingebunden, denn sie werden als Multiplikatoren in die Mitarbeiterebene wirken.

Mitarbeiter nehmen zusammen mit ihren Fach- und Führungskräften an Workshops teil, in denen z. B. folgende Fragen bearbeitet werden: "Wo stehen wir als Unternehmen? Wie muss die Kultur des Unternehmens aussehen, damit jeder stolz ist, hier zu arbeiten?"

Der Erfolg hängt entscheidend davon ab, wie es der Führung gelingt, die Mitarbeiter entsprechend einzubinden und für den Wandel zu begeistern, sie zu "Triebfedern" des Wandels zu machen.

Die vielfach strapazierte Aussage, dass "Veränderungen im Kopf beginnen" muss, ist nach wie vor für den Erfolg von organisatorischen Veränderungen entscheidend. Deshalb müssen alle Führungskräfte und Mitarbeiter überzeugt werden, dass ein Unternehmen ständig neue Perspektiven braucht und immer wieder über seine Produkte, Dienstleistungen und Kunden nachdenken muss.

Das Potenzial jedes Einzelnen im Unternehmen muss erkannt und ausgeschöpft werden, die individuellen Fähigkeiten der Mitarbeiter, ihre Kreativität und ihr Wissen über Märkte, Kunden, Technik muss hierbei gezielt zum Nutzen des Unternehmens eingesetzt werden. Hierbei kommt eine kreative Spannung zwischen "alten Hasen", die ihr Handwerk verstehen und "Frischlingen", die den Status quo in Frage stellen zu Tage.

Mitarbeiter, die sich von Veränderungen bedroht fühlen, muss die Angst genommen werden und sie müssen davon überzeugt werden, dass Wandel nicht gleichbedeutend mit Verlust ist. Das geht am besten, wenn die Führung ihnen zeigt, dass sie geschätzt werden, dass ihre Arbeit auch in der Vergangenheit gut war und dass man auch künftig auf Bewährtem aufbauen will."

Praxisbeispiel: OE-Arbeitspakete als Gesamtrahmen

In einem aus drei ehemaligen Unternehmen fusionierten Dienstleistungsunternehmen wird ein OE-Prozess angestoßen. Ein ganz konkreter Schritt dieses OE-Prozesses ist der Beginn der Organisationsentwicklung im Informatikbereich (IT) eines Unternehmens. In Interviews mit Führungskräften und Mitarbeitern des IT-Bereiches werden gezielt Handlungs- und Problemfelder aufgenommen. In einem Initial- Workshop werden die Ergebnisse dieser Gespräche zurück gespiegelt und die Handlungs- und Problemfelder diskutiert.

Das Ziel dieses Initial-Workshops ist die gemeinsame Klärung der Ausgangslage im IT-Bereich und die erste Planung eines Organisationsentwicklungs-Programmes. Als Ergebnis des Initial-Workshops werden die Eckwerte des Organisationsentwicklungs-Programmes für den IT-Bereich vereinbart. Dieses Programm wird danach mit Mitarbeitern konkretisiert, ergänzt und angestoßen.

Das OE-Programm verfolgt die Ziele, die Unternehmensentwicklung zu fördern, die Menschen der verschiedenen Herkunftsfirmen zu integrieren und erfolgreiche sowie synergetische Arbeitsabläufe zu erreichen. Die Struktur des OE-Programms bilden fünf große Themenkreise, denen später einzelne Arbeitspakete zugeordnet werden: Kommunikation und Information, Teamentwicklung, Personalmanagement und -entwicklung, Vision und Strategie, sowie Organisation und Prozesse. Die konkrete Ausprägung, Gewichtung und Konkretisierung dieser Themenkreise orientierte sich am Ergebnis der Ist-Aufnahme.

OE-Arbeitspakete werden priorisiert, ausgewählt und unter Beteiligung von Mitarbeitern konkretisiert. Beispielsweise für das Arbeitspaket Kommunikation und Information: Ein Kommunikationskonzept für die interne Information und Kommunikation (Schaffen der Voraussetzungen für schnelle und offene Information und Kommunikation) und das Integrationsbarometer (regelmäßige Befragung der Mitarbeiter zum Integrationsprozess). Für das Arbeitspaket Teamentwicklung: Die Bereichsfindungskaskade (Förderung der Teamentwicklung und Integration in den Bereichen) und die Teamleiter-Workshops (Förderung der Kommunikation und Integration auf Team- leiterebene). Für das Arbeitspaket Personalmanagement und -entwicklung: Coaching (Stärkung und Qualifizierung von Führungskräften und Mitarbeitern in ihren Funktionen) und ein Führungskräfte- und Mitarbeiterentwicklungsprogramm.

Für das Arbeitspaket Vision und Strategie: Die Informatik-Strategie (Entwicklung einer strategischen Positionierung). Für das Arbeitspaket Organisation und Prozesse schließlich: Die Installation einer Projektmanagement-Konferenz (Schaffung eines Forums für die Belange der Projektleiter: Erfahrungsaustausch, Qualifizierung) und die Prozessoptimierung und -umsetzung.

Positionierung der Strategischen Organisationsentwicklung

Eine erfolgreiche und nachhaltige Organisationsentwicklung ist langfristig, mitarbeiter- orientiert und stimmig anzulegen, mit hoher Betonung sowohl der strukturellen- (sog. "hard factors") als auch der psychodynamischen Faktoren (sog. "soft factors"). Vielfach wird Organisationsentwicklung auf die psychodynamischen Faktoren (z. B. Mensch, Beziehungsebene, Kommunikation, Motivation und Kultur) reduziert.

Dieser Ansatz greift jedoch zu kurz und die Erfordernisse einer systematischen, umfassenden und nachhaltigen Organisationsentwicklung werden hierbei nicht berücksichtigt. Strategische Organisationsentwicklung bedeutet, dass sie zukunftsgerichtet ist und alle Faktoren, die den Erfolg einer Organisation beeinflussen, überprüft und aufeinander abstimmt. Hier wird pragmatisch vorgegangen und mit den wesentlichen Faktoren begonnen: Vision und Strategie entwickeln, Ziele setzen, Strukturen und Prozesse ausrichten, Personalbedarf definieren, Personal rekrutieren, Mitarbeiter qualifizieren, Systeme (z. B. Informatik-Systeme, Gehalts- und Anreizsysteme) strategisch anpassen.

Erst durch eine gesamthafte, alle Faktoren berücksichtigende Vorgehensweise kann die Organisation voll entwickelt und zum Erfolg geführt werden. An dieser Stelle könnte zurecht der Einwand kommen, dass ja nicht jeder OE-Prozess gleich alle Funktionen und Faktoren eines Unternehmens als Gegenstand haben kann. Dieser Einwand wäre berechtigt, da es nicht darum geht, alle Funktionen gleichzeitig anzugehen oder zu bearbeiten. Mit dem Ansatz geht mit der organisationsumfassenden Betrachtung auch eine Frage des "Schauens", des "Verstehens" und des "Fragens" einher. Es reicht z. B. beim Verlust an Motivation in der Mitarbeiterschaft nicht aus, lediglich auf der Ebene der Mitarbeiter Motivations-Veranstaltungen durchzuführen, oder an Kommunikationsfragen zu arbeiten. Hier gilt es, auch die Faktoren zu beleuchten bzw. vor Augen zu führen, die zur Demotivation führen.

Insbesondere in sog. Niedriglohnländern wie China, Indien, Polen, etc. beobachten wir in unseren Projekten dieses Phänomen. In diesen Projekten, die wir langfristig gestalten, arbeiten wir an verschiedenen Elementen der Organisation gleichzeitig. Dem Auftraggeber verdeutlichen wir, dass sich das Unternehmen in diesen Ländern in einem Spannungsfeld befindet. Ein Spannungsfeld zwischen niedrigen Löhnen, die (noch) den wesentlichen Wettbewerbsfaktor darstellen und den immer schneller wachsenden Ansprüchen, gerade der jüngeren Generationen in diesen Ländern.

Skizze: Von der reinen Kennzahlen Orientierung hin zu strategischer OE

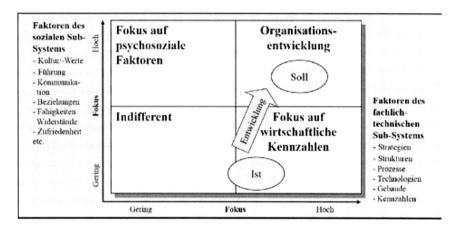

Praxisbeispiel: Managementteam führt einen unternehmensweiten OE-Prozess

Ein internationales Unternehmen hat sich auf Basis der unten aufgeführten Konzeption die eigene Organisation entwickelt. Hierbei lag zunächst der Fokus auf dem eigenen Führungsteam. Sukzessive wurde entsprechend der Pyramide gearbeitet und die nächste Führungsebene mit 35 Teamleitern einbezogen.

Nachdem im Managementteam die Unternehmensvision und Mission erarbeitet wurde, hat es seine Werte für die Organisation entwickelt. Gleichzeitig wurde eine Unternehmensstrategie entwickelt. Die Management-Charta ist eine Bestimmung von Leitsätzen, die die Arbeit im Führungsteam definiert.

Führungsgrundsätze beschreiben die Prinzipien der Führung, wie sie sich die Führung ihrer Mitarbeiter im Unternehmen vorstellt.

Die Kompetenzen wurden an einem Tag im Führungsteam formuliert und in einem Zweitages-Workshop mit den 35 Teamleitern diskutiert. Obwohl die schriftliche Dokumentation der Diskussionsergebnisse in solch einem Prozess wichtig ist, muss auf den Verlauf, den sog. Prozess, besonderen Wert gelegt werden. In diesem Prozess lernt sich das Team kennen. Der Chef lernt jeden einzelnen und das Team in seiner Interaktion kennen. Er sieht, wer auf wen wie reagiert, wer wen unterstützt, wer wem folgt bzw. wer wen beeinflusst und kann sich somit ein sehr gutes Bild von seinem Team machen.

Dieser Prozess gestaltete sich nicht einfach. Mehrere Führungsteammitglieder verließen freiwillig und zum Teil unfreiwillig die Firma. Das Führungsteam wuchs jedoch mit den Problemen, den Auseinandersetzungen und seinen Lösungswegen zusammen. Nach diesem Prozess wurde die nächste Führungsebene der Teamleiter eingebunden.

Skizze: OE-Programm in einem internationalen Konzern

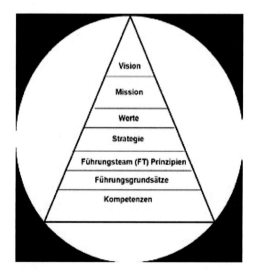

Folgende Fragen wurden anhand der obigen Skizze im Managementteam und später unter Beteiligung der Mitarbeiter erarbeitet.

Vision:
Welche Zukunft stellen wir uns vor?

Mission:
Warum bedeutet uns diese Zukunft etwas bzw. warum sind wir im Geschäft?

Werte:
Was ist grundlegend wichtig für unsere Werte Handlungen und unsere Strategie?

Strategie:
Was tun wir, um unsere Zukunftsvorstellung zu realisieren?

Führungsteam-Prinzipien:
Wie wollen wir unsere Arbeit im FT gestalten, um unsere Vision zu erreichen?

Führungsgrundsätze:
Wie müssen wir unsere Mitarbeitenden führen, um unsere Vision zu erreichen?

Kompetenzen:
Welche Mitarbeitende müssen wir einstellen/ entwickeln, um unsere Vision verwirklichen zu können?

OE Beratungsselbstverständnis und Arbeitsweise

Unsere OE-Praxis wird entsprechend folgendem Beratungsselbstverständnis und folgender Arbeitsweise gekennzeichnet.

Entwicklungsselbstverständnis

Das folgende Selbstverständnis der OE-Beratung hat sich über die Jahre entwickelt. Insbesondere in sich entwickelnden Ländern (z. B. China, Polen oder der Türkei) wurde das Selbstverständnis auf die Probe gestellt. Es hat sich bewährt. Es ist durchaus möglich, dem Selbstverständnis und den in ihm innewohnenden Werten treu zu bleiben. Hierbei ist es wichtig, trotz der vorherrschenden Landeskulturen und den in ihr geprägten Rollen von Führung und Mitarbeitern sich auf die Organisationskultur zu konzentrieren. Insbesondere in Organisationen, die sich in Kooperationen mit westlichen Unternehmen befinden, kann diese Organisationskultur als Maßstab und Anker genutzt werden.

OE´ler begleiten Mitarbeiter, Teams und Organisationen in ihrer eigenverantwortlichen Entwicklung. Bei ihrer Beratungsarbeit lassen OE´ler sich von einem umfassenden Entwicklungsverständnis und einem gesamthaften Organisationsbild leiten. Unter Entwicklungsbegleitung verstehen OE´ler die Unterstützung von Mitarbeitern in Organisationen und Projekten bei der Erweiterung ihrer eigenständigen Bewusstseins-, Urteils- und Entscheidungsfähigkeit. Gleichzeitig ist es das Ziel der OE-Beratung, die soziale Kompetenz der Mitarbeiter und Teams im Umgang mit anderen zu stärken sowie auszubauen. OE-Berater unterstützen Mitarbeiter und Teams beim Erkennen sowie aktiven Gestalten ihrer Freiräume in der jeweiligen Rolle.

Im Selbstverständnis der OE-Beratungsdienstleistung verstehen sie sich als Berater, als Coaches und als Trainer. Die Besonderheit liegt in der Vernetzung dieser unterschiedlichen Dienstleistungen und methodischen Ansätze. Diese Vernetzung ermöglicht erst die gesamthaften und in ihrer Wirkung nachhaltigen Entwicklungsprozesse. Die Arbeit der OE-Beratung ist immer auf eine gesunde ökonomische Entwicklung von Systemen (Unternehmen, Teams, Personen) gerichtet.

Bei Menschen fördern sie die Entwicklung ihres Selbstwertes, ihrer kommunikativen und kooperativen Fähigkeiten. Sie berücksichtigen die Eingebundenheit der Menschen in ihre jeweiligen Systeme und die Wirkungen und Dynamiken der darin vorhandenen Regeln auf sie. OE-Berater tun nur das, was sie von ihrer Qualifikation her wirklich zu leisten imstande sind.

Probleme werden im Gesamtkontext der Organisation bearbeitet. Neben den fachlichen und persönlichen Aspekten wird auch immer der Führungs- und Organisationszusammenhang in die Reflexion einbezogen.

Die Arbeit der OE´ler ist von einer Haltung geprägt, die sich der Wertschätzung, dem Respekt und der Klarheit gegenüber Menschen verpflichtet. Diese Haltung bestimmt ihr Selbst- und Rollenverständnis für die Beratungs- und Projektarbeit.

Interventionen und Hebel in der OE

OE-Prozesse können auf die Ebenen Organisation, Projekt, Team oder Person wirken. Zur Sicherstellung der Umsetzung des Veränderungsvorhabens und des kulturellen Wandels stehen diese Ebenen in Abhängigkeit zueinander. Voraussetzung des Erfolges auf der Teamebene ist z. B. die erfolgreiche Einbindung, Qualifizierung und Stützung der beteiligten Personen.

Je nach Ansatz stehen verschiedene Maßnahmen zur Verfügung. Die Komplexität des OE-Prozesses ist auf der Organisationsebene am größten. Sie verringert sich von Ebene zu Ebene.

Herausforderungen und Aktivitäten auf **Organisationsebene**:
Schaffung der strukturellen Rahmenbedingungen (Führungsorganisation). Begleitung und Stärkung von Führungsteams. Intensive Kommunikationsmaßnahmen (z.B. Workshop-Kaskaden, schriftliche Medien). Begleitung der Geschäftsführung bei ihrem Veränderungsmanagement (GF-Teamcoaching). Bewegung in die Organisation bringen (Lernende Organisation).

Herausforderungen und Aktivitäten auf **Teamebene**:
Erhöhung der Arbeitsfähigkeit der Teams. Förderung des gegenseitigen Vertrauens in den neuen Teams. Sicherstellung des gemeinsamen "Tragens" der langfristigen Unternehmenskonzeption. Teamentwicklungsprozesse konzipieren und begleiten. Teamcoaching von Führungs-, Projekt- und Abteilungsteams.

Herausforderungen und Aktivitäten auf **Personenebene**:
Klärung und Gestaltung der eigenen Rolle im Team und in der Organisation. Steigerung der Konflikt- und Teamfähigkeit. Stützen der Person durch Coaching. Vorbereitung der Projektbeteiligten auf die anstehenden Veränderungen. Qualifizierungsmaßnahmen (z.B. Service- und Kundenorientierung, Inhouse-Seminare).

Herausforderungen und Aktivitäten auf **Projektebene**:
Aufbau einer adäquaten Projektorganisation und Beteiligungsform. Steuerung des Veränderungs- bzw. Entwicklungsprozesses.

Zentrale Hebel der Organisationsentwicklung

Grundsätzlich stehen in der OE die Hebel Führung, Kommunikation, Partizipation und Qualifizierung zur Verfügung. Der wirksamste Hebel im Hinblick auf die Erreichung der oben genannten Organisationsentwicklungsziele ist hierbei die der Beteiligung. Das alte Prinzip der Organisationsentwicklung "Betroffene zu Beteiligten machen" ist, auch wenn es eine sehr alte Forderung aus den Anfängen der Organisationsentwicklung ist, nach wie vor ein sehr wichtiger Ansatz.

Ein professionell durchgeführter OE-Prozess und das aufeinander abstimmen seiner Hebel, ist ein wesentlicher Erfolgsfaktor für den Erfolg. Eine ihrer Rolle und Wirkung bewusste Führung, ein angemessener Grad an Partizipation, eine frühzeitige Qualifizierung für künftige Rollen und Aufgaben, sowie die systematische Kommunikation, erzeugen Akzeptanz und Identifikation mit den Zielen des OE-Prozesses.

Skizze: Zentrale OE-Hebel

Zentrale Hebel im Veränderungsprozess

OE
- Führung
- Beteiligung
- Kommunikation
- Qualifizierung

OE-Hebel: Führung

Veränderungen herbeizuführen ist zu 80% Führungsaufgabe (Richtung weisen, Sinn vermitteln, motivieren, begeistern). Zu 20 % ist es eine Managementtätigkeit: planen, budgetieren, organisieren, Probleme lösen (Kotter 1998). In der OE kommt der Führung eine große Rolle zu. Ohne ihr Mitwirken an vorderster Stelle, ihr Annehmen der Sache, ihr "zur Chef-Sache erklären", werden Veränderungsvorhaben nicht ihre Ziele erreichen; dies haben wir in den letzten 20 Jahren unserer Tätigkeit als interne und externe OE´ler schmerzhaft festgestellt. Mehrere Jahre lang fokussierten wir uns auf die OE-Hebel "Partizipation", "Kommunikation" und "Qualifizierung". Mit durchschnittlichem Organisationserfolg. Der eigentliche Erfolg und unsere eigene Zufriedenheit als OE´ler stellte sich jedoch erst ein, als wir die Bedeutung der Führung in Veränderungsprozessen erkannten und aktiv nutzten.

Organisationsentwicklung funktioniert nur, wenn sie von der obersten Führung mit aller Konsequenz gewollt ist und Führungspersonen sich als Paten oder Sponsoren verstehen. Vor einem Veränderungsprozess sollten sich die Verantwortlichen mit den folgenden Kernfragen eingehend beschäftigen:

- Können wir uns auf eine klare Vision und Strategie für die Veränderung in der Leitung einigen und diese gemeinsam tragen?
- Inwieweit wollen und können wir eine offene Informationspolitik betreiben?
- Wie eng müssen die Arbeitnehmervertretungen eingebunden werden?
- Haben wir das Know-how und die Kompetenz den Veränderungs-Herausforderungen zu begegnen?
- Wie viel Zeit und Ressourcen kann die Leitung in dieses Vorhaben investieren?
- Sind wir bereit, uns auf eine neue (Lern)Kultur und auf neue Werte bzw. Denkweisen einzulassen und diese top-down vorzuleben?
- Wie intensiv wollen wir unsere Führungskräfte und Mitarbeiter am OE-Prozess beteiligen?
- Wie halten wir die Zufriedenheit unserer Mitarbeiter auf hohem Niveau (über den gesamten Veränderungsprozess)?

Die Aufgabe der Führung ist es, den OE-Prozess zu steuern, dabei aktiv an der Diagnose, der Planung, der Durchführung und dem Monitorring maßgeblich teilzuhaben. Es reicht nicht aus, die OE-Aufgaben lediglich an eine OE-Gruppe zu delegieren und sich in bestimmten Abständen berichten zu lassen. Dies ist der steuernde Aspekt der Führung bezogen auf OE-Prozesse. Ein weiterer Aspekt ist die Konzentration auch auf das Selbstverständnis, auf die Anforderungen und die Führungskultur. In diesem Zusammenhang ist es beispielsweise wichtig, Lernprozesse auf oberster Ebene zu starten und damit ein Beispiel zu setzen. Bekanntlich wird "die Treppe von oben gekehrt". Mitarbeiter achten sehr auf diesen Aspekt. Oftmals mehr als man denkt bzw. sich wünscht.

Dieser Lernprozess auf der Führungsebene lässt sich umfassend und nachhaltig durch den parallelen Start eines Leadership-Programmes (Führungskräfteentwicklungsprogramm) realisieren. In diesem Programm werden neben neuen Theorien und Konzepten der Führung insbesondere Belange der Organisation bearbeitet. Die eigene Führungsrolle und Verantwortung wird mit diesen OE-Projekten verknüpft und das gemeinsame Lernen auf der Führungsebene anhand konkreter Organisationsherausforderungen aus der eigenen Organisation gestaltet.

Exkurs: Führungsverhalten in schwierigen Prozessen

Da der Führung in Veränderungsprozessen eine derart wichtige Rolle zukommt, werden im folgenden einige Aspekte des Führungsverhaltens beleuchtet.

Folgende Verhaltensaspekte angepasst nach Stowell (1988) können in OE-Prozessen helfen, neben der täglichen Führungspraxis die Rolle und Wahrnehmung des Führungskräfteverhaltens durch die Mitarbeiter zu stabilisieren.

Positives, unterstützendes Führungsverhalten:

- Gemeinsames Lösen von Problemen (dies ist, wie oben erwähnt, eine der Schlüsselaufgaben der OE)
- Anbieten von Hilfe und geeigneten Maßnahmen (Training, Coaching, Su-

pervision, Mentoring, Ressourcen, etc.)
- Echtes Interesse und Engagement für die Bedürfnisse und Ziele der Mitarbeiter
- Einfühlungsvermögen (Empathie)
- Ausschau halten nach Hindernissen und Problemen, um diese ggfs. aus dem Weg zu räumen
- Mitarbeiter und deren Beitrag für das Unternehmen für wertvoll halten und herausstellen
- Die eigene Verantwortung für Leistungsprobleme anerkennen
- Interaktion und Diskussion, nicht Einbahnstraßen-Belehrungen
- Dem Mitarbeiter Zeit lassen, selbst nachzudenken und auszuprobieren
- Fragen, ehrliches Interesse zeigen
- Mit Herz und Verstand Zuhören
- Und auch: Lob und Anerkennung bei Leistungssteigerungen

Negatives, nicht-unterstützendes Führungsverhalten:

- Negativ sein (Zweifel, Angst, Anschuldigungen)
- Macht einsetzen (Drohungen, Disziplin, Einbeziehung höherer Management- ebenen)
- Ständig Frustration zeigen (Frust, der durch den Druck von oben, von Kunden, etc. entsteht)
- Nicht interaktiv kommunizieren (Belehrungen, Lebensweisheiten)
- Nicht helfen wollen
- Kein Gefühl für die Probleme und Hindernisse der Mitarbeiter haben
- Schlechte Umfeld Bedingungen für Coaching-Gespräche schaffen

Mitarbeiter spüren sehr genau, wenn der Chef selbst Angst vor der aktuellen Situation bzw. vor schlechten Zukunftsaussichten hat. Dieser Punkt ist ein schwieriger, da es nicht möglich ist, diese Angst zu verbergen. Mitarbeiter sehen es Ihnen an, sie hören es an Ihrer Stimmlage. Mitarbeiter beobachten und hören mit allen Sensoren sehr genau zu. In dieser Situation ist es wichtig, durch gemeinsame Besprechungen und Klausuren die Lage offen und unverblümt anzuschauen und gemeinsam nach Lösungen zu suchen. Hierdurch wird auch das Gemeinschafts- und Zugehörigkeitsgefühl gestärkt. Ideen und Lösungsansätze werden durch die Mitarbeiter eingebracht. Das

Vertrauen in die Zukunft wird aufgebaut. Jeder kennt seine Verantwortung und Rolle bzgl. der anzugehenden Schritte. Leidensdruck ist vorhanden. Energien werden erzeugt.

Praxisbeispiel: Führungs-Veranstaltungen in einer Reorganisation

In einem einschneidenden Reorganisationsprozess wurde der OE-Hebel "Führung" besonders stark fokussiert. Im Prozess wurden alle sechs bis acht Wochen Führungs- Workshops, alle sechs Wochen mit der obersten Leitung Führungsklausuren, und wöchentliche Kurztreffen der Führungskräfte am Standort (kaskadierend- und zielgruppenorientiert, je Führungsebene) durchgeführt. Jeden Mittag traf sich der Führungskreis der oberen Führungskräfte in einem geschlossenen Essenssaal zum Essen.

Folgende Ziele wurden verfolgt: Kontinuierliche Reflexion der aktuellen Lage am Standort und in der Stadt (systemische Arbeit, Umgang mit internen und externen Einflüssen), kollektiver Dialog der Führungsverantwortlichen, Abgleich und Entwicklung einer gemeinsamen Sichtweise auf die aktuelle Lage und im Hinblick auf erforderliche Aktionen und Stabilisierung der Führungskräfte durch kollektive Zusammenkünfte und Austausch.

Gesamt-Führungs-Konferenzen:

In bestimmten Zeitabständen (vier- bis sechs-wöchentlich, je nach Bedarf und Situation) wurden Dialog-Konferenzen mit allen Führungskräften abgehalten. In diesen Konferenzen wurden die aktuellen Botschaften des Unternehmens platziert und reflektiert.

Erfahrungsaustausch unter Kollegen:

Je Ebene wurde der offene und konstruktiv-kritische Austausch unter Kollegen eingeführt und begleitet (sog. "Aktions-Forschungs-Gruppen"). Kamingespräche mit den Top-Managern des Unternehmens wurden abgehalten.

Austausch mit Führungskräften anderer Unternehmen:

Die OE-Berater brachten die Führungskräfte mit Führungskräften anderer Unternehmen, die ähnliche Prozesse durchlaufen hatten, zusammen. In diesen Gesprächen wurden Erfahrungen und Probleme aus Führungssicht ausgetauscht und Lösungsansätze gesucht (Lernen von anderen).

Praxisbeispiel: Organisationsentwicklung in einer Landesorganisation der Technologiebranche

Die Abhängigkeit der Ebenen wird an folgendem Praxisbeispiel deutlich. Ein Geschäftsführer, der in Bezug auf Führungs- und Teamentwicklungsfähigkeiten von seinen direkt zugeordneten Mitarbeitern in einer regelmäßig durchgeführten firmeninternen Befragung schlecht beurteilt wird und nach der Durchführung von zwei Teamentwicklungsworkshops sogar noch schlechter abschneidet, ist verzweifelt und will mich als den Coach gleich vor die Tür setzen.

Zum einen hat er, unter dem massiven Druck der Firma, fälschlicherweise die Überlegung, dass sich bereits mit der Durchführung von diesen Workshops, in dem offen und kritisch kommuniziert wird, die Situation schnell verbessern müsste. Diese Intervention kann jedoch nicht ausreichen, da die Gesamtorganisation in den Verbesserungsprozess einbezogen werden muss. Seine ihm direkt zugeordneten Führungskräfte werden ihrerseits von direkt zugeordneten Mitarbeitern beurteilt und beeinflusst. Ungereimtheiten, Ängste vor Jobverlust in der Organisation setzen die Führungskräfte unter Druck und führen zu einer steigenden Unzufriedenheit.

Bei der Besetzung von Veränderungsmanagement-Teams in komplexen, ganze Organisationen umfassenden Veränderungsprojekten ist darauf zu achten, dass es Personen sind, die entsprechend dieser Komplexität denken und arbeiten können. So erscheint es schwierig, bis geradezu unmöglich, mit reinen Coaches, die es gewohnt sind, Einzelpersonen oder Teams zu coachen, umfassende Reorganisationsprojekte zu bearbeiten.

Ihre "Brillen" sind entsprechend ausgelegt. Sie sehen nur das, was sie sehen können. Die Erfahrung und Beratungskompetenz fehlt. Auch wenn nur mit dem Vorstand oder dem Geschäftsführer gearbeitet wird, so ist es wichtig die Organisation hinter der Person zu sehen, um ihn oder sie zielführend beraten zu können. Falls diese Kompetenzen oder die entsprechende "Brillenstärke" noch nicht vorhanden sind, so sollte diese Kompetenz mit der Zeit durch Projekte, durch Reflexionen und Teilnahme an Qualifizierungsveranstaltungen angeeignet werden.

OE-Hebel: Partizipation - Beteiligung von Mitarbeitern

Der stärkste Hebel ist die Partizipation. Eines der wichtigsten Anforderungen der OE in den 70ger und 80ger Jahren war es, Mitarbeiter "umfassend und frühzeitig" zu beteiligen. Diese Anforderung muss relativiert werden.

Die von Veränderung Betroffenen sollen weitgehend selbst mitgestalten können. Neben dem Motivations- und Identifikationseffekt, mit den Zielen des Veränderungsprojektes, können durch die Einbeziehung von Mitarbeitern (als Experten mit großer Praxis- und Detailkenntnis) praxisgerechte Ergebnisse erarbeitet werden.

Durch die Einbindung von Mitarbeitern und Führungskräften in die aktive Projektarbeit und Entscheidungsvorbereitung können im Vorfeld einer Veränderung Widerstände erkannt und bearbeitet werden. Folgende Erfolgsfaktoren gilt es zu berücksichtigen. Gleichzeitig kommt in dieser Betrachtung auch die bewährte Methode der Promotoren- suche (Macht-, Wissens- und Beziehungspromotoren), welche wir aus dem Projektmanagement kennen, zum Tragen:

- Wer sollte wann und wozu einbezogen werden („wer kann ungestraft weggelassen werden?")
- Hohes Engagement der Mitarbeiter und Führungskräfte wird bei der Umsetzung durch aktive Teilnahme am Projekt erreicht
- Einbeziehung von Wissenspromotoren: Mitarbeiter und Führungskräfte die aufgrund ihrer langjährigen Erfahrung und ihres Fachwissens zur erfolgreichen Projektdurchführung beitragen können

- Einbeziehung von Beziehungspromotoren: So genannte Meinungsbildner. Dies sind Mitarbeiter und Führungskräfte die aufgrund ihrer Akzeptanz und ihrer sozialen Beziehungen in der Organisation respektablen Einfluss auf den Gesamtprozess nehmen können
- Machtpromotoren: Mitarbeiter und Führungskräfte, die aufgrund ihrer offiziellen
- Position (z. B. oberste Führungskräfte und Betriebs- bzw. Personalräte) die Projektarbeit maßgeblich fördern oder bei Nichtbeteiligung behindern können
- Frühzeitige und mitgestaltende Einbindung der gesetzlichen Interessenvertretungen der Mitarbeiter

OE-Hebel: Kommunikation - mehr als nur informieren

Die Bedeutung einer intensiven und offenen Kommunikation für den Erfolg von Veränderungsprozessen kann nicht hoch genug eingeschätzt werden. Sie ist die Basis für die Akzeptanz von und Identifikation mit den Projektzielen und -ergebnissen und für das Gelingen ihrer Umsetzung. Kommunikation ist hierbei nicht nur die Vermittlung von Informationen. Sie ist ein kreativer, tiefgehender Reflexionsprozess, der Vertrauen schafft, soziale Verarbeitung ermöglicht, gemeinsame Reflexionen ermöglicht, ein Gemeinschaftsgefühl erzeugt und Mut macht.

Bei der Kommunikation gilt die Regel: Je einschneidender die Veränderung, desto größer ist der Bedarf an direkter und dialogorientierter Kommunikation. Diese ist zweiseitig, also dialogorientiert und persönlich. Nicht nur das Gesagte, sondern auch das Verhalten kann beobachtet und wahrgenommen werden. Die Informationen können regelrecht "erspürt" werden.

Kommunikationsstrategie

Im Kommunikationskonzept einer Bankenreorganisation wird folgende Kommunikationsstrategie definiert, an der sich der Informations- und Kommunikationsprozess in allen Phasen des Projektes orientiert:
"Eine der obersten Projektmaximen der Reorganisation des Unternehmens ist offene Kommunikation - Mitarbeiter und Management sind im Wege einer transparenten Informations- und Kommunikationspolitik in den Restrukturierungsprozess mit einzubeziehen."
(aus oezpa-Projekt).

Auf dieser Basis wurde ein Kommunikationskonzept erarbeitet, das allen Beteiligten zeitnah das nötige Wissen und ausreichende Dialogmöglichkeiten zur geplanten Restrukturierung zukommen ließ. Dieses Konzept ist flexibel und wurde kontinuierlich angepasst und weiterentwickelt. Am Ende entstand ein Kommunikations-Referenz-Modell für zukünftige Restrukturierungs- oder sonstige Projekte (z. B. Fusionsprojekte). In diesem konkreten Fall für weitere Akquisitionen und Fusionen, die in der Unternehmensstrategie definiert waren.

Wenn Projekte gestartet werden, sollte darauf geachtet werden, dass nicht das Rad neu erfunden wird, sondern vorhandene Kommunikationsinstrumente und -medien in der Organisation genutzt werden. Zusätzliche, anlass- und zielgruppenbezogene Medien können hierbei entwickelt werden.

Folgende Leitlinien der Kommunikation (auch wenn sie zunächst sehr allgemeingültig klingen) können helfen, die Kommunikationsaktivitäten wirkungsvoll gestalten.

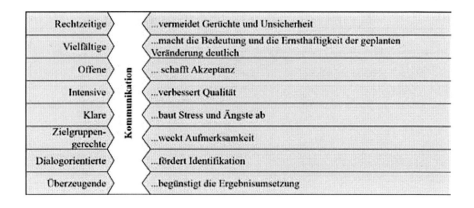

Der Kommunikationskreislauf

Bei der Planung der Kommunikation zu Beginn eines organisatorischen Veränderungsprozesses ist erstens zu überlegen, welche Anlässe es bezüglich Kommunikation gibt. Anlässe können z. B. der Start, der Übergang zur Umsetzungsphase oder auch der Abschluss eines Projektes sein. Anlass kann auch die Einführung eines neuen Logos oder etwa von neuen Führungssystemen sein (z. B. neue komplexe Software, neues Bezahlsystem). Wenn wir beim Beispiel der Logoeinführung bleiben, gilt es zweitens die Inhalte der Kommunikation festzulegen. Inhalte wären in diesem Fall das neue Logo, die Strategie oder Corporate Identity Aspekte, die diesem Logo zugrunde liegen usw.

Diesen inhaltlichen Überlegungen folgt nun drittens, die Zielgruppen der Kommunikation festzulegen. In diesem Fall wären es alle Mitarbeiter des Unternehmens. Bezogen auf Anlass, die zu transportierenden Inhalte und die zu erreichenden Inhalte sind nun viertens die Kommunikationsmedien festzulegen. Je nachdem, wie intensiv die Kommunikation erfolgen soll, ist nun zu entscheiden, ob eher der Informationscharakter im Vordergrund steht, oder der Dialog mit Mitarbeitern. In unserem Beispiel wird eine Großveranstaltung mit Mitarbeitern bevorzugt.

Die Nutzung der Medien und der gesamte Einsatz von Kommunikation sollte in der Veränderungsphase aufeinander abgestimmt sein und einem stimmigen (zwischen allen genannten Kommunikationsaspekten) "Flow" folgen. In diesem Flow gibt es keine Reibungen. Die Kommunikation fließt in ihren Bahnen. Mitarbeiter sind informiert, fühlen sich ernst genommen und können ihren wichtigen Beitrag für das Unternehmen und für das Veränderungsprojekt liefern. Gleichzeitig und als Nebeneffekt entwickelt sich eine neue, offene, ehrliche und partnerschaftliche Kommunikationskultur. Das Veränderungsprojekt ist sozusagen ein Kommunikationslernprojekt.

Kommunikationskonzept

Unternehmenskommunikation richtet sich nach innen in die Organisation (z. B. zu Mitarbeitern, zu Arbeitnehmervertretern, Eigentümern) und nach außen (z. B. zu Kunden, Lieferanten). Beide Kommunikationsrichtungen müssen stimmig gestaltet sein und aufeinander abgestimmt werden. Auf gar keinen Fall dürfen unterschiedliche Informationen gesendet werden. Widersprüche müssen vermieden werden. Mitarbeiter würden Z. B. über die Presse die Unterschiedlichkeit der Informationen erfahren und ihr Vertrauen in die Führung verlieren. In der systematischen und abgestimmten Kommunikationsweise wird auch die Kommunikationskultur des Unternehmens deutlich.

Skizze: Verzahnung von interner und externer Kommunikation

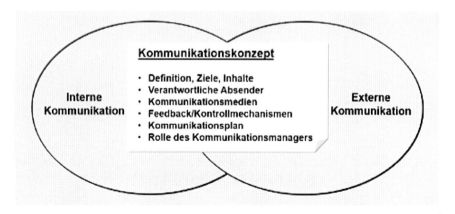

Kommunikationsmedien

Die Kommunikation in der Organisation kann einen Dialog oder einen Informationscharakter haben. Dialog bedeutet ins Gespräch gehen, für Fragen und Antworten zur Verfügung stehen, sichtbar und spürbar sein. Viele Führungskräfte tun sich leider schwer mit dieser Kommunikationsart.

Daneben gilt es durch eine eher "Ein-Weg-Orientierung" Informationen zu ermitteln. Je nach Fragestellung, Anlass und Situation muss die Führung entscheiden, welche Kommunikationsform erforderlich ist.

Dialogorientierte (Zwei-Weg)		Informationsorientierte (Ein-Weg)	
Persönlich	Elektronisch	Persönlich	Papier
<ul><li>Hausmesse</li><li>Open Space</li><li>Workshops</li><li>Klausuren</li><li>Steh-Dialoge</li><li>Monatliches Treffen mit GF (ca. 1 ½ Stunden)</li><li>Start (kick-off) - Veranstaltungen</li><li>Kommunikationskaskaden</li><li>Real Time Strategic Veränderung</li><li>World-Cafe</li><li>Frühstück</li><li>Kamingespräch</li><li>„Happy hour" mit GF</li><li>Mitarbeitergespräche</li></ul>	<ul><li>Videokonferenz</li><li>Intranet</li><li>Unternehmens TV</li><li>Filme</li><li>Firmen-Chat</li><li>Email der GF</li><li>Foren</li><li>Video-Clips</li><li>FAQ-Frage-Datenbanken (Frequent asked questions)</li></ul>	<ul><li>Betriebsversammlung</li><li>Abteilungsrunden</li><li>Jour Fixe</li><li>Info-Veranstaltungen</li><li>Spontane Zusammenkünfte</li><li>Informatorische Elemente in Workshops (z.B. Vorstellung der Strategie bzw. Ziele)</li></ul>	<ul><li>Mitarbeiter- und Projektzeitungen</li><li>GF-Infos/ Führungs-Infos</li><li>Flugblätter</li><li>Informations-Tafeln</li><li>Plakate</li><li>Broschüren</li><li>Befragungen</li><li>Brief an die Mitarbeiter</li></ul>

Brief an die Mitarbeiter

Jede Informationsversammlung, sei sie noch so groß und so kurz, lässt sich mit einem kurzen Dialogteil durchführen. So kann Z. B. eine 50-minütige Profit-Center-Versammlung mit ca. 2500 Mitarbeitern in der Automobilindustrie so organisiert werden, dass ca. 20 Minuten durch den Werkleiter informiert wird, 15 Minuten in Spontangruppen ("Murmelgruppen", "Buzz-Groups"), die durch das Zusammenziehen der Stühle zu Kreisen gebildet werden, diskutiert wird und in 15 Minuten per Mikrophon einige zentrale Aspekte durch den Moderator eingefangen werden.

Diese kurz getaktete Vorgehensweise hat zum einen den Vorteil, dass die Mitarbeiter die Gelegenheit erhalten, sich mit anderen Kollegen über das Gehörte offiziell austauschen. Zum anderen gibt es der Führung die Möglichkeit, eine kurze Rückmeldung zu erhalten und ein Gefühl für die zentralen Aspekte aus Sicht der Mitarbeiter zu erhalten.

Vorhandenen Kommunikationsinstrumente in der Organisation

Die Übersicht veranschaulicht beispielhaft die bestehenden Kommunikationsmedien innerhalb eines Unternehmens.

Kommunikations-Instrument	Inhalte	Zielgruppe	Absender	Frequenz
Firmen-Intranet	Elektronisch (E)			
FAQ-Frage-Datenbanken (frequently asked questions)	E			
Mail-Gruppen Standorte	E			
Newsletter	E			
Der Vorstand (GF) informiert	E	Alle Mitarbeiter	Vorstand	Monatlich
Betriebsversammlung	Mündlich (M)			
Mitarbeiter-Foren	M			
Info-Veranstaltungen vor Ort	M			
Kick-off Veranstaltungen	M			
Mitarbeitergespräche / Einzelgespräche	M			
Hauszeitung: Unternehmens-Magazin	Papier (P)			
Persönlicher Brief	P			
Der Betriebsrat informiert	P			

Für einen zielgruppenorientierten und ereignisbezogenen Einsatz ist deren Nutzungs- grad und deren Wirkung innerhalb des Unternehmens festzustellen und ggf. durch weitere Instrumente zu ergänzen. Der Nutzungsgrad und die Wirkung kann z. B. durch den Einsatz eines kurzen Fragebogens, durch gezielte Interviews oder in Form eines Kommunikationsworkshops festgestellt werden. Auch bei dieser Diagnose ist nicht die "statistische Genauigkeit" wichtig, sondern die Entwicklung eines Bewusstseins für die Wirksamkeit der Kommunikationsinstrumente in der Organisation. Die einfache Sammlung und Besprechung aller Kommunikationsinstrumente in der Organisation kann bereits sehr nützlich sein. In dieser Besprechung können Sie feststellen, ob in Ihrer Organisation ausreichend dialogorientiert gesprochen wird.

Die projektbezogene Einschätzung der im Unternehmen vorhandenen Kommunikationsinstrumente kann gleichzeitig eine generelle Optimierung dieser Instrumente implizieren. Durch Interviews bzw. durch strukturierte Fragebögen wird der Nutzungs- grad und das Interesse der Mitarbeiter an diesen Instrumenten ermittelt.

Kommunikations-Check

Mit folgenden Leitfragen können sie die Kommunikationsqualität in Ihrer Organisation Z. B. durch Einzel- bzw. Gruppeninterviews einschätzen lassen. Es kann je nach Anforderung und Erfordernis dieser Kommunikationsdiagnose auch ein umfassender Fragebogen entwickelt und eingesetzt werden. In Mitarbeiterbefragungen, in denen auch die Kommunikationskultur und -güte erkennbar wird, werden ähnliche Fragen abgeprüft. Die Antworten auf diese Fragen sollten in den Kommunikations-Check einbezogen werden.

- Sind die Informationen, die Sie für Ihre Arbeit brauchen, leicht und schnell verfügbar? Ist die Kommunikation im Unternehmen offen und ehrlich?
- Herrscht Transparenz über die Unternehmensziele und -strategien?
- Werden Besprechungen in Ihrem Team bzw. Bereich regelmäßig abgehalten, sind diese generell nützlich und informativ?
- Haben Sie die Möglichkeit, sich in diesen Besprechungen einzubringen?
- Welchen Informationsbedarf haben Sie?

Kommunikationstrainings

Kurze Kommunikationstrainings von z. B. einem Tag für alle Mitarbeiter des Unternehmens, in denen die Bedeutung von Wirkungsfaktoren der zwischenmenschlichen Kommunikation erörtert werden, können Mitarbeiter und Führungskräfte zusätzlich sensibilisieren.

In diesen Trainings können anhand von zwischenmenschlichen Kommunikationsmodellen mit anschließenden Übungen, das Kommunikationsverhalten analysiert und eingeübt werden. Bewusstsein für die eigene Kommunikationswirkung wird geschaffen.

Falls das Unternehmen über die finanziellen Ressourcen verfügt, sollte eine intensivere Trainingsmaßnahme in mehreren Tagen durchgeführt werden.

Dialog

Der Dialog ist ein Kernelement der Organisationsentwicklung. Indem Menschen in Organisationen miteinander über ihre Gefühle, über ihre Ängste, Sorgen und Hoffnungen sprechen, entlasten sie sich und fassen wieder Mut und Zuversicht. Für die Organisation selbst kann es sehr produktiv sein, den Dialog zwischen Führungsebenen und zwischen Funktionen zu fördern. Regelmäßige Dialogrunden in Veränderungsprozessen können eine entlastende und stabilisierende Wirkung erzielen. Der Dialog ist eine sehr starke Intervention, um Motivation zu erhöhen und Teamgeist zu erzeugen. Bedarfe und Möglichkeiten werden durch Dialoge eröffnet.

Praxisbeispiel: Kommunikationsstrategie im Veränderungsprojekt

In einem Großprojekt, das die Gründung einer Servicetochtergesellschaft einer Versicherung zum Ziel hat, wird folgende Kommunikationsstrategie definiert. Die Kommunikationsstrategie wird in der Initiierung festgelegt und die Kommunikationsmaßnahmen laufen in den verschiedenen Phasen mit folgenden Schwerpunkten ab:

Initiierung:
Bekanntgabe der Service Center Strategie im Haus. Aufnahme der Erwartungshaltungen der Beteiligten der Managementebenen und Mitarbeiter durch Befragung. Entwicklung eines Kommunikationskonzeptes Ermittlung der Kommunikations-Zeitpunkte mit allen Zielgruppen.

Gründung/ Entwicklung:

Information der beteiligen Managementebenen in Informationsveranstaltungen bzw. in Einzelgesprächen. Bekanntgabe der Service-Center Gründung auf einer hausweiten Mitarbeiterveranstaltung. Umsetzung der ersten Schritte des Kommunikationskonzeptes (z. B. Pilotworkshops, Plakataktionen, Intranet, Hauszeitung). einheitliche Kommunikation mit den anderen Bereichen.

Einführung/ Pilot:
Information der Kunden und Außendienst-Mitarbeiter des Pilot-Betriebes. Unterstützung der Rekrutierungs- und Qualifizierungsphase bspw. durch Plakataktionen, Demoworkshops, Intranet, Hauszeitung, ggf. Einzelgespräche. Kommunikation der Ablaufveränderungen mit den weiterleitenden und abgebenden Bereichen.

Betrieb /Breiteneinsatz:
Bekanntgabe und Abstimmung der Übernahme von Aktionen im Haus. Mitteilungen an die Kunden und Presse. Etablierung einer Regelkommunikation.

Praxisbeispiel: Risiken aufgrund fehlender Kommunikation

Jede Informationsversammlung, sei sie noch so groß und so kurz, lässt sich mit einem kurzen Dialogteil durchführen. So kann z. B. eine 50minütige Centerversammlung mit ca. 2500 Mitarbeitern in der Automobilindustrie eine 20-minütige Frage-Antworten- bzw. Reflexions-Sequenz bezüglich der vorgetragenen Informationen enthalten. Damit werden nicht nur die teilnehmenden Mitarbeiter aktiviert. Führungskräfte und andere Vortragende erhalten sofort Feedback. Sie können überprüfen, ob die Botschaften richtig angekommen sind und bei Bedarf darauf angemessen reagieren.

In einem Workshop wurden durch die verantwortlichen Personen die Kommunikations-Ziele festgelegt, um potentiellen Risiken begegnen zu können. Hierbei wurden die Risiken aufgeführt und zielgruppenbezogen die Kommunikationsziele erarbeitet.

Adressaten	Risiken bei fehlender Kommunikation	Ziele der Kommunikation
Mitarbeiter	Entstehung von Ängsten, Unsicherheiten und Vor-behalten aufgrund mangelnder Kommunikation - Tätigkeit im "Service Center" - Überforderung durch neue Tätigkeit - Arbeitsplatzverlust oder Gehaltseinbußen Unzureichende interne Rekrutierungsmöglichkeit. Verlust qualifizierter Mitarbeiter vor und während der Umstrukturierung aufgrund fehlender Info.	Kundenorientierung und Customer Relationship Management (CRM) Gedanken vermitteln und im Bewusstsein der Mitarbeiter verankern. Interesse an neuen Aufgaben wecken. Das nötige Vertrauen für Veränderungen schaffen. Versagensängste und Angst vor Arbeitsplatzverlust abbauen. Dialog ermöglichen und gestalten. Frühzeitiges Erkennen von / Umgang mit Widerständen.
Führungskräfte	Blockierung des Wandels Mangelnde Weiterleitung von Informationen Fehlende Zustimmung bei der Rekrutierung von Mitarbeitern für Service Center Angst vor Verlust von Führungsverantwortung.	Motivation für die Unterstützung der Umsetzung von CRM und der Projektaufgaben. Vorbereitung auf veränderte Aufgaben und neue Zuständigkeiten. "Rüstzeug" für Diskussionen mit Mitarbeitern. Frühzeitiges Erkennen von / Umgang mit Widerständen.
Fachbereich	Geringe Zusammenarbeit mit dem Service Center Keine Bereitstellung notwendiger Daten Mangelnde Informationsweitergabe an Kunden Erhöhte Fluktuation.	Information über Serviceverbesserungen und Vorteile für Fachbereich Abbau bzw. Verminderung von Unzufriedenheit Abbau von Befürchtungen um die eigene Rolle.
Kunden	Kundenabwanderung zu Wettbewerbern Geringe Gewinnung von Neukunden Unzufriedenheit durch mangelnden Service und unklare Ansprechpartner.	Information über verbesserte Serviceleistungen Positionierung des Unternehmens als führender, innovativer Serviceversicherer Management der Kundenerwartungen.

Praxisbeispiel: Kommunikationskaskade

Das folgende Beispiel soll die Wirksamkeit einer alle Mitarbeiter umfassenden und systematischen Kommunikationskaskade (KK) verdeutlichen. Die KK wurde in einem Versicherungskonzern durchgeführt. In einer Versicherung wird ein neuer Bereich durch die Zusammenführung verschiedener Abteilungen aufgebaut. Mitarbeiter sollen sich ohne Druck und freiwillig in diese Abteilungen versetzen lassen. Es gilt, die Mitarbeiter des Unternehmens, die als Zielgruppe in Frage kommen, über die Ziele, Aufgaben und den Umsetzungsprozess zu informieren. Gleichzeitig sollen durch dialogorientierte Veranstaltungen, in diesem Fall Workshops, die Mitarbeiter über die Notwendigkeit dieser organisatorischen Veränderung überzeugt werden.

Die Akzeptanz, diesen Veränderungsprozess zu begleiten, erhielten wir, als ich in einem der wichtigen Führungskreisrunden als sog. externer "Change-Management Berater" teilnahm, in der die Grundausrichtung des organisatorischen Vorhabens beschlossen werden sollte. Alle sollten das Konzept mittragen und mit "Blut unterschreiben", warnte der Geschäftsführer-Vorsitzende und erschreckte meines Erachtens die Führungskräfte derart, dass nichts Gescheites herauskommen konnte, was sicherlich auf seinen eigenen Druck, massive Kostensenkungen erreichen zu müssen, zurückzuführen war.

Man brauchte kein Hellseher zu sein, um in die Runde schauend zu sehen, bzw. zu spüren, dass das der Geschäftsführer (GF) gegenüber abgegebene Commitment (persönliche Verpflichtung) auf tönernen Füßen stand. In den Gesichtern waren Sorgenfalten und Ängste zu erkennen. Die Körpersprache konnte Bände füllen. Ich fragte die GF, ob ich denn eine Methode anwenden könnte, um den Grad des Commitments abzuprüfen, der für die Umsetzung essentiell sei. Ich hatte das Gefühl, das ich diese Frage mit der GF unabgestimmt fragen dürfte. Normalerweise sollte man vorsichtig sein mit solchen Interventionen. Erst recht, wenn eine heiße Diskussion läuft. Die GF nickt. Die Teilnehmer zeigten sich auch erfreut und interessiert. Mir wurde später klar, dass sie so die Gelegenheit bekamen, die Eckwerte des Konzeptes eingehender zu diskutieren und zu klären. Ich drehte eine Pinnwand um und zeichnete ein Quadrat mit den Achsen "Ich glaube an den Erfolg des Konzeptes" und "ich stehe voll hinter dem Konzept". Nacheinander kamen die Führungskräfte einschließlich der GF hinter die Wand und klebten ihren Punkt auf den Schnittpunkt dieser Achsen. Sie machten damit ihre persönliche Sicht bezüglich dieser zwei Fragen visuell deutlich. Alle Punkte zusammen ergaben den Gesamttrend alle Führungskräfte, der bescheiden ausfiel.

Der Glaube an den Erfolg war nicht hoch ausgefallen und das sog. Commitment, welches für die Umsetzung und beim Besprechen mit den Mitarbeitern wichtig gewesen wäre, viel eher schlecht aus. Das Bild das sich ergab, war alarmierend! Die GF war geschockt. Die Hausaufgaben waren noch nicht zufriedenstellend erledigt, das Konzept war nicht richtig verstanden, nicht ausgegoren und ausdiskutiert. Die Führungskräfte hatten, auch unserer schützenden Rolle vertrauend, sich ehrlich positioniert. Der charismatische GF-Vorsitzende reagierte schnell. Er zeigte seine Überraschung und Betroffenheit und er berief in der nächsten Woche einen zweitägigen "Pflicht-Workshop" zur weiteren Ausgestaltung des Organisationskonzeptes ein. Der Umsetzungstermin wurde um vier Wochen verschoben. Die Tagungsfrequenz des Führungskreises wurde erhöht.

Das Ziel der Kommunikationskaskade war die Gewinnung aller 850 Mitarbeiter des Bereiches für ein innovatives Organisationskonzept. Laut Organisationskonzept sollten alle Mitarbeiter, die in Projekten arbeiten, aus Effizienzsteigerdungsgründen disziplinarisch in ein zu gründendes Projektmanagement-Pool überführt werden. Das bedeutete, dass die Fachbereiche ihre besten Mitarbeiter abgeben mussten. Für die betroffenen Projektmitarbeiter in den Fachbereichen bedeutete dieses, dass sie sich aus der sog. "Komfortzone" hinaus in eine für sie zunächst unbestimmte Zukunft begeben mussten. Für die in den Fachbereichen verbleibenden Mitarbeiter bedeutete diese Reorganisation, dass sie sich wie Mitarbeiter "zweiter Klasse" vorkamen. Gleichzeitig verloren sie ihren sozialen Zusammenhalt mit allen Kollegen. Alles in allem eine sehr hoffnungslose Ausgangslage, in der es keine Gewinner zu geben schien. Diese organisatorische Veränderung sollte auch Einsparungen erbringen, um die schwierige Lage in der Versicherungsbranche für das Unternehmen mit aufzufangen. Dieses Ziel wiederum wurde von den Arbeitnehmervertretern kritisch begleitet. In dieser Situation wurden wir als externe OE´ler geholt, um den Veränderungsprozess zu beraten. Alle vier Hebel der OE kamen in diesem Projekt zum Tragen. Hier werde ich jedoch nur auf die KK eingehen, die durch intensive Begleitung der GF und des Führungsteams gestützt wurde. Die KK bot sich an, angefangen an der obersten Spitze der GF, die Kommunikation zu beginnen und einheitlich, sowie auf allen Ebenen abgestimmt, durchzuführen. Der Unternehmensbereich (Service-Tochtergesellschaft) war auf sechs Standorte verteilt.

Die Aufgabenstellung war, alle Mitarbeiter einheitlich, zielgruppengerecht und zeitlich eng getaktet zu informieren und einen Dialog zu führen. Die Mitarbeiter sollten auch geöffnet werden. Sie sollten ganz offen diskutieren und in diesen Veranstaltungen ihre Position und den Grad ihrer Bereitschaft in den Pool zu gehen (welcher mit einem großen Planschbecken im Workshop Raum aufgebaut wurde) abprüfen. Während dieser Positionierung kamen Ängste hoch, ob wir die Standpunkte der Teilnehmer festhalten und sie dann der GF mitteilen würden. Soviel zur herrschenden Vertrauenslage in der Organisation.

In den sechs Großveranstaltungen an dem jeweiligen Standort erhielten die Mitarbeiter die Gelegenheit, mit der GF zu sprechen. Die KK wurde durch ein intern und extern besetztes Kommunikationsteam aus OE´lern geplant, vorbereitet, durchgeführt und regelmäßig ausgewertet. Die Externen als "Systemaußensehende" sollten bewusst moderieren und eine neutrale Instanz darstellen. Die internen OE´ler, hauptsächlich aus der Personalabteilung, hatten insbesondere eine fachliche Aufgabe zu erfüllen, nämlich die Frage der disziplinarischen Veränderung etc.

Da es sich bei dem Unternehmen um ein kürzlich fusioniertes Unternehmen handelte, hatte sich das Vertrauen noch nicht entwickeln können. Der organisatorische Prozess war hierdurch stark erschwert. Die Maßnahme wurde von den unterschiedlichen Herkunftsfirmen kritisch und als Bedrohung betrachtet.

Skizze: Kommunikationskaskade

Die Kommunikationskaskade startete in der GF, in der das Organisationskonzept seinen letzten Schliff bekam. Die Kommunikationsstrategie, die Umsetzungsschritte und die Rollen wurden vereinbart. Ein einheitliches Kommunikationsdokument wurde für den Prozess in Auftrag gegeben, welches als Grundlage für die einheitliche Information diente. Zentrales Ziel der Kommunikationsstrategie war die Offenheit und breite Beteiligung. Die finanzielle Lage und die Zukunftsaussichten sollten offen und schonungslos dargestellt werden. Diese Offenheit, mit der die aktuellen Zahlen und die Planungen an den Pinnwänden hingen, imponierte den Mitarbeitern. Es war deutlich zu erkennen, was passiert, wenn nichts passiert (keine Einsparungen und Optimierungen erfolgen).

Als nächstes wird eine Klausur mit den direkt betroffenen Führungskräften der zweiten Führungsebene durchgeführt. In dieser Veranstaltung gilt es, die Führungskräfte zu informieren und für den weiteren Prozess der Reorganisation zu gewinnen. Eine soziale Verarbeitung durch Austausch und Reflexion wird gefördert.

Eine Klausur mit allen Führungskräften der zweiten Ebene sichert den Gesamtbezug der Maßnahme ab. Erforderliche Abstimmungen und Verknüpfungen werden für die weitere Umsetzung ermittelt. Die Verpflichtung aller zum Prozess wird erzeugt.
Ein Workshop mit den direkt betroffenen Führungskräften der dritten Ebene

stellt das Konzept auf den Prüfstand, bevor es in die Information der Mitarbeiter geht. An den verschiedenen Standorten werden Mitarbeiterkonferenzen durchgeführt. Die Kommunikationskaskade verfolgte eine bewusst hierarchieorientierte Vorgehensweise. Zunächst galt es, die "Offiziere" zu überzeugen und mit ins Boot zu nehmen. Danach ging es Schritt für Schritt an die Mitarbeiter.

Bei der Überzeugungsarbeit der Führungskräfte half der OE-Hebel Partizipation. Die oberen Führungskräfte wurden von Anfang an in die sechsmonatige Konzeptentwicklung und Reflexion eng eingebunden. Die Einbindung erfolgte im Projektteam. Projektleiter war der zukünftige Leiter des Bereiches "Poolmanagement". Ein erweitertes Projektteam half als interne Konsulenten und checkte das Konzept kontinuierlich "auf Herz und Nieren". Alle 40 Abteilungsleiter zusammen bildeten den "Führungskreis", welcher durch die GF monatlich in der intensiven Projektphase sogar zweiwöchentlich tagte.

Die Führungskräfte wurden mit der Zeit immer sicherer in der Darstellung des neuen Konzeptes. Auch die kritisch eingestellten Mitarbeiter mussten ihre Teile präsentieren und gewannen so mit der Zeit an Sicherheit und Befürwortung des Konzeptes. Die Kommunikationskaskade erreichte ihre Ziele: Alle kamen. Der Betriebsrat war eng einbezogen. Insgesamt meldeten sich mehr Mitarbeiter auf freiwilliger Weise für den Transfer in das Projektmanagement-Pool als erwartet. Der BR-Vorsitzende lobte die offene und kritische Auseinandersetzung in der Kommunikationskaskade so sehr, dass ein GF mir gegenüber lachend sagte, dass er ja wohl etwas falsch gemacht haben müsste, wenn der Betriebsrat uns und die Methode schon loben würde. Die GF war froh und überrascht, wie diese umfassende Reorganisation von den Mitarbeitern und den Betriebsräten angenommen wurde.

Der erfolgreiche Verlauf der Kommunikationskaskade und der späteren effizienten Umsetzung des Pool-Konzeptes ist insbesondere auf die konsequente, einheitliche Haltung und Vorgehensweise der GF zurückzuführen (OE-Hebel: Führung).
Das Instrument der Kommunikationskaskade hilft in einem Veränderungsprozess, einen geordneten und gesteuerten Prozess zu Weitergabe gezielter Informationen aufzusetzen und gezielt Feedback zu den Informationen in den Prozess zurückfließen zu lassen.

Je größer und schwieriger die beabsichtigte Reorganisation ist, desto sinnvoller ist es, eine systematische Kommunikationskaskade durchzuführen. Schritt für Schritt werden zunächst Führungskräfte und dann Mitarbeiter einbezogen.

Praxisbeispiel: Kommunikationstraining nach schlecht ausgefallener Mitarbeiterbefragung

Ein Industrieunternehmen, das größere Veränderungsprozesse meistern muss, führt nach einer in Bezug auf Kommunikation schlecht ausgefallenen Mitarbeiterbefragung, eine Kommunikationsoffensive durch. Alle 1.200 Mitarbeiter durchlaufen ein eintägiges Kommunikationstraining in kleinen Gruppen. Das Training wird auf zwei Ebenen durchgeführt. Zum einen erlernen die Mitarbeiter die Aspekte erfolgreicher zwischenmenschlicher Kommunikation. Gleichzeitig werden am Nachmittag aktuelle Probleme in der Zusammenarbeit und Kommunikation diskutiert und reflektiert.
Die Investition lohnt sich, da die Zufriedenheit der Mitarbeiter und ihre Kommunikationsart verbessert wird. Kommunikation wird zum zentralen Thema gemacht. Es entwickelt sich eine neue Kommunikationskultur. Mitarbeiter und Führungskräfte über verschiedene Funktionen hinweg lernen sich in diesen Veranstaltungen besser kennen. Die Firma trägt den Nutzen.

OE-Hebel: Qualifizierung

Qualifizierung ist in organisatorischen Veränderungsprozessen ein wichtiger Faktor. Um Strategien und Ziele von organisatorischen Projekten zu erreichen, ist es erforderlich, die Mitarbeiter auf diese Veränderung und für ihren Zielzustand durch Qualifizierung vorzubereiten, je früher desto besser. Eine rechtzeitige Qualifizierung erhöht das Verständnis für das Vorhaben, bereitet die Mitarbeiter vor und schafft Akzeptanz für die Ziele des Vorhabens. Es genügt beispielsweise nicht, zu sagen, dass das Unternehmen internationaler werden soll, und dabei die Menschen und ihre aktuelle Qualifikation zu ignorieren. In diesem Fall ist es wichtig, die Mitarbeiter mit auf diese "Reise" zu nehmen. Z. B. durch Trainings, Sprachkurse, zeitlich befristete Aufnahme von ausländischen Kollegen in der Abteilung oder kurze Auslandsaufenthalte (z. B. in eigenen Tochtergesellschaften und Projekten) können sie für andere Kulturen sensibilisiert, und sprachlich sowie mental vorbereitet werden. Ein ausländischer Chef eignet sich übrigens auch sehr gut für diese Qualifizierung. Damit ist die tägliche Auseinandersetzung mit anderen Kulturen und Sprachen quasi vorprogrammiert, mit all ihren Herausforderungen und Problemen natürlich.

Organisationsentwicklungs-Ebenen und Instrumente

Die Organisationsentwicklungs-Hebel Führung, Kommunikation, Beteiligung (Partizipation) und Qualifizierung können organisationsweit, auf ein Projekt, auf ein Team (z. B. Abteilung) oder auf Personen (Ebene des Individuums) bezogen werden. Die Arbeit an der Vision und an den Werten eines Unternehmens würde die Arbeit auf der gesamten Organisationsebene bedeuten. Die Diagnose eines strategischen Produktentwicklungsprojektes würde auf der Projektebene aufsetzen. Eine zweitägige Teamklausur, in der z. B. am Teamauftrag, an Teamzielen, an Teamprozessen und an der Teamzusammenarbeit gearbeitet wird, wirkt zunächst auf der Teamebene. Das Einzel Coaching setzt auf der Personenebene an. Es ist bei dieser Unterscheidung wichtig, zu überlegen, welche Veränderungsziele bzw. -Strategien auf welcher Ebene angesiedelt werden sollten bzw. müssen, um eine Wirkung zu erzielen.

Darüber hinaus kann diese Betrachtung bei der Identifizierung von erforderlichen Veränderungskompetenzen bei den steuernden Rollen und bei der Auswahl von externen Partnern wichtig sein (vgl. Kapitel: Veränderung, Kompetenzen).

Risiken aus unsystematischer Organisationsentwicklung

Falls im Veränderungsprozess die Aspekte einer systematischen Organisationsentwicklung vernachlässigt werden, kann es zu erheblichen Verzögerungen bis hin zum Abbruch des Vorhabens führen. Folgende Risiken sind zu beachten:

Folgende Risiken sind zu beachten.

Belastungen: Belastungen für das Projekt bleiben unter der Oberfläche.

Verpasste Chancen: Wissen über Problemfelder oder mögliche bessere Lösungen werden unterdrückt oder nicht berücksichtigt. Ideen der Mitarbeiter werden nicht gesehen und genutzt.

Konfliktverschleppung: Konfliktfelder bleiben unbehandelt.

Ressourcen- bzw. Effizienzverluste: Reibungsverluste führen zu permanenter Störung der Arbeitsabläufe. Mitarbeiter verbringen je nach Intensität große Teile ihrer Arbeitszeit damit, über Gerüchte oder nicht bearbeitete Konflikte zu sprechen.

Nicht wahrgenommene Lernchancen: Jede OE-Maßnahme ist eine Lernmöglichkeit, sowohl für die Einzelnen als auch für die Gesamtorganisation. Das Lernen wird durch Reflexion der aktuellen Situation und der Interventionen gefördert.

Zukunftsausrichtung wird verpasst: Die Organisation wird nicht auf die Zukunft vorbereitet. Führungskräfte nehmen ihre Rolle nicht wahr, da sie nur an kurzfristigen, operativen Jahreszielen gemessen werden und nicht an ihrem Einfluss auf die Organisation (impact).

Spätfolgen bei Nicht-Berücksichtigung

Falls die Organisationsentwicklung nicht bewusst gestaltet wird, kann es in Veränderungsprozessen zu folgenden Schwierigkeiten, Konflikten oder sogar Blockaden kommen.

Falls die Organisationsentwicklung nicht bewusst gestaltet wird, kann es in Veränderungsprozessen zu den folgenden Schwierigkeiten, Konflikten oder sogar Blockaden kommen.

Projektverschiebungen: Die fehlende Beteiligung und nachfolgende Auseinandersetzung des Betriebsrates in einem Auslagerungsprozess können zu einer Verschiebung des Projektstarts führen. Umsatzausfälle und Irritationen bei Kunden können die Folge sein.

Qualitativ schlechte Ergebnisse: Durch die Nichtbeteiligung von Mitarbeitern, die Know-how-Träger ihrer täglichen Arbeit und Abläufe sind, kann es zu qualitativ schlechteren Entscheidungen und Ergebnissen kommen.

Qualifikations- und Entwicklungsdefizite: Auf Führungs- und Mitarbeiterebene entstehen Qualifikations- und Entwicklungsdefizite.

Teure Mitarbeiterfluktuation: eine schlechte Informations- und Kommunikationspolitik führen zu Verunsicherung, Demotivation und Fluktuation von Mitarbeitern, wobei die Besten zuerst gehen.

Klima- und Kulturstörungen: Schlecht durchgeführte Organisationsentwicklungs-Prozesse können das Klima und vorhandene Kulturen nachhaltig negativ beeinflussen. Es können sich, wenn die Trennung von Mitarbeitern nicht fair und nachvollziehbar durchgeführt wird, Ängste einschleichen und langfristig in der Organisationskultur festsetzen.

Gefahren in Organisationsentwicklungsprozessen – Fallstricke in der Praxis

Im Folgenden werden Gefahren aufgeführt, die in Organisationsentwicklungs-Prozessen zu beachten sind.

- Die externen Organisationsentwickler übernehmen Verantwortungen, die der Führung der Organisation obliegen sollte.
- Organisationsentwicklung darf nicht bestehende Konflikte "übertünchen" oder umlenken (durch Berater absorbiert werden). Es kann für die Organisation, z. B. in einer Fusionssituation, wichtiger sein, dass die Konflikte transparent werden und offen ausgetragen werden, anstatt in Integrationsworkshops konsensorientiert, "weichgespült" werden.
- Der Start und die Durchführung von Organisationsentwicklungsprozessen basiert allein auf Zielen der Leitung und oder ihrer Stabsstellen. So wichtig Zielvereinbarungsprozesse sind, so schwierig kann es werden, wenn eine Führungskraft z. B. einen organisationsumfassenden Kulturentwicklungsprozess startet, "ein großes Rad dreht", weil es gerade Mode ist. Solche Projekte durchzuführen, um am Ende sein Ziel "abzuhaken" und am Jahresende den Bonus einzustreichen, bringen Themen wie Kulturarbeit in ein schlechtes Licht.
- Es kann ein Anruf kommen mit dem Hinweis "Dies ist ein halb privater, halb geschäftlicher Anruf". Dann lassen Sie sich auf ein Gespräch ein, in dem Sie sich durch die Nähe, die Sie zum Anrufer verspüren, verleiten lassen, über andere im Klienten System nicht unbedingt positiv zu sprechen. Sie verlassen also ihre Neutralität. Im Übrigen gibt es im Umgang mit Personen aus dem Klienten System keine Privatsphäre. Sie haben sozusagen ihre beraterische Rolle immer dabei und sollten die Grenzen sehen und beachten. Damit belieben Sie arbeitsfähig.
- Teil des Systems zu werden, ist eine weitere Gefahr. Das wird sehr deutlich in Augenblicken, wo sie voller Stolz einen Firmenausweis erhalten, auch wenn dieser kein Foto, wie bei Festangestellten, nachweist. Sie fangen dann an, der Firma, die sie beraten, zugehörig zu fühlen. Sie verlieren die erforderliche, professionelle Distanz zur Organisation.
- Was tun, wenn der Klient einem das DU anbietet? Es gehört schon eine große Portion Mut und Courage dazu, hier dezent abzulehnen, und auf die Wichtigkeit des Sie´s, auch gegenüber anderen im Klienten System,

hinzuweisen. Ihr Gegenüber wird hierfür Verständnis zeigen. Vielleicht nicht sofort, jedoch einige Zeit später, wenn er über Ihre Zurückhaltung nachgedacht hat und Sie dann für erfahren und professionell hält. Gleichzeitig erlebe ich in Projekten und Organisationen, wo das Du Selbstverständlich ist und auch fast sofort angeboten wird, durchaus professionelle Arbeitshaltung und –weise. Es schafft auch Nähe und Wertschätzung, die in OE-Prozessen wichtig sind. In diesem Bereich habe ich noch keine klaren Antworten gefunden, sofern es diese überhaupt gibt.

Gleichzeitig gehört es dazu, Fehler zu machen und schmerzhaft zu lernen. Dies liegt in der Natur dieses Berufes. Nicht vor jeder potentiellen Gefahr kann man sich schützen. Wichtig ist nur, diese Fehler wahrzunehmen, Schlüsse zu ziehen und daraus für zukünftige Herausforderungen zu lernen.

Erfolgs- und Risikofaktoren

Nebenstehend werden Erfolgsfaktoren und sog. "Fallstricke" der OE aufgeführt. Je früher diese Faktoren erkannt und berücksichtigt werden, desto höher ist die Erfolgswahrscheinlichkeit.

Erfolgsfaktoren:

- Eine klare Vision und Strategie vorgeben und neue Werte top-down vorleben
- Allen Beteiligten in der Veränderungsphase (und danach) mit Respekt und Achtung begegnen
- Eine klare und ausgewogene und proaktive Informationspolitik verwenden
- Unterstützung anbieten und Sicherheit geben
- Das richtige Maß an Partizipation finden
- Rechtzeitige Qualifizierung der Mitarbeiter

Risikofaktoren:

- Unterschätzen der Komplexität von Veränderungsprozessen
- Psychologische Probleme und Widerstände der Mitarbeiter übersehen
- Ignorieren von vorhandenen Werten und Normen
- Unterschätzen der Interessen verschiedener Beteiligtengruppen
- Zu geringe / zu hohe MA-Beteiligung
- Zu kurze / zu späte MA-Qualifikation
- Unterschätzung der Doppelbelastung durch normale Tätigkeit und veränderungsprozessbedingten Aufgaben

Praxisbeispiel: Auslagerung in einer Bank

In diesem Praxisbeispiel kommt das gesamte Spektrum der OE zum Einsatz. Die erfolgreiche Entwicklung der ausgelagerten Servicegesellschaft im Hinblick auf Kundenzufriedenheit und Finanzleistung bestätigt die durchgeführten OE-Maßnahmen und ihr Zusammenspiel, OE-Beratung der Phasen-Analyse, Konzeption, Auslagerung, Partnersuche, Professionalisierung der Servicegesellschaft der Bank. Der gesamte Auslagerungsprozess wurde durch OE-Berater sehr eng begleitet.

Herausforderung: Auslagerungsprozess in einer öffentlich-rechtlichen Institution. Suche und Bewertung eines externen Servicepartners für die Tochtergesellschaft. Professionalisierung eines ehemaligen Service-Bereiches einer Bank im Hinblick auf professionelle Dienstleistung, mit dem Ziel, die Kundenzufriedenheit zu erhöhen und die langfristige Existenz im freien Markt sicherstellen zu können.

In diesem Prozess wurden die OE´ler beauftragt, den Auslagerungsprozess des Servicebereiches mit über 1.000 Mitarbeitern aus der Bank durch Organisationsmaßnahmen (Change Management) zu beraten, die Identifikation bei allen Beteiligten mit der neuen Tochter zu erhöhen. Gleichzeitig wurden die OE´ler mit der Aufgabe betraut, das Auftraggeber-Auftragnehmer-Konzept zwischen dem neuen Servicehaus und den Fachbereichen der Bank zu beraten und umzusetzen:

- An den Nahtstellen fanden so genannte Kooperations-Workshops statt.
- Top-Führungskräfte wurden durch die OE´ler qualifiziert und in Bezug auf Auslagerung gecoacht. Interne Kommunikationsfunktionen wurden etabliert.
- Das Geschäftsführungsteam und einzelne Geschäftsführer wurden ebenfalls gecoacht.
- Konzipieren, Einführen und Startmoderationen für den erweiterten Führungskreis.
- Planung und Durchführung von Kommunikationsveranstaltungen vor, während und nach der Auslagerung. Bereichsfindungsprozesse und Teamentwicklungsmaßnahmen in den neu gebildeten Bereichen der Servicegesellschaft.
- Entwickeln und Durchführen von Szenarien-Workshops zur Partnerbewertung. Moderation von Mitarbeiter-Veranstaltungen.
- Etablierung von Projektleiterkonferenzen als Qualifizierungs- und Professionalisierungsprozess wurde sehr eng beraten.

Die Akzeptanz und Identifikation mit der neuen Servicegesellschaft bei Mitarbeitern und internen Kunden wurde gewährleistet. Der Auslagerungs- und Veränderungsprozess wurde zielführend durch die Geschäftsführung gestaltet. Das Auftraggeber-Auftragnehmer-Konzept wurde umgesetzt; mit entsprechenden so genannten "Service-Level-Agreements", in denen die zu erbringende Leistung im Hinblick auf Qualität und Quantität vertraglich vereinbart wurde.

Erkennen und Umgang mit Widerständen

Eine Veränderung ohne Widerstand gibt es nicht. Nur ist die Form von Widerständen sehr vielfältig, teilweise kaum zu erkennen. Je erfahrener Führungskräfte und Mitarbeiter mit organisatorischen Veränderungen sind, desto einfacher ist es für sie, Widerstände, auch versteckte, zu erkennen, zu deuten und im Sinne der Veränderungsziele zu nutzen. Über Widerstand und den Umgang mit ihm wurde viel geschrieben. Dennoch fallen wir Berater und auch die verantwortlichen Führungskräfte immer wieder in die Falle, die Gefahr des Aufkommens von Widerstand zu ignorieren. Veränderungen machen Angst. Wer eine Trennung von Ehepartnern in seiner Familie miterlebt hat, weiß, was es bedeutet, wenn sich plötzlich Menschen trennen, die jahrelang zusammen waren. Ähnlich lange Beziehungen gibt es in Organisationen, auch wenn es heißt, dass die Bindung der Menschen an ihr Unternehmen in den neuen Generationen abgenommen hätte. Mit diesen Ängsten und Sorgen, die verdrängt werden aber dennoch intensiv wirken können, gilt es, sich auseinander zu setzen. Die Ängste können bei Nicht-Bearbeitung zu massiven Widerständen führen.

Woran können wir erkennen, dass Widerstände vorhanden sind?

Die Barrieren und Widerstände sowohl der Mitarbeiter als auch der Führungskräfte im Veränderungsprozess zu erkennen und zu überwinden, ist eine sehr wichtige Aufgabe von Steuernden und Beratern des OE-Prozesses.
Aufgabe erfolgreicher Organisationsentwicklung ist es hierbei, eine Vision der Situation nach der Veränderung aufzuzeigen bzw. die Dringlichkeit der Veränderungen zu verdeutlichen, den Betroffenen Zeit zu geben, die Überraschung bzw. den "Schock" des Neuen zu verdauen und kontinuierlich geduldig zu kommunizieren. Im nächsten Schritt können Perspektiven aufgezeigt und die Betroffenen aktiv in die Veränderungsprozesse eingebunden werden.

Widerstand ist nicht immer leicht zu erkennen. Klar ist in der Regel nur, dass irgendetwas "nicht stimmt". Im Folgenden werden einige typische Anzeichen für Widerstand bei einzelnen Individuen, kleineren Organisationseinheiten bzw. in der gesamten Organisation aufgezeigt:

- Krankenstand oder andere Fehlzeiten steigen
- Zunahme von Fehlern
- Hohe Fluktuation
- Mitarbeiter sind nicht mehr motiviert
- Emotionale Reaktionen
- Mobbing und Gerüchte ("Flur Funk", welcher die Stimmung weiter verschlechtert)
- Zufriedenheit sinkt
- Keine Überstunden. Mitarbeiter machen nur das, was sie tun müssen
- Frustrationsgrad ist hoch
- Demonstrative Abwehrhaltung (Tassen mit der Aufschrift "strong together" flogen aus dem Fenster)
- Ziele werden nicht erreicht und interessieren niemanden
- Renitenz, Widerworte, unendliche Diskussionen, Arbeitsunwillen bis -verweigerung (Streiks)
- Passivität (z. B. Dienst nach Vorschrift) und "Egal Haltung"
- Destruktives Hinterfragen von Vorgehen und Methoden
- Glorifizierung des Alten ("als Herr Gottlieb noch hier war")
- Zahlen stimmen nicht mehr, Produktivität sinkt
- Äußeres Erscheinungsbild, Nachlässigkeit in der Kleidung und im Auftreten
- Vorschlagswesen stockt (keine Impulse und Ideen mehr von den Mitarbeitern)

Warum zeigen Menschen in Organisationen Widerstand? (Ursachen)

Eine grundlegend menschliche Eigenschaft ist das Streben nach innerem Gleichgewicht. Veränderungen stellen eine Bedrohung dieses Gleichgewichts dar, lösen Stress und Angst aus und führen in der Folge zu Blockaden und Abwehrverhalten. Je geringer der eigene Einfluss auf die Veränderungen wahrgenommen wird, desto höher sind gemeinhin die Ängste.

Persönliche Gründe:

Gründe für den Widerstand können im persönlichen Bereich liegen. Der Grad des Widerstandes ist abhängig vom Grad der vermuteten Verschlechterung:

- Sie haben den Wunsch, den aktuellen Zustand nicht zu verändern ("der Mensch ist ein Gewohnheitstier")
- Sie fürchten um ihre Errungenschaften, um ihren erarbeiteten Status, um den Verlust von sozialen Beziehungen zu ihren Kollegen und zu Führungskräften
- Mitarbeiter fragen sich, "wie werde ich von der Veränderung profitieren? Werde ich mich danach schlechter stellen?" (Selbstinteresse)
- Motivation und Identifikation mit dem Vorhaben fehlt
- Das Ziel, der Sinn der Veränderung wird nicht verstanden
- Das Verständnis oder Bewusstsein für die Dringlichkeit der Veränderung fehlt ("sense of urgency")
- Widerstand kann auch als Reflex verstanden werden, wenn die Veränderung unangekündigt verordnet wird
- Wenig Toleranz gegenüber Veränderungen
- Angst vor Verlust der ökonomischen (existentiellen) Absicherung (Verlust des Arbeitsplatzes). Dieser Punkt ist eines der wesentlichsten Gründe für das Aufkommen von Widerstand in organisatorischen Veränderungsprozessen
- Angst vor Überforderung ("bin ich der neuen strategischen bzw. organisatorischen Ausrichtung gewachsen? Kann ich mit meinen Sprachkenntnissen überhaupt international arbeiten?")
- Das Gefühl, nicht wertgeschätzt zu werden

- Einstellungen und Werte des Mitarbeiters kollidieren mit den Zielen der Veränderung (Z. B. Verlagerung von Arbeitsplätzen)
- Etwas Liebgewonnenes (Z. B. ein Projekt, eine Software) muss plötzlich aufgegeben bzw. beendet werden

Auseinandersetzung mit Macht und Autorität:

- Problemlage wird nicht verstanden bzw. wahrgenommen
- Sie spüren insgeheim, dass die oberste Führung nicht an das Vorhaben glaubt
- Mitarbeiter wehren sich gegen eine zu autoritäre Führung
- Sie fühlen sich von der Führung für andere Ziele ausgenutzt und hintergangen
- Widerstand kann auch aufgrund der formalen Rolle (Arbeitnehmervertreter) gezeigt werden

Teamgründe:

- Sozialer Druck seitens der Teammitglieder sich dem Widerstand anzuschließen
- Mitarbeitergruppen wollen der Führung eine Botschaft vermitteln.
- Es findet eine Solidarisierung gegen die Führung statt

Organisations- (kulturelle) Gründe

- Wenn die Organisation für die Veränderung noch nicht reif ist (Zeitpunkt)
- Fehlendes Vertrauen in die Führung
- Fehlende Hintergrundinformationen über die Veränderungsnotwendigkeiten ("in der Zeitung steht mehr als in der Betriebsversammlung erzählt wurde")
- Unterschiedliche Einschätzung über die Notwendigkeit von Veränderungen. Eine gute Idee für den Einen ist noch keine gute Idee für den Anderen
- Begründung ist nicht nachvollziehbar

Generelle Gründe:

- Mitarbeiter fühlen sich generell benachteiligt (z. B. finanziell, Arbeitsbedingungen)

Was ist, wenn kein Widerstand vorhanden ist?

Wenn Menschen in Organisationen keinen Widerstand zeigen, bedeutet dies nicht, dass die Veränderung auf dem richtigen Weg ist. Für diesen Zustand kann es unterschiedliche Gründe geben:

- Es ist ihnen egal. Sie glauben nicht an den Erfolg oder an den Sinn der Veränderung
- Sie glauben nicht daran, dass das Unternehmen etwas Böses von Ihnen will
- Sie sind schicksalsergeben (Fatalismus)
- Sie haben nichts mehr zu verlieren! Es kann nicht mehr schlimmer werden (nachdem sie schon durch 2 Fusionen gegangen sind)
- Aufgrund ihres Alters können sie ganz gelassen sein ("Ich kann machen was ich will, mir kann nichts mehr passieren")
- Sie denken nicht über die Veränderungen und über ihre Folgewirkungen nach. Sie können Ziele, Absichten und Veränderungen noch nicht überblicken, sie sind überfordert
- Unwissenheit
- Fehlendes Selbstbewusstsein und Angst. Angst vor Bestrafung
- Vertrauen in die Autorität ("Der Chef wird uns schon schützen", "Er weiß was er tut")
- Sie sind die "Gewinner" der Veränderung
- Sie sind Optimisten. Sie glauben an den Erfolg der Veränderung

Warum Widerstand wichtig ist

Widerstand ist nicht per se schlecht. Widerstand sollte als etwas Natürliches angesehen werden. Widerstand kann eine wichtige Funktion im Veränderungsprozess übernehmen. Das Durcharbeiten von Widerstandsursachen kann eine neue Phase einleiten.

- Konstruktiver Widerstand kann Lücken und Fehler in der Konzeption eines Veränderungsvorhabens aufzeigen
- Er hat eine Schutzfunktion. Er zeigt Grenzen auf ("bis hierhin und nicht weiter")
- Je nach Art des Widerstands kann ich erkennen, wer gegen das Vorhaben oder die Führung eingestellt ist

Beratungsunternehmen versuchen anhand von Mitarbeiterbefragungsergebnissen eine Kategorisierung der Mitarbeiter nach ihrem Grad der Zufriedenheit und Widerstandsintensität aufzustellen. Diese Kategorisierung ist mit großer Vorsicht zu betrachten, da sie keine mathematisch genauen Rückschlüsse darauf geben kann, wie viele Mitarbeiter nun zu der Kategorie der "verlorenen" Mitarbeiter gehören. Hier kann es sehr wichtig sein, gerade diese Gruppe sehr ernst zu nehmen und ihre Botschaften durch direkte Gespräche und Gesprächskreise zu verstehen um daraus Verbesserungsansätze zu gewinnen, auch wenn dieses den Führungskräften und ihren Beratern nicht immer einfach erscheint.

Situationsgerechte Methoden um Widerständen zu öffnen

Jede Situation erfordert einen anderen Ansatz. Im Folgenden werden einige Situationen und Ansätze aufgeführt.

Situation: Bei fehlender oder nicht adäquater Informationslage und Analyse. Ansatz: Mitarbeiter zusammenbringen und das Wissen mit ihnen teilen (Kommunikation). Ihren Standpunkt verstehen. Bereit sein, sie mitzunehmen. Vorteile: Einmal überzeugt, werden Menschen bei der Realisierung von Veränderungen helfen. Nachteile: Bei hoher Anzahl von Beteiligten kann dies sehr zeitaufwendig sein.

Situation: Initiatoren verfügen nicht über die erforderlichen Daten und Infor-

mationen. Andere besitzen hohe Widerstandskraft („wen kann ich ungestraft weglassen?').
Ansatz: Beteiligen an der Erarbeitung von Ideen, Konzepten, Umsetzungsplanungen. An Interviews und Diagnosen beteiligen.
Vorteile: Menschen die beteiligt werden, bekennen sich stärker zum Veränderungsprozess und zeigen größeren Einsatz. Wichtige Informationen, über die sie (z. B. aus operativen Prozessen) verfügen, werden in den Veränderungsprozess einbezogen).
Nachteile: Kann zeitaufwendig sein. Dennoch ist zu überlegen, ob ein Nichtbeteiligen am Ende nicht noch höhere Effizienzverluste hervorruft.

Situation: Das Veränderungsvorhaben ist nur rudimentär durchdacht, wenn versucht wird, Wettbewerbern zu folgen, ohne zu überprüfen ob die Idee für das eigene Unternehmen überhaupt sinnvoll ist Das Vorgehen ist ungenügend und zu oberflächlich geplant .
Ansatz: Ziele, Konzept und Vorgehen überdenken und überarbeiten. Kritische Meinungen anhören.
Vorteile: Mitarbeiter fühlen sich ernst genommen und beteiligt Das Risiko, einer nicht genügend durchdachten Idee und Vorgehensweise zu folgen, und damit wichtige Ressourcen zu verschwenden, wird reduziert.
Nachteile: Das Umfeld kann den Eindruck gewinnen, dass die Führungskräfte gar nicht wissen was sie wollen.

Situation: Mitarbeiter sind mit den Zielen, Inhalten, Aufgaben und Rollen der zukünftig gewollten Situation überfordert. Sie sind nur ungenügend vorbereitet
Ansatz: Qualifizierung
Vorteile: Voraussetzungen des Umsetzungserfolges werden geschaffen. Mitarbeiter erkennen, dass sie wichtige Beteiligte des Prozesses sind, dass es auch stark auf sie ankommt. Die Organisations- kompetenzdurch erhöhte Qualifikation der Personen wird erhöht.
Nachteile: Qualifizierung braucht Zeit und Ressourcen.

Situation: Wenn Menschen aufgrund von Anpassungsschwierigkeiten Widerstand zeigen.
Ansatz: Unterstützen und befähigen.
Vorteile: Veränderung wird abgesichert da durch Widerstand deutlich wurde, dass Menschen den Anforderungen (noch) nicht gewachsen sind. Sie fühlen

sich unterstützt und wertgeschätzt.
Nachteile: Kann zeitaufwendig, kostenintensiv sein. Erfolg ist nicht garantiert.

Situation: Betroffenheit ist sehr groß. Angst und Trauer herrscht vor.
Ansatz: Soziale Verarbeitung (Dialog und Reflexion ermöglichen).
Vorteile: Neue Energien können freigesetzt werden. Das Team wird zusammengeschweißt.
Nachteile: Braucht Zeit, Kraft und Geduld (gerade in komplizierter Situation).

Situation: Wenn eine Person oder Personengruppe sich durch die Veränderungen verschlechtern (z. B. bei Standortver1agerung), und wenn diese Gruppe über hohe Widerstandskraft verfügt.
Ansatz: Verhandlung und Vereinbarungen treffen.
Vorteile: Manchmal kann dies ein relativ einfacher Weg sein, um Widerstände erst gar nicht aufkommen zu lassen.
Nachteile: Es kann sehr kostenintensiv sein, wenn ein Exempel statuiert wird und andere mit weiteren Verhandlungswünschen nachziehen.

Wie können Widerstände von vornherein vermieden werden?

Damit nicht zu große Widerstände aufkommen, sollten folgende Erfolgsfaktoren im Vorfeld von Veränderungen berücksichtigt werden.
- Einbeziehen aller Betroffenen bzw. (der von ihnen gewählten) Vertreter, in den Prozess integrieren
- Transparentes Vorgehen. Die Betroffenen über Fortgang des Prozesses kontinuierlich informiert halten (Zwischenergebnisse, Meilensteine kommunizieren)
- Persönlichen Nutzen erkennen lassen und Chancen aufzeigen.
- Vorteile der Veränderung aufzeigen bzw. erkennen lassen (Wirkung ist höher, wenn die Mitarbeiter durch Besprechung und Reflexion des Vorhabens, idealerweise im Vorfeld, selbst auf die Vorteile kommen)
- Alternativen anbieten
- Notwendigkeit der Veränderung aufzeigen

- Leidensdruck erzeugen, z. B. durch Information über und Erkennen der (z. B. finanziellen) Ausgangslage und der schlechten Zukunftsaussichten
- Persönliches Engagement, Aktivität einfordern ("was nehmen Sie sich vor") und Ziele vereinbaren
- Mit Führungskräften persönliche Ziele vereinbaren (bei Bedarf setzen) und in den Jahresgesprächen feste Messgrößen vereinbaren (z. B.: Projekt ist dieses Jahr gestartet und im Dezember abgeschlossen. Alle Führungskräfte nehmen aktiv am Prozess teil)
- Lösungsvorschläge erarbeiten bzw. anbieten
- Positives Klima schaffen. Begeisterung für Veränderung erzeugen (z. B. durch Erarbeitung von Zukunftsvision)
- Aktiv als Führung vorleben. Vorbild sein
- Bei ganz schwierigen Fällen Führungskräfte austauschen

Fragen im Vorfeld von Veränderungen

Im Vorfeld und während der Planung von organisatorischen Veränderungsprozessen kann die Beantwortung von folgenden Fragen Orientierung geben und den Erfolg der Maßnahme absichern.

Frage:
Wie öffnen wir die Mitarbeiter für die neuen Ideen und Wertvorstellungen?

Ideen und Ziele des Managements sind nicht unbedingt immer deckungsgleich mit denen der Mitarbeiter. Hier gilt es, den Nutzen für die Mitarbeiter deutlich zu machen. Dies gelingt am ehesten, wenn Mitarbeiter z. B. im Vorfeld von Veränderungsprozessen die Gelegenheit erhalten, ihre Vorstellungen von den Veränderungszielen zu entwickeln und mit Kollegen und Führungskräften zu besprechen. Vor Fusionen kann dies z.b. dahingehend erfolgen, dass Mitarbeiter in Dialogveranstaltungen (z.B. Workshops und Open Space Konferenzen) mit ihrer aktuellen Lage konfrontiert werden.

Frage:
Wie erhöhen wir die Identität mit der zukünftigen mit den Zielen?

Es gilt die Herzen der Mitarbeiter für das die Idee und Zielsetzung zu gewinnen. Dies gelingt nicht immer und Mitarbeiter können und müssen die Organisation verlassen, wenn diese Ziele zu stark von ihren eigenen Zielen und Wünschen abweichen.

Frage:
Wie können wir einen Kulturschock vermeiden?

Kulturschock kann insbesondere in Fusionen auftreten, wenn die zusammengeführten Kulturen zu stark voneinander abweichen und wenn seitens der Projektgestalter wenig bis gar kein Augenmerk auf diese Herausforderungen gelegt wird.

Frage:
Wie können wir das Lernen voneinander fördern?

Jedes Projekt kann als ein Lernprozess betrachten und gestalten. Hierbei wird in auf allen Ebenen gelernt. Der Vorstand lernt ebenso wie die Mitarbeiter und die sie begleitenden Berater. Wenn der Transfer des Projektlernens in die Organisation gelingt, kann damit das organisatorische Lernen gefördert werden. Das Lernen verbleibt dann nicht primär bei den Projektbeteiligten.

Frage:
Wie schaffen wir es, eine Aufbruchs- und Innovationsbereitschaft und -stimmung entstehen zu lassen?

Diese Frage ist umso schwieriger, da durch die ständigen Veränderungen die Mitarbeiter und Führungskräfte ermüdet sind. Es gibt unendlich viele Projekte, Aktionspläne und Tausende von To-do`s, die so daher dümpeln. Was hilft ist eine rigorose Verschlankung dieser To do´s, welches nur durch eindeutiges Priorisieren durch die Führung geht.
Wie bereits oben erwähnt und in den Fallbeispielen dargestellt, ist die Arbeit an Visionen ein großer Energiegeber. Mitarbeiter arbeiten einzeln und dann im Team daran, wie die Zukunft mit und ohne die Veränderung aussehen könnte. Zusammenhänge und Nutzen können somit besser gesehen werden.

Frage:
Wie holen wir die Mitarbeiter von ihren Ausgangspositionen ab?

Die Mitarbeiter befinden sich zu Beginn von Veränderungsprozessen nicht unbedingt auf der gleichen Ausgangsbasis wie Führungskräfte. Nicht zuletzt eine restriktive Informationspolitik führt dazu, dass Mitarbeiter für die angedachte Veränderung noch nicht genügend vorbereitet und eingebunden sind.

Es kann jedoch auch sein, dass genau das Gegenteil der Fall ist. Mitarbeiter können sehr offen für die Veränderungen sein und diese sogar herbeiwünschen. Vielfach ist unklar, wer genau was nicht will: Sind es die Mitarbeiter oder die Führungskräfte? Mitarbeiter werden dann als "Schutzschild" gegen die Veränderungen vorgeführt bzw. aktiviert. Führungskräfte lehnen sich dann dezent zurück und argumentieren, dass die Mitarbeiter noch nicht soweit seien, nicht wollen und in interkulturellen Projekten sogar von oben herab sagen, dass es in dieser Kultur nicht geht. Dass die Menschen in diesem Land das Konzept nicht verstehen würden usw.

Was Mitarbeiter über ihre Organisation wissen sollten

Damit Mitarbeiter ein Bewusstsein für organisatorische Veränderungsprozesse, für ihre Notwendigkeiten entwickeln können und auf erforderliche Veränderungsprozesse vorbereitet sind, brauchen sie Transparenz über die Situation ihrer Organisation. Sie müssen jederzeit Bescheid wissen, wo ihre Organisation im Markt und im Vergleich zu Wettbewerbern steht, was ihre Kunden von der Organisation und ihren Leistungen denken. Nur so ist es möglich, die Mitarbeiter schneller mit auf die Reise zu nehmen. Gleichzeitig hilft diese Form der offenen Information, Widerständen gegenüber wichtigen Interventionen nicht entstehen zu lassen.

Finanzielle Eckwerte und Trends erkennen:
Mitarbeiter sollten das wissen, was ihre Führungskräfte wissen, Zahlen inklusive. Sie müssen wissen wo die Organisation im Vergleich zu früher steht, wie sie sich entwickelt, welchen Trends sie ausgesetzt ist. Wie die Zukunftsaussichten sind.

Gefahren kennen:
Sie sollten über die Gefahren und über geplante Gegenmaßnahmen informiert sein. Sie sollten auch wissen, wie es zu dieser Entscheidung bezüglich der Gegenmaßnahmen kam, welche Alternativen betrachtet wurden.

Entscheidungprozesse und Risiken verstehen:
Sie sollten die Entscheidungsprozesse und -kriterien kennen. Sie müssen wissen, wie viel Risiken der Organisation zumutbar sind.

Schlechte Entscheidungen sehen:
Sie sollten die Konsequenzen schlechter bzw. von Nicht-Entscheidungen kennen. Sie sollten wissen, was zu tun ist, wenn das Unerwartete passiert.

Kundenerwartungen kennen:
Mitarbeiter müssen Kundenerwartungen und die Möglichkeiten der Überer-

füllung dieser Erwartungen kennen.

Globale Wirtschaft verstehen:
Mitarbeiter sollten darüber aufgeklärt sein, warum es kostengünstiger ist, z. B. in China zu produzieren als in Deutschland und was dies für die Organisation bedeutet.

Soziale Fähigkeiten entwickeln:
Mitarbeiter müssen soziale Fähigkeiten entwickeln, die es ihnen erst ermöglichen, am Veränderungsprozess sich aktiv zu beteiligen. Dies beinhaltet Fähigkeiten wie z.b. vor der Gruppe aufzustehen und seine Meinung äußern, eine unterschiedliche Sichtweise einnehmen, wissen, wie Konsens erzielt werden kann, andere am Prozess beteiligen und zuhören können.

Quelle: Angepasst nach Pasmore 1994, aus Boyett, 1998

Praxisbeispiel: Tochtergesellschaft sucht Partner

Eine Technologie-Tochtergesellschaft einer Bank wollte ein Unternehmen aus der Technologiebranche an ihrem Unternehmen beteiligen, um sich schneller als professionelles Dienstleistungs- und Serviceunternehmen auszurichten. Die Organisationskultur sollte durch die Aufnahme neuer Mitarbeitergruppen und von Führungskräften von diesem Unternehmen in Richtung Ergebnis- und Kundenorientierung entwickelt werden. Die Tochtergesellschaft sollte profitabel werden und sich von der "Subventionsspritze" der Mutter lösen.

Während der Suche nach einem Partner, die offen gestaltet wurde, um die Mitarbeiter frühzeitig an den Gedanken, eine andere Firma aufzunehmen, zu gewöhnen, zeigten sich zwangsläufig erste Widerstände in Form von Unmut und Unzufriedenheit. In den Führungskreisen hinterfragten die Führungskräfte offen diese Absichten. Die GF der Tochtergesellschafft beschloss, eine Workshop-Kaskade "Fit für den Partner" durchzuführen. An dieser Workshop Kaskade sollten alle 60 Führungskräfte (Abteilungs- und Teamleiter) und weitere 60 Projektleiter sowie Experten beteiligt werden. Insgesamt wurden 6 Workshops mit je 20 Teilnehmern durchgeführt. Das Ziel der Beteiligung war die Einbeziehung aller fachlich und personell leitenden Personen. Die Teilnehmer wurden nach Funktionen und Hierarchieebenen durchmischt, um eine höchstmögliche Gesamtsicht auf das Vorhaben zu ermöglichen.

Gestartet wurde dieser Prozess mit dem erweiterten Führungskreis (GF und 8 Abteilungsleiter). Dieser zweitägige Management-Workshop verfolgte neben den inhaltlichen Zielen zwei weitere Prozessziele. Zum einen wurde er als ein Pilot-Workshop durchgeführt, um eine "Standard-Dramaturgie" für alle folgenden Workshops zu entwickeln. Zum anderen galt es, wieder einmal die Führungskräfte zuerst zu gewinnen, um sie in der weiteren Workshopfolge als Meinungsführer einzusetzen.

Die Agenda folgte dem Rahmen einer Zukunftskonferenz (vgl. auch Abschnitt "Future Search"). Zunächst wurde mit allen Beteiligten auf den gemeinsam zurückgelegten Weg zurückgeblickt ("Wo kommen wir her? Was haben wir erreicht? Was konnten wir noch nicht erreichen?"). Ereignisse, Herausforderungen, Probleme, Erfolge und Misserfolge kamen zur Sprache. Danach ging es um die Besprechung der aktuellen Lage. Hierbei wurde die aktuelle Situation anhand der finanziellen Fakten betrachtet, Herausforderungen, Probleme, Stärken und Schwächen der Organisation aufgeführt. Abschließend schauten wir in die Zukunft. Chancen und Risiken wurden eingeschätzt. Man erörterte auch die Frage was passiert, wenn die Organisation alleine weitermacht und wo ein Partner sinnvoller Weise einen Nutzen bringen könnte. Auch stellte man ein Profil in Bezug auf Produkte, Leistungen, Kultur etc. in jedem Workshop zusammen.

Die drei Geschäftsführer teilten sich auf die Workshops auf und präsentierten jeweils zu Beginn die aktuellen Finanzzahlen.

Zu Beginn des Workshops wurden die Mitarbeiter anonym anhand einer Pinnwand nach ihrer Sicht gefragt. Sie setzen einen Punkt auf ein Rechteck mit den Achsen "Wir brauchen einen Partner" und "Ich bin bereit mich auf diesen Partnerprozess einzulassen". Die gleiche Abfrage wurde am Ende des anderthalb tägigen Workshops durchgeführt. Die Veränderung war enorm und gab Zuversicht.

Die Diskussionen verliefen sehr offen und kontrovers und ermöglichten einen ehrlichen und angstfreien Meinungsaustausch. Dieser Diagnoseprozess und die offenen Dialoge darüber erzeugten Betroffenheit und das notwendige Bewusstsein über die Lage. Es wurde für alle klar, dass etwas geschehen musste, Hintergründe wurden deutlich. Am Ende entstand Zweifel darüber, ob man alleine, ohne einen professionellen Partner, schnell genug in die wirtschaftliche Unabhängigkeit kommt. Mitarbeiter sind damit für das Vorhaben mindestens interessiert, wenn nicht sogar geöffnet. Nun galt es hier "dran zu bleiben" und durch weitere Einbeziehung und Kommunikation alle auf der Zielgerade zu halten.

Umgang mit Krisen und Konflikten

Das frühzeitige Erkennen und Verstehen von Konflikten und sich anbahnenden Projektkrisen gehört zur Aufgabe der Organisationsentwickler. Nicht der Konflikt an sich bringt Probleme und Schwierigkeiten mit sich, sondern das Nicht-Auseinander- setzen mit dem Konflikt, d. h. das Nichtangehen und Nichtlösen des Konfliktes. Daher ist es wichtig, Konflikte zu erkennen, sie frühzeitig anzusprechen und zu einer für alle Beteiligten befriedigenden Lösung zu kommen. Der Konflikt wird dann förmlich "unter dem Tisch" hervorgeholt und "auf den Tisch" gebracht.

Der Organisationsentwickler ist ständiger Navigator, der mögliche Untiefen und Klippen im Veränderungsprojekt frühzeitig erspüren und sehen sollte. Hierzu muss er sich sehr nah am Projekt- bzw. Klienten System bewegen und präsent sein. Ständige Beobachtung und Gespräche mit Organisationsmitgliedern und internen Organisationsentwicklern sind dabei eine wichtige Informations- und Erkenntnisquelle.

Auf welche Zeichen müssen Sie achten, um Konflikte und Krisen zu erkennen?

Hier erhalten Sie einige Beispiele für kritische Anzeichen aus der OE-Praxis:

Der Auftraggeber wechselt:
Ihr Auftraggeber wechselt in eine andere Position, oder verlässt die Organisation. Eine Fusion bahnt sich an: Nach dem Sie mühsam einen Veränderungsprozess mitgestartet haben, kommt nach einem Jahr schon die nächste Fusion. Was passiert mit dem Veränderungsprozess? Gibt es eine Veränderung in der Veränderung?

Das Budget ist aufgebraucht:
Das bereitgestellte Budget ist erschöpft. Neues Budget wurde nicht frühzeitig angefordert.

Change Management Berater werden offen angegriffen und abgelehnt:
„Wir brauchen Sie nicht mehr", „dass ist doch aus Seite x von ihrem Psycho-

buch", „diesen Change Manager wollen wir nicht mehr, so ähnlich können die Sätze im Konfliktfall lauten.

Meilensteine können nicht eingehalten werden:
Termine werden zunächst geringfügig danach immer wieder verschoben.

Der Projektleiter ist nicht in seiner Rolle:
Er beruft keine Teamsitzungen mehr ein. Er erklärt die Change Manager alleinig für den Prozess und für sein Ergebnis verantwortlich.

Projektauftrag und -zielsetzung gelten nicht mehr:
Z. B. nach einer Fusion oder bei einem Auftraggeber Wechsel.

Grad der Unverbindlichkeit nimmt zu:
Verabredungen (z. B. Abgabe von Projektergebnissen) werden nicht eingehalten. Besprechungen werden allzu leichtfertig verlegt der abgesagt.

Prioritäten werden verändert:
Neue Veränderungsvorhaben werden parallel mit höherer Aufmerksamkeit und Euphorie gestartet.

Ständige Nachforderungen durch das Management und Fachabteilungen:
Sie verlieren den Fokus da sie immer mehr Aufträge annehmen. Konzentration geht verloren. Der rote Faden ist nicht mehr sichtbar.

Nachlassendes Interesse des Managements:
Sie spüren, dass der Auftraggeber oder andere Führungskräfte sich für das Projekt nicht mehr interessieren. Sie kommen sich überflüssig vor.

Wenn Sie solch fundamentale Projektkonflikte erkennen sollten, ist es wichtig, diese Probleme in der Projektgruppe sofort anzusprechen und nach den Ursachen zu suchen. Im nächsten Schritt gilt es, diese Risiken mit dem Auftraggeber offen und mutig anzusprechen sowie zu klären.

Die häufigsten Ursachen für Krisen und Konflikte in der OE-Praxis

Krisen und Konflikte in OE-Prozessen sind unvermeidbar. Ein noch so gut laufender OE-Prozess kann mit der Zeit in eine Konflikt- bzw. Krisensituation geraten. Wichtig ist, die Warnsignale zu erkennen um ggf. früh entgegenzuwirken bzw. aus der Krisensituation Lehren zu ziehen und zu lernen. Folgende Ursachen können zu Konflikten führen.

Konfliktfeld	Ausprägung
Führung	• Kämpfe um Macht und Einfluss • Gegenseitige Abhängigkeit
Kommunikation	• Unzureichende Kommunikation
Rolle	• Rollenkonflikte • Wechsel des Sponsors oder Projektleiters
Ziele	• Zielkonflikte
Ressourcen	• Prioritäten ändern sich • Wettbewerb um knappe Ressourcen
Vorgehensmethodik	• Zu hohe Komplexität • Zu starke Eingrenzung des Interventionsfeldes
Kultur	• Wenig Gebrauch von konstruktiver Kritik • Fehlendes Vertrauen
Persönliche Betroffenheiten	• Groll, Ärger, Empfindlichkeit • Gefühl, ungerecht behandelt zu werden, Verletztheit
Organisation	• Auseinandersetzung über Zuständigkeiten

Wie mit Konflikten und Krisen in OE-Projekten umgehen?

Bei Konfliktlösungen sollten Sie sich davon leiten lassen, dass Konflikte nichts Außergewöhnliches sind, dass sie überall vorkommen, dass sie permanent vorhanden sind und auch produktiv sein können. Konflikte können dazu dienen, trennende Elemente in einer Gruppe zu beseitigen und ihre Einheit wiederherzustellen. Das kann aber nur erreicht werden, wenn Konflikte ernst genommen, angesprochen und bearbeitet werden.
Da die Lösungsmöglichkeiten in der Regel außerhalb der Projektgruppe lie-

gen, kann es je nach Dringlichkeit und Umfang des Konfliktes erforderlich werden, den Auftraggeber und ggf. weitere Projektbeteiligte einzubeziehen.

Folgende Fragen können Ihnen helfen, den Konflikt zu erkennen, zu untersuchen, zu verstehen und sinnvoll zu nutzen. Fragen, die Ihnen dabei helfen können sich Klarheit zu verschaffen, worin ein Konflikt besteht. Hierbei sollten Sie darauf achten, dass zunächst der Konflikt und sein Zusammenhang beschrieben und verstanden wird, bevor an Lösungen gearbeitet wird.

Das Vorgehen ist wie folgt:

1. Kontext klären, 2. interpretieren, 3. Verstehen, 4. Gemeinsam mit dem Klienten Lösungswege suchen, 5. Sich für einen Lösungsweg entscheiden.

- Wenn Sie an Ihre Arbeit im Veränderungsprojekt denken, welche Konflikte konnten Sie beobachten bzw. welche Konflikte sehen Sie aktuell?
- Woran können Sie Konflikte und Krisen im Veränderungsprojekt erkennen?
- Was sind die Ursachen dieser Konflikte?
- Welche positiven Seiten, auch wenn es Ihnen schwerfällt, können Sie in dem
- Konflikt erkennen?
- Wie können Sie die Konfliktsituation sinnvoll nutzen und dabei den Konflikt bereinigen?
- Wie drückt sich der Konflikt aus?
- Wie sieht unsere Zusammenarbeit in der Gruppe aus?
- Was hindert uns daran, am Konflikt zu arbeiten?
- Für wen ist der Konflikt ein Konflikt? Wer hat welchen Nutzen am Konflikt?
- Wer sind die Konfliktbeteiligten?
- Was würde passieren, wenn es den Konflikt nicht mehr gäbe?
- Was würde ich so belassen, wie es ist?
- Was würde ich ändern, wenn ich es könnte?
- Wer oder was müsste geändert werden, damit der Konflikt beseitigt wird?

Wie sich verhalten in einer Krisensituation?

Im Rahmen eines organisatorischen Veränderungsprozesses können folgende Verhaltensweisen helfen, die Krise sinnvoll zu nutzen:

- Keine Kompromisse eingehen. Dies rächt sich später ("Wieso, wir dachten Sie arbeiten schon seit zwei Jahren an der Entwicklung der Organisation!")
- Nehmen Sie unbedingt das Top-Management mit, involvieren Sie die Top-Manager
- Ziehen Sie die Reißleine, "wursteln" Sie nicht vor sich hin, wenn Sie feststellen, dass es keinen Zweck hat
- Bitten Sie um ein Lenkungsausschusstreffen bzw. Treffen mit der obersten
- Führung. Decken sie die Probleme auf
- Seien Sie selbstkritisch. Äußern Sie die Aspekte, die Sie selbst übersehen oder unterschätzt haben
- Seien Sie bereit aus dem Projekt auszusteigen bzw. das Projekt zu beenden
- Denken Sie nicht an Folgeaufträge
- Ändern Sie die Vorgehensweise. Achten Sie darauf, dass Projekt nicht zu komplex zu gestalten. Es muss überschaubar und bzgl. seiner Ziele und Erfolge messbar und nachvollziehbar sein
- Tauschen Sie die Führung aus oder warten Sie, falls Sie als Management sich die Zeit nehmen können, bis der Vertrag ausläuft und nehmen Sie dann einen eher sanfteren Wechsel vor. Nicht jeder Manager ist stark auf allen Ebenen und Aspekten. Die Einen sind stark im Kosten- und Ergebnisdenken, die Anderen in der Führung und Entwicklung von sozialen Systemen. Falls Sie Führungskräfte haben, die auf beiden Feldern stark sind, hegen und pflegen Sie diese.

Praxisbeispiel: Eine Fusion folgt der anderen

Nach intensivem Aufbau einer neuen Firma der chemischen Industrie, die aus ausgelagerten Geschäften zweier Großkonzerne entstanden war, wurde nach einem Jahr die nächste Fusion mit einem weiteren ausgelagerten Bereich eines dritten Konzerns veröffentlicht. Zuvor wurde in diesem ersten Jahr das Unternehmen komplett aufgebaut und entwickelt.
Eine Vision, Strategie und Unternehmensstruktur mit all ihren Elementen und Systemen (z. B. Bezahlungs-Informatik- und Personalentwicklungssysteme etc.) wurde unter großem Einsatz der FK und MA aufgebaut. MA wurden mit dem neuen Auftritt (Corporate Image und –Design) umfassend und überzeugend beschäftigt. All dies war nach einem Jahr nicht mehr gültig.
Es galt, alles neu zu entwickeln, für eine vierfach größere Unternehmensgröße. Der Vorteil war, dass ein Teil der Führungskräfte und Mitarbeiter wusste, wie solche Prozesse laufen. Sie sind nun auch diejenigen, die in der neuen Firma in Schlüsselpositionen sitzen. Die anfängliche Frustration, dass alles aufgegeben und wieder einmal entwickelt werden muss, ist einem Stolz gewichen, die Prozesse gut zu beherrschen.
Für uns externe OE'ler war die Situation sehr schwer. Auch wir hatten in diesem intensiven Jahr des Aufbaus unseren Stolz entwickelt. Gleichzeitig mussten wir zusehen, wie der neue größere Unternehmensteil, welcher den Vorstandsvorsitz übernahm, seine eigenen Berater mitbrachte. Wir waren draußen. In solchen Situationen, die sich in Fusionen häufig zeigen, ist es wichtig, Ruhe zu bewahren. Dies gilt für die Führungskräfte und Mitarbeiter, als auch für die Berater.
Die Erfahrung zeigt, dass auf beide wieder zurückgegriffen wird, auch wenn dies zumindest bei den externen Beratern einige Jahre dauern kann. Schwierig ist, wenn man sich mit Gewalt und praktisch-strategischer Kontaktaufnahme und schmeichelnden Tricks zu neuen Machtpersonen wieder in die OE-Prozesse einbringen will.

Praxisbeispiel: Persönlicher Angriff auf den OE´ler

Der Assistent eines der beiden GF in einem fusionierten Unternehmen greift in einem Abteilungsleiter-Workshop mich als den Hauptmoderator und Leiter des externen OE-Teams frontal an. "Das haben Sie doch aus Ihrem Psychobuch, Seite x", schleudert er mir die Worte aufstehend und auf mich zeigend entgegen. Sein GF lächelt freundlich. Der andere GF ist irritiert. Ich weiß nicht, was um mich geschieht. Meine drei Kollegen sind schockiert.

Der Workshop hat die Verabschiedung des OE-Programms für die von niemandem gewollte Fusion (auch nicht von den beiden Eignern, die eine Zwangsheirat auf Grund der Zahlen forcieren), zum Ziel. Es ist eine kick-off Veranstaltung auf der Führungsebene. Beide GF sind gleichberechtigt. Es ist unklar, wer von beiden GF übrigbleibt. Die Abteilungsleiter sind gespalten. Der einzige der zu uns steht, ist der Vorsitzende des Betriebsrates aller fünf Standorte. Alles in allem ein recht heißes Feld.
In der Pause bitte ich die beiden GF um ein Gespräch. Ich teile dem Einen mit, dass er sich schon überlegen sollte, ob er mit uns arbeiten wolle. Falls nicht, sollten wir schauen, wie wir hier aus der Situation wieder herauskommen. Falls er jedoch weitermachen wolle, müsse er seinen Assistenten entsprechend instruieren. Es würde nicht gehen, dass der Assistent so unqualifiziert das OE-Team und seinen Leiter angreift. Letztlich würde er sie als GF angreifen, und ihre Autorität unterminieren, da wir im Auftrag der GF arbeiten.
In diesem kurzen Fall wird deutlich, dass wir alle nur Menschen sind. Gleichzeitig zeigt sich, wie extrem schwierig und mühsam Integrationsprozesse sind. Jedoch geht es nicht ohne gegenseitige Wertschätzung zwischen Klient und Berater. Wenn diese Wertschätzung im System jedoch keinen Platz hat, wird es kaum möglich, diese Atmosphäre zwischen Internen und Externen herzustellen. Da bleibt nur der Weg der Trennung. Das OE-Programm wurde gestartet und nach einem Jahr beendet. Nach weiteren drei Jahren, wurden wieder beide fusionierten Teile in die Muttergesellschaften rückintegriert. Unser Ruf nach der Arbeit mit GF und dem Aufsichtsrat wurde damals nicht gehört. An Ende zeigte sich, dass dies der richtige Weg gewesen wäre, anstatt ein umfassendes "Beschäftigungsprogramm" zu starten, obwohl die Mitarbeiter in diesem einen Jahr unserer Zusammenarbeit viel gelernt und sich entwickelt haben. Sie wurden eng eingebunden und informiert gehalten.

Menschen lernten sich kennen und entwickelten allmählich eine gemeinsame Identität. Leider hatte die oberste Führung anderes vor.

Erfolgsfaktoren der Umsetzung

Die Berücksichtigung folgender Erfolgsfaktoren kann das Organisationsprojekt zum Erfolg führen:

Vision für die Veränderung entwickeln:
Gemeinsam mit Mitarbeitern die Vision der Veränderung (für das gewünschte Ergebnis oder für den Veränderungsprozess) erarbeiten und kommunizieren. Dies schafft Verständnis und Identifikation mit den Zielen. Energien für die Veränderung werden freigesetzt.

Ziele vereinbaren und Verbindlichkeit schaffen:
Ein sehr effektives Verfahren ist die Aufnahme von Zielen in die persönliche Zielvereinbarung und Bonusregelung von Führungskräften und Mitarbeitern. Hierbei wird das OE-Projekt mit in der Organisation eingeführten Führungsinstrumenten z. B. „Führen mit Zielen" oder „Januargesprächen" gekoppelt. Es sollten klare, überprüfbare Vereinbarungen getroffen und Verantwortungen zugeordnet werden. Die Gefahr bei diesem Verfahren ist jedoch, dass das OE-Projekt quasi nach der Zielerreichung abgehakt wird. Eine langfristige Orientierung ist gefährdet.

Kleine Schritte & Zwischenergebnisse:
Kleine Schritte bei gleichzeitiger Beachtung des großen Bildes („big picture"). Gesamt- und Zwischenziele setzen und Zwischenergebnisse einholen

Führung: Jedes Vorstands- bzw. GF-Mitglied übernimmt persönlich die Verantwortung für die Umsetzung in seinem Bereich. Die oberste Führungskraft erklärt den Veränderungsprozess zur Chefsache und verhält sich auch danach. Sie kümmert sich um das Projekt und um die Beteiligten und nimmt die Ergebnisse ab.

„Andocken" an die Organisation:
In der Regel arbeiten kleine Teams am Projekt. Falls es bisher nicht gelungen ist, durch z. B. Großgruppenveranstaltungen oder intensive Beteiligung der Mitarbeiter am Projekt, das Organisationssystem „mitzunehmen", gilt es nun, dieses nachzuholen.

Rollen und Linie:
Klare Rollen (Ansprechpartner, Verantwortlichkeiten) für die Umsetzung festlegen. Die Linie in die Verantwortung nehmen.

Kommunikation:
Offene, umfassende Informationspolitik praktizieren.

Erfolge hervorheben:
Erfolge verdeutlichen und sich daran freuen.

Prozess:
Nicht nur auf die Projektergebnisse und -inhalte, sondern auch auf den Prozess (den Weg, die Art und Weise) achten.

Fachexpertise:
Fachexpertise der Projektteams in der Umsetzung sicherstellen bzw. nutzen. Es ist von zentraler Bedeutung auch im Umsetzungsprozess auf die Experten zurückgreifen zu können. Idealerweise sollten sie auch die Verantwortung für die Umsetzung tragen.

Wenn weder Visionen noch Ziele für die Veränderung vorliegen, kann dies zu Aktionismus und Beliebigkeit führen. Wenn in der Führung oder in der Gesamtorganisation keine Veränderungsbereitschaft vorhanden ist, wird das Veränderungsvorhaben mit Sicherheit versanden ("auch diese Berater haben nichts bewirkt"). Wenn nicht genügend Ressourcen bereitgestellt, die richtigen Methoden und Instrumente eingesetzt werden, die richtigen Berater mit dem erforderlichen Ansatz eingestellt und wenn nicht erforderliche Freiräume eingeräumt werden, wird dies zu Frustration und Enttäuschung führen.

Phasenmodelle der Organisationsentwicklung

Gestaltung von organisatorischen Veränderungsprozessen

Obwohl vielleicht der Eindruck entsteht, es ließen sich Veränderungen von A bis Z planen und steuern, so ist doch festzustellen, dass Organisationsveränderungen nicht vollständig beherrschbar sind. Vielmehr ist zu überlegen, wie ein vorgesehener Veränderungsprozess so effektiv wie möglich und für alle Beteiligten als ein sinnvoller Lernprozess für zukünftige Herausforderungen gestaltet werden kann. Gleichzeitig stellt sich die Frage, wie eine bestmögliche Voraussetzung und Ausgangsbasis für die praktische und erfolgreiche Umsetzung von Veränderungsideen und -Konzepten geschaffen werden kann.

Veränderungsprozesse können zwar nicht vollständig kontrolliert, jedoch zielorientiert gestaltet werden

Im Folgenden betrachten wir einige Gestaltungsmöglichkeiten, die die enorme Komplexität von Veränderungsprozessen einschränken, den Beteiligten eine höchstmögliche Sicherheit und einen Überblick über den Gesamtverlauf geben, sowie die praktische Umsetzung absichern können. Diese sind nicht einzeln anzuwenden, sondern nur aktiv zusammenspielend und ergänzend zu verstehen.

Klare und eindeutige Ziele vereinbaren (Zielorientiertes Vorgehen)
Wir können nur das ändern und erreichen, was wir uns auch vorstellen können. Ein Veränderungsprojekt, das ein brauchbares Ergebnis erreichen soll, muss zielorientiert gestaltet werden. Die Zielorientierung sollte bereits im Vorfeld eines Veränderungsprojektes mit allen beteiligten Personen und Funktionen entwickelt werden. Umfassende Zielvorstellungen und Visionen

sind zu entwickeln und vor allem organisations- weit zu kommunizieren. Aus diesen Visionen sollten umsetzbare, erreichbare Ziele abgeleitet werden. Folgende Leitfragen und Empfehlungen helfen bei der Klärung:

- Welches sind die Ziele des Veränderungsprojektes? Was soll konkret erreicht werden? Woran wird festgestellt, dass die Ziele erreicht worden sind? Was wird anders sein als vorher?
- Sind die Ziele allen Beteiligten bekannt, werden sie verstanden und akzeptiert?
- Eine deutliche Verpflichtung der obersten Führungsfunktionen zu den Zielen ist unbedingt einzuholen.
- Welches sind die Erfolgsfaktoren der Zielerreichung? Wie kann das Projektergebnis qualitativ und quantitativ bewertet werden? Woran stellen wir fest, dass das Projekt erfolgreich war?

Schrittweise vorgehen

Es klingt paradox, schrittweise vorgehen zu wollen, in einer Zeit, in der Veränderungen stündlich auf uns zukommen und wir die Komplexität von Märkten, von Organisationen und ihrem Umfeld kaum noch überblicken. Als ob wir Zeit und die Ruhe hätten, Schritt für Schritt vorzugehen. Gerade wegen dieser Situation ist es umso wichtiger, den Überblick herzustellen und an Mitarbeiter zu vermitteln. Damit wird Sicherheit gegeben. Die Komplexität des Veränderungsprozesses wird hierdurch reduziert und bearbeitbar gemacht.
Veränderungen sollten schrittweise in überschaubaren und „verdaubaren" Phasen erfolgen. Die konsequente Bearbeitung und Einhaltung der einzelnen Phasen kann die (meist zu Beginn in den Köpfen vorhandenen) Pat"end"lösungen vermeiden und alternative Lösungsmöglichkeiten zulassen:

- Was soll in welcher Phase erfolgen? Erst Teilergebnis, dann nächster Schritt!
- Bewusste Gestaltung der Phasenübergänge durch z. B. Start-Sitzung, Start-, Zwischen- und Abschlusspräsentationen, Projektabschlusssitzung, Review-Veranstaltung.
- Festlegung von „Meilensteinen", ihrer Ziele und der bis dahin notwendi-

gen Ergebnisse.
- Erarbeitung eines Termin- und detaillierten Aktionsplans. Wann müssen die einzelnen Projektphasen und das Gesamtprojekt abgeschlossen sein?
- Nach jeder Phase offene und umfassende Information der Mitarbeitenden auch wenn vieles noch nicht endgültig geklärt worden ist.

Vorgehensweise im Organisationsentwicklungs-Projekt

Zusammenfassend können die wichtigsten Eckwerte einer systemisch orientierten Organisationsentwicklung wie folgt aufgezeigt werden:

- „Sauberer" Start: Eindeutigen Start des Projektes durch „kick-off"
- Überschaubare Phasen: Schrittweise in überschaubare und „verdaubare" Phasen z.b. Diagnose, Konzeption, Entscheidung, Realisierung, Auswertung und Korrektur
- Pat„end"-Lösungen vermeiden: Konsequente Bearbeitung und Einhaltung der Phasen, kann die meist zu Beginn in den Köpfen vorhandenen Pat-„end"-lösungen" vermeiden und alternative Lösungsmöglichkeiten zulassen
- Teilergebnis erzielen, dann nächster Schritt: Was soll in welcher Phase erfolgen? Erst Teilergebnis, dann nächster Schritt
- Bewusste Phasenübergänge: Bewusste Gestaltung der Phasenübergänge durch z.b. Start-Sitzung, Start-, Zwischen- und Abschlusspräsentationen, Projektabschlusssitzung
- Klare Meilensteine setzen: Festlegung von „Meilensteinen" und der bis dahin notwendigen Ergebnisse. Erarbeitung eines Termin- und detaillierten Aktionsplans
- Abschluss des Gesamtprojekts: Wann müssen die einzelnen Projektphasen und das Gesamtprojekt abgeschlossen sein?
- Review: Überprüfung des Erreichten und der bisherigen Vorgehensweise

Der Veränderungsprozess nach Lewin

Kurt Lewin hat bereits in den 1940er Jahren auf die Dynamik des menschlichen Lern- und Entwicklungsprozesses hingewiesen, in dem er menschliches Verhalten nicht als statisches Muster, sondern als dynamisches Gleichgewicht zwischen Kräften, die im Individuum selbst, aber auch im sozialen Raum zwischen Individuen wirksam sind, betrachtet (vgl. Richter 1994, S. 28).

Dieses Gleichgewicht soll nun durch den angestrebten Veränderungs- und Entwicklungsprozess in ein neues, für die Individuen und für die gesamte Organisation besseres Gleichgewicht gebracht werden.

Den Weg vom alten zum neuen Gleichgewicht beschrieb Lewin in drei Phasen:

Skizze: Veränderungs-Phasen angepasst nach Kurt Lewin

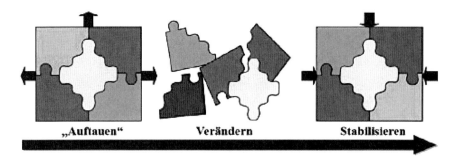

Unternehmenswandel in acht Schritten nach Kotter

Der "Acht-Schritte-Plan" für den Wandel baut auf Lewins Phasenmodell auf (vgl. Lewin, 1963) und orientiert sich an der chronologischen Abfolge (vgl. Kotter 1996). Die acht Schritte erläutert Kotter wie folgt:

1. Verbreiten des Gefühls der Dringlichkeit im Unternehmen: Das Unternehmen und sein Umfeld untersuchen; Krisen und Chancen erkennen und diskutieren.

2. Bestimmung eines Führungsteams für den Wandel: Eine kompetente Gruppe zusammenstellen, die den Wandel herbeiführen kann.

3. Entwicklung einer Vision und einer Strategie: Eine Vision der Veränderung schaffen und Strategien entwickeln, um diese Vision umzusetzen.

4. Kommunizieren der Vision des Wandelprozesses: Mittels geeigneter Kommunikationsmittel die neue Vision und ihre Strategien kommunizieren.

5. Breit angelegte Aktionen zulassen: Mögliche Hindernisse beseitigen; Systeme und Strukturen veränderungskonform verändern. Risikobereitschaft fördern und zu ungewöhnlichen Ideen, Aktivitäten und Handlungen ermutigen.

6. Hervorbringen kurzfristiger Erfolge: Sichtbare Erfolge planen und Ergebnisse und Verantwortliche hervorheben, um Beispiele zu setzen, um die allgemeine Motivation für den Wandel zu erhöhen.

7. Erfolge festigen und mehr Wandel erzeugen: Den Veränderungsprozess mit neuen Projekten, Themen und Impulsen immer aufs Neue beleben.

8. Verankern der neuen Ansätze in der Unternehmenskultur: Die Beziehung zwischen dem neuen Verhalten und gesteigertem Unternehmenserfolg herausstellen. Führungskräfteentwicklung und –nachfolge im Sinne des Wandels sicherstellen.

Die ersten vier Schritte entsprechen der Aufweichung verkrusteter Strukturen ("un- freezing"). Die Schritte 5 bis 7 stellen Verfahren vor, mit denen der Wandel verwirklicht werden kann ("Veränderung"). Die letzte Phase ist der dauerhaften Verfestigung der Veränderungen in der Unternehmenskultur gewidmet ("refreezing"). Kotter empfiehlt, die Reihenfolge der einzelnen Phasen einzuhalten, obwohl teilweise in mehreren Phasen gleichzeitig agiert wird.

Eine Auslassung von Phasen sollte vermieden werden. Organisationen ändern sich, neben vielen anderen Gründen, aufgrund von neuen Anforderungen. Die stärksten Veränderungen finden jedoch statt, wenn neue Führungspersonen Schlüsselpositionen besetzen. Diese Personen bringen neue Sichtweisen und Führungsmodelle mit. Sie akzeptieren die bestehenden Verhältnisse nicht, halten diese auch nicht für unveränderbar. Mit solchen Wechseln hat die Organisation die Chance, sich zu erneuern.

Der Aktionsforschungsansatz

Aktionsforschung als ein grundlegendes, auf Praxislernen basierendes Interventionsmodell ist die Basis von vielen OE-Programmen. Mit dem Aktionsforschungsansatz können die Qualität in der Organisation verbessert, Kosten gesenkt, neue Produkte und Serviceleistungen entwickelt und Kulturen verändert werden. Das Haupt-charakteristikum von Aktionsforschung liegt darin, dass die OE´ler mit den Organisationsmitgliedern sehr eng zusammenarbeiten. Planung,

Durchführung, Auswertung und Interpretation (Diagnose) der aufgenommenen Daten erfolgt gemeinsam. French und Bell (1977, S. 110) definieren Aktionsforschung als den "(...) Prozess der systematischen Sammlung empirischer Daten über ein System in Bezug auf dessen Ziele und Bedürfnisse; aus dem Feedback dieser Daten an das System und aufgrund zusätzlicher Hypothesen werden Aktionen zur Veränderung einzelner Systemvariablen entwickelt; durch neue Datensammlungen werden die Ergebnisse dieser Aktionen überprüft und ausgewertet."

Die heute genutzten Begriffe Aktions-, Handlungs- oder Praxisforschung gehen auf die Übersetzung des Begriffs "Action Research" von Kurt Lewin zurück. Kurt Lewin, selbst aus der experimentellen Sozialforschung kommend, entwickelte diesen Ansatz in den USA kurz nach dem zweiten Weltkrieg als Antwort auf die damals vorherrschende traditionelle Empirie.

Die Idee war die Begründung einer Wissenschaft, deren Forschungsergebnisse direkten Nutzen für Pädagogen und Sozialarbeiter haben. Lewin wollte praxisnahe Hypothesen aufstellen und entsprechend dieser sinnvolle Veränderungen im sozialen System (Social Change), einleiten. Zentral für sein Vorgehen ist der emanzipatorische Ansatz "(...) Menschen und Menschengruppen, welche untersucht werden, sind nicht mehr bloße Informationsquellen des Forschers, sondern Individuen, mit denen sich der Forscher gemeinsam auf den Weg der Erkenntnis zu machen versucht".

Beim Aktionsforschungsansatz wird auf die Unterscheidung zwischen lehrenden Experten und lernenden Laien verzichtet. Alle nutzen ihr kreatives Potenzial, um die an sie gestellten Herausforderungen zu bewältigen, einander zu korrigieren und zu unterstützen.

Der Aktionsforschungsansatz ("Action-Research", vgl. Robbins 1993) folgt folgenden fünf Schritten:1. Diagnose - 2. Analyse - 3. Feedback - 4. Aktion - 5. Evaluation. Erweitern kann man dieses Konzept wie folgt:

Interne und/ oder externe Organisationsentwickler werden beauftragt, Informationen über die Lage des Unternehmens zu sammeln (Diagnosephase) und anschließend gemeinsam mit Mitarbeitern zu analysieren (Analysephase). Die aufgenommenen Daten und die Diagnose wird weiteren Mitarbeitergruppen (insbesondere den Befragten) zurückgespiegelt (Feedbackphase) und neue Erkenntnisse gewonnen. Daraufhin werden Aktionspläne erstellt, die den benötigten Wandel bewirken sollen.

Die Aktionspläne werden umgesetzt (Aktionsphase) und im Anschluss bewertet (Evaluierungsphase). Dieser Ansatz bewirkt ein methodisches und systematisches Vorgehen und den Einbezug der Mitarbeiter ("Betroffene zu Beteiligten machen"). Diese frühe OE-Regel wird jedoch dahingehend relativiert, dass dies nicht um der Beteiligung willen geschieht, sondern zielgerichtet gestaltet werden muss.

Ziele der Aktionsforschung

- Unterstützen weitgreifender Veränderungen in einer Organisation
- Gemeinsam neue Anwendungsmöglichkeiten erarbeiten, auf die Organisation projizieren und Lösungen finden
- Erfolgserleben und Commitment durch praktisches Ausprobieren bewirken

Nutzen der Aktionsforschung

- Klare Definition des zu lösenden Problems durch Problemeigner
- Zeitlich begrenzter gezielter Dialog mit "Verbündeten"
- Gezieltes Beobachten und visualisiertes Reflektieren durch Dialogbegleiter (facilitator). Konsens der Gruppe zu Erkenntnisfortschritt und Handlungserfordernissen

oezpa OE - Phasenmodell

Gemäß dem Prozess-Stadien-Modell werden die Projektschritte nicht in der üblichen Weise als aufeinander folgende Phasen und Meilensteine organisiert, sondern in Stadien, die ineinanderfließen. Die ersten Realisierungsexperimente finden bereits nach wenigen Projektwochen statt, und ihre Ergebnisse können in die fortschreitende Analyse und Entwurfsarbeit integriert werden.

Ein Veränderungsprozess beginnt mit einem Strategiefindungs-Workshop oder einer Strategiefindungs-Klausur auf der obersten Ebene, in der die Ziele für das Vorhaben erarbeitet und gemeinsam verabschiedet werden. Diese Basis entsteht durch Dialog und Reflexion. Dieser Schritt braucht Zeit und kann auch nicht durch "allwissende Berater" vorgegeben werden. Diese können lediglich dabei unterstützen den Weg zu finden.

Im Folgenden werden die Phasen eines organisatorischen Veränderungsprozesses aufgeführt, die auf unseren langjährigen OE-Projekterfahrungen basieren.

Phase: Einstieg ins System

In dieser Phase wird der Bedarf der Organisation ermittelt, die Organisation mit ihrer Besonderheit erkundet, die Entscheidungsträger werden erkannt und eine vertrauensvolle Beziehung aufgebaut. Erste Informationen über die Beteiligten werden gesammelt. Bereits in dieser Phase können Widerstände in verdeckter oder offener Form auftreten. Gleichzeitig gilt es, im externen Organisationsentwicklungsteam ein Bewusstsein und Gefühl für das Geschäft (Markt, Trends, Produkte, Leistungen, Herausforderungen) der Organisation, für ihr Umfeld, für Marktbedingungen und für ihren Charakter zu schaffen. Der Zustand der Organisation, ob sie sich in einer Krise, in einer Stagnation, in Veränderungsprozessen (Sanierung, Fusion, Reorganisation etc.) oder im Wachstum befindet, sollte verstanden werden.

Zahlen, Daten, Fakten (z. B. Größe, Standorte, Mitarbeiter) und Struktur (Bereiche, Funktionen) der Organisation sowie alles Wissenswerte wird zusammengestellt.

Phase: Erst-Kontrakt

In dieser Phase werden die konkreten Ziele, Aufgaben, interne und externe Rollen, Meilensteine und Budgets etc. des Veränderungsprozesses geklärt und vereinbart. Ein Angebot wird erstellt (dieses Angebot kann an dieser Stelle nur ungefähr sein, da noch keine Diagnose vorliegt) und als Kontrakt formal vereinbart. Die Art und Weise, ob und wie der formale Kontrakt abgeschlossen wird, kann den Organisationsentwicklern bereits wichtige Erkenntnisse über die Entscheidungs- und Kommunikationskultur der Organisation geben.

Dies sind erste Diagnosemomente, die im weiteren Projektverlauf zurückgespiegelt werden können: Wer entscheidet was wie schnell? Wird dokumentiert? Wenn ja, wie? Wie verbindlich sind die Entscheidungen? Oder gibt es eine Instanz, die den vereinbarten Start des Veränderungsprozesses oder den Eintritt von externen Beratern wieder rückgängig machen kann (was u. a. zeigen würde, dass die Organisation für diesen Schritt noch nicht bereit ist)?

Praxisbeispiel (Kontrakt)

Ein Unternehmen der Automobilindustrie hat 6 Monate gebraucht, bis wir in das Organisationssystem einsteigen und unsere OE-Arbeit aufnehmen konnten. An diesem Punkt wurde mir deutlich, wie langfristig die Automobilindustrie denkt. Kritische Stimmen sagen: wie träge sie auch ist. Sie denken langfristig und solide. Mit diesem Projekt haben sie uns auch an ihre wichtigste Funktion gelassen (Gruppenarbeit als das "Rückgrat" der Automobilindustrie). Das Ziel des Projektes war die Erhöhung der Anwesenheitszeiten.

Phase: Diagnose und Bewertung

In dieser Phase werden Daten und Information aufgenommen. Problemfelder und Stärken werden erkannt und bewertet. Die Diagnosephase ist eine sehr wichtige Phase. In dieser Phase werden die Handlungsfelder erarbeitet und die Zielrichtung der Vorgehensweise konkretisiert. Es ist wichtig und oftmals nicht einfach, das Klienten System in dem Diagnoseprozess zu beteiligen. Die Gefahr ist, dass sich die Beteiligten zurücklehnen und die Ergebnisse von den Beratern erwarten ("Sage uns was uns fehlt und was wir tun sollen"). Der Diagnoseprozess und seine Interventionen (z. B. Interviews, Fragebögen, Workshops) lösen bereits eine Veränderung aus und entwickeln ein Bewusstsein der in der Organisation tätigen Menschen

Phase: Feedback der Diagnoseerkenntnisse

Die aufgenommenen Informationen und Erkenntnisse werden an die Beteiligten zurück- gespiegelt, analysiert und reflektiert. Diese Phase ist nicht einseitig. Die OE'ler bringen das Material, ausgewertet wird gemeinsam mit den Organisationsmitgliedern. Je höher der Einbezug der Organisationsmitglieder in diesem Prozess, desto stärker werden sich die Organisationsmitglieder mit dem Prozess und den Zielen identifizieren. Sie werden Träger des Prozesses. Als OE'ler gilt es, sich in dieser Phase zurückzuhalten und vermeintliche "Lösungen" nicht zu früh anzubieten. Gemeinsam werden am Ende der Diagnose und der Erarbeitung einer Gesamtsicht Interventionen geplant und eingeleitet. Generell gilt, dass jeder der Informationen geliefert hat, einen Anspruch auf eine Rückmeldung hat. An dieser Stelle werden die häufigsten Fehler gemacht, indem interviewt und die Personen schnell wieder vergessen werden.

Erst nach dieser Phase kann eine konkrete, detaillierte Vorgehensweise definiert und vereinbart werden.

Phase: Zielfokussierung und Vision für die Veränderung

Die Vision und die Ziele für das Vorhaben werden erarbeitet. Dies gibt den Beteiligten Orientierung. Der gewünschte Zustand wird konzipiert (quasi "vorweg" gedacht). Die Visionsformulierung gibt Energien und Kraft für die anstehende Veränderung.

Phase: Planung

In dieser Phase werden aus den vorhergehenden Phasen konkrete OE-Maßnahmen abgeleitet, beschrieben und angeboten. Hierbei wird der Fokus auf solche Maßnahmen gelegt, die die größte Hebelwirkung auf die Organisation und ihre Mitglieder haben können. Ein Masterplan (oder Roadmap) für den Veränderungsprozess wird erarbeitet. Die Maßnahmen werden mit konkreten Zielen und Messfaktoren belegt (wonach kann ich den Erfolg der OE-Maßnahme einschätzen). Bei dieser Messung geht es nicht um mathematisch-statistisch korrekte Ermittlung der Wirkung, sondern um die Schaffung eines Bewusstseins sowie von Sensibilität für die Verfolgung der Maßnahmen. Alternative Ansätze sollten erarbeitet bzw. durch die OE-Berater aufgezeigt werden, damit der Klient die für ihn beste Wahl treffen kann.

OE bedeutet an dieser Stelle, dass ein partizipativer Prozess geplant werden sollte. An den Maßnahmen und dem Entscheidungsfindungsprozess werden die verschiedenen Interessensgruppen (Stakeholder) beteiligt. Die Tiefe der Beteiligung ist jedoch davon abhängig, welches Ziel verfolgt wird und wie z. B. die zeitlichen Vorgaben sind. Hier ist die alte OE Maxime "Betroffene zu Beteiligten machen" eher zielgerichtet zu beantworten.

Phase: Entscheidung und Information

Diese Phase ist ein bewusster Schritt im Hinblick auf die Entwicklung von Verbindlichkeit. Die Vorgehensweise, die Maßnahmen (Intervention und Rollen) werden konkret vereinbart. Ein verbindlicher Auftrag wird an die externen OE-Berater erteilt. Die durch die Führung getroffene Entscheidung, bzgl. des OE-Prozesses, wird an alle Organisationsmitglieder im Allgemeinen und den direkt betroffenen Bereichen im Besonderen kommuniziert.

Phase: Start

Mit einem Kick-off kann es nun losgehen. Dieser Start wird als Meilenstein geplant und durchgeführt. An diesem Termin nehmen der Auftraggeber und alle relevanten Interessensgruppen (bzw. deren Vertreter) teil. Die Kick-Off-Veranstaltung gibt Orientierung bezüglich der Vorgehensweise, dient als Informationsveranstaltung, als Teambildung und als Initialisierungs-Ritual ("Nun geht es offiziell los") (vgl. Praxisbeispiel: "Projekt Kick-off").

Phase: Umsetzung des Masterplans (Implementierung)

Die geplanten Maßnahmen werden nun umgesetzt. Der Masterplan ist eine gute Richtschnur. Es ist jedoch darauf zu achten, dass genügend Flexibilität bleibt, um sich auf die Veränderungen oder neue Erkenntnisse sowie Informationen im Prozess einzustellen und die Vorgehensweise anzupassen.

Phase: Bewertung

Erfolgreiche OE muss mit ihren Maßnahmen zu Veränderungen in der Leistungsfähigkeit von Organisationen und ihrer Mitglieder führen. Zu diesem Zweck ist ein Bewertungs- und Evaluationsverfahren erforderlich, welches die Wirkung der OE- Maßnahmen verfolgt, neue Anforderungen und Bedarfe ermittelt und den OE-Prozess selbst weiter optimiert, damit zukünftige OE-Maßnahmen erfolgreich Wirkung zeigen können.

Die Faktoren und das Verfahren der Evaluation (wonach und wie messen wir den OE- Prozess) sollten mit dem Klienten gemeinsam erarbeitet werden.

Phase: Anpassung und Korrektur

OE-Maßnahmen werden kontinuierlich evaluiert und bei Bedarf angepasst.

Phase: Ausstieg aus dem System

Im Sinne "Hilfe zur Selbsthilfe" ist bereits im Kontrakt zu beschreiben, zu welchem Zeitpunkt (von Auftrag zu Auftrag unterschiedlich), die externen OE'ler wieder das System verlassen. Wenn dieser Schritt nicht professionell erfolgt und beide Seiten sich im Projekt in eine gegenseitige Abhängigkeit begeben, wird die Wirkung und die Akzeptanz der Organisationsentwicklung

Arbeit in der Organisation abnehmen.

Die externen OE'ler müssen sicherstellen, dass die Arbeit durch interne OE'ler oder Führungskräfte und Mitarbeiter fortgesetzt werden kann. Auch ist das "Tragen" des Prozesses im Sinne Verbindlichkeit ("Commitment") sicher zu stellen. Es ist festzulegen, wer für den weiteren Prozess verantwortlich ist.

Bei Bedarf können sog. Reviews vereinbart werden, wonach nach bestimmten Zeitabständen, z. B. nach 8 bis 12 Wochen, der Fortgang des OE-Prozesses extern bzw. gemeinsam evaluiert werden kann.

Praxisbeispiel: Einsatz des Lewin'schen Phasenmodells

Dieses Modell, in schwierigen Veränderungsbesprechungen kurz auf Pinnwand oder Flipchart skizziert, eignet sich sehr gut für einen Reflexions- und Dialogprozess. So hatte ich während eines Strategie-Tags, (monatliches Treffen des obersten Managements eines Automobilwerkes) die Gelegenheit, das Modell kurz zu skizzieren. Ich war sehr erfreut darüber, wie Werksleitung und Manager die Problematik einer Schichtverlegung anhand dieses Modells diskutierten.

Das Modell wurde in der Besprechung um folgende konkrete Erkenntnisse ergänzt, die bei den nächsten Schichtverlegungen berücksichtigt werden sollen.

Phase		
Auftauen „Unfreezing"	Ändern „Moving"	Stabilisieren „Refreezing"
Maßnahme	Maßnahme	Maßnahme
• Informieren, auf Kommunikation setzen, Dialoge führen • Vertrauen schaffen • Mitarbeiter von ihren Ausgangspositionen abholen • Für die Ziele und Veränderungen überzeugen • Raum und Zeit für Reflexion geben • Qualifizieren und vorbereiten • Anspruchsvolle organisatorische und persönliche Ziele setzen • In Teams arbeiten • Leidens- und Handlungsdruck erzeugen • Bei Bedarf auch Druck aufbauen • Deutlich machen, was erwünscht ist und was nicht	• Führen, Vorbild sein, stützen (bei zu hohem Widerstand ggf. deutliches Führungsgespräch führen und Konsequenzen bei Nichtveränderung aufzeigen) • Struktur geben, Grenzen setzen • Führungskräfte und Mitarbeiter Coachen • Dialog ermöglichen • Begeistern • Umsetzen realisieren, implementieren • Monitoren der Umsetzung (Controlling)	• Erfahrungen reflektieren • Lernen, Testen, ausprobieren von z.B. neuen Rollen und Strukturen • Neu denken • Ergebnisse überprüfen • Anpassungen vornehmen • Controllen • Review durchführen • Zielerreichung überprüfen

Praxisbeispiel: Rollenbewusstsein schaffen

Im internen Review eines unserer Großprojekte stellte ich fest, dass meine Kollegen in die Kritik gekommen waren und selbst nicht mehr ohne Hilfe aus ihrer "Verteidigungsecke" herauskamen. Der interne Projektleiter für den Veränderungsprozess, es ging um die Erhöhung der Anwesenheitszeiten bei 5.000 Mitarbeitern in der Produktion durch Organisationsentwicklungsmaßnahmen, hatte seine Rolle auf die reine Budgetverfolgung reduziert. Unsere Kollegen waren mit der schwierigen Phase konfrontiert, dass nach wochen-

langer, intensiver Coachingarbeit in den Produktions- gruppen, die Anwesenheitszahlen sich nicht erhöhten. Die Nervosität war hoch. Es war klar, dass der gemeinsam eingeschlagene Weg überprüft und verändert werden musste.
Das Coaching allein als Organisationsentwicklungs-Strategie reichte nicht. Wir mussten auch an die Führung heran. Im internen Berater-Review beschlossen wir, den Projektleiter, zunächst dezent, auf seine Rolle und Verantwortung hinzuweisen. Gleichzeitig sollte mit offenen Karten gespielt und in der Top-Management-Runde das Vorgehen (Organisationsentwicklungs-Strategie) neu diskutiert werden. Der Projektleiter wurde durch unser Feedback, dass er nicht in seiner Rolle ist "aufgerüttelt". Das Top-Management, welches glücklicherweise ein sehr hohes Interesse am Gelingen des Projektes hatte und unter starker Beobachtung in der Organisation stand, nahm sich der Sache persönlich an und bearbeitete alternative Vorgehensszenarien in 2 Tages-Klausuren, die von uns externen Organisationsentwicklern in Zusammenarbeit mit den internen Organisationsentwicklern erarbeitet worden waren.

Praxisbeispiel: Aufnahme eines Geschäftsführers von außen

Die Tochtergesellschaft einer Großbank verfolgte die Strategie, die Kultur des eigenen Dienstleisters durch die Aufnahme eines neuen Geschäftsführers von außen schnell zu verändern. Betonung hierbei liegt tatsächlich auf "schnell". Der GF zog sich bereits vor seinem Eintritt in das Unternehmen mit dem oberen Führungskreis zurück und stellte seine Vorstellungen anhand von militärisch geprägten Skizzen auf dem Flip- Chart dar. Auf diesen Bildern zeigte er seine Vorstellungen von der zukünftigen Organisationsausrichtung und dem erforderlichen Verhaltenswechsel der Führungskräfte und Mitarbeiter dar. Er zeigte auf, wie die Kundenzufriedenheit wieder erhöht werden kann ("Land gewinnen"), wie die Kosten in den Griff zu bekommen sind ("Ressourcen sinnvoll einsetzen und rationieren") etc. Es ging ein regelrechter Ruck durch die Führungsreihen. Wir, die die Organisation in den letzten Monaten begleiteten und auch den Schritt entweder einen externen Unternehmenspartner zu holen, der bereits im Markt erfolgreich arbeitet oder

Unterstützer	OE'ler unterstützt den AG, das Führungsteam oder die Mitarbeiter. Auch wenn es nicht einfach ist, kann er alle genannten Parteien unterstützen. Oft hilft eine innere Haltung einzunehmen, die sich zum Ziel setzt, das Unternehmen zu unterstützen. Es ist z.B. im Sinne eines jeden Unternehmens, dass es den Mitarbeitern gut geht und damit die Leistungsfertigkeit und Innovationskraft gegeben ist. Auch interessiert es die Führungskraft, dass die Mitarbeiter den OE'ler akzeptieren und sogar wollen. In diesem Sinne kann es wichtig sein, dass der OE'ler den AG auch mal sichtbar konfrontiert, und somit seine Neutralität zeigt.
Motivator	Zuhören und Gespräche führen kann aufbauend und motivierend wirken. Eine interkulturell arbeitende Kollegin (Frau Arzu Öztürk) teilte mir mit, dass sie im Projekt einem sehr demotivierten Mitarbeiter stundenlang zugehört und am Ende sogar vom Computer seine Lieblingsmusik vorgespielt hätte. Am nächsten Tag wollte dieser gar nicht mehr aufhören, im Workshop zu reden. Er war wie ausgewechselt.
Berater	Auf Basis der Erfahrungen und Kenntnisse aus anderen Projekten kann der OE'ler erprobte Konzepte anbieten und die Organisation bei der Umsetzung beraten, Tipps und Empfehlungen aussprechen.
Vorbild und Muster	In seinem Kommunikations-, Lern- und Kooperationsverhalten ist der OE'ler ein Vorbild. Als dieser wird er sehr genau beobachtet und kontinuierlich bewertet. Er verkörpert die Werte die er durch seine Beratung in die Organisation trägt (z.B. offene Kommunikation, Verbindlichkeit in der Termin- du Zusageeinhaltung, Lernfähigkeit).
Moderator	Moderation kann eine zentrale Rolle sein. Diese Rolle sollte sich jedoch nicht alleinig damit erschöpfen, dass er als neutrale Person einen Gruppenprozess moderiert. Es sei denn dies ist die Rolle die konkretisiert ist.
Konfliktmanager	Unterstützt zeitlich befristet bei der Erkennung, der Diagnose und Lösung von Konflikten und Krisen.
Zuhörer	Der OE'ler kann sehr gut zuhören. Allein durch dieses Zuhören sorgt er für Veränderung. Der Klient erweitert sein Bewusstsein für die Probleme bzw. Herausforderungen durch sein Erzählen.
Hinterfrager	Der OE'ler hinterfragt das Gesagte. Er läuft zwar nicht ständig misstrauisch herum, glaubt jedoch auch nicht alles ungeprüft. Er sucht nach dem Thema hinter dem Thema.
Feedbackgeber	Der OE'ler ist in Feedback geben und nehmen geschult. Falls der Klient es wünscht gibt er anhand seiner Beobachtungen Feedback. Oftmals ist es wichtig, den Klienten (Führungskräfte und Mitarbeiter) nach Workshops und sonstigen Veranstaltungen Feedback zu geben, wenn dies vereinbart worden ist oder der Klient dies will.

Kontrakt

Unter Kontrakt soll im Organisationsentwicklungs-Prozess eine Vereinbarung zwischen Klienten (intern oder extern) und Beratern (extern oder intern) eines Beratungsprozesses verstanden werden. Diese Vereinbarung wird zu Beginn eines Veränderungsvorhabens abgeschlossen. Ideal ist es, wenn es gleich von Beginn an schriftlich formuliert wird. Vor diesem schriftlichen Schritt sollten Sie keine Furcht haben, hilft sie doch, Klarheit zu schaffen und späteren Missverständnissen vorzubeugen. Gleichzeitig ist zu beachten, dass nicht alle Informationen, Erkenntnisse, Ziele und Anforderungen an einen Beratungsprozess zu Beginn feststehen. Vielmehr ist es wichtig, zunächst das System und den Klienten zu verstehen, die Erwartungshaltungen, Anforderungen seine Sorgen und Nöte zu verstehen und zu klären. Die Vorstellung des Klienten wird sich auch verändern.

Probleme in Kontraktprozessen

Folgende Schwierigkeiten können u. a. in Kontraktphasen bzw. im Projektverlauf entstehen und die Notwendigkeit schriftlicher Kontrakte verdeutlichen:

- Der Auftraggeber wechselt: Eine neue Person kommt, die von diesem Prozess nichts wissen will oder den Ansatz überhaupt nicht gut findet, vielleicht sogar die Berater ganz geschickt austauscht
- Auftraggeber ist mit den Projektergebnissen nicht zufrieden: Aufgrund nicht klar abgeklärter Erwartungen ist der Auftraggeber mit den Projektergebnissen nicht zufrieden. Sie glauben eine gute Arbeit zu machen, indem Sie z. B. "nur" den Prozess begleiten, damit Ihr Klient seine Strategie entwickeln kann. Er aber hatte die Erwartung, dass Sie ihn strategisch-inhaltlich begleiten. Am Ende erscheint ihm Ihre Rechnung zu hoch und er erwartet nun von Ihnen eine nachträgliche Reduktion

Die Inhalte eines Kontraktes

Auch wenn Rahmenverträge über einen längeren Zeitraum abgeschlossen werden, so empfiehlt es sich, für die Herstellung einer größtmöglichen Klarheit, einen Einzelauftrag bzw. ein Angebot für die jeweilige Maßnahme (z. B. Vorbereitung, Durchführung und Nachbereitung einer Intervention), abzuschließen.

Wer sollten die Kontraktpartner sein?

Kontraktpartner in der Organisation können die Auftraggeber oder deren Partner sein (z. B. Organisations-, Personal- oder Einkaufsabteilungen).

Merkmale guter bzw. schwacher Kontrakte

Der Kontrakt im OE-Prozess ist keine einmalige und abgeschlossene Aktion, die man zu Beginn durchführt und damit ein für alle Mal abhakt. Vielmehr ist es ein Prozess, den es immer wieder vor Augen zu halten gilt. Es ist sinnvoll, zu Beginn des Projektes einen Rahmen- bzw. Grundvertrag abzuschließen und dann für die einzelnen Interventionen einzelne Vereinbarungen auf Basis von Angeboten zu treffen.

In diesem Rahmenvertrag werden z. B. Honorarsätze, die Vertraulichkeit, Zahlungsmodalitäten, Nebenkostenregelungen und die Arbeit mit Einzelangeboten festgehalten. Unser Kooperationspartner und Pionier der OE, Marvin Weisbord (1984), führt folgende Bewertung von Kontrakten ein.

Gute Kontrakte

Hohe Bereitschaft des kompetenten Kontraktpartners zu Mitwirkung, Unterstützung und persönlichem Engagement. Engagierte interne Verbindungspersonen oder Berater. Budgets sind klar und kein größeres Problem. Die

Termine und der einbezogene Personenkreis sind festgelegt. Ziele und erhoffte Ergebnisse sind klar. Berater und Klient haben ein gutes Gefühl, was die jeweils andere Person anbelangt. Ängste werden offen diskutiert. Mögliche Risiken werden offen besprochen. Der nächste Schritt ist eine Diagnose oder erfolgt auf Grund einer vorhandenen Diagnose zusammen mit den Projektbeteiligten.

Schwache Kontrakte

Der Berater hat ein ungutes Gefühl und weiß nicht so recht warum. Die Bereitschaft des Klienten, genügend Zeit zur Verfügung zu stellen, ist unklar. Die Organisation steht unter zahlreichen anderen Anspannungen (die geplante Intervention hat niedrige Priorität). Unzureichende Vorbereitungszeit vor Beginn der Intervention. Unklare Beziehung zwischen internem und externem Berater. Klient schiebt alle Verantwortung dem Berater zu.

Rollen und Aufgaben in OE-Prozessen

Das Organisationsvorhaben in Form eines Projektes zu organisieren kann zu einer effizienten Bearbeitung führen. Verantwortlichkeiten werden dadurch deutlich und interdisziplinäre Arbeit gefördert.

Rolle	Aufgabe
Auftraggeber (Sponsor)	<ul><li>formuliert den Projektauftrag</li><li>legt Projektziele fest</li><li>definiert die notwendigen Rahmenbedingungen für das Projekt</li><li>kontrolliert den Projektfortschritt und nimmt die Meilensteinergebnisse ab</li><li>sorgt für die notwendigen Kontakte zu den Betriebsverfassungsorganen bzw. Arbeitnehmervertretern</li><li>vertritt das Thema in den zuständigen Gremien des Unternehmens</li><li>setzt Projektleiter ein</li><li>beauftragt den Lenkungsausschuss und den Projektleiter</li><li>unterstützt das Vorhaben</li></ul>
Lenkungsausschuss bzw. Steuerungskreis	<ul><li>steuert das Projekt</li><li>kontrolliert die Statusberichte der Projektleitung</li><li>genehmigt den Projektplan</li><li>entscheidet über Projektänderungsanträge</li><li>nimmt die Projektergebnisse ab</li></ul>
Projektleiter	<ul><li>plant, organisiert und koordiniert den Projektverlauf</li><li>kontrolliert den Projektfortschritt</li><li>berichtet dem Lenkungsausschuss und dem Auftraggeber über den Status des Projekts</li><li>Führt das Projektteam und ist für ihre Mitglieder immer da</li><li>Sorgt für Kommunikation</li><li>Ist Ansprechpartner für Nahtstellenfunktionen</li></ul>
OE - Team (Projektteam)	<ul><li>führt die Projektarbeiten durch (Arbeitspakete werden an einzelne Teammitglieder delegiert)</li></ul>
Interne Konsulenten (Beirat)	<ul><li>stellen bei Bedarf dem Projektteam notwendige Informationen zur Verfügung</li><li>zeigen Folgewirkungen der Konzeption auf</li><li>übernehmen Multiplikatorenfunktion (internes Marketing)</li></ul>
Projektassistenz	<ul><li>unterstützt das Projektteam in den Bereichen</li><li>Koordination</li><li>Kommunikation und Information</li><li>Dokumentation</li><li>Organisation (Tagungsräume, Termine etc.)</li></ul>

Der Fortgang des Prozesses wird über die Meilensteinplanung gemessen und gesteuert. In einem Organisationsentwicklungs- Projekt können sich die projektbezogenen Aufgaben auf folgende Rollen verteilen.

Die Projektorganisation sollte der Komplexität des Vorhabens entsprechen und eher schlank aufgebaut sein. In kleineren Projekten kann z. B. vom Aufbau eines Lenkungsausschusses abgesehen werden.

Rollen von Organisationsentwicklern

Idealtypisch übernimmt ein Organisationsentwickler die folgenden Rollen im Rahmen eines organisatorischen Veränderungsprozesses. Die Rollenwahrnehmung ist stark abhängig von seinem Auftrag und seinem Beratungsselbstverständnis. Weiterhin ist es davon abhängig, ob interne Organisationsentwickler zur Verfügung stehen und wie die Rollenaufteilung zwischen internen und externen Organisationsentwicklern ist.

Beobachter	Beobachtet Personen, Teams und Organisationsdynamiken und spiegelt diese persönlichen Beobachtungen mündlich oder schriftlich an die beobachteten Personen und Teams offen und ehrlich zurück.
(Mit)steuerer	In Gesprächen wird der Fortgang des Projektes mit dem Auftraggeber, dem LA oder mit dem Projektleiter regelmäßig besprochen. Damit findet eine (Mit)steuerung des Prozesses statt.
Qualitätssicherer	Die Qualität der Arbeitsergebnisse (z.B. Diagnoseergebnisse) werden durch den OE'ler mitbestimmt und gesteuert.
Coach	OE'ler kann das Projekt, Teams und einzelne Rollen im Projekt coachen. Gleichzeitig kann er die Rolle des externen persönlichen Coaches für bestimmte, betroffene Personen übernehmen. Begleitung von Führungskräften und Projektleitern (Rollenanalyse und -beratung). Begleitung von Führungsteams in der Wahrnehmung der veränderten Aufgaben und Rollen. Begleitung von Organisationseinheiten in ihrer Teamentwicklung.
„Motor"	Durch seine Präsenz und aktive Begleitung des Prozesses wirkt er wie ein Motor. Schwierig wird es, wenn er der einzige ist, der diese Motorfunktion übernimmt und der AG bzw. Projektleiter sich innerlich vom Projekt gelöst haben.
„Störer"	Durch seine Beobachtungen und Interventionen (z.B. verbale Hinweise über das Beobachtete oder Erlebte im Team bzw. in der Organisation) kann er vorhandene Muster(Kommunikations- und Verhaltensmuster) erkennen, ansprechen und damit „aus dem Tritt bringen". Diese Rolle sollte der OE'ler unbedingt vorher deutlich machen, er sich nicht selbst aus dem Prozess hinaussteuert und die Akzeptanz im System verliert. Auch ist es sinnvoll, sich die Unterstützung für diese Rolle beim AG zu holen.

Welche Rolle er konkret ausübt und was von der Organisation gewünscht ist, muss mit dem Klienten System vereinbart werden (Kontrakt). Diese Vereinbarung sollte offengelegt und an diejenigen die es wissen sollen, kommuniziert werden. Falls der OE´ler die vereinbarte Rolle oder Rollen verändern oder erweitern will, sollte er dieses unbedingt vorher mit seinem Auftraggeber neu vereinbaren. Auch diese neue Vereinbarung muss dann kommuniziert werden.

Wichtig ist, dass eine Rollenkonfusion bzw. –Konflikte erkannt und vermieden werden. So ist es schwierig, der Teamentwickler eines Führungsteams zu sein und gleichzeitig Assessment Center durchzuführen, um beispielsweise einen aus dem Team für die Nachfolge eines Fabrikleiters zu empfehlen.

Beitrag der prozessorientierten Organisationsentwickler

Der Organisationsentwickler hat innerhalb der Organisation eine helfende Rolle. Bei seiner helfenden Tätigkeit kann er folgende Aufgaben wahrnehmen. Diese Aufgaben sind, wie explizit einsetzbare Tools bzw. Methoden, auch als Interventionen, im Organisations-System zu sehen.

Konkrete Aufgaben von Organisationsentwicklern

Je nach Kontrakt, Anforderung bzw. Prozessphase können durch die OE'ler verschiedene Rollen im Rahmen des Projektes wahrgenommen werden.

Baut Vertrauensverhältnis auf	Eine vertrauensvolle Kooperation und Partnerschaft zwischen Klient und Organisationsentwicklern wird aufgebaut. Aufbau und Pflege einer sicheren Vertrauensbeziehung mit dem Auftraggeber.
Moderieren	Moderieren („facilitieren").
Leiten	Teilnehmer durch eine Methode oder Veranstaltung führen. Hierbei gilt als Richtschnur oder roter Faden, die zuvor mit dem Klienten vereinbarte und den Teilnehmern transparent gemachte inhaltliche und zeitliche Zielsetzung (Beginn und Ende der Veranstaltung).
Trainieren	Konzipierung und Durchführung von zielgruppengerechten Qualifizierungsmaßnahmen. Trainieren.
Beobachten	Beobachten und Feedback.
Gespräche führen	Gespräche führen. Zielgerichtete und Kontextbezogene Fragen stellen. Er ist auch Kommunikator. Er berichtet von den Organisationsentwicklungsaktivitäten, ist sozusagen eine Informationsquelle. Zu beachten ist der Punkt der Vertraulichkeit. Geheimzuhaltende Themen, die noch nicht kommuniziert werden dürfen, sind absolut tabu. Hierüber sollte noch nicht einmal in der Organisationsentwicklung Unternehmung gesprochen werden, falls Sie in diesem Punkt sicher sein wollen.
Geschichten erzählen	Von eigenen Erfahrungen aus anderen Organisationen und Projekten erzählen. Beispielhaft offen über eigene Gefühle erzählen und damit den Raum für Reflexion erweitern.
Dokumentieren	Ergebnisstände werden systematisch aufgearbeitet, dokumentiert und dem Klienten zur Verfügung gestellt.
Präsenz zeigen	Nach ihren Interventionen bleiben Organisationsentwickler verfügbar und präsent. Sie stehen für Gespräche zur Verfügung.

Konzepte einbringen	Konzepte entwickeln bzw. einbringen. Unterstützung bei der Analyse vorhandener Konzepte und Instrumente. Entwicklung von zielgerichteten Konzepten und Instrumenten. Neben der Prozessbegleitung bringt der Organisationsentwickler Konzept- und Methodeninputs ein (z.B. Führungsorganisation, Moderations- und Kreativitätsmethoden).Es ist durchaus möglich, bewährte Konzepte aus anderen Projekten beispielhaft einzubringen und diese auf die Erfordernisse der Organisation auszurichten. Dies bedeutet jedoch nicht, dass diese Konzepte (z.B. eine funktionale, oder profitcenterorientierte Organisationsstruktur) überall und immer die richtige Form ist. Vielmehr ist gemeinsam mit dem Klienten zu überprüfen, was die strategischen Anforderungen an eine Struktur in der jeweiligen Organisation sind.
Strategieorientiert vorgehen	Organisationsentwicklung Prozesse werden nicht isoliert gestartet. Zukünftige Geschäftsausrichtung und –anforderungen sowie Rahmenbedingungen werden berücksichtigt. Deshalb sind Organisationsentwickler in ständigem und engem Kontakt mit den Top-Managern der Organisation. Sie bleiben in Kontakt und halten sie, in Abstimmung mit dem Klienten über den Fortgang der Veränderungsprozesse informiert.
Prozesse beraten	Durch Prozessbegleitung (kontinuierliche Reflexion) Konflikte erkennen, benennen und zur Regelung bringen. Einbringen von Erfahrungen und Beispielen aus vergleichbaren Integrationsprojekten und Qualifizierungsprogrammen. Förderung der Zusammenarbeit im Integrationsprozess.
Internes know-how aufbauen (Know-how-Transfer)	Organisationsentwicklung Prozesse werden so gestaltet, dass ein höchstmöglicher know-how-Transfer und –Aufbau erreicht wird. Organisationsentwicklung Prozesse werden als Lernprozesse aufgebaut.
Expertise abgeben	Aufgrund des Organisationsentwicklungs-Know-hows und der Expertise in diesem Feld, kann es durchaus sein, dass der Organisationsentwickler den Auftrag erhält, vorhandene Organisationsentwicklung Programme und Vorgehensweisen zu begutachten.
Erfahrungen einbringen	Erfahrungen aus anderen Projekten, Organisationen und Rollen einbringen.
Methoden einbringen	Methoden und Instrumente einbringen.
Intervenieren	Beobachtete Muster aufzeigen. Konflikte und Unbewusste Prozesse ansprechen.
Konfrontieren	Meinungen aus der Organisation als Gegenargumente einbringen („Stimme des Volkes").
Eskalieren	Projektbeteiligte auf z.B. Rollenkonflikte ansprechen. Falls sich Situation nicht verändert, Auftraggeber einschalten.

Was der OE´ler auf gar keinen Fall tun sollte

Folgende Aspekte sollten unbedingt beachtet werden. Falls es doch dazu kommt, dass diese Punkte nicht eingehalten werden konnten, so ist zu reflektieren und bei Bedarf in die Organisation zurück zu spiegeln, warum welcher Punkt zu welchem Zeitpunkt nicht eingehalten werden konnte, was die dahinterliegenden unbewussten Themen und Dynamiken sind. Diese Reflexion kann wiederum gutes Material für das lernen und für die Entwicklung anbieten.

Führungsverantwortung übernehmen:

Für den Klienten Führungsaufgaben übernehmen. Hierbei sollte er insbesondere in Situationen, wo ein Führungsvakuum besteht, z. B. bei Nichtbesetzter Führungsfunktion oder Nichtwahrgenommener Führungstätigkeit, auf das Phänomen der "projektiven Identifikation" achten. Bei der projektiven Identifikation übernimmt der Organisationsentwickler die auf ihn projizierten Führungswünsche und -rolle seitens der Organisationsmitglieder. Der Organisationsentwickler gibt sich quasi unbewusst dieser Dynamik hin und verhält sich so, als wäre er die Führungsperson. Er beginnt zu bewerten, zu beurteilen oder zu loben.

Diese Dynamik wird noch von dem latenten Wunsch des Organisationsentwicklers auch für Umsetzungen und für Menschen verantwortlich zu sein, gefördert.

"Einnisten":

Da es bewusste und unbewusste Wünsche des Organisationsentwicklers nach Zugehörigkeit und Gemeinschaft befriedigt, lassen sich, insbesondere Einzelkämpfer oder in Netzwerken arbeitende Organisationsentwickler dazu verleiten, "Teil des Systems" (und damit Teil des Problems) zu werden.

Dieses Einnisten war leider auch bei großen Beratungsgesellschaften zu beobachten, die ihrerseits aus dem ökonomischen Druck heraus und teilweise massenhaft 50 oder auch mehr Berater in Organisationen platzieren. Im Grunde habe ich diese Personen eher als "Leiharbeiter" betrachtet. Sie wurden auch von den Organisationen selbst offiziell "externe Mitarbeiter" genannt (mit Personalnummer, -ausweis, Telefonnummer, Parkplatz etc.). Mit der Beratungskrise hat sich diese Situation verändert. Auf fast jeder Strategiefolie konnten sie das Ziel "Abbau von Externen" als Zielformulierung lesen. Was nicht unbedingt zu einer partnerschaftlichen Zusammenarbeit zwischen Beratung und Organisationsmitgliedern geführt hat.

Zu viel reden:

Ununterbrochen den Raum mit Worten füllen und damit eine Reflexion vermeiden. Falls dies immer doch geschieht, ist es ratsam, mit Hilfe eines Coaches herauszufinden, was ihn daran hindert zuzuhören und dem Klienten den Raum zu überlassen. In ganz schwierigem Falle ist es zu prüfen, ob eine Therapie angebracht wäre.

Über andere schlecht sprechen:

Informationen weiter tragen ist die beste Form, um schnell das Vertrauen des Klienten zu verlieren und aus der Organisation verdrängt zu werden. Leider ist in diesem Feld die Versuchung sehr groß.

Anonymität brechen:

Zu einer professionellen Organisationsentwicklungsarbeit gehört es, absolut verschwiegen zu sein und die Personen, die einem Informationen anvertraut haben namentlich nicht zu nennen ("das ist die Sicht von Herrn oder Frau ..."). Auch wenn Sie unter Druck geraten sollten, vergessen Sie nicht, dass am Ende der der die Informationen von Ihnen erhält, Ihnen am Ende auch nicht mehr vertrauen wird ("das macht er mit mir ja genauso"). (Vgl. Praxisbeispiel "Klimakonferenz", Özdemir 2007).

Neutralität und Allparteilichkeit verlassen:

Die Neutralität darf nicht verlassen werden. Der Klient braucht letztlich nicht "Ja- Sager", sondern Organisationsentwickler, die ihn kritisch-konstruktiv begleiten, und die Seiten anleuchten, die der Klient bewusst oder unbewusst ausblendet. Weitere Personen werden Ihnen eher vertrauen und mitgehen, auch wenn Sie von Ihrem direkten Klienten in die Organisation hineingeholt worden sind, wenn diese erkennen und spüren, dass Sie Ihre Objektivität nicht verlassen. Hierbei sollten unbedingt auch in einer ehrlichen Haltung auch andere Meinungen angehört werden. Bei Bedarf sollten Sie dann, nach einer Vorbereitung Ihres Klienten, dass Sie dies tun werden, auch eine andere Meinung als Ihr Klient öffentlich und in seinem Beisein vertreten. Letztlich ist es auch zu seinem Nutzen, wenn Ihnen auch andere Personen in der Organisation vertrauen. Ohne dieses Vertrauen geht es sowieso nicht.

Manipulieren:

Von der Manipulation Ihres Klienten oder Personen aus dem Klienten System sollten Sie völlig absehen. Gegen den Wunsch und Willen anderer sollten Sie in Veränderungsprojekten nichts unternehmen. Die Gefahr ist groß, da Sie, zumindest zu Beginn von Projekten, wie ein Messias empfangen und gesehen werden.

Klienten in Abhängigkeit bringen:

Es besteht grundsätzlich die Gefahr, dass Ihr Klienten System Z. B. nur über Sie miteinander kommuniziert (falls zwei Abteilungen bzw. ihre Chefs miteinander im Konflikt sind). Sie sollten eher immer überlegen, wie es weitergehen soll, wenn Sie nicht mehr zur Verfügung stehen. Sich nach einer bestimmten Zeit überflüssig zu machen, wenn die Voraussetzungen erfüllt sind (z. B. Konflikt analysiert und bearbeitbar gemacht oder Know-How zum Klienten transferiert worden ist, sollte immer das Ziel sein. Langfristig zahlt sich diese Strategie eher aus, da Ihnen Ihr Klient vertraut und weiß, dass Sie ihn nicht ausnehmen.

Verantwortung an falscher Stelle annehmen:

Die Verantwortung für Veränderungsprozesse bleibt fest in Klientenhand. Hierdurch wird die enge Beteiligung des Klienten am Prozess sichergestellt.

Keine Grenzen setzen:

Eines der schwierigen Situationen ist die Abgrenzung gegenüber dem Klienten. Die Versuchung ist groß, jeden Auftrag anzunehmen bzw. alle Änderungen des Klienten im Hinblick auf Projekterweiterungen und Ressourcenbegrenzung sofort und unreflektiert zu akzeptieren. Hier gilt es sehr vorsichtig auf die Beratungsqualität zu ach- ten. Ab wann kann diese Qualität nicht mehr gewährleistet werden. Falls diese Situation eintritt, ist es ratsam, die Schwierigkeit zu thematisieren und mit dem Klienten gemeinsam eine Lösung zu suchen, ohne sich überreden zu lassen.

Unfairen Umsatz generieren:

Den eigenen Umsatz optimieren. Aus dem "Leid" des Kunden Kapital schlagen.

Interne Veränderungsmanager - OE´ler

In größeren organisatorischen Veränderungsprozessen sollte ein Team zur Planung, Steuerung bzw. Koordination und Reflexion des Prozesses eingesetzt werden (Change Agents). Führungskräfte können z. B. aus ihrer Funktion temporär rausgenommen und mit der Leitung eines solchen Teams beauftragt werden.

Worauf sollte bei der Besetzung eines internen Veränderungsmanager-Teams geachtet werden?

- Schlüsselpersonen mit einsetzen
- Die Mitglieder sollten ein Gefühl der Unzufriedenheit und Handlungsnotwendigkeit mit der aktuellen Situation teilen
- Mentoren der Veränderung sollten über eine gemeinsame Vision bezüglich der Veränderung teilen
- Mitglieder sollten unterschiedliche "Brillen" aufhaben. D.h. sie sollten über Hintergründe verfügen: unterschiedliche Funktionen, Standorte, Bereiche, Geschlechter, Herkünfte, Verweildauer in der Organisation usw. Der "Elefant" muss aus verschiedenen Perspektiven wahrgenommen und betrachtet werden
- Mitglieder müssen unbedingt über ein gutes Image in der Organisation verfügen. Sie sollten angesehene Personen sein. Ihre Meinung muss anerkannt und respektiert sein
- Diesem Team müssen wichtige Ressourcen bereitgestellt werden (Zeit, Personalkapazität, finanzielles Budget, Know-How)
- Sie brauchen jederzeit den direkten Zugang zum Top-Management und die Rückendeckung durch selbiges
- Mitglieder brauchen Zeit. Idealerweise sollten sie von ihren aktuellen Funktionen befreit werden. Nach den Veränderungen sollten sie eine der neu aufgebauten Funktionen oder ein neues Projekt erhalte (Ergänzt, nach J. P. Kotter, 1996 und C. Daryl, 1992, aus Boyett, 1998)

Einsatz von externen OE-Beratern

Nicht immer eignet sich der Einsatz von externen Beratern. Es sollte sehr genau überlegt werden, für welchen Zweck externe Berater eingesetzt werden sollen. Auch ist darauf zu achten, dass die Steuerung und Verantwortung von organisatorischen Veränderungsvorhaben in der Hand von Führungskräften und internen Mitarbeitern bleibt.

Der Prozess der Auswahl und Entscheidung für den Einsatz von externen Beratern kann sich zu einem sehr politischen Prozess entwickeln. Je intensiver und organisations- umfassender die Veränderung ist, desto stärker wollen Geschäftsführer und Vorstände wissen, ob und welche Berater zum Einsatz kommen. In dieser Beraterauswahlphase ist sehr genau darauf zu achten, wann und wie die obersten Führungskräfte zu beteiligen sind.

Folgende Kriterien können bei der Auswahl von Organisationsentwicklern helfen:

Berufliche Erfahrungen:

Je nach der zu besetzenden Rolle und Projektfragestellung, sollte der Leiter des Organisationsentwicklungsteams mindestens 5 Jahre Berufserfahrung mitbringen. Idealerweise sollte er als Mitarbeiter oder Führungskraft Erfahrungen in Organisationen gesammelt haben.

Führungserfahrung:

Hat der Organisationsentwickler selbst geführt und Veränderungsprozesse verantwortlich gesteuert ("weiß er, wovon er spricht")?

Organisationserfahrung:

Hat er selbst einmal in einer größeren Organisation abhängig gearbeitet?

Referenzen:

Für welche Unternehmen bzw. Institutionen war der Berater bisher tätig? Hat er nur kurze Einsätze gehabt oder komplexe Projekte durchgeführt? Waren diese Projekte erfolgreich? Was würde der Berater diesmal anders machen (was hat er aus den Projekten gelernt)?

Zuhören können:

Beraten heißt insbesondere Zuhören. Das heißt, sehr genau zuhören! Berater, die das Feld nutzen, um sich zu profilieren, sind eher mit großer Vorsicht zu genießen. Sie sollen nicht die Organisation für den Klienten führen, sondern ihn dabei beraten.

Projekterfahrung:

Bringt Erfahrungen aus ähnlichen Projekten. Konkrete Ansprechpartner können genannt werden. Diese Kontakte sollten auch befragt werden.

Interkulturalität:

Verfügt der Organisationsentwickler über Auslandsaufenthalte oder über einen interkulturellen Hintergrund, so kann er sich in der Regel sehr schnell und gut in Organisationen und deren Kulturen einfühlen. Hierbei ist die Interkulturalität oder die interkulturelle Arbeit im Ausland eine sehr gute Schule.

Fortbildungen:

Mindestens eine Fortbildung in Organisationsentwicklung. Weitere Fortbildungen in zum Beispiel Coaching, Prozessberatung zeigen, dass sich der Organisationsentwickler für diese Rolle gut vorbereitet hat.

Als Team beraten:

Arbeit mit einem Beraterteam. Dies stabilisiert das Beratersystem.

Engagement in der Beraterszene:

Engagement bzw. aktive Mitgliedschaft in Berufsgruppen und -verbänden.

Lebensalter:

Je nach dem, für welche konkrete Fragestellung der Organisationsentwickler eingesetzt wird, kann das Lebensalter und die damit verbundene Erfahrung mit persönlichen Veränderungsprozessen und "Lebensbrüchen" eine wichtige Basis des erfolgreichen Beratens sein.

Veröffentlichungen:

Veröffentlichungen können ein Hinweis für erfolgreiche Veränderungs-Praxis sein. Dieser Punkt sollte jedoch nicht überbewertet werden, da viele sehr gute Organisationsentwickler aufgrund immer neuer Projekte überhaupt nicht zum Schreiben kommen, obwohl sie über ein sehr großes Potential an Erfahrungen und Erkenntnissen verfügen, über die zu Schreiben bzw. zu Lesen sehr interessant wäre.

Kooperation mit internen OE-Funktionen

In der OE-Arbeit ist eine kooperative und vertrauensvolle Zusammenarbeit zwischen externen OE'lern und ihren internen Ansprechpartnern und "Gegenstücken" (z. B. Personalfunktionen, Organisations-, Stabs- und Qualitätsfunktionen) unerlässlich. Sie bildet die Basis der erfolgreichen OE-Arbeit und des Lerntransfers in beide Richtungen. Leider zeigt sich in vielen Organisationen aus den vielfältigsten Gründen zwischen den Führungskräften und den Personalfunktionen ein schwieriges Verhältnis. Meistens hat dies mit negativen Erfahrungen aus Bewertungsprozessen und einer Auseinandersetzung mit Macht zu tun. Ganz schwierig ist es, wenn die Personalfunktion und die sonstigen Ansprechpartner unterschiedlichen Vorstands- bzw. GF-Ressorts zugeordnet sind. Die Externen dürfen auf gar keinen Fall in diese größtenteils verdeckten Auseinandersetzungen hineingehen. Vielmehr sollten sie auch hier Brücken bauen und im Sinne des Gesamterfolges für die Organisation die Kooperation suchen und mit ihren Empfehlungen (z. B. die Personalfunktionen einzubeziehen) fördern.

Interne Beratungsfunktionen

Der Aufbau von internen OE-Funktionen hat in Deutschland Tradition. So haben große Unternehmen für die Begleitung ihrer internen OE- und PE-Prozesse Abteilungen aufgebaut. Diese Funktionen berichten in der Regel Vorständen (Vorstandsvorsitz oder Vorstand Personal bzw. Organisation).

Oft haben diese internen Funktionen mehrere Dilemmas zu meistern:
- Zum einen sind sie nah an der Macht angesiedelt und sollen gleichzeitig beraten und coachen
- Sie stehen unter Wettbewerbsdruck gegenüber externen Anbietern
- Sie müssen, wie eine externe Beratungsfirma auch, für die eigene Auslastung sorgen, die teilweise sogar über interne Abrechnungen abgewickelt wird
- Sie müssen ein professionelles, beraterisches Selbstverständnis entwickeln und halten
- Sie müssen in der Lage sein, nicht nur Trainings und Coachings durchzuführen, sondern strategische Organisationsentwicklung leisten

Bei ihrer eigenen Organisationsentwicklung sollten diese Funktionen darauf achten, dass sie einmal klären was der Auftrag des Unternehmens für ihre Funktion ist. Hieraus kann dann das Selbstverständnis ("sind wir Berater und damit Helfer oder Kontrolleure?"), die Ziele, die internen Prozesse und Leistungen, die erforderlichen Rollen und vor allem Kompetenzen abgeleitet werden. Auch muss geschaut werden, welches Image die Funktion in der Organisation hat. Zu sagen wir sind jetzt ein internes

Beratungsinstitut reicht nicht aus. Eine professionelle Entwicklung als organisatorische Einheit und jeder für sich als Mitarbeiter dieser Einheit ist wichtig. Dieses sollte dann eine systematische Qualifizierungsplanung und Umsetzung zur Folge haben, um die notwendigen Fähigkeiten, Kenntnisse und Kompetenzen auszubauen.

Um sich als interne Beratungsfunktion zu qualifizieren ist es wichtig, dass externe Profis nicht alleine arbeiten, sondern immer im Gespann mit einem oder mehreren Personen aus dieser Einheit. Damit findet ein Lerntransfer statt. Gleichzeitig wird die Qualität der Beratungs- und Beziehungsarbeit zu den internen Klienten hin abgesichert.

Mindestens zu zweit im Einsatz

In Zeiten von steigendem Kostenbewusstsein wird es immer schwieriger, den Klienten davon zu überzeugen, dass Sie im Team arbeiten, und demzufolge auch zu zweit in bestimmten Projektbesprechungen erscheinen. Auch bei der Polizei gibt es eine eiserne Regel, die lautet, "gehe niemals alleine in das Feld", wie mir eine von uns ausgebildete Hauptkommissarin mitteilte.

Folgende Aufgaben werden erfüllt, falls Sie zu zweit arbeiten.

Aufgabe	Ziele
Reflexion	Austausch erforderlich
Perspektivenwechsel	Aus verschiedenen Perspektiven schauen können
Stabilisierung	Sicherstellen dass der Prozess aufgefangen werden kann, wenn der eine Organisationsentwickler angegriffen wird und aus dieser Dynamik nicht rauskommt
Vertretung und Einsatz sichern	Absicherung des Prozesses für den Krankheitsfall bzw. Paralleleinsätze (Vertreter)
Qualitätssicherung	Sicherung der Beratungsqualität
Rollenflexibilität	„Good-guy" „Bad guy" Rolleneinnahme.

Falls der Klient dennoch darauf besteht, dass Sie alleine erscheinen sollen, so ist es ratsam, von ihm die erforderliche Kapazität mit der notwendigen

Qualifikation zu erhalten, nicht wissend, dass ein interner viele der benannten Vorteile für den Klienten nicht erfüllen kann, da er Systemmitglied ist und im Eskalationsfall immer auch eine sieht
Organisationsentwicklungsarbeit ist Beratungsarbeit und nicht nur eine Moderationsaufgabe. Alleine moderieren, einen Workshop leiten ist möglich. Beratung bedeutet jedoch, dass Sie in einem organisatorischen Veränderungsprojekt zu zweit einem Klienten gegenübersitzen können (z. B. in Strategierunden, Projektleiterbesprechungen etc.). Dabei geht es auch um Aufnahme bzw. Weiterleitung von wichtigen Informationen und von Dynamiken aus dem beobachteten Organisationssystem.

Klient und Sponsorenteam

Ein Klient kann eine Person, ein Team oder eine Organisation sein. Klienten haben ein Interesse an den geplanten Veränderungen. Der Klient (oder Sponsor) beauftragt die internen oder externen OE´ler mit der Begleitung des Veränderungs- und Entwicklungsprozesses. Oftmals ist es gar nicht so einfach herauszufinden wer der Klient ist. Diese Frage ist eine Schlüsselfrage in Beratungsprozessen. Ganz schwierig wird es, wenn die Konzentration auf den primären Klienten ("der die Rechnung erhält") ist gefährlich und meist auch nicht im Sinne dieses Klienten. Dieser Klient hat das Interesse, dass das Projekt gut, in ruhigen Bahnen und akzeptiert läuft. Veränderungsprozesse brauchen eine starke, Orientierung gebende Koalition von Schüsselpersonen. Diese Schlüsselpersonen werden in einem Sponsoren- bzw. Veränderungsteam zusammengeführt.

Folgende Aspekte sind beim Sponsorenteam zu beachten:

Chefsache	Sponsoren kommen aus der obersten Führungsebene (GF, Vorstände).
Entscheidungsmacht	Je hochkarätiger dieses Team besetzt ist, je schneller Entscheidungen getroffen werden können, desto wirksamer und schneller ist die Veränderung.
Sanktionsmöglichkeiten	Die Sponsoren des Veränderungsprozesses verfügen über alle Belohnungs- und Sanktionsmöglichkeiten. Sie haben auch den Willen, diese bei positivem und negativem Verhalten einzusetzen.
Anerkennen	Sponsoren sind sich über den persönlichen Beitrag, den Mitarbeiter für die Zielerreichung erbringen müssen (Verzicht, Aufgabe von Privilegien und Status etc.) bewusst und erkennen diesen an.
Öffentlich Position beziehen	Sponsoren müssen sich öffentlich in der Organisation und außerhalb zu der Veränderungsvision, zu den Zielen und zum Veränderungsteam bekennen.
Informelle Treffen	Sponsoren müssen bereit sein, Schlüsselpersonen und das Veränderungsteam inoffiziell zu treffen, um in schwierigen Phasen ihre volle persönliche Verpflichtung zur Sache commitment zu zeigen.
Langen Atem haben	Sponsoren brauchen „einen langen Atem" für die wirklichen, langfristig wirksamen Veränderungen. Sie sollten kurzfristige Aktionen, die im Widerspruch zu der langfristigen Zielsetzung stehen, ablehnen.

(Ergänzt, nach J. P. Kotter, 1996 und C. Daryl, 1992, aus Boyett, 1998)

Erforderliche Kompetenzen

Kompetenz ist die Summe aller Fähigkeiten, Kenntnisse und Einstellungen, die zum Erreichen eines bestimmten, positiven Arbeitsergebnisses relevant sind. Für Führungskräfte und Mitarbeiter ist spezifische Kompetenz erforderlich, um den Veränderungsprozess effektiv und effizient voranzutreiben. Folgende Kompetenzen sind hierbei erforderlich:

- Klärung des eigenen Standortes als Führungskraft und der persönlichen Motivation
- Herausfinden der Wahrnehmung des Standortes und der persönlichen Motivation der Mitarbeiter
- Einsetzen der Fähigkeiten einer Führungskraft
- Ständige Bereitschaft zur Steuerung des Veränderungsprozesses und der Arbeitsprozesse
- Erweiterung der Wahrnehmungsfähigkeit und des Blicks auf die Ebene der Organisation (Geschehnisse im Kontext und in der Wechselwirkung von Organisationen sehen)

Durch den Aufbau von Veränderungs-Kompetenz kann der Mitarbeiter in seiner Organisation folgenden persönlichen Nutzen aufbauen:

- Sicherer Umgang im und mit Veränderungen
- Größeres Wohlbefinden und innere Ruhe
- Dazulernen, persönlich wachsen
- Erhöhen der sozialen Kompetenz
- Verbesserte Beschäftigungsfähigkeit
- Erhöhung seines internen und externen Marktwertes
- Anerkennung von außen, Ansehen

Organisatorischen Veränderungs-Projekten ist gemeinsam, dass es bei ihnen nicht um die Lösung von isolierten Aufgaben geht, sondern dass umfassende Veränderungsprozesse initiiert und Strategien entwickelt werden. Demzufolge ist der Organisationsentwickler mehr Prozess- als Inhaltsexperte, um die Nachhaltigkeit von Veränderungs- Prozessen zu gewährleisten. Die erforderliche inhaltliche Expertise (z. B. Markt-Branchen-Know-how) wird durch Inhaltsexperten aus der Organisation oder durch mitgebrachte externe Spezialisten eingebracht.

Der Inhalts-Experte...	Der Organisationsentwickler...
definiert die Aufgaben im Auftrag des Kunden selbst	hilft dem Kunden, die Aufgaben zu erkennen und zu definieren
sammelt von sich aus relevante Daten, Ideen, Stellungnahmen und Meinungen	verbessert die Fähigkeiten zur Problemlösung beim Auftraggeber und seinen Mitarbeitern
präsentiert und interpretiert die Ergebnisse seiner Untersuchungen selbst	entwickelt die Fähigkeiten seines Klienten, Ergebnisse zu präsentieren und zu interpretieren
entwickelt Lösungen stellvertretend für den Klienten	unterstützt den Kunden bei der Entwicklung von Lösungen
macht spezifische, kausale Vorschläge	befähigt den Kunden, vernetzte und systemische Lösungen zu finden
greift nicht in den Lernprozess der Auftraggeber-Organisation ein	lehrt den Kunden, seine Handlungen auf Dazugelerntes zu gründen
Verhält sich „objektiv"-distanziert und ist rein sachlich orientiert	ist persönlich engagiert und am Fortgang des Prozesses interessiert
Interessiert sich hauptsächlich für die eigenständige Lösung begrenzter Probleme	interessiert sich für die Menschen und ihre Fähigkeiten, Probleme selbst zu erkennen und zu lösen
sorgt nicht für die Motivation des Kunden, die Veränderungsprozesse selbständig weiterzuführen	sorgt dafür, dass Prozesse weiterlaufen, nachdem er sich zurückgezogen hat
macht sich unentbehrlich	verlässt nach Abschluss seines Einsatzes das Klientensystem und steht für zukünftige Einsätze zur Verfügung

Es ist sehr genau zu prüfen, für welche Frage- und Problemstellung welche Rolle nützlich und erforderlich ist.

Dieses kann sich im Verlauf des Prozesses auch ändern. Wobei darauf geachtet werden sollte, dass in der Konzeptionsphase auch Umsetzungsberater (z. B. OE-Berater) eingesetzt werden sollten und nicht erst nach Fertigstellung und Entscheidung aller konzeptionellen Fragen. Im Übrigen sollte gemäß dem OE- Hebel "Beteiligung" Mitarbeiter in der Konzepterstellung und sogar -Entscheidung beteiligt werden.
Für diesen Prozess ist es dann ratsam, Prozessexperten (OE-Berater) einzubeziehen.

Werte, Haltung und Selbstverständnis

In Organisationsentwicklungs-Prozessen werden Mitarbeiter, Teams und Organisationen in ihrer eigenverantwortlichen Entwicklung begleitet und beraten. Die Beratungsarbeit wird von einem umfassenden Entwicklungsverständnis und einem ganzheitlichen Organisationsbild geleitet.

Unter Entwicklungsbegleitung wird die Unterstützung von Mitarbeitern in Organisationen bei der Erweiterung ihrer Bewusstseins- und Urteilsfähigkeit verstanden.

Gleichzeitig ist es das Ziel der Organisationsentwicklungsarbeit, die soziale Kompetenz der Mitarbeiter im Umgang mit anderen zu stärken. Mitarbeiter werden beim Erkennen und dem aktiven Gestalten ihrer Freiräume in der jeweiligen Rolle unterstützt.

Entwicklungsbegleitung bedeutet auch, bei Mitarbeitern, Teams und Organisationen dort anzusetzen, wo sie sich gerade in ihrer Entwicklung befinden. Bei diesem Schritt wird intensiv mit den betroffenen Mitarbeitern, um die für sie sinnvollen nächsten Schritte zu gestalten, gearbeitet.

Organisationsentwicklung ist eine Dienstleistung. In dieser Dienstleistung wird Beratung, Training und Coaching gesamthaft verknüpft.

Organisationsentwicklung ist immer auf eine gesunde ökonomische Entwicklung von (Arbeits-) Systemen (Organisationen, Teams, Personen) gerichtet. Bei Menschen wird die Entwicklung ihres Selbstwertes und ihrer kommunikativen Fähigkeiten gefördert.

Dabei wird die Eingebundenheit der Menschen in ihre jeweiligen Systeme und die Wirkungen der darin vorhandenen Regeln auf sie berücksichtigt. Organisationsentwickler sollen nur das tun, was sie von ihrer Qualifikation her wirklich zu leisten im Stande sind. Experimente dürfen nicht zu Lasten des Klienten durchgeführt werden. Probleme werden im Gesamtkontext der Organisation bearbeitet. Neben den fachlichen und persönlichen Aspekten wird auch immer der Führungs- und Organisationszusammenhang einbezogen.

OE-Methoden und -Instrumente

Im Folgenden werden praxiserprobte zentrale Organisationsentwicklungs-Methoden, die als OE-Instrumente in OE-Prozessen einzeln bzw. in Kombination eingesetzt werden können, dargestellt. Diese Darstellung erhebt nicht den Anspruch auf Vollständigkeit. Es ist lediglich die Fokussierung auf wesentliche, nützliche Methoden, die sich in unserer OE-Praxis bewährt haben.

Strategieentwicklung

"Die Fähigkeit zur Umsetzung einer Strategie im Unternehmen ist wichtiger als die Qualität der Strategie an sich. ...Weniger als 10 % der formulierten Strategien werden tatsächlich in Unternehmen umgesetzt." (Die strategiefokussierte Organisation, Führen mit der Balanced Scorecard, Kaplan/ Norton, 2001).

Diese Aussagen sind sehr ernüchternd. Der OE-Ansatz kann als eine Antwort auf diese Herausforderung genutzt werden. Der OE-Ansatz hilft, Führungskräfte und Mitarbeiter in den Strategieentwicklungsprozess einzubeziehen, um so eine höchstmögliche Identifikation, Verständnis und Akzeptanz für die Ziele und Strategien herzustellen. "Dezentrale Geschäftseinheiten und Teamwork setzen voraus, dass jeder Mitarbeiter die Strategie kennt und danach handelt" (ebd.).

Gleichzeitig muss OE-Arbeit strategieorientiert sein und eine Langfristperspektive verfolgen. Dann erst ist es sinnvoll die Kraft der OE auch zielführend einzusetzen. Ohne eine Strategie und einen Strategiebezug der OE können die OE-Vorhaben nur isolierte Aktivitäten bleiben. Eine fundierte Wettbewerbsstrategie, die die zentralen Aktionsfelder auf denen sich das Unternehmen bewegt, beschreibt, ist der Kern dieser Strategie.
Diese Fokussierung bestimmt den Einsatz von begrenzten Ressourcen und der Konzentration. Hieraus lassen sich alle anderen Aspekte der OE ableiten, gemäß dem weisen Satz von Igor Ansoff "Struktur folgt der Strategie". Als Organisationsentwickler kann es nicht darum gehen, die Strategien der Klienten auf Konsistenz zu prüfen. Es sei denn Sie haben konkret den Auftrag hierfür. Die Methoden und Praxisfälle hier zeigen, wie Sie als Organisa-

tionsentwickler Organisationen und Bereiche strategieorientiert entwickeln können. Weiterhin hilft die strategieorientierte OE- Arbeit die strategische Arbeits- und Denkweise zu fördern.

Langfristige Planungen und Ziele zu formulieren, bedeutet, Chancen und Risiken zu erkennen. Dies ist die Basis, damit Führungskräfte für ihr Unternehmen vorbeugend bzw. entwickelnd tätig werden können. Es ist auch die Grundlage für die Entwicklung Ihrer Managementstrategien und der Gestaltung ihrer Geschäftsprozesse. Zur Strategieentwicklung gehört auch die Vision- und Leitbildentwicklung. Im Anschluss an diese Entwicklung bzw. als Ableitung daraus kann die Strategie entwickelt werden.

Gemeinsam mit Führungskräften und Mitarbeitern können obere Führungskräfte ihre Unternehmens-, Bereichs-, Funktions- und Standortzukunft selbst planerisch gestalten. Auch wenn z. B. ein Standort Bestandteil einer Matrixorganisation ist, und in dieser starke Geschäfts- bzw. Produktbereiche die strategische Richtung vorgeben, kann der Standortleiter mit seinen oberen Führungskräften in Form einer Strategieklausur die Anforderungen der Geschäfts- bzw. Produktbereiche identifizieren und hieraus eine strategische Umsetzungs-Roadmap entwickeln. In dieser Roadmap wird festgelegt, in welchen Schritten und mit welchen Programmen der Standort entwickelt werden soll, um diesen Anforderungen gerecht zu werden.

Ein wichtiger Nebeneffekt der prozessorientierten Strategieentwicklung ist die Qualifizierung der an der Strategieentwicklung beteiligten Mitarbeiter in strategischem Denken und Arbeiten. Führungskräfte und Mitarbeiter lernen über den sog. "Tellerrand" hinaus zu blicken, ihre Sinne und Aufmerksamkeit zu schärfen und die Zukunft Vorwegzudenken. en soll, um diesen Anforderungen gerecht zu werden.

Organisationsentwicklung

	Methoden auf Organisations- und Teamebene							Methoden auf Personenebene			
	Projektmanagement	Prozessberatung	Organisation/Rollen	Großgruppen Intervention	Unternehmenskultur	Team	Kommunikation	PE-Strategie	Qualifizierung	Führung	Projektmanager
Strategie	Projektmanagement	Prozessberatung	Organisation/Rollen	Großgruppen Intervention	Unternehmenskultur	Team	Kommunikation	PE-Strategie	Qualifizierung	Führung	Projektmanager
Strategie-Entwicklung	Einführung Projektmanagement	Change Mgmt. Beratung	Führungsorganisation	Open Space Konferenz	Kultur-Analyse	Teamentwicklung	Kommunikationskonzept	PE-Strategien	Schulungskonzepte	Konfliktmgmt./Mediation	PL-Coaching
Strategie & Führungsteam	Review von PMgt	Action Learning	Reorganisation	Appreciative Inquiry	Kulturentwicklung	Teamcoaching	Kommunikationsumsetzung	Aufbau PE-Instrumente	Management Entwicklg.-programm	Führungsgrundsätze	PL-Programme
Zukunftskonferenz (future search)	Lessons-Learned Workshops	Monitoring Review	Rollenanalyse/-beratung	Systemic Events (Tavistock)	Kultur-Workshops	Outdoor-Training	Kommunikationskaskade	Aufbau HR-Funktionen	Coaching	Führungsinstrumente	Projektleiter-Konferenzen
Real Time Strategic Change	Projektmanagement Pool	Befragung	Effizienzsteigerung	World Cafe	CI-Prozess	Teamsimulation	Business-Theater	Recruiting	Coach-the-Coach	Assessment Center/QC	PM-Training
Vision & Leitbild	Projektberatung	Moderation/Begleitung	Qualitätsverbesserung	Groß-Events	Kunden-/Serviceorientierung	Bereichsfindung	Appreciative Inquiry	Outplacement	Lernende Organisation	Leadership-Werkstatt	Projektdiagnose/-review

trategien lassen sich alleine, mit internen bzw. externen Beratern bzw. Experten oder in Teams entwickeln. Für ein effizientes Zusammenbringen des Wissens- und Erfahrungsschatzes und eine erhöhte Akzeptanz der Ergebnisse empfiehlt sich jedoch die Team-Variante.

In Führungskreisen wird die Ausgangsbasis des Unternehmens, ihre Stärken und Schwächen sowie Chancen und Risiken, der Markt, fachliche bzw. technologische Trends, die Wettbewerber und das gesamte Umfeld analysiert. Nach dieser strategischen Analyse wird eine strategische Positionierung vorgenommen und ein realisierbares Umsetzungsprogramm aufgebaut.

Im Folgenden werden verschiedene Methoden und Praxisfälle zur Strategieentwicklung dargestellt.

Das Unternehmensmodell zeigt, dass das Dach des Hauses die Mission, Vision und die Leitlinien darstellt. Aus diesem wird die Unternehmensstrategie abgeleitet, hieraus die Unternehmensziele. Dieser folgen die Unternehmensprozesse, die Strukturen und die Produkte bzw. Leistungen (Service- und Dienstleistungen). Das Personal, die Systeme, Verfahren und Projekte des Unternehmens werden entsprechend der Strategie ausgerichtet. Die interne und externe Unternehmenskommunikation ist ein wichtiger Baustein für die Austauschprozesse der Organisation. Das Unternehmen ist eingebettet in ihrer Kultur.

Das aufgezeigte Modell integriert die verschiedenen Gestaltungsfelder zur Unternehmensentwicklung und wird genutzt, um Führungskräften und Mitarbeitern Orientierung zu geben. Projekte können Reorganisations-, Kunden- und Qualitätsverbesserungsprojekte etc. sein. Die Gestaltungsfelder müssen zu einander passen und im Einklang stehen.

Skizze: Unternehmensmodell

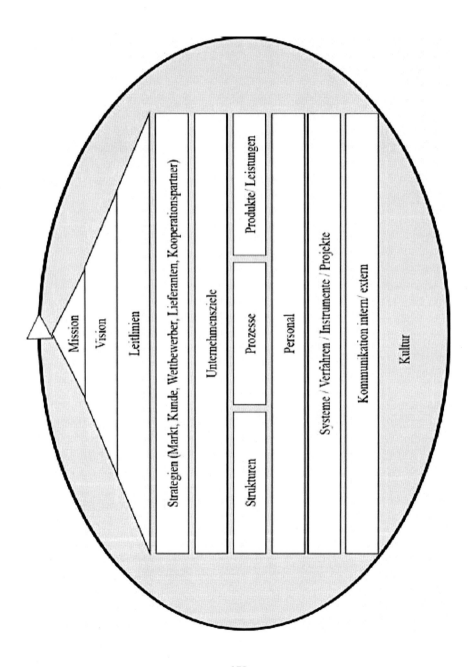

Mission und Visionsentwicklung

"Wenn das Leben keine Vision hat, dann gibt es auch kein Motiv, sich anzustrengen." nach Erich Fromm

Eine Vision ist ein konzentrierter Ausdruck über den angestrebten Zustand des Unternehmens – über deren Zweck, über ihre oberen Ziele und über ihr Selbstverständnis. Sie drückt aus, wo das Unternehmen in fünf bis zehn Jahren sein will. Die Vision leitet sich aus der "Mission", dem höheren Auftrag ab. Die Mission drückt aus, "wie das Unternehmen gesehen werden will", welchen Auftrag sie aus der menschlichen Gesellschaft (Gesellschaft, Markt, Branche etc.) ableitet.

Bei der Formulierung von Visionen sollte darauf geachtet werden,

- dass einprägsame, inspirierende Formulierung gewählt werden,
- dass die ganze Organisation in die Visionsarbeit durch die Projektbeteiligung und durch Kommunikationsaktivitäten einbezogen wird,
- dass die Führungskräfte die Mission und Vision glaubwürdig vorleben und danach handeln,
- dass die operationalen Ziele zur Mission und Vision passen sowie im Einklang zu ihnen stehen.

Die Kommunikation und der Entstehungsprozess einer Vision bestimmen deren Erfolg oder Misserfolg. Eine Vision mobilisiert die im Unternehmen vorhandenen Kräfte erzeugt Identifikation und ein Gemeinschaftsgefühl, konzentriert diese auf ein gemeinsames Ziel, sie gibt jederzeit Orientierung. Für bestimmte Bereiche und Projekte können Teilvisionen erarbeitet werden (z. B. für die Entwicklung, für die Produktion, für ein organisatorisches Veränderungsprojekt, für eine Fusion).

Beispiel für eine Mission

- „Mobiles Sitzen ist unser Geschäft. Unsere Leidenschaft ist es, zu dieser zentralen Aufgabenstellung unseres Unternehmens umfassende Antworten zu geben (...)." (Keiper Recaro Group)
- "In its worldwide activities and presence Huhtamaki strives for innovative solutions and operational excellence. We want Huhtamaki to be a proactive company contributing to its customers' success by helping them sell more." (Huhtamaki)

Beispiele für Visionen

- "Erster Mensch auf dem Mond" (Apollo-Programm)
- "Xerox schlagen" (Canon)
- "Beat Coke" (Pepsi)
- "Coke in Reichweite jedes Konsumenten" (Coca Cola)
- "Demokratisierung des Computers" (Apple)

Aufgaben der Vision

Die Unternehmensvision erfüllt folgende Aufgaben:

- Wegweiser und Antrieb des Unternehmens
- Sinn und Zweck des Unternehmens und sein Beitrag zu aktuellen und zukünftigen Problemlösungen
- Höchster Leitfaden, unter den alle Strategien, strukturellen Bausteine (Struktur, Prozesse, Ressourcen etc.) und Maßnahmen untergeordnet werden
- Quelle von Mitarbeiter-Engagement, Identifikation und Orientierung
- Grundlage für Strategieentwicklung und Zielüberprüfung
- Basis für Corporate-Identity-Prozesse und Kulturentwicklung
- Vermittlung von Kompetenz zu Kunden und externen Partnern

Nutzen einer Unternehmens-Vision

Eine Vision ist zugleich Kompass und Antriebsquelle. Sie übt einen Sog auf die Menschen im Unternehmen und außerhalb des Unternehmens aus. Einerseits bewirkt sie Engagement und gibt die Richtung vor, damit alle selbständiger arbeiten können. Andererseits signalisiert sie den Kunden ein Image von Kompetenz und sagt, wofür das Unternehmen steht.

Es kommt dabei weniger auf die genaue druckreife Formulierung als auf die davon ausgehende Faszination und den entstehenden Dialog der Führungskräfte und Mitarbeiter über den Visionstext an. Bei der Visionsentwicklung ist also auf den Prozess (wie entwickeln wir die Vision?) zu achten.

Inhalt Unternehmensvision

Die Unternehmensvision enthält zunächst die Beschreibung der Kunden bzw. Zielgruppe und welche der Bedürfnisse mit den betrieblichen Leistungen (Produkte und Märkte/ Zielgruppen) erfüllt werden sollen. Darin besteht die Einzigartigkeit des Unternehmens, die Kernkompetenzen mit denen es seinen Kunden Nutzen bietet. Die Vision kann um Aussagen über die angestrebte Entwicklung der betrieblichen Funktionen (Einkauf, Leistungserstellung, Informatik, Rechnungswesen etc.) und der Organisation als Voraussetzung erweitert werden. In der Regel wird dazu auch ein passendes Leitbild des Umgangs der Menschen untereinander, der Kommunikation und der Zusammenarbeit erarbeitet.

Kommunikation und Entstehungsprozess einer Vision bestimmen deren Erfolg oder Misserfolg. Formulieren Sie nur eine für alle Zielgruppen geltende Vision. Sowohl zur internen (gegenüber Mitarbeitern) als auch zur externen (insbesondere gegenüber Kunden) Nutzung. Auch wenn dies immer wieder mal von Klienten angefragt wird. Dies würde zur Verwirrung führen und gerade den besagten Energieschub die Kraft nehmen.

Erarbeitung von Visionen

Es gibt unterschiedliche Vorgehensmöglichkeiten, um eine Vision zu erarbeiten. Diese variieren in ihrem Partizipationsgrad. Je nachdem können sie stark Top-down oder partizipativ, unter Beteiligung vieler Mitarbeiter, erarbeitet werden. Im Folgenden werden einige Vorgehensbeispiele skizziert. Visionen erfolgreich gestalten bedeutet, einprägsame, inspirierende Formulierung zu suchen, alle Unternehmensebenen zu umfassen, offene Diskussion mit allen Mitarbeitern über alternative Zukunftsszenarien, über Veränderungen des Wettbewerbs und über motivierende Unternehmenswerte zu führen. Es gilt die Zukunfts- vs. Vergangenheitsorientierung aufzunehmen.

Skizze: Operationalisierung der Vision und des Leitbildes

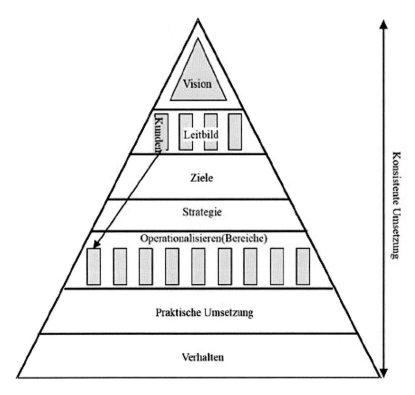

Visionsentwicklung im Workshop (Praxisbeispiel)

In mehreren nationalen und internationalen Praxisprojekten hat sich folgende, den Menschen sehr nahegehende Methode der persönlichen Visionsentwicklung bewährt.

Schritt	Aufgabe
Einstimmung	Jeder Teilnehmer zeichnet ein Bild von seiner Vision (z.B. Human Ressource Vision). Mit folgenden Worten wird diese Sequenz eingeleitet: „Bitte zeichnen sie ein Bild von Ihrer höchstpersönlichen Vision. Auch wenn Sie meinen, dass Sie zuletzt im Kindergarten gemalt hätten. Hierbei geht es nicht darum, das schönste und intelligenteste Bild zu zeichnen. Sie kennen den klugen Satz, „ein Bild sagt mehr als tausend Wörter". Versuchen Sie bitte deshalb keine Buchstaben oder Zahlen zu nutzen. Anschließend werden wir die Bilder anschauen und sie auf uns wirken lassen, bevor wir Visionssätze ableiten und eine gemeinsame Vision entwickeln."
Einzelarbeit (zeichnen)	Teilnehmer zeichnen ca. 30 Minuten lang ihr Visions-Bild. Es bietet sich an, Wachsmalstifte anzubieten, da die herkömmlichen Filzer eher zum Schreiben animieren.
Präsentation	Nacheinander werden nun die Bilder von den Zeichnern vorgestellt.
Visionssätze bilden	Nachdem alle Bilder vorgestellt worden sind, werden auf Zuruf Sätze auf das gemeinsame Flipchart bzw. Pinwand geschrieben, die die zentralen Themen der Bilder ausdrücken.
Gruppenarbeit	In Vierergruppen werden nun unter Betrachtung dieser Sätze oder Stichworte, 1 Visionssatz gebildet und vorgeschlagen. Manche Gruppen können sich nicht einigen und kommen mit 2 oder 3 Sätzen aus der Gruppenarbeit heraus.
Präsentation und Priorisierung	Alle Sätze werden nun von allen bepunktet. Es entsteht eine Hierarchie der für die Gruppe interessantesten Sätze.
Abschluss	Es ist für das Erfolgserlebnis wichtig, mit einem Visionsslogan und einem Visionssatz zu enden.
Nachbereitung und Umsetzung	Ein kleines Team formuliert im Auftrag der Führung den Visionssatz aus. Die Umsetzung wird eingeleitet (z.B. Kommunikation und „ins Leben bringen").

Ein Teilnehmer, der zuvor an einem unternehmensweiten Visionsprozess teilgenommen hatte, stellte völlig erstaunt fest, dass er nie gedacht hätte, "dass es auch ohne Abschreiben von Visionen anderer Firmen gehen könne". Er würde zugeben, dass sie in einem anderen Fall bei der Erarbeitung der Vision für das gesamte Unternehmen "mächtig aus dem Internet geschöpft hätten".

Die persönlichen Visions-Bilder der Mitarbeiter geben einen guten Überblick über den aktuellen Standpunkt und über die persönlichen Zukunftsgedanken der Mitarbeiter. Dem Mitarbeiter selbst helfen Sie Klarheit über die eigene Rolle und Zukunftswunsch zu gewinnen. Allein diese Frage wäre es Wert, weiter über die Gemeinsamkeiten und Unterschiede zu arbeiten und das Team zusammenzuschweißen. Diese Methode eignet sich auch gut für Teamentwicklungsprozesse.

Praxisbeispiel: Ressortvorstand entwickelt Vision

Der Entwicklungsprozess einer Unternehmens-Vision im Rahmen der Organisationsentwicklung kann z. B. nach dem Top-Down-Bottom-Up-Verfahren durchgeführt werden. In diesem Praxisbeispiel entwickelt der Vorstand eine Strategie für sein Ressort und fördert gleichzeitig die Ressortentwicklung in der Versicherung (Ressort Services: Zentrale Informatik, Zentrale Technik, Gebäudemanagement, Organisations- und Prozessberatung).
Der Ressortvorstand setzt sich mit seinem Assistenten und einem externen Organisationsentwickler hin und erarbeitet zunächst seine Vision für sein Unternehmen bzw. sein Ressort. Diese Vision wird dann in seinem Führungskreis besprochen, reflektiert, angepasst und gemeinsam verabschiedet. Auch hier ist der gemeinsame Weg wichtig. Es ist ein Identitätsfindungsprozess. Eine gemeinsame Bewusstseinsbildung über die erwünschte Zukunft wird Schritt für Schritt entwickelt. Der neue Vorstand "Services" beauftragte die OE´ler mit der Beratung des Visions- und Strategieentwicklungsprozesses. Mit diesem Visions- und Integrationsprozess wurde die Zusammenarbeit des Call Centers und der übrigen zentralen Services sowie Dienstleistungen der Versicherung insbesondere mit den Vertriebsressorts überprüft und gestärkt (Förderung des Dienstleistungs- und Serviceverständnisses). Kooperation der Bereichsleiter untereinander und zum Vorstand wurde diagnostiziert. Rollen wurden gegenseitig geklärt und vereinbart (Erwartungen, Rollen, Aufgaben, Verantwortungen).

Zu Beginn des Prozesses wurden durch die externen OE´ler Interviews mit allen Bereichsleitern und dem Vorstand geführt. Der Handlungsbedarf wurde zusammengeführt und OE-Empfehlungen wurden abgeleitet. Die OE'ler berieten den Vorstand im Hinblick auf den Gesamtprozess, der Erarbeitung eines Visions- und Strategieentwurfes. Der neue Vorstand wurde vom OE Executive-Coach persönlich begleitet. Visionsworkshops wurden mit Vorstand und Bereichsleitern durchgeführt.

In einer schwierigen Phase im Prozess brachten die externen OE'ler beispielhafte Visionen anderer Unternehmen als Anregung mit. Sie können die Führungskraft jedoch auch unter Erfolgsdruck setzen. Für die Führungskraft ist es wichtig, dass er vom externen Organisationsentwickler keine ausformulierten Visionen erwartet. Dies ist die Verantwortung der Führungskräfte. Keiner kann dem Vorstand seine Vision vorbereiten. Das muss er selbst erarbeiten und seinen Mitarbeitern vermitteln.

Nach dem Dialog in dem direkten Ressortführungskreis mit den acht Bereichsleitern geht es auf die nächste Ebene der Führung, die der Abteilungsleiter. In diesem Kreis von 50 Teilnehmern wird mit dem Format der RTSC-Konferenz (Großgruppenkonferenz: "Wandel in Echtzeit"), die vorbereitete Vision auf den Prüfstand gestellt (vgl. Abschnitt "RTSC-Konferenz"). Der Vorteil dieses Prozesses ist, dass die nächste Führungsebene sofort sieht, was der Vorstand im Kopf hat, wie er sich die Zukunft des Ressorts sieht. Ressortstrategie wurde mit dem Change-Management Ansatz entwickelt, Teamentwicklung auf Top- Ebene gestärkt. Neuer Vorstand wurde beim "Amtsantritt" unterstützt. Dienstleistungsverständnis in diesem Service-Ressort wurde auf den Prüfstand gestellt und verbessert. Integrationsprozess des Ressorts wurde gefördert

Ein Nachteil ist die Konsumhaltung der nächsten Ebene, die zunächst sich alles nur anhört und dann Kritik anbringt. Widerstände können sofort kommen. Das heißt diese Ebene muss zunächst ins Boot geholt werden. Auch wenn dieser Prozess zunächst zeitlich schneller als ein sog. "Bottom-up"-Prozess erscheint, so ist doch fest- zustellen, dass hier die Überzeugungsarbeit und das ins Boot holen doch seine Zeit braucht, und sehr auf den Führungsstil des Vorstands ankommt.

In unserem Fall kam erschwerend hinzu, dass der Vorstand von außen die Nachfolge des Vorgängers übernahm und auch noch wesentlich jünger und unerfahrener in der Branche als einige der "Alphatiere" war. An seiner Statt wurden wir OE-Berater dann hin und wieder massiv von diesen Angegriffen. "Aber dafür werden Sie ja auch bezahlt", sagte dann unser Klient. Womit er in der Beraterbranche leider recht hat. Dieser Prozess half auch den neuen Vorstand und seine starken, bereits langjährig im Ressort tätigen Bereichsleiter zu einem Gesamtteam zu integrieren.

Praxisbeispiel: Zweier-Klausur Aufsichtsrats- und Vorstandvorsitzender

In einem anderen Prozess half das Malen der eigenen Vision zur Klärung eines Orientierungskonfliktes zwischen Aufsichtsratsvorsitzendem (AR-V) und seinem Vorstandsvorsitzenden (VV). Zuvor hatten wir viel gesprochen und ich hatte das Gefühl, wir kommen nicht weiter, die zentralen Aspekte und Unterschiede kommen nicht so richtig auf den Punkt. Ich konnte sie auch nicht erfassen. Sie waren über den zu gehenden strategischen Weg zerstritten. Der OE-Berater ließ beide in 30 Minuten getrennt Bilder über ihre Visionen zeichnen. Diese wurden gegenseitig präsentiert und besprochen. Der OE-Berater übt hier eine Moderations- und Coachingfunktion aus. Gleichzeitig benennt er die Themen, die im Raum sind aber nicht angesprochen werden, z. B. große Unterschiede in der Vision. Monatelang hatten sie über den strategischen Weg geredet. Sie kamen nicht weiter. Die Unterschiedlichkeit der Bilder und die Art des Mediums, nicht Worte, sondern Bilder, verdeutlichten die Unterschiede und brachten es zur Klärung.

Der VV malte ein Visionsbild mit dem Globus und mehreren eingezeichneten Standorten weltweit als zentrales Objekt. Sein Motiv war die Internationalisierung und weltweites Wachstum. Der AR-V hatte die bestehenden zwei Standorte in Deutschland, seine Familie und seine Hobbies eingezeichnet. Das Teamcoaching verlief sehr intensiv. Es ging so weit, dass dem AR-V die Tränen kamen und es deutlich wurde, welch enormer Druck auf ihm lastet und er sich vom starken VV getrieben vorkommt. Gleichzeitig kam heraus, dass die beiden eine intensive gemeinsame Unternehmensgeschichte haben, die sie auch besprechen konnten. Gleichzeitig fühlte ich mich ob der starken hierarchischen Dominanz im Raum unter starkem Leistungsdruck, der primär vom VV ausging. Vielleicht war dieses in der Rückwärtsbetrachtung der Druck, der auf dem AR-V lastetet, den ich temporär psychologisch übernommen hatte und in mir trug.

Praxisbeispiel: GF-Visionsworkshop (International)

In eines unserer internationalen Visionsprojekte wurde die Vision durch das oberste
Management (vier GF) in einem Visions-Workshop beschrieben und danach durch ein eingesetztes Projektteam weiter ausformuliert und für die breite Kommunikation durchgeplant. In diesem Workshop hatte die GF die Eckwerte ihrer Vision auf Karten geschrieben, zu Themenoberpunkten zusammengeführt und einen groben Visions- satz hieraus formuliert.
Ein Projektteam, bestehend aus anerkannten und weitsichtigen Führungskräften aus verschiedenen Bereichen und dem Personalleiter wurde beauftragt, Vorschläge für die Visionssätze zu bilden, zu der Vision ein Logo zu entwerfen und Vorschläge für die Umsetzung der Vision zu machen. Nach der GF-Entscheidung über die Vision, über das Logo und über das Umsetzungsbudget ging das Projektteam daran, die Umsetzungsmaßnahmen einzuleiten. Der Projektleiter war in seiner Freizeit ein Künstler. Er entwarf das schöne Logo zur Vision.
Alle 3.000 Mitarbeiter des Unternehmens und weitere Tausende von Kunden wurden in die Kommunikation der Vision einbezogen. Aus der Vision wurden Führungsgrundsätze entwickelt. Diese wiederum waren ein wichtiger Baustein des Führungskräfteentwicklungsprogramms, an der die gesamte Geschäftsführung in Form von vier eintägigen Führungskonferenzen verteilt auf ein Jahr, teilnahm.

Praxisbeispiel: Umsetzung einer Unternehmensphilosophie

Die Unternehmensphilosophie und Werte sollen durch ein systematisches Programm, unter Einbezug aller Mitarbeiter, umgesetzt werden. Philosophie und Werte sollen erlebbar gemacht werden, sie sollen reflektiert werden und es soll überlegt werden, wie die Erkenntnisse in die Abteilungen (Arbeit vor Ort!) übertragen werden können ("was kann ich als Mitarbeiter tun?") Insgesamt soll erreicht werden, dass dieser Prozess Wirkung zeigt, und über die geplanten Mitarbeiterworkshops hinauswirken. Zielgruppe sind die Unternehmenszentrale und 10 Geschäftsstellen (GS) mit ca. 500 Handwerkern. Mit Lagermitarbeiter ca. 600 Mitarbeiter. Die Geschäftsleitung und die Teamleiter werden in einem ersten Schritt (Teamleiter-Workshop) diesen Prozess im Januar vorbereiten und selbst durchleben.

Ein Multiplikatoren Team von 5 bis 6 Teamleitern soll für die Begleitung dieses Mental Change Prozesses qualifiziert und eingesetzt werden. Mitarbeiter aus jeweils einer GS werden für einen Tag zusammengeholt und bearbeiten die Werte (ein Tag in der Natur - Auszeit nehmen). Vorteil: Konzentration der Werte auf die tägliche Arbeit und Rolle. Förderung der Teamentwicklung in der GS. Verbindlichkeit hoch, da Maßnahmenplan (Ideen) als Ergebnis. Nachteil: Kein Kennenlernen anderer Mitarbeiter in diesem Prozess. Es wird darüber übereingekommen, dass dies über andere Mitarbeiterveranstaltungen abgedeckt werden kann und dass in dieser Arbeit die Umsetzungsstärke der GS gefördert werden soll.

Der Gesamtprozess gliedert sich in eine Management-/ Teamleiter-Phase und in eine Workshop-Phase. In der Management- und Teamleiterphase wird das Management und die Teamleiter auf den Werte-Prozess vorbereitet. Ihr kommt bei der Implementierung der Philosophie und -Werte eine zentrale Rolle zu. In der Workshop-Phase werden alle Mitarbeiter die Werte nahegebracht. Sie erhalten die Gelegenheit, diese Werte auf ihre Praxis zu beziehen.

Skizze: Überblick über Philosophieprozess

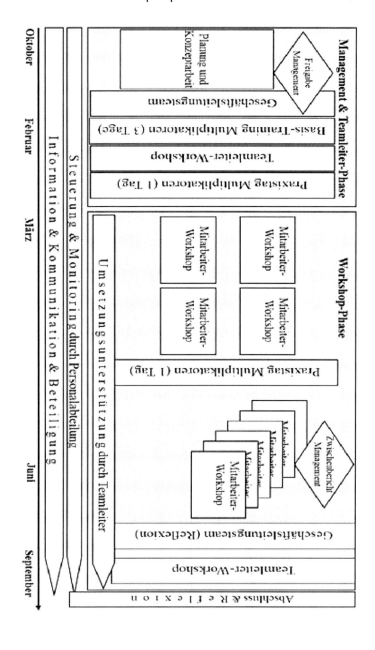

Konzept Teamleiter-Workshop (Pilot)

Der Workshop mit Teamleitern dient der Vorbereitung des Gesamtprozesses und der engen Einbindung der Führungskräfte. Gleichzeitig wird es als eine Art Pilot-Workshop gestaltet (auch wenn es nicht der gleichen Dramaturgie wie die der Mitarbeiter-Work-shops folgt und die gleiche Hierarchieebene ist). Mit diesem Workshop soll die wichtige Rolle und Verantwortung der Teamleiter, die von der Geschäftsleitung als nicht aktive und stark genug in ihren Führungsrollen gesehen werden, im Prozess der Implementierung der Werte geklärt und verbindlich vereinbart werden.

Phase	Beschreibung (erste Skizze)
Alternativ: Start mit Story Telling (dieser Schritt bot sich alternativ als Möglichkeit an, wurde jedoch nicht genutzt)	• Freiwilliges erzählen zu Werten. Im Kreis sitzend. Atmosphäre und positive Spannung entsteht (Z.B. erfolgreiche Geschichten zum Umgang mit bzw. Bedeutung von Werten im Unternehmen werden erzählt)
Spielregeln für Workshop vereinbaren	• Diese Spielregeln repräsentieren bereits hier die Werte und können in der Firma eingesetzt werden
In Erinnerung bringen (Betroffenheit mit Thema und Werten schaffen)	• Präsentation durch Geschäftsleitung/ Personalleitung oder verteilen in Kleingruppen und gleich daran arbeiten • Ggf. in Gesamtgruppe spielerisch/ kreativ (Gruppen spielen je ein Wert vor)
Vertiefen	• Was ist die Bedeutung der Werte für unsere jeweilige Funktion (z.B. Marketing, Verkauf, Service, Lager)
Konzept Philosophieprozess vorstellen	• Phasen und Methode des Konzeptes • Erfolgs- und Risikofaktoren bei der Realisierung
Rolle Teamleiter	• Was sollte die Rolle der Teamleiter im Prozess und beim Transfer sein (z.B. Verantwortlich für die Realisierung der To-do´s und der Spielregeln für die Geschäftsstellen)
Reflexion	• Lessons Learnt
Was nehme ich mir als Führungskraft für den Prozess vor	• Verbindlichkeit erzeugen
Abschluss	• Ggf. Give-away (Geschenk: Bezug zu Werte)

Qualifizierungsrunde der Multiplikatoren

Die erste Qualifizierungsrunde der Multiplikatoren wurde in einem dreitägigen Workshop-Seminar durchgeführt. Die Personalleitung nahm hieran teil, da sie als Multiplikatorin bei Bedarf zur Verfügung stehen wollte. Gleichzeitig wollte sie die Inhalte mitlernen. Ob ihre Teilnahme die Teilnehmer in ihrer Reflektion behindert hat sollte der eigenen Reflexion überlassen werden. Ich denke ja. Die Personalleitung sah dies nicht so. Manchmal muss man die vor Ort herrschenden Bedingungen akzeptieren, was wir in diesem Fall gemacht haben und nicht sehr gegenhalten haben. Im zweiten Workshop hat die Personalleitung dann selbst nicht mehr mitgemacht.

Leitbilderarbeitung

Unternehmen mit einem Leitbild steigerten in 50 Jahren ihren Marktwert sechsmal mehr als Unternehmen ohne Leitbild (Jim Collins).

Ein Leitbild ist das allgemeine Ziel und Grundsatzerklärung eines Unternehmens. Sie ist bedeutend für Mitarbeiter, Eigentümer und Kunden gleichermaßen. Leitbilder werden vielfach als die "Zehn Gebote" oder das "Grundgesetz" eines Unternehmens bezeichnet. Das Leitbild enthält die langfristigen Ziele eines Unternehmens und gibt die Richtlinien für das Verhalten seiner Mitarbeiter vor. Das Leitbild hilft eine Gesamtorganisationskultur zu entwickeln und verdeutlicht den Sinn sowie das Zusammenspiel seiner Elemente. Das Leitbild ist als Teil der Vision ein Managementinstrument und erfüllt folgende Funktionen:

Nach innen:
- Arbeitsgrundlage für das strategische Management
- Grundlage für Schwerpunktprogramm und Aktionen
- Fokussierung und Steuerung
- Legitimation, indem das Leitbild hilft, das Handeln nach innen und außen zu begründen
- Orientierung geben und disziplinierend, indem es für Mitarbeiter und für Führungskräfte handlungsleitend wirkt

- Integrierend bei Aufnahme neuer Mitarbeiter
- Inspiration. Erzeugung von Engagement und Motivation
- Kulturfördernd und -prägend
- Erhöht die Identifikation der Mitarbeiter mit "ihrem" Unternehmen

Nach außen:
- Orientierung für Kunden und Lieferanten
- Instrument zur Öffentlichkeitsarbeit (Stärkung des Images und der Reputation)
- Anziehungskraft gegenüber potentiellen Mitarbeitern

Das Leitbild gibt eine werteorientierte Ausrichtung als Handlungsgrundlage gegenüber verschiedenen Zielgruppen. Das Leitbild einer Organisation kann in folgenden Schritten erarbeitet und kommuniziert werden.

	Schritt	Arbeiten
1	Vorbereitung und Kommunikation	Kontrakt, Klärung Vorgehensweise und Rollen, Auswahl der zu beteiligenden Personengruppen (Leitbildteam: besetzt aus Führungskräften und Mitarbeitern), Entscheidung über Partizipationsgrad, Information der Organisation über die Leitbilderarbeitung.
2	Leitbildworkshop 1 (2-3 Tage)	Welche zentrale Aussagen soll das Leitbild beinhalten? Welchen Aufbau soll es haben?
3	Nachbereitung und Vorbereitung nächsten Schritt	Dokumentation der Ergebnisse des ersten Leitbildworkshops, Einholung von Feedback aus der Organisation (z.B. Dialog-Veranstaltung).
4	Leitbildworkshop 2 (2-3 Tage)	Formulierung des Leitbildes (der Leitsätze).
5	Nachbereitung	Dokumentation der Ergebnisse des 2. Leitbildworkshops, Einholung von Feedback aus der Organisation (z.B. Dialog-Veranstaltung).
6	Redaktion	Redaktionelle Aufbereitung des Leitbildes (einige Mitglieder aus Leitbildteam).
7	Umsetzung	Kommunikation und Umsetzung des Leitbildes.

Aufbau eines Leitbildes

Das Leitbild setzt sich aus dem höheren Ziel, aus den Grundwerten und dem so genannten höheren Ziel, also der Vision zusammen.

Höheres Ziel (Mission/ Auftrag)

Was ist die Mission, der Auftrag des Unternehmens: Wer sind wir? Woher kommen wir? Wir sind auf der Welt, um...Das höhere Ziel ist die Seele / die Existenzberechtigung des Unternehmens. Das höhere Ziel gibt Antwort auf die Frage: "Warum existiert das Unternehmen?" "Warum existiert das Unternehmen" ist wichtiger als "wohin das Unternehmen geht", denn: "Wohin das Unternehmen geht", verändert sich mit der sich verändernden Umgebung.

Grundwerte

Wie wollen wir miteinander umgehen? Wofür stehen wir als Unternehmen? Wir legen Wert auf (…). Die Grundwerte eines Unternehmens sind die Normen und Werte, die im Tun und Lassen des Unternehmens im Mittelpunkt stehen. Sie helfen dem Unternehmen auf dem Weg zum höheren Ziel. Die Grundwerte beantworten die Frage: "Wofür steht das Unternehmen?"

Gewagtes Ziel (Vision)

Wohin gehen wir? Was wollen wir in den nächsten fünf bis zehn Jahren erreichen? Unser Anspruch ist...Das gewagte Ziel beschreibt mittel- bis langfristige (5 -10 Jahre) konkrete Ziele für das Unternehmen. Das gewagte Ziel zeigt hauptsächlich das Maß der Ambitionen des Unternehmens, etwas, was nur durch Fortschritt erreicht werden kann. Das gewagte Ziel beantwortet die Frage: "Wofür engagiert sich das Unternehmen?"

Leitsätze

Orientierung für die tägliche Arbeit: Was bedeuten ein höheres Ziel und Grundwerte für unser Verhalten?

Qualitätsanspruch an Leitlinien

Das Leitbild kann an folgenden Qualitätskriterien gemessen werden.

- Das Leitbild muss ehrgeizig sein und den wesentlichen Sinn und Zweck des Unternehmens erfüllen
- Das Leitbild muss im Gedächtnis hängen bleiben, hohe Werte und Gefühle ansprechen
- Das Leitbild muss für die verschiedenen Interessensgruppen (Stakeholder) bedeutend sein
- Das Leitbild muss echt sein, authentisch und zum Unternehmen passen
- Es muss von den Führungskräften und von den Mitarbeitern gelebt werden

Aufbau von Leitbildern

Das Leitbild enthält folgende Elemente mit möglichen Formulierungsrichtungen (Grundsätzen). Die Erarbeitung von Führungsgrundsätzen wird in diesem Buch anhand von Praxisbeispielen gesondert behandelt.

Leitbildelemente (aus Praxisprojekt)

Im Rahmen eines Unternehmensprojektes wurde für die Ableitung und Erarbeitung eins Leitbildes aus der Mission und Vision folgende Struktur gewählt:

Mitarbeiter:	Führung:
<ul><li>gestellte Anforderungen, Auswahl und Beförderung</li><li>Entfaltung und Mitwirkung</li><li>Aus- und Weiterbildung</li><li>Entlohnung und soziale Sicherheit</li></ul>	<ul><li>Grundsätze der Führung und Zusammenarbeit</li></ul>
Lieferanten/Kooperationspartner:	**Kunden:**
<ul><li>Verhältnis zu den Lieferanten allgemein</li><li>Kriterien, welche an die Lieferanten gestellt werden</li></ul>	<ul><li>Verhältnis zu den Endabnehmern</li><li>Verhältnis zum Zwischenhandel</li></ul>
Finanzen:	**Gesellschaftliche Verantwortung:**
<ul><li>Grundsätze zu Wachstum, Kosten, Gewinn</li><li>Verhältnis zu den Fremdkapitalgebern allgemein</li><li>Maßnahmen zur Sicherung ihrer Interessen</li></ul>	<ul><li>Verhältnis zur Öffentlichkeit allgemein</li><li>Berücksichtigung öffentlicher Anliegen, insbesondere ökologischer Forderungen</li><li>Verhältnis zum Staat allgemein</li></ul>
Wettbewerber:	
<ul><li>Verhältnis zur Wettbewerbern allgemein</li><li>Kooperation mit Wettbewerbern</li></ul>	

In Bezug auf die unterschiedlichen Zielgruppen (Stakeholder) können die aufgeführten Aspekte von Relevanz sein und sollten in Bezug auf das jeweilige Unternehmen im Hinblick auf ihre Relevanz überprüft und definiert werden.

Umsetzung von Leitbildern

Um das Unternehmensleitbild erfolgreich zu implementieren, sollten folgende Eckpunkte sichergestellt sein:

- Ansprechende Leitideen
- Ein effektives Einführungs- und Umsetzungs- bzw. Kommunikations-Verfahren
- Enge Wechselwirkungen zwischen den Leitideen und den das Verhalten bestimmenden Faktoren
- Ein Verfahren für fortlaufende Bestätigung und Erneuerung
- Die wesentlichen Punkte des Leitbildes jedem Mitarbeiter und weiteren Zielgruppen zugänglich machen

In der Umsetzung gilt es, Maßnahmen und Medien zu erarbeiten, die geeignet sind, das Unternehmensleitbild in visueller, verbaler und symbolischer Form zu transportieren.

Hierbei sollen die Medien insbesondere die Zielgruppen Mitarbeiter, Führungskräfte; Kunden, Muttergesellschaft und Öffentlichkeit erreichen.

Umsetzungs-Maßnahme	Ziel und Beispiele
Mailing an Kunden	• Aufmerksamkeit der Kunden auf die Leitsätze lenken. • Mit. einem Preisausschreiben z.B aktive Auseinandersetzung der Kunden mit Leitsätzen anregen
Aufbau eines Multiplikatorensystems	• Mit einheitlicher Ausstattung an Kommunikationsmaterial (Kaskade). Jeder Mitarbeiter kennt und versteht die Vision
Nutzung vorhandener Kommunikationsmedien	• Präsenz und Konsistenz schaffen
Präsentation auf Betriebsversammlung	• Information aller („alle reden davon") • Weitere Verbreitung („es tut sich was in der Organisation")
Info-Mappe	• Ausführliche Erläuterung der einzelnen Leitsätze (persönliche Mappe für jeden Mitarbeiter)
Leitfaden für Führungskräfte	• In einem Leitfaden wird der Entstehungsprozess und die Aspekte wie Mission, Vision und Leitlinien für die Führungskräfte erläutert
Mitarbeiteransprache	Ständige Präsenz der Leitsätze bei Mitarbeitern. Beispiele: • Persönliches Anschreiben an alle Mitarbeiter • Service-Mappe für den Außendienst • Plakate • Website-, Intranet-Darstellung • Selbstklebende Notizzettel • Visitenkarten • Wechselnde Leitsätze, die beim Einschalten des PC erscheinen • Bildschirmschoner • Armbanduhr mit zentralem Motiv und weitere Gegenstände • Ein Klient hat das gesamte Geschirr in der Kantine mit dem Leitbild ausgestattet • Ein anderer hat in der Kantine die Vision und das Leitbild auf Papiertischtücher gedruckt
Einbau Leitsätze in Rekrutierungsleitfaden	• Leitsätze werden in der Einstellung neuer Mitarbeiter und Führungskräfte genutzt. Fragen bzgl. Leitsätze werden in den Einstellungsgesprächsleitfaden eingearbeitet
Top-Management-Werkstatt	• Beispielsweise zum Thema serviceorientierte Ausrichtung von Unternehmenseinheiten. Führungskräfte legen die Grundlage für die Wirksamkeit der Visionsumsetzung. Eine zweite Top-Management-Werkstatt zum Thema Strategische Ausrichtung und Zielvereinbarung für Veränderungsprozesse. Ausrichtung auf zukünftige Aktivitäten. Erfahrung Ausrichtung auf zukünftige Aktivitäten. Erfahrungsaustausch („am Ball bleiben")
Seminarangebote	• Laufendes Seminarangebot: Z.B. in Kundenorientierung (Umsetzung Ergebnisse der Top-Management-Werkstatt). Ziel: Sensibilisierung für Kundenbeziehungen
Management Entwicklungsprogramm	• Reflexion und Training der Vision, der Leitlinien und der Werte in einem umfassenden Management-Qualifizierungsprogramm
Zielvereinbarungen	• Anwendung von konsequenten Zielvereinbarungen. Ziel: Flächendeckende Durchdringung des Unternehmens und Nachhaltigkeit

Skizze: Umfassende Implementierung von Vision und Leitbild (aus Praxisprojekt)

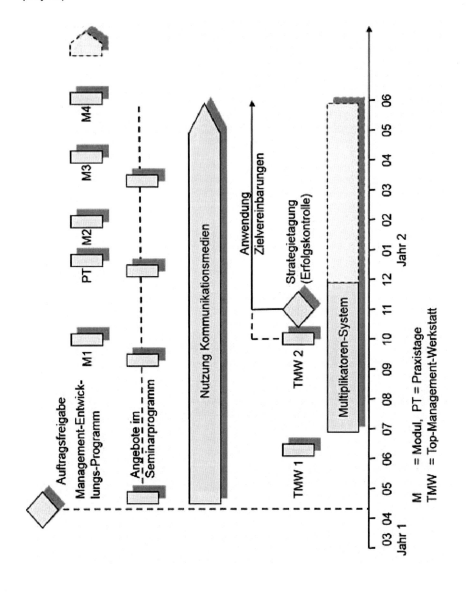

Das Schaubild zeigt die umfassende Einbettung der Visions- und Leitbildumsetzung durch z. B. Top-Management-Werkstätten, durch ein anderthalb jähriges Management Entwicklungsprogramm, durch die Kommunikationskonzeption und durch die Bereitstellung von Seminaren, die die Vision, die Leitlinien und ihre Werte vermitteln.

Leitbild-Controlling

Klienten stellen sich die Frage, wie die Einhaltung des Leitbildes gemessen und die Umsetzung (Implementierung) sichergestellt werden kann, was es für Kontrollfaktoren gibt. Hierzu sehe ich folgende Möglichkeiten:

Befragungen

Eine gute Möglichkeit ist der Einbau der Leitsätze (z. B. "wir wollen die Erwartungen unserer Kunden übertreffen", "Mit unseren Lieferanten arbeiten wir partnerschaftlich", "Zufriedene Mitarbeiter sind die Basis unseres Erfolges") in Kunden-, Mitarbeiter- und Lieferantenbefragungen.

Barometer

Konkret auf das Leitbild bezogener, ggf. elektronischer, Fragebogen zur Ermittlung der Zufriedenheit bzgl. der Leitsätze und ihrer Implementierung.

Führungs-Feedback

Check des Verhaltens der Führungskräfte in Bezug auf die Leitsätze. In China haben wir eine 270-Grad-Befragung durchgeführt. Hierbei haben wir die Kollegen zunächst nicht einbezogen. Diese Betrachtungsebene gilt es eher vorsichtig zu behandeln, da es nach einer Befragung die Konkurrenz erhöhen und die Kooperation schmälern kann ("Du hast mich bestimmt schlecht beurteil").

Beurteilung

Leitsätze in die Mitarbeiter-Beurteilungsbögen einbauen und mindestens jährlich auf Einhaltung beurteilen.

Leitbildteam

Ein sog. Leitbildteam kann eingesetzt werden, welches sich aus verschiedenen Funktionen und Hierarchieebenen zusammensetzt. Die Aufgabe des Leitbildteams ist es, z. B. einmal im Quartal über einen befristeten Zeitraum (z. B. ein bis drei Jahre), je nach Intensität und Bedarf auch öfter, zusammenzukommen und die aktuelle Lage sowie die Implementierungszufriedenheit zu reflektieren. Zwei Fragen sollten insbesondere bearbeitet werden: Welche Punkte des Leitbildes werden bereits mit Erfolg umgesetzt? Welche Probleme müssen noch gelöst werden, damit die angestrebte Unternehmenskultur (ausgedrückt in den Leitsätzen) im Unternehmen auch Wirklichkeit wird?

Letztlich geht es darum, ob die Leitsätze in den Köpfen und Herzen präsent sind, ob sie von den Mitarbeitern angenommen und in ihrer Tagesarbeit verinnerlicht werden. Auch geht es darum, dass diese Leitsätze Teil der Kultur werden, da sich hinter jedem Leitsatz gewissermaßen Werte verbergen. Leitsätze müssen auch immer wieder thematisiert werden und nicht auf staubigen Wänden verschwinden. Nur so sind sie ständig präsent.

Prozessorientierung ist der zentrale Erfolgsfaktor der Leitbildarbeit

Bei der Entwicklung eines Leitbildes ist der Prozess der Erarbeitung, die Erkenntnisgewinnung bzw. Bewusstwerdung der Beteiligten ein wesentliches Ziel. Die visualisierten Leitbildaussagen stehen daher nicht allein im Fokus. Wie mir einmal eine Führungskraft sagte, stehen diese massenhaft im Internet oder in entsprechenden Managementbüchern. Mit einem Leitbildprozess können Sie Klarheit über die Zukunft Ihrer Organisation schaffen und damit Vertrauen und Zuversicht erzeugen. Dieses schlägt sich wiederum auf die

Zufriedenheit und Motivation aus. Dieses wiederum resultiert in zufriedenen Kunden was die Finanzsituation positiv beeinflusst. Führungskräfte werden durch den Leitbilderarbeitungsprozess in ihrer Rollenstärkung unterstützt.

Erfolgsfaktor	Erläuterung
Gemeinsamer Erarbeitungsprozess	Unabhängig von der inhaltlichen Aufbereitung und Kommunizierung hat die gemeinsame Erarbeitungsprozess eine wichtige Bedeutung
Engagement der Führung	Die Führung unterstreicht die hohe Priorität der Leitbilderarbeitung als zentrales Dach über alle Maßnahmen durch eigenes Engagement und Verpflichtung im Prozess.
Kopplung mit Personalentwicklung	Im Prozess wird deutlich, wie eng die Umsetzung des Leitbildes an die Personalentwicklung gekoppelt ist. Hier gilt es, alte Verhaltensweisen zu überprüfen und neue Anforderungen im Sinne einer kulturellen Veränderung in die tägliche Arbeit zu übertragen.
Einbindung in Führungssysteme	Sehr wirksam ist die Integration der Leitsätze in die jährliche Zielvereinbarung unter Kopplung mit der Bonuszahlung. Dies gibt einen sehr großen persönlichen Anreiz und bei manchen den erforderlichen Druck.
	Kopplung der Leitsätze mit z.B. 360-Feedback für Führungskräfte. Damit können Sie adäquates Führungsverhalten fördern.
Beitrag zur Unternehmensentwicklung	Die gemeinsame Überprüfung und Analyse der Ist-Situation, die gemeinsame Entwicklung und Umsetzung des Leitbildes stellen einen wertvollen Beitrag zur Unternehmensentwicklung dar.
Mitarbeiter und Führungskräfte sind sensibilisiert	Mitarbeiter und Führungskräfte sind sensibilisiert. Eine neue Aufmerksamkeit für das Umgehen mit Kunden und Kollegen wird geschaffen.
Verankerung und ständige Weiterentwicklung	In der Umsetzung kommt es darauf an, das Unternehmensleitbild durch Schulungen und Mitarbeitergespräche im Bewusstsein der Mitarbeiter und Führungskräfte zu verankern – und ständig weiter zu entwickeln.
Offener Umgang mit Konflikten	Offener, konstruktiver Umgang mit kritischen Themen ("Knackpunkte offen auf den Tisch") bzgl. Leitbildumsetzung (z.B. bei widersprüchlichen Verhaltensweisen von Führungskräften).
Einbindung in Strategieprozess	In einem weiteren Schritt wird das Leitbild um Aussagen zur strategischen und betriebswirtschaftlichen Ausrichtung ergänzt (Strategieprozess)
Pragmatisch sein	Akzeptanz wird auch dadurch geschaffen, dass aufgezeigt wird, was bereits im Sinne der Vision realisiert wird. Neue Maßnahmen werden konkret benannt, auf realistische Machbarkeit überprüft, vereinbart und verbindlich umgesetzt.

Die Zukunftskonferenz

Die Zukunftskonferenz ("Future Search", nach Marvin Weisbord & Sandra Janoff) ist ein erprobtes Mittel, um viele Mitarbeiter bei der Erarbeitung gemeinsamer Ziele einzubeziehen und sie für diese zu gewinnen. Vertreter aller an der Zukunft des Unternehmens interessierten, wichtigen Gruppen kommen für drei Tage zusammen.

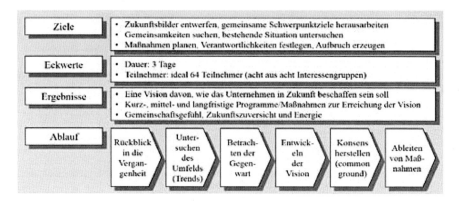

Die Zukunftskonferenz ist ein schnelles und nachhaltig wirksames Instrument, um das kreative Potential der Mitarbeiter zu wecken und zu nutzen. Gleichzeitig werden mit der Zukunftskonferenz Energien freigesetzt. Die Teilnehmer sind Vertreter aller Funktionen und Hierarchieebenen des Unternehmens. Externe Partner wie nahe Kunden und Lieferanten können eingeladen werden.

Die hohe Komplexität und Vielfältigkeit der Wirklichkeit des Unternehmens erfordert "das ganze System im Raum". Somit kann der "Elefant" aus den verschiedensten Perspektiven betrachtet werden.

Teilaspekte und -sichten verknüpfen sich in der Zukunftskonferenz Schritt für Schritt zu einem Gesamtbild. Damit Veränderungsbereitschaft und Energien freigesetzt werden, findet eine umfassende Einbindung der Umsetzer statt. Drei Tage lang wird auf das intensivste diagnostiziert, nachgedacht, diskutiert, ausgetauscht, Wissen geteilt, reflektiert, geplant und über eine gemeinsame Zukunftsvision gearbeitet.

Konkrete Maßnahmen zur Verwirklichung dieser Zukunftsvision werden entwickelt und verbindlich vereinbart. Die vorherrschende Dynamik in der Zukunftskonferenz besteht darin, sich nicht auf das Trennende, sondern auf das Einigende, nämlich auf die gemeinsam gewünschte Zukunft, zu konzentrieren. Es wird nicht an Problemen gearbeitet, sondern an einer Vision für das ganze Unternehmen. Strategische Themen und Maßnahmen lassen sich dann über die nächsten drei bis fünf Jahre identifizieren und planen.

Die Stärke der Methode liegt in der Integration verschiedenster Interessengruppen und der klaren Struktur.

Die Zukunftskonferenz folgt folgendem Ablauf:

Schritt	Phase	Aufgaben
1	Rückblick in die Vergangenheit	Schlüsselereignisse aus der Vergangenheit zusammentragen. Wo kommen wir her?
2	Untersuchung des Umfeldes	Äußere Einflüsse und Trends auf die Organisation identifizieren und gemeinsam analysieren. Welche Veränderungen kommen auf uns zu?
3	Betrachtung der Gegenwart	Erarbeitung von inneren Einflüssen. Was konnten wir bezogen auf die Trends bisher gut machen? Worauf sind wir stolz? Was konnten wir eher nicht gut?
4	Entwickeln der Vision	Zukunft (er)finden. Entwickeln von Idealszenarien und Gemeinsamkeiten der verschiedenen (Interessen)gruppen entdecken. Konsens herstellen. Was verbindet uns? Was wollen wir gemeinsam schaffen?
5	Ableitung von Maßnahmen	Einen Aktionsplan entwerfen. Konkrete Umsetzungsprojekte planen.

Während der Zukunftskonferenz arbeiten die Teilnehmer in homogen (z. B. Abteilungen, Interessengruppen, gleiche Führungsebenen) und heterogenen (maximale Mischung von Funktionen, Hierarchien und Standorten etc.) Gruppen zusammen. Es ist wichtig, dass die Menschen mit den richtigen Rollen eingeladen werden. Das System Organisation sollte so breit wie möglich vertreten sein ("das ganze System in einem Raum").

Ziele von Zukunftskonferenzen

Das oberste Ziel der Zukunftskonferenz besteht darin, bei den Teilnehmern eine Aufbruchsstimmung, ein starkes Gefühl der Zusammengehörigkeit zu erzeugen und Zuversicht für die gemeinsame Zukunft zu entwickeln. Die zentrale Idee ist das Zusammenholen des ganzen Systems in einen Raum, um es gemeinsam zu besprechen, zu untersuchen und zu verbessern. Hierbei wird deutlich, dass es nicht alleinig die Aufgabe der Führung ist, Strategiearbeit zu leisten. Durch diese Form der Arbeit wird die Führung dahingehend entlastet, dass sie nicht die einzige Ebene ist, die sich mit Zukunftsfragen beschäftigt und diese zu verstehen versuchen muss. Vielmehr werden breite Führungs- und Mitarbeiterkreise in der Zukunftskonferenz partizipativ einbezogen.

Arbeitsweise in der Zukunftskonferenz

In der Zukunftskonferenz wird viel in Kleingruppen (sog. "Buzz Groups" in Stuhlkreisen zu acht Personen) gearbeitet und offen diskutiert. Das konstruktive Dialogklima wird durch eine vorbereitete Dramaturgie und durch eine nicht dominante, begleitende Moderation geschaffen. Durch diese Arbeit und durch die Dauer der Zukunftskonferenz wird ein emotionales Zusammenwachsen der Konferenzteilnehmer gefördert. Es findet ein dialogorientierter Lern- und Entwicklungsprozess statt. Auf Flips und Wänden wird alles Gesprochene festgehalten. Die Teilnehmer der Zukunftskonferenz sind Multiplikatoren für die anschließende Umsetzung der Maßnahmen und Programme sowie für die Realisierung der Vision.

Der Ablauf der Zukunftskonferenz ist eine Zeitreise von der Vergangenheit über die Gegenwart hin zur Entwicklung einer gemeinsamen Zukunft. Nach dieser Entwicklung wird in der Gegenwart eine Maßnahmenplanung zur Erreichung der Zukunftsvision entwickelt. Nach den Erfindern dieser Methode ist es weniger wichtig, über Probleme und Konflikte zu sprechen, als über die gemeinsame Ausgangsbasis und über die gewünschte Zukunftsperspektive. Dieser Fokus gibt eher Kraft und Energie, verbindet und wirkt integrierend.

RTSC-Konferenzen - Strategischer Wandel in Echtzeit

Mit dem RTSC-Prozess können viele verschiedene Herausforderungen, Probleme und Chancen gleichzeitig aufgegriffen werden (z. B. Strategie, Planung, Umsetzung, Kultur, Kommunikation und Kooperation).

Prinzipien der RTSC-Veranstaltungen

- Prozess läuft in Echtzeit (Entscheidungen und Veränderungen vor Ort erlebbar machen)
- Auf Empowerment setzen (Stärkung des Einzelnen)
- Selbstmanagement in der eigenen Rolle fördern
- Ein Bild zukünftiger Möglichkeiten entwickeln
- Die Wirklichkeit "begreifen"
- Gemeinsamen Wissensstand aufbauen
- Gemeinschaftsgefühl schaffen -"Spirit of Community"

Erarbeitung von Umwelttrends

Zur zukunftsorientierten Analyse des ausgewählten Marktes ist die Ermittlung vorherrschender Trends und ihr Einfluss auf die kritischen Erfolgsfaktoren potentieller Kunden zu untersuchen. In der Strategieklausur können Sie anhand der vorgegebenen Dimensionen im Dialog die Trends in der Diskussion ermitteln und priorisieren. Aus den konkreten Trends werden dann Markt-/ Kundenbedarf, Vorteil-/ Nutzenerwartung des Kunden sowie die Konsequenzen für das eigene Unternehmen abgeleitet. Diese können dann nach einer Priorisierung in der SWOT-Analyse unter den Chancen und Risiken zusammengefasst werden.

Mit diesem Vorgehen wird insgesamt die Markt- und Kundenerwartung in der Zukunft Schritt für Schritt erarbeitet. Hieraus lässt sich dann, nach einer Betrachtung der Leistungen, die diesen Kundenbedarf abdecken können, das Geschäftspotential für das Unternehmen ableiten. Potenzielle Geschäftsfelder, als eine Kombination von Leistungs- und Marktkombination, und ihre Erfolg- sowie Risikofaktoren werden hiervon abgeleitet. Aus diesem lassen sich wiederum Konsequenzen für das Unternehmen ableiten.

Skizze: Umwelttrend-Betrachtung

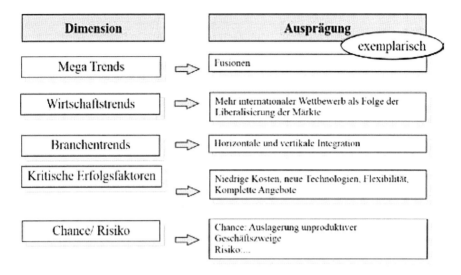

Das Igelprinzip von Jim Collins

Das Igelprinzip von Jim Collins ist ein sehr einfaches aber wirkungsvolles Instrument um sich über die eigene strategische Lage ein Bild zu verschaffen. Es kann in Strategieklausuren eingesetzt werden. Ein strategisch und organisatorisch sehr erfolgreicher Klient, Herr Walter Hess, ehemals Geschäftsführer und nun Asien Pacific Chef seines Unternehmens, setzte diese Methode sehr wirkungsvoll ein. Nachdem er das Buch selbst gelesen und schätzen gelernt hat ("From Good to Great", Jim Collins), verteilte er das Buch an sein Führungsteam mit der Bitte, dieses Buch bis zur Strategieklausur zu lesen.

Mit diesem Schritt überraschte er seine Kollegen, da sie so eine Arbeit nicht gewohnt waren ("ist doch alles nur Theorie"). Das Prinzip mit den drei Kreisen auf dem Flip-Chart lösten dann jedoch eine sehr ernsthafte und praktische Diskussion aus. Am Ende stand eine sehr ausgefeilte Unternehmensstrategie fest. Die Erarbeitung hatte das Führungsteam zusammengeschweißt. Alle hatten die gleiche Sicht und Verständnis für die Ausgangslage und Zukunftsausrichtung des Unternehmens. Die Umsetzung konnte beginnen (vgl. Praxisbeispiel unten).

Zentrale Suche nach...	Konkrete Frage...
Kernkompetenz	Worin können wir die Besten werden?
Passion	Was ist unsere wahre Leidenschaft?
Antrieb	Was ist unser wirtschaftlicher Motor?

Skizze: Igelprinzip

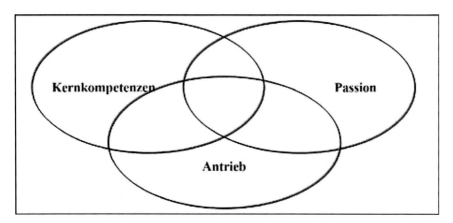

"Je genauer die Inhalte zu den 3 Kreisen definiert werden können und je fokussierter die Strategie sowie die Maßnahmen auf die Schnittmengen ausgerichtet sind, desto erfolgreicher wird das Unternehmen sein." (Walter Hess, ehem. CEO).

Zusammenfassung: Nutzen der OE-orientierten Strategieentwicklung

- Die partizipative, lern- und umsetzungsorientierte Strategieentwicklung hat den Vorteil:
- Dass der Blick für den Markt und seine Trends geschärft wird.
- Die strategische Haltung und Denkweise wird gefördert (in der Zukunft denken). Mitarbeiter lernen strategisch denken und arbeiten.
- Mitarbeiter entwickeln eine Gesamtsicht auf ihr Unternehmen und seine Herausforderungen.
- Mitarbeiter identifizieren sich mit den Zielen und Strategien ihres Unternehmens.
- Das Unternehmen erkennt strategische Führungspotentiale bei den teilnehmenden Mitarbeitern.
- Ein Gefühl für das Zukunftsengagement von Mitarbeitern entwickelt sich.
- Stärkung in ihren strategischen und vertrieblichen Rollen.

Praxisbeispiel: RTSC-Konferenz in einer Finanzinstitution

Das gesamte System einer Bank hat in einem Raum intensiv zusammengewirkt. Mitarbeiter, Teamleiter, Abteilungsleiter, Betriebsrat und Vorstand arbeiteten, immer in Sichtweite, in gemischten Kreisen (maxmix – maximale Mischung) bzw. in Ressortkreisen. Die Konferenz "Strategischer Wandel in Echtzeit" (Real Time Strategic Veränderung – RTSC) durchlief die Phasen: Wo stehen wir? Wo wollen wir hin? Was hindert uns daran? Was wollen wir tun, um unsere Ziele zu erreichen? Wie kommen wir dahin? Dadurch, dass das ganze System über Repräsentanten in einen Raum geholt wird, entsteht ein gemeinsamer Spirit und Gemeinschaft. Umsetzer sind von vornherein dabei. Durch ein umfassendes Bild der Realität werden bessere Ziele entwickelt. Es entsteht Tempo und wird simultan bereits in der RTSC-Konferenz mit der Umsetzung begonnen. Über Vision und Ziele gemeinsam entschieden. Führungskräfte und Mitarbeiter erleben eine neue Form der Zusammenarbeit. Führungskräfte sehen ihre Mitarbeiter in einem strategischen Kontext agieren.

Im vorliegenden Fall hat der Vorstandsvorsitzende die klassische RTSC-Methode an Kreativität noch übertroffen, indem er die Idee einbrachte, nicht anwesende Manager und Teamleiter über das Medium email (über mehrere mobile Internetanbindungen) und über Telefone in Echtzeit direkt einzubinden. In der RTSC-Konferenz gilt es, durch den intensiven Austausch eine gemeinsame Informationsbasis zu schaffen, sich mit den Zielen und Maßnahmen zu identifizieren, die Zusammenarbeit und Kommunikation bereits in der Konferenz zu verbessern und Verbindlichkeit zu erzeugen. Die Veranstaltung verlief in einer sehr hohen Geschwindigkeit und auf sehr hohem Energielevel. Die Eigenverantwortung wurde durch die stark aktivierende Dramaturgie der RTSC-Konferenz in den Mittelpunkt gerückt. Interessant war, dass die Sicht der Mitarbeiter, was strategische Herausforderungen und die Umfeld Betrachtung anbetrifft, mit der Sicht des Vorstands übereinstimmte.

Ganz im Sinne einer lernenden Organisation wurde hier auf mehreren Ebenen diskutiert, reflektiert und gelernt: Die Teamleiter haben gelernt, den Gesamtunternehmensprozess noch besser zu verstehen, strategischer zu denken. Die Abteilungsleiter und Vorstände lernten umgekehrt ihre Teamleiter besser kennen.

Zwei Ergebnisse wurden mit der Konferenz erreicht: Zum einen wurde die Bank vorangebracht, zum anderen wurden die Teilnehmer in strategischem Denken trainiert - vom Vorstand persönlich. Die Konferenz verlief tatsächlich in Echtzeit (Real Time). Es entstanden keine unnötigen Schleifen. Entscheidungen wurden mit dem anwesenden Gesamtvorstand sofort getroffen, die nicht anwesenden Abteilungsleiter wurden immer wieder über Mobiltelefone sowie über E-Mails einbezogen.

Es war ein besonders schönes Gefühl für die Organisationsentwickler, da sie nicht klassisch wie Moderatoren arbeiteten, sondern als Begleiter (Facilitator), die die Eigeninitiative der Teilnehmer und damit die Arbeitsfähigkeit des Systems (alle Teilnehmer zusammen als ein temporäres Lernsystem) im Blickfeld haben und stabilisieren. Zu sehen, wie in jedem Winkel des Raumes gesprochen, ausgetauscht, geklärt, verhandelt und vereinbart wird, ist ein sehr schönes Gefühl für die Begleiter. Die Konferenz hat einen enormen

Energieschub gebracht, der in die gesamte Bank einfloss.

Der Vorstand „macht Theater"

Innerhalb der RTSC-Konferenz zieht sich der Vorstand zurück, bereitet ihre Vision vor und spielt diese in einer kurzen Inszenierung vor:

Den Wunsch haben bestimmt viele Mitarbeiter schon gehabt: bei einer Vorstandssitzung der Bank mit hören zu dürfen, quasi "Mäuschen spielen" zu können. Am Abend des zweiten Tages war Gelegenheit dazu: Der Vorstandvorsitzende und seine Vorstandskollegen ließen Publikum zu – eine Sitzung des Vorstands fünf Jahre später. Die drei berichteten weniger über Zahlen und Ergebnisse, als über ihre Mitarbeiter.

Der Vorstand stellt fest, wie selbstständig die Mitarbeiter geworden sind. Das Rechnungswesen wurde mittlerweile in die Slowakei verlegt - immerhin war der Vorstand informiert, aber die Initiative kam vom Abteilungsleiter. Die haben mittlerweile selber im Blick, wie sie dem Unternehmen wirtschaftliche Vorteile verschaffen können. Das geht so weit, dass der Vorstandsvorsitzende schon klagen muss: "Dieser eine Teamleiter geht mir schon auf den Geist", sagt er flapsig in der gespielten Vorstandssitzung "der hat immer so viele Ideen und die sind auch noch gut." Die Zuhörer haben die Botschaft des vom Vorstand selbstinszenierten, spontanen Theaterstückes verstanden. Sie sollen nicht warten, bis sie aufgefordert werden, etwas zu tun, sondern selbst aktiv werden. Nicht warten, dass jemand ein Problem löst, sondern Eigeninitiative zeigen. Eine Pinnwand, die vom Vorstand erstellt wurde, nennt die Details der angestrebten Unternehmenskultur: "Wir ziehen alle an einem Strang", heißt es auf einem Kärtchen. "Offenes Feedback leben", auf einem anderen. Sich in den Kunden hineinversetzen ist ebenfalls wichtig: "Zum Erfolg des Kunden beitragen wollen", heißt es deshalb. Das kann nur funktionieren, wenn sich alle als Team verstehen. Auch über die Ressorts hinaus: Arbeiten ohne Scheuklappen.

Ein Stimmungsbild der Teilnehmer bzgl. der RTSC-Konferenz

- "Hier hat man Zeit zum Nachdenken, das ist im Alltag so intensiv nicht möglich. Um aber einen Knopf an die Organisation der Ziele zu bekommen, ist so ein Workshop nötig. Die Ziele sind nachvollziehbar, die Stimmung ist konstruktiv. Besonders positiv finde ich, dass einzelne Teamziele ganz konkret bearbeitet werden."
- "Der erste Tag war interessant, weil wir über konkrete Sachen gesprochen haben. Der zweite Tag war nicht so effektiv, weil die einzelnen Bereiche unterschiedlich vorbereitet waren."
- „Der Vorstand hat eine interessante Mischung von Dominanz und Bürgernähe."
- "Wichtig für ein gutes Zusammenspiel ist, dass die Teamziele offengelegt wurden, man miteinander geredet hat. Die Frage ist nur, ob der Effekt vielleicht schnell wieder verpufft. Auf jeden Fall haben die drei Tage zur Motivation beigetragen."
- "Ich bin total begeistert vom Vorstand, lerne ihn hier zum ersten Mal in Aktion kennen. Es freut mich, dass da detaillierte Teamkenntnisse vorhanden sind und dass sie die Unternehmensziele so klar und verständlich darstellen können. So macht es Spaß, Teamziele auszuhandeln."
- "Die Richtung der Ziele stimmt. Gerade in den Fällen, wo es Querverbindungen zwischen den einzelnen Ressorts gibt, ist es gut, wenn auch die anderen zu Wort kommen. So werden mitunter Aspekte eingebracht, die ressortintern nicht bedacht worden wären. Außerdem wächst das gegenseitige Verständnis."

Die RTSC Veranstaltung dauerte 3 Tage und endete an einem Samstag. Die Teilnehmer erhielten zum Abschluss eine durch zwei professionelle Redakteure erarbeitete, 10 seitige Mitarbeiter-Zeitschrift. Bereits am Montag früh erhielten alle 750 Mitarbeiter des Unternehmens diese Zeitung per elektronischer Post (E-Mail). Damit konnten sie alle Ergebnisse nachlesen und erhielten eine zunächst zeitnahe und schriftliche Orientierung über die neue Vision und Unternehmensziele.

Die RTSC-Konferenz wurde im Dezember durchgeführt. Auf Basis der Ergebnisse der RTSC-Konferenz starteten im Januar die Zielvereinbarungsgespräche mit allen Mitarbeitern.

Praxisbeispiel: Geschäftsführer erarbeitet mit dem Führungsteam eine Strategie

Die Klausur dauerte von Montagmittag bis Mittwochnachmittag. Vorgeschaltet war ein halber Tag Aufarbeitungs-Klausur eine Woche vorher. In dieser Klausur wurden die vergangenen Wochen reflektiert. Das Ziel dieser Sequenz war es, den Kopf frei zu bekommen, die schmerzlichen Einschnitte und den ungewollten Ausstieg von zwei zentralen Führungsteammitgliedern zu reflektieren.

Die Vorklausur folgte folgendem Ablauf:

Zeit	Schritt	Ziele/ Kommentar/ Methode
09.00	Begrüßung, Ziele durch GF	Kreis
10.15	Ablauf, Rollen, Arbeitsweise durch Berater. Diese Sequenz war wichtig, da zwei neue Führungsteam-Mitglieder einzuphasen waren. Sie hatten bisher nur klassische Berater erlebt und weniger prozessorientiert arbeitende (Facilitator).	Kreis
10.30	Kurzreflexion aus Vorgesprächen durch Berater	Kurzbericht
10.45	Reflexion und Dialog gemäß u.a. folgender Leitfragen: 1. Wo kommt jeder einzelne her, wo befindet er/ sie sich mit seinen/ ihren Gedanken und Gefühlen? 2. Wie wurden die letzten Monate erlebt? Was war förderlich, was war hinderlich? 3. Was wünschen sich die alle für die Zukunft vom GF, von dem einen oder anderen, vom Führungsteam?	Aufarbeiten der Geschehnisse der letzten Wochen, Aussprache im Kreis. Sicherheit geben, Ängste und Sorgen besprechen, Start Vertrauensaufbau
	Auswertung	Kreis
	Abschluss	Kreis
12.00	Mittag (gemeinsames Mittagessen)	
	Verabschiedung	

Eine Woche später erfolgte dann der eigentliche Strategie-Workshop mit folgender Zielstellung.
- Alle Führungsteammitglieder verstehen und tragen die Unternehmensstrategie mit
- Kern- und Subprozesse des Unternehmens werden festgelegt
- Strategische Maßnahmen und Projekte werden festgelegt
- Teamwork und die Teamstrukturen werden gefestigt (Teambildung). Zwei neue Kollegen werden integriert

Verlauf der Strategieklausur

Ein Konzept wurde von einem kleinen Strategieteam, bestehend aus drei vertriebs- orientierten Mitgliedern des Führungsteams und dem GF selbst erarbeitet. Der GF leitet die Strategiediskussion ein, erläutert den bisherigen Prozess, erläutert noch einmal, warum die Vorbereitungsgruppe so zusammengesetzt war. Jetzt wird Schritt für Schritt die Strategie durchdiskutiert. Es entsteht eine gemeinsame Sicht auf den Weg, den man gemeinsam gehen will.

Ein interessantes Bild. Die Führungsteammitglieder sitzen alle hinter ihrem Notebook und leiten ihre Bereichsziele in einer Auszeit von zwei Stunden aus der Gesamtstrategie ab. Sie müssen sich so intensiv und zeitgleich mit der Strategie befassen. Der GF steht für Abstimmungen und Fragen zur Verfügung. Es ist ein guter Lernprozess für alle. Am Ende des zweitägigen Workshops steht die dokumentierte und verabschiedete Unternehmensstrategie zur Verfügung.

Alle Funktionen sind vertreten Verkauf, Service, Supply Chain Management (Logistik), Marketing und Personal.

Keine Unterbrechung nach dem die Gesamtstrategie präsentiert und ergänzt wurde. Teilnehmer sind noch im Thema. Es ist effizient, da zeitnah die strategischen Gedanken dokumentiert und verknüpft werden. Mitglieder werden sicher in ihren Bereichs- leiterrollen. So einen intensiven und partizipativen Strategieentwicklungsprozess haben sie bisher noch nicht erleben können. Es wird auch die gemeinsame Arbeitsweise eintrainiert. Der Finanzleiter ist

neu. Der vorherige musste aufgrund von Kompetenzschwächen gehen. Es sind zwei neue MT- Mitglieder dabei, die integriert werden und auch erleben, wie in der neuen Firma gearbeitet wird.
Jeden Morgen wurde gemeinsames Rudern mit einem Ruderprofi vereinbart, was die Durchführung und anschließende Reflexion im Klausurraum die Teamentwicklung erheblich stärkte. Sehr schön ist noch der Rhythmus zu spüren, der sich in einem Einspielen auf den Vierer-Ruder-Boot einstellte. So, dass das Team förmlich über den See schwebte.

Strategie-Klausur: Erster Tag

Zeit	Schritt	Ziele/ Kommentar
12.30	*Gemeinsames Mittag*	
13.30	Begrüßung (an neue MT-Mitglieder denken), Ziele durch GF	Im Plenum
	Ablauf, Rollen, Arbeitsweise durch Berater	Flips
	„Story telling" (Geschichten): GF startet, andere folgen und erweitern Geschichten: Was mich bei diesem Unternehmen begeistert (bisherige Personen) Was ich in das Unternehmen mitbringe/ worauf ich mich als neuer Kollege bei dem Unternehmen schon sehr freue	Teamgeist erzeugen, informieren, austauschen. Geschichten nacheinander, Kennen lernen, aufsetzen an vorherige Geschichten, persönliches hineinbringen
	Pause	
15.00	Stand Strategie durch GF	
	Vorgehen Unternehmens-Strategie durch GF	1 Folie
	Unternehmens-Philosophie, Igel-Prinzip (nach Jim Collins) des Unternehmens durch GF	Der GF hatte allen Mitgliedern als Vorbereitung des Strategieprozesses das Buch von Jim Collins „From Good to Great" geschenkt.
	Feedback aus Strategiemeetings der Vorbereitungsgruppe	Info. Bericht
	Entwurf Unternehmens-Strategie durch GF	Im relativen Schnelledurchlauf durchgehen. Folien, Handout
	Auswertung des Tages	Im Plenum
19.00	Abschluss des Arbeitstages	Kreis
20.00	*Abendessen*	

Zu Beginn war es wichtig, Teamgeist zu erzeugen und über den bisherigen Prozess zu informieren.

Strategie-Klausur: Zweiter Tag

Als Ziele des zweiten Tages sind die Ausarbeitung, die Dokumentation und die Verabschiedung der Gesamtstrategie als auch der Teilstrategien festgelegt.

Zeit	Schritt	Ziele/Kommentar/Methode
07.00-08.30	Rudern (mit anschließender Reflexion im Tagungsraum)	Outdoor
09.30	Einstieg in den Tag	Kreis
10.00	Konkretisieren und Dokumentieren	In Teams auf PC schreiben
12.30	*Mittag, inkl. Teamarbeit*	
14.30	Zusammenführung Strategieseiten zum Gesamtkonzept und Verabschieden	PC
17.00	Commitment zur Strategie herstellen	Abfrage
	Wie können wir die Strategie umsetzen?	
	Wie können wir die Strategie an die Teamleiter und Mitarbeiter vermitteln	Vgl. Sequenz Strategie-Workshop mit Teamleitern
	Präsentation und Dialog	
	Auswertung des Tages	
19.00	Abschluss Arbeitstag	
20.00	*Abendessen*	

Strategie-Klausur: Dritter Tag

Am dritten Tag geht es darum, einen Ausblick zu besprechen und eine konkrete Umsetzungsplanung der Strategie durchzuführen. Aufgrund der Zeit kann dies hier nur in groben Meilensteinen und Programmen erfolgen. Die Detailplanung erfolgt später. Weiterhin war es wichtig, darüber ein gemeinsames Verständnis zu erreichen, wie die nächste Ebene der Führungskräfte ins Boot geholt werden kann.

Zeit	Schritt	Ziele/Kommentar/Methode
07.00-08.30	Rudern	Am Ende kleines Rennen zwischen den beiden Booten
09.30	Einstieg in den Tag	Kreis
	Ableitung der Ziele für die nächsten 3 Jahre (Umsatz und Ergebnis) abgeleitet aus der Strategie	Kreis
	Was ist der Stand unserer Prozesse - Laufen die Prozesse?	Reflexion reihum. Dokumentation Fragen und Kommentare am Flip-Chart
12.00	Mittag	

Strategie-Klausur: Nachmittag dritter Tag

Zeit	Schritt	Ziele/Kommentar/Methode
07.00-08.30	Rudern	Am Ende kleines Rennen zwischen den beiden Booten
09.30	Einstieg in den Tag	Kreis
	Ableitung der Ziele für die nächsten 3 Jahre (Umsatz und Ergebnis) abgeleitet aus der Strategie	Kreis
	Was ist der Stand unserer Prozesse - Laufen die Prozesse?	Reflexion reihum. Dokumentation Fragen und Kommentare am Flip-Chart
12.00	Mittag	

Neue Strategie an alle Führungskräfte vermitteln

Nachdem das 7-köpfige Management Team mit seinem Geschäftsführer (GF) die Strategie über einen 6 Wochen währenden (Bewusstseins-) Prozess erarbeitet hatte, ging es nun in diesem Schritt darum, diese Strategie an die nächste Ebene, die der Teamleiter zu vermitteln. Hierzu wurde ein

Strategie-Workshop geplant und organisiert. Insgesamt nahmen 31 Führungskräfte (24 Teamleiter und 7 Führungsteammitglieder) teil.

Die Arbeit mit diesem GF war durch Innovation und Überraschung geprägt. Auch in diesem Schritt wurde überlegt, was denn das Besondere sein könnte. Die Idee war, die Veranstaltung zunächst ohne den GF und sein Führungsteam zu starten. Sie sollten erst am späten Nachmittag dazu kommen, nachdem sich die Führungskräfte (Teamleiter) mit der, im wahrsten Sinne des Wortes in Papierform "vorliegenden" Strategie auseinandergesetzt und Fragen des Führungsteams beantwortet wurden.

Konzept

Folgendes Vorgehenskonzept wurde vereinbart:

1. Tag:

Teilnehmer arbeiten am ersten Tag ohne Management-Team (MT). Die Teamleiter werden hierüber nicht informiert. Es ist ein Überraschungseffekt. Teamleiter müssen alleine klarkommen, ohne dass jemand begrüßt und durch die Veranstaltung führt. Der Strategieprozessberater ist anwesend jedoch zunächst passiv.

Teamleiter arbeiten vorliegende Strategie ohne Führungsteam durch (lesen, sprechen darüber, bereiten Präsentation der Schlüsselpunkte der Strategie in max. 10 Folien vor. 4 Maxmix Gruppen (querschnittlich über alle Funktionen gemischt, im Vorfeld bestimmt und auf Flip-Charts visualisiert), bestehend aus ca. jeweils 6 Personen. Jedes Mitglied muss einen Teil präsentieren). Notebooks wurden mitgebracht.

Ziel:

Verstehen der Strategie, Fragen formulieren für weitere Arbeit formulieren. Ergebnis: Verständnis der Strategie und Präsentation dessen, was Teamleiter verstanden haben an das MT.

Folgende Fragen wurden vorgegeben:

- Wohin will unser GF und das MT?
- Was wird/ muss sich ändern?
- Was sind unsere Eindrücke und Fragen?
- Wie kann die Strategie umgesetzt werden?

Um 16.00 Uhr Präsentation an das Management-Team.

2. Tag:

Gemeinsame Arbeit des MT mit den Teamleitern:

- Grundsatz-Präsentation des GF/ MT: Was wird unsere Strategie sein!
- Strategische Ziele und Schlüsselmaßnahmen daraus ableiten.
- Was ist unsere Rolle als Teamleiter hierbei?
- Was sollte jeder einzelne Teamleiter beitragen?
- Bereichsweise Folgewirkungen und Maßnahmen für Teilbereiche erarbeiten, Transfer an Mitarbeiter festlegen (Kommunikation) und allen in diesem Strategie-Workshop präsentieren.

Die Dramaturgie folgt folgendem Ablauf.

Erster Tag:

Zeit	Schritt	Kommentar
08.00	Ankommen	Teamleiter kommen zum Tagungsort.
08.00	Arbeitsaufträge und die 100 Seiten starke Unternehmensstrategie liegen in mehreren Kartons auf dem Boden aus	Die ersten entdecken die Unterlagen. Berater sitzt am letzten Tisch und wartet, beschäftigt sich scheinbar unbeteiligt mit seinen Unterlagen. Blicke richten sich auf ihn, da er sonst nach der Begrüßung durch den GF durch die Veranstaltungen moderiert.
	Erste werden aktiv	Der eine oder andere steht auf, und verkündet eine wichtige operative Botschaft, „um die Zeit zu nutzen", wie sie sagen.
	Gruppen bilden sich	Die vorher durch das Führungsteam festgelegten Arbeitsgruppen werden gebildet und beginnen in den dafür vorgesehenen Räumen ihre Arbeit.
	Berater geht in eine aktive, unterstützende Rolle	Mit fortschreitender Zeit steigt der Druck und die Nervosität der Gruppen. Präsentationen werden vorbereitet.
15.45	Management Team erscheint	Der GF erscheint mit seinem Führungsteam.
16.00	Präsentation startet	Gruppenweise werden die Ergebnisse des Tages vorgestellt.
20.00	Abendessen	In einem auswärtigen Weingut wird gemeinsam zu Abend gegessen. Es ist eine sehr entspannte Atmosphäre.

Zweiter Tag:

Zeit	Schritt	Kommentar
08.15	Einstieg in den Tag	Der Berater führt diese Einstiegsrunde, in der „auf den Pius der Teilnehmer gefühlt wird". Reihum sagt jeder kurz, wie es ihm gestern ergangen ist, was er erlebt hat und was ihm für heute wichtig ist. Teilnehmer sind mit sich und der Veranstaltung zufrieden.
08.45	Weiterbarbeitung Strategie	Mit dem GF und dem Führungsteam gemeinsam besprechen die Teamleiter Vision und die neue strategische Richtung des Unternehmens.
13.00	Weiterbearbeitung der Strategie je Bereich	Die jeweiligen Führungsteammitglieder setzen sich mit ihren Teamleitern zusammen, um ihre Bereichsstrategien weiter zu detaillieren und um die Umsetzung zu planen. Erforderlicher Austausch zwischen den Bereichen erfolgt über Kurzbesuche bzw. Einladungen.
15.30	Weiteres Vorgehen: Kommunikation an Mitarbeiter	Teilnehmer vereinbaren, das gesamte Unternehmen auf die neue Vision und Strategie auszurichten. Hierzu wird eine große Mitarbeiterveranstaltung geplant.
16.00	Abschlussrunde, Auswertung	Der GF spricht seinen Dank dafür aus, dass sich die Teamleiter auf diesen unerwarteten Prozess eingelassen und gute Ergebnisse erzielt haben.
16.30	Ende	

Praxisbeispiel: Ableitung von strategischen Positionen

Ein Managementteam (MT) setzt sich mit seinem neuen Geschäftsführer (GF) zusammen und setzt die Strategiearbeit des Vorgängers fort. Hierbei wird deutlich, wie ein Übergang erfolgen und die Strategieentwicklung fortgesetzt werden kann. Die Strategieklausur verläuft wie folgt:

Führungsmodell des neuen GF

Der neue GF skizziert sein neues Führungsmodell am Flip-Chart (Kunden, Informationen an der Nahstelle, die über die 250 Verkäufer in das Unternehmen eingebracht werden, die werden durch interne Prozesse in Leistungen

umgewandelt).
Dieser Dialog dient auch dazu, den neuen GF und seine Führungsphilosophie kennen zu lernen und zu erleben.

Dialog über die aktuelle Lage des Unternehmens

Das MT unterhält sich mit dem neuen GF über die aktuelle Lage des Unternehmens (Märkte, Produkte, Umsatz und Ergebnis etc.).

Ableitung von strategischen Geschäftsprozessen (GP)

Der GF hält auf dem Flip-Chart die 7 strategischen Geschäftprozesse fest (z. B. Verkauf, Service).

Benennung der strategischen Personalpositionen je GP

Je GP werden die strategischen Personalpositionen (wichtige Funktionen, die den Geschäftserfolg gewährleisten) festgehalten. Diese sind Z. B. für den GP "Verkauf" die 4 regionalen Verkaufsleiter, für den "Serviceprozess" die 4 regionalen Serviceleiter und die jeweiligen Disponenten.

Definition der zentralen Kompetenzen (innere Einstellung und Verhalten)

Es wird darüber diskutiert, welche Eigenschaften und Verhaltensweisen die Teamleiter aufzeigen müssen, um die Strategie erfolgreich umsetzen zu können. 6 wesentliche Kompetenzen entstehen.

Evaluation der Teamleiter (Portfolio: Leistung und Potential)

In einem Portfolio werden alle Teamleiter und die heutigen Inhaber der strategischen Positionen durch das gesamte MT eingeschätzt. Das heißt, dass sich jeder zu jedem Teamleiter äußert und eine Einigung über die Positionierung der Person stattfindet. Die Positionierung erfolgt auf dem Portfolio mit den Achsen heutige Leistung und das Potential gemessen an den strategischen Anforderungen.

Vereinbarung von Personalmaßnahmen

Für die schwachen Positionen werden Personalmaßnahmen besprochen. Bis Ende des Jahres (in acht Monaten) sollen alle Maßnahmen (z. B. Versetzungen auf andere Positionen bzw. Fachfunktionen ohne Personalverantwortung, Kündigungen) realisiert sein. Mit dieser Vorgehensweise will der neue GF ein Zeichen setzen. Es soll deutlich werden, dass die Teamleiter, die Führungsverantwortung und damit für die Umsetzung der Strategie eine besondere Verantwortung haben, den strategischen Anforderungen entsprechen müssen.

Durchsicht der Projektliste

Die vorhandene Projektliste wird im Hinblick auf Existenzberechtigung, Priorität und Beitrag zum Geschäftserfolg (Abschätzung des Umsatzes bzw. des Kosteneinsparungsbeitrages) Projekt für Projekt durchgesprochen. Für die 35 Projekte wurden im Vorfeld je Projekt 2 bis 5 Minuten Diskussion vereinbart. Bei dem einen oder anderen kontroversen Projekt wurde mehr diskutiert.

Kurzdiagnose der Projektarbeit im Unternehmen

Als zentrales Element der Umsetzung der Strategie wird die Arbeit in Projekten gesehen.

Organisation der Projekte

Der GF präsentiert einen Vorschlag, wie er die 35 Projekte in fünf thematische Oberpunkte (Cluster) (z. B. Business-, Verkauf-, Marketing-, Service- und interne Prozesse organisieren will. Je Cluster soll es einen Leiter geben, der ein Team leitet, die sich wie ein Lenkungsausschuss mit jeweils fünf bis acht Projekten je Cluster befassen sollen.

Das strategische Steering-Committee soll das gesamte MT sein. Hier sollen jeden Monat einen halben Tag lang Meilensteinsitzung für die Projekte durchgeführt werden. Das Ziel dieser Projektorganisation ist die Steigerung des Umsetzungsdruckes. Das oben beschriebene Vorgehen war insbesondere deshalb erfolgreich, da der neue GF sehr situativ moderiert hat. Es wurde z. B. von "mathematisch-korrekten" Positionierungen der Teamleiter im Portfolio abgesehen. Im Vordergrund stand der Dialog. Interessanterweise gab es noch nicht mal eine strukturierte Agenda. Zu Diese entwickelte sich im Verlaufe der Klausur. Schritt für Schritt. Die Rolle des Coaches ist es, den Rahmen mitzuhalten, den Integrationsprozess mit dem neuen GF zu unterstützen, den GF im Vorfeld und in der Klausur zu coachen. Am Ende kann der Coach dem Team und dem GF zusammen und dem GF hinterher einzeln Feedback geben.

Über die einzelnen Personen sollte der Coach nicht sprechen, nach dem Motto "Herr X hat überhaupt nicht mitgearbeitet". Es sei denn, er hat genügend Aufträge und sein Selbstverständnis ist eher auf der Seite des GF´s zu sein. Er darf sich dann nur nicht wundern, wenn er das Vertrauen der Teammitglieder nicht erhält oder verliert und der GF (plötzlich) darauf großen Wert legt und den Coach nicht mehr einsetzt. Selbstverständlich stellt sich in dieser Situation die Frage, was die Rolle des Coaches ist, wessen Coach er eigentlich ist (vom GF? Vom Team?). Beides ist kaum möglich. "Ein Tod muss er sterben" und das Risiko eingehen.

Zur Strategieentwicklung gehört auch die Erarbeitung einer SWOT-Analyse (vgl. Kapitel hierzu). Die SWOT gibt einen guten, zusammengefassten Überblick über die Lage der Organisation und der externen Trends im Sinne Chancen und Risiken.

Praxisbeispiel: Geschäftsentwicklung

Der Vertriebsvorstand lud seine ihm direkt zugeordneten Führungskräfte zu einer strategischen Geschäftsentwicklungs-Klausur ein. Der starke Wettbewerbsdruck aus dem nationalen und internationalen Dienstleistungsmarkt (Wettbewerbsdruck) sowie der Kostendruck bei den Kunden (Preisdruck) erforderte eine Überprüfung der eigenen strategischen Position und der Bewusstwerdung der Ausgangslage und Zukunftsausrichtung des Unternehmens vertriebsseitig.

Die Klausur wurde als kick-off des Strategieentwicklungs- und Implementierungsprozesses gestaltet. Es galt klare Wettbewerbsvorteile herauszuarbeiten und die Qualitätsführerschaft im Markt zu erreichen. Das externe OE-Institut wurde mit der Vorbereitung und Beratung des Strategieentwicklungsprozesses betraut. Sie übernahmen die Moderation der zweitägigen Kick- Off-Klausur. Die fachlich-inhaltliche Basis wurde durch den internen Bereich "Geschäftsentwicklung" abgedeckt. Sie stellten die Informationen bezüglich Markt und detaillierte Kundenzahlen zusammen. Der vorliegende Prozess wurde maßgeblich von diesem Bereich, der dem Vertriebsvorstand zugeordnet ist, geleitet.

Strategie-Prozess

Der Prozess bis zur endgültigen Zieldefinition betrug 6 Wochen. Die Dauer solcher Strategieentwicklungsprozesse ist stark davon abhängig, inwieweit verlässliche Daten zur Verfügung stehen. Falls diese erst erarbeitet werden müssen beeinflusst dies die Dauer sehr stark. Gleichzeitig ist der Prozess von der Verfügbarkeit der Führungskräfte abhängig.

1. Analyse der Ausgangslage (Start mit zweitägiger Kick-off Klausur)	Externe Analyse: Markt- und Wettbewerbsanalyse Interne Analyse: Stärken-Schwächenanalyse (SWOT) Identifikation von Dienstleistungspotentialen bei Kunden Identifikation der kurz- und langfristigen Herausforderungen für das Unternehmen. Priorisierung. Erarbeitung erster Lösungsansätze Information und Zustimmung des Gesamtvorstands zur Analyse der Ausgangslage sowie Zielrichtung sowie Absicherung Strategieprozess im Vorstand
2. Positionierung	Festlegung Produkt-Dienstleistungs-Portfolio Ggf. Erweiterung Leistungspotentiale (vertikal: Weitere Geschäftsfelder der Kunden betreuen. Horizontal: Weitere Glieder der Kunden-Prozessketten betreuen) Festlegung des Wettbewerbsvorteils Kundenentwicklungsplanung für ausgewählte 20 Kunden
3. Zielgruppen Identifikation	National/ International Marktdurchdringung/ Marktentwicklung
4. Marktschätzung	Gesamtmarkt Potentielle Marktkanteile des Unternehmens
5. Zielfixierung	Qualitativ, quantitativ und zeitlich Betreuungskonzept für C-Kunden
6. Festlegung Marketing-Mix und Umsetzung (Preis, Produkte, Ort, Kommunikation)	Controlling Zielerreichung Lernpunkte Überprüfung Organisationsstruktur und ggf. Anpassung. Gemeinsame Zieldefinition und Bereichsentwicklung des Vertriebsbereiches (Rollen, Selbstverständnis, Zusammenarbeit und Abläufe im Bereich, Methoden, Instrumente, Ressourcen und Qualifizierungsbedarf, Back-office Unterstützung, Zusammenarbeit an Schnittstellen)
7. Business-Plan	Erstellung des Geschäftsplans

Ablauf der Strategie-Klausur: Erster Tag

Begrüßung und Ziele, Anlass, Rahmen und Teilnehmer des Workshops:
Vorstand als Gesamtsponsor des Strategieentwicklungsprozesses begrüßt und eröffnet, gibt im Anschluss an Moderator über.

Ablauf/Arbeitsweise/Rollen:
Moderator begrüßt ebenfalls, stellt sich und seine Arbeitsweise kurz vor, zeigt Ablauf der auf einer Pinnwand abgebildet ist usw. Die Rollen hat der Moderator zuvor mit dem Sponsor kurz abgeklärt und vereinbart. Prüft diese aber mit allen Teilnehmern ab.

Erwartungen und Befürchtungen bezüglich Workshop und Thema:
Zugerufene Erwartungen und Befürchtungen wurden auf Flip-Charts festgehalten.

Spielregeln für den Workshop:
Moderator sammelt auf Zuruf einige Spielregeln und vereinbart diese für den Workshop.

Eröffnungsreferat Vorstand:
(Status Quo des Unternehmens, Präsentation der Kunden- Produkt Ist-Matrix, mittelfristige Zielsetzung) (im Plenum)
Der Vorstand war neu und konnte so seine strategischen Vorstellungen vorstellen. Gleichzeitig war es für ihn ein guter Test, seine strategischen Vorstellungen einmal im geschützten Rahmen "auf die Rüttelstrecke zu schicken".

Dialog Eröffnungsreferat:
Die Präsentation wird im Kreis besprochen. Offene Fragen geklärt, erste Reaktionen eingeholt.

Die Stärken und Schwächen des Unternehmens (im Plenum):
Präsentation der Ergebnisse aus der aktuellen Kundenbefragung.

Ergänzung der Stärken-Schwächen-Liste:
Ergänzungen der präsentierten Stärken-Schwächen-Liste auf Basis der eigenen Erfahrungen.

Priorisierung der wichtigsten Stärken-Schwächen (Filterung im Hinblick auf Relevanz für Kunden / Produkt Matrix) (im Plenum):
Ziel ist eine Auswahl der wichtigsten Stärken und Schwächen mit einer hohen Relevanz für die Gestaltung des Produkts - Kunden Portfolios zu bekommen.

Diskussion der Priorisierung:
Die Priorisierung wurde nicht einfach so stehen gelassen, sondern besprochen. Verpflichtung zur Priorisierung der Herausforderungen intern und extern (Commitment).

Analyse von Stärken und Schwächen (in zwei gemischten Arbeitsgruppen):
Welche Bedeutung hat die Stärke, bzw. Schwäche im Hinblick auf die Kunden-Produkt Matrix? Worin begründet sich die Stärke, bzw. Schwäche? Ausblick (Erste Ansätze zur Nutzung des Potentials bei Stärken und Verbesserung bei Schwächen).

Auswertung des Tages:
Überprüfung des Verlaufs und der Ergebnisse (Navigation).

Ablauf der Strategie-Klausur: Zweiter Tag

Kurzer Check des Ablaufs und der Vorgehensweise im Workshop:
Jeder Teilnehmer äußert kurz seine Erwartungen an den Tag.

Präsentation und Diskussion der Stärken/Schwächen Analyse der Arbeitsgruppen:
Gruppen haben am Vortag noch spät gearbeitet und präsentieren nun ihre Ergebnisse.

Kundenklassifizierung:
Nach Umsatz im vergangenem und laufendem Jahr.

Leistungen "Top 10" (nach Umsatzgröße):
Die umsatzstärksten Leistungen werden gelistet.

Entwicklung eines ersten Entwurfs der Kunden-Produkt (Leistung) Ziel-Matrix:

Wo wollen wir hin? Kundenleistungsmatrix. Beschreibung der Potenziale auf Pinnwand nach: "N=Wird heute nicht genutzt", "P=Es besteht Potenzial", "X=Wird heute genutzt", "GP=Es besteht grundsätzlich Potenzial", "EP=Es besteht Potenzial im Einzelfall".

Erarbeitung von Zielen (Bewertung der Matrix: Umsatz / Produkt / Kunde) für das laufende Jahr (Arbeitsgruppen, die sich selbst organisieren): Berücksichtigung der Stärken und Schwächen. Auswahl der Umsetzungsaspekte ist frei. Der Kundennutzen eines Produktes in den verschiedenen Hierarchien des Kunden sollte jedoch in jedem Fall ausgearbeitet werden. Das interessante war hier, dass mit diesem Schritt die Grundlage für die folgende individuelle Zielvereinbarung bzgl. Kundenbetreuung (Produktumsatz und -ergebnis) gelegt wurde.

Erstellung des Leistungsportfolios (Achsen: Potenzial und Machbarkeit): Grobschätzung Potenzial der einzelnen Leistungen, also Produkte je Kunde (Betrachtungsdimensionen: 1. Potential positiv oder negativ. 2. Machbarkeit. 3. Umsatz. 4. Ertrag). Danach wurde auf der Pinnwand das Portfolio erstellt.

Überprüfung Zuteilung Betreuer je Kunde:
Die Zuteilung der Kundenbetreuer auf Kunden wurde kurz überprüft (wer betreut welchen Kunden als Kundenmanager?).

Rollenspiel Kundenbetreuer-Kunden (in Arbeitsgruppen) und Austausch der Erkenntnisse im Anschluss:
Um das geplante Leistungsportfolio und den Kundenbedarf mit dem Kunden zu besprechen, werden Rollenspiele durchgeführt.

Erarbeitung eines Umsetzungsprogramms:
Mit dem Ziel, das Programms in den nächsten 1,5 Jahren zu realisieren.

Diskussion der Ergebnisse:
Reflexion und Austausch der Sichtweisen.

Konsensbildung und Entscheidung:
Konsensbildung und Entscheidung für Ziele und Umsetzungsprogramm.

Noch nicht verplante Zeit (offener Zeitscheibe im Workshop):
Evtl. ergänzende oder vertiefende Bearbeitung des Themas. Evtl. Bearbeitung von verwandten Themen.

Planung der weiteren Vorgehensweise:
Absicherung der operativen Umsetzung des Programms.

Auswertung und Abschluss der Klausur:
Evaluation der Ergebnisse, des Verlaufes und des eigenen Beitrages.

Skizze: Leistungsportfolio strategischer Kunden

Die Zahlen in den Kreisen sind Produkte. Das Portfolio wurde für die großen Kunden einzeln erstellt.

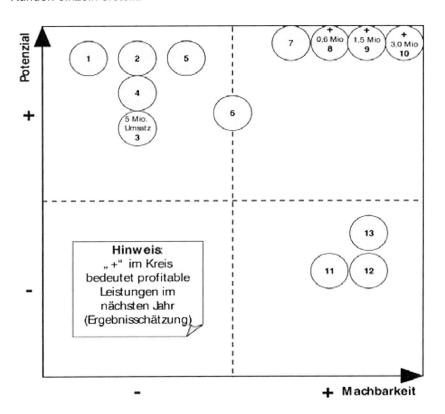

Folgendes Material wurde im Vorfeld durch den Bereich Geschäftsentwicklung für alle Teilnehmer der Strategieklausur vorbereitet.

Status Quo Markt (extern):
Wettbewerberprofile, Zusammenfassung einer Wettbewerbsstudie „Dienstleistungsmarkt", Pressemitteilungen, Auszüge Kundenbefragung.

Status Quo Unternehmen (intern):
Bisherige Unternehmensziele des Unternehmens, Gesamtbetreuungskonzept für Kunden, Liste aller Kundenprojekte, Produkt-Zuständigkeitsmatrix der Kundenbetreuer, Kundenumsätze, ABC-Klassifizierung aller Kunden.

Folgende Erwartungen wurden zugerufen:

Wie ist die Strategie bzgl. der Neukunden? Wie arbeiten wir übergreifend zusammen? Impulse für Tagesarbeit und übergreifende Strategien erhalten. Definition unserer zukünftigen Produkte und Leistungen (kundengerecht definieren). Wo hakt es in der Organisationsstruktur? Klares Rollenverständnis. Wo gibt es Redundanzen bzw. offene Aufgaben bei Kundenbetreuern? Klarheit in Budgetierung/Präsentieren im Markt (beim Kunden). Selbstverständnis des Unternehmens. Wie steuern wir Risiken? Befürchtungen wurden nur diese beiden genannt: Abstimmung unserer Ansätze mit anderen Unternehmensbereichen. Zu viele Themen?

In dem sehr herausfordernden Rollenspiel wurden folgende Fragen gestellt, die jeder Kundenbetreuer zu einem bis max. drei wichtigsten Kunden, je nach Zeitbedarf beantworten sollte.
- Was ist die Marktsituation Ihrer Kunden?
- Wer sind Ihre Ansprechpartner auf der Kundenseite?
- Welche Veränderungen in Organisation, Arbeitsfluss und Technologieeinsatz zeichnen sich bei Ihrem Kunden ab und was unternehmen Sie, um diesen Wandel effektiv zu unterstützen?
- Welche Maßnahmen ergreifen Sie, um in die Geschäftsprozesse/Kommunikation des Kunden als Partner integriert zu sein? Was tun Sie, um die Kundenzufriedenheit zu steigern?
- Welche Maßnahmen zur Darstellung von unseren Unternehmensfähigkeiten und Erfolgen planen Sie aus Ihrem Bereich in diesem und im nächsten Jahr?

- Was sind Ihre Pläne hinsichtlich der Unterstützung des Geschäftsprozesses: "Umgestaltung bei den Kunden" (Auswahl von max. 3 Kunden)?
- Welche Maßnahmen haben Sie geplant, um die Wettbewerbsfähigkeit Ihres Kunden zu verbessern?
- Welchen Kundennutzen (in den verschiedenen Ebenen!) lassen sich aus Ihren Maßnahmen herausstellen?
- Welche dringenden Maßnahmen sehen Sie in den Bereichen Mitarbeiterzufriedenheit, Verbesserung des Arbeitsumfelds, Aktivitäten bei der Karriereentwicklung junger Mitarbeiter?

Die Antworten zu diesen Fragen wurden simultan auf dem Flip Chart dokumentiert und dem Gesamtunternehmen (Kunden-Beziehungs-Management Wissensdatenbank, Customer Relationship Management - CRM) zur Verfügung gestellt. Als Fragen-Antworten-Katalog half es den Kundenbetreuern später die Rollenspiele in ihrer Tagesarbeit zu nutzen.

Diese Fragen dienten auch dazu, die Kundenbetreuer in ihren Rollen gegenseitig herauszufordern und ein stärkeres Bewusstsein für die Belange der eigenen Kunden zu erarbeiten. Gleichzeitig wurden sie in ihrer vertrieblichen Aktivität gestärkt.

Praxisbeispiel: Strategische Bereichsentwicklung

Nach folgendem Bereichsmodell wurde die Bereichsentwicklung eines Vertriebs- und Marketingbereiches einer mittelständischen Unternehmung erarbeitet. Die Grundidee war, Strategie- und Bereichsentwicklung mit der Qualifizierung der eigenen Mitarbeiter im Hinblick auf strategisches Denken im Bereich zu fördern. Ein strategie- orientiertes OE-Institut wurde mit der Prozessberatung und der Durchführung der Trainings beauftragt. Die OE´ler brachten die Prozess- und Strategiemethodenkompetenz ein.

Skizze: Modell des strategischen Managements

Das folgende Modell von Abplanalp und Lombriser (2000) wurde als Basis genommen:

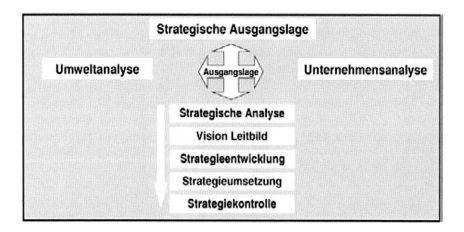

Skizze: Bereichsmodell

Mit der Erarbeitung von Mission und Vision beginnt ein kulturbildender Prozess. Zur Verankerung der Inhalte im Unternehmen muss die Vision erweitert und mit konkreten Maßnahmen belegt werden. Dies geschieht durch Dialog, die Qualifizierung von Multiplikatoren und Mitarbeitern sowie den Einsatz verschiedener Instrumente. Die Mission und Vision sollte breit kommuniziert werden. Gleichzeitig wird die Vision in Form von Leitlinien für verschiedene Zielgruppen (z. B. Führungs- und Kundenleitlinien) erweitert (vgl. Abschnitt Leitlinien).

Das folgende Bereichsmodell wurde in seinen Elementen nach der Definition der Bereichsziele und -strategie einzeln erarbeitet.

Prozessberatung

In der Beratungsarbeit können drei Beratungsformen zum Tragen kommen. Das Expertenmodell, das "Arzt-Patient-Modell" oder das Prozessberatungsmodell. Organisationsentwicklung basiert auf dem Prozessberatungsmodell, auch wenn es Aufträge innerhalb eines organisatorischen Veränderungsprozesses Aufträge geben kann, nach denen zeitlich befristet Expertenrollen übernommen werden können. In de Prozessberatung wird ein Berater mit einer flexiblen Beratungskapazität, welches sich nach dem Bedarf und Verlauf des Veränderungsprozesses richtet, eingesetzt. Der Prozessberater muss nicht ein Experte in den inhaltlichen Fragestellungen der jeweiligen Problematik sein. Seine Expertise liegt in der Prozesskompetenz. Durch seine Beratung (begleiten) sorgt er dafür, dass alle aktiv an der Suche nach

Problemlösungsansätzen arbeiten. Nach der Lösung des Problems verlässt er die Organisation. Die Problemlösungskapazität in der Organisation ist dann aufgebaut und die Mitglieder können bei ähnlich gelagerten Problemen selbstständig Lösungsansätze entwickeln.

Der Prozessberater kann dann noch in eine temporäre Coachingrolle eintreten und fallbezogen bzw. für Reflexionsarbeiten eingesetzt werden. Prozessberatung geht vom Grundverständnis aus, dass Beratung der Aufbau einer helfenden Beziehung bedeutet. Hierbei arbeitet der Berater nicht für den Klienten sondern mit ihm. Prozessberatung wird oft als Gegenstück zum Beratung als Expertenmodell gesehen. Prozessberatung kann als eine partnerschaftliche Beratungsmethode bezeichnet werden. Prozessberatung hilft dem Klienten, mit Hilfe des Beraters Kompetenzen zur Lösung der eigenen Probleme und Herausforderungen aufzubauen.

Prozessberatung ist eine Beratungsform, die dem Klienten hilft, seine eigenen Lösungswege zu finden und selbst in die Lage versetzt zu werden, zukünftig auftretende Probleme eigenständig lösen zu können. In der Prozessberatung steht nicht nur die Lösung des konkreten Problems im Vordergrund, sondern auch und insbesondere der Aufbau von Kompetenzen und Fähigkeiten zur Bewältigung von Herausforderungen, von Lernprozessen und von Problemen. Der Berater liefert hier keine Lösungen son- dern unterstützt den Klienten bei der Suche nach einer für seine Situation adäquaten Lösung. Er regt den Klienten in diesem Prozess an, wie er seine eigenen Lösungen entwickeln kann und welche Faktoren dabei berücksichtigt werden sollten. Die Verantwortung für den Prozess und die Problemlösung verbleibt ganz eindeutig beim Klienten. Der Klient ist sein der Experte seiner eigenen Problemlösung. Wer anders kann wissen, was für ihn richtig und wichtig ist, als er selbst?

Laut Edgar Schein, einem der Pioniere der Organisationsentwicklung, definiert Prozessberatung als die Philosophie des Helfens mit der zentralen Annahme, dass einem menschlichen System nur geholfen werden kann, wenn es dann sich selbst hilft. Mit System wird hier sowohl die Person als menschliches System, als auch die Organisationen und soziale Gemeinschaften (z. B. Gemeinden) gemeint.

Bei der Prozessberatung wird ein Gleichgewicht in der Beziehung gesucht.

Anders als das Negativbeispiel, in der ein Lehrer in einer klassischen Lehrsituation, sein Wissen aus einer Position der Autorität heraus als Experte zu vermitteln versucht, geht es bei der Prozessberatung darum, einen angst- und abwehrfreien Zustand in der Beziehung zu erreichen. In dieser offenen und ehrlichen Beziehung gibt es kein oben und kein unten. Beide, der Berater wie der Klient sind auf gleicher Stufe. Nur so kann ein sinnvoller Austausch in beide Richtung stattfinden. Es herrscht kein "oben" und "unten". Die Begegnung findet auf "Augenhöhe" statt.

Mit dieser Absicht kommt es nun darauf an, eine helfende Klienten-Berater-Beziehung aufzubauen und diese über die Projektzeit stabil zu halten. Grundlage dieser Beziehung ist gegenseitiger Respekt, Wertschätzung und Vertrauen.

Prozessberatung ist damit der Aufbau einer helfenden Beziehung mit dem Klienten, die es diesem erlaubt, die in seinem internen und externen Umfeld auftretenden Prozessereignisse wahrzunehmen, zu verstehen und darauf zu reagieren, um die Situation, so wie er als Klient sie mit Unterstützung des OE´lers definiert, zu verbessern. Prozessberatung stellt oft den Kern von Organisationsentwicklungsprogrammen dar. Ziele dieser Aufgabe ist die zielorientierte Steuerung des Lern- und Veränderungsprozesses und der Transformation durch Auftraggeber und Berater.

Die Prämissen dieser Aufgabe sind zum einen die Installation von geeigneten Gesprächskreisen und das Institutionalisieren bzw. Verankern von Organisationsentwicklung im Projekt bzw. in der Organisation. Weiterhin ist es wichtig, einen kontinuierlichen Reflexions- und Diagnoseprozess einzuführen.

Nach Schein (2000) ist die "Prozessberatung ... eine Philosophie des Helfens, eine Technik oder Methodik des Helfens". In dem Augenblick wo der Berater einen Auftrag erhält, den Klienten zu beraten, wird er bereits als Experte wahrgenommen, was die Schwierigkeit ausmacht, in eine eher zurückgenommene Haltung zu gehen und den Beratungsprozess gemeinsam mit dem Klienten zu gestalten. Einem Lotsen gleich hilft der Prozessberater dem Klienten, seinen Weg zu finden und seine Probleme zu lösen.

Zehn Prinzipien als Kern der Prozessberatung

Die Prozessberatung lässt sich anhand folgender zehn Prinzipien verdeutlichen:

- Versuche stets zu helfen
- Verliere nie den Bezug zu der aktuellen Realität
- Setze Dein Nichtwissen ein
- Alles, was du tust, ist eine Intervention
- Das Problem und seine Lösung gehören dem Klienten
- Gehe mit dem Flow
- Das Timing ist entscheidend
- Sei konstruktiv opportunistisch und arbeite mit konfrontativen Interventionen
- Alles liefert Daten; Fehler wird es immer geben, sie sind die wichtigste Quelle neuer Erkenntnisse
- Teile im Zweifel das Problem mit anderen

Bei der Prozessberatung ist die aktive Mitarbeit des Klienten an der Problemlösung erforderlich. Maßnahmen der Prozessberatung innerhalb von Organisationsentwicklungsprojekten können z. B. sein:

- Auftraggeberrunden. In diesen Runden beraten Auftraggeber und Berater über den Fortgang der Transformation
- Eine Task-Force Projektleitung wird etabliert
- Monitoring durch Teilnahme an Führungsbesprechungen, an Projekt- und Teil- projektleiterrunden
- Einführung eines Veränderungsbarometers, anhand dessen der Fortgang und die Wirkung der Veränderungsmaßnahmen (Interventionen) gemessen wird.

Die Annahme ist, dass der Klient weiß, was das Problem ist, welche Lösung er benötigt und woher die Lösung kommen kann.

Hauptinstrument der Prozessberatung

Das Hauptinstrument der Prozessberatung ist der Dialog, das Beobachten, das aktive Erforschen (Fragen stellen) und das Zuhören. Dialog wird hier nicht nur als Mittel für die Durchführung von Besprechungen gesehen. Dialog und Zuhören ist die Basis zum Aufbau der helfenden Beziehung. Der Prozessberater stellt Fragen statt Antworten zu geben. Deshalb ist die Methode des Fragens ein sehr starkes Instrument. Der Ansatz der Prozessberatung wird auch im Coaching eingesetzt.

Praxisbeispiel: Auslagerung und Aufbau einer Informatik-Tochtergesellschaft

Herausforderung: Optimierungskonzept IT-Services für die Versicherungsgruppe. Zusammenfassung der IT-Betriebe der beteiligten Versicherungen. Ausgründung in eine gemeinsame Tochtergesellschaft. Gestaltung von IT-Service-Prozessen. Vorbereitung der Führungskräfte für die neuen Rollen in der TG. Fusion der IT-Bereiche mehrerer Gesellschaften zu einem Gesamt-IT-Tochtergesellschaft. Eingesetzte OE- Methoden: Konzeption und Durchführung von Führungskräfte-Konferenzen. Konzipierung und Koordination von Unternehmenstheater. Rollenberatung. Coaching der Projektleiter.

Reorganisationsberatung (Organisational Design)

Reorganisationsmaßnahmen zu gestalten ist eines der Hauptaufgaben von OE-Arbeit. In den 1980' iger Jahren sprachen wir von der Unternehmensentwicklungsarbeit, um uns von den damals eher personalentwicklerisch ausgerichteten OE'lern abzugrenzen. Es wurden regelrechte Glaubenskriege geführt. Reorganisation folgt der Strategie und den Zielen. Organisationsprinzipien (wie Z. B. Dezentralität in den Entscheidungsstrukturen um schnelle Entscheidungen herbeizuführen, oder Kosteneffizienz, Schlanke Strukturen im Sinne wenig Hierarchieebenen oder breite Führungsspannen oder umgekehrt, können dabei die Organisationsprinzipien sein, die es bei der Gestaltung von neuen Organisationsstrukturen zu beachten und zu bewerten gilt.

Vorgehen bei Reorganisationen

Bei Reorganisationsvorhaben gibt es nun verschiedene Formen des Vorgehens:
- Grüner Tisch (Top-down)
- Die Arbeit am grünen Tisch, wonach einige Führungskräfte sich mit zukünftigen Organisationsstrukturen befassen, diese konzipieren und dann in die Umsetzung bringen.
- Partizipation (Top-down-bottom-up)
- Den partizipativen Ansatz, wonach unter Einbezug von weiteren Führungskräften und Mitarbeitern, alternative Strukturen erarbeitet, bewertet und in die Umsetzung gebracht werden.

Konzeptioneller Ansatz bei Reorganisationen

Ein wichtiger Reorganisationsansatz ist die der geschäftsprozessorientierten Vorgehensweise. Das bedeutet, dass die wertschöpfenden Kernprozesse wie z. B. Marketing, Entwicklung und Produktion funktional in einer Organisationsstruktur abgebildet werden. Gemeinsam mit der obersten Führung wird dann der obere Führungskreis gebildet. In diesem Führungskreis werden die Leiter dieser Funktionen hinein genommen. Die so genannten Unterstützungsprozesse wie Z. B. Logistik, Controlling und Personal würden nach dieser Darstellung in der funktionalen Abbildung nicht hineingenommen werden. Da jedoch der Personalbereich und das Controlling (in einigen Organisationen die kaufmännische Funktion) strategische Bedeutung haben, können sie mit in den Kreis integriert werden.

Dies wird nach unserer Erfahrung jedoch ganz unterschiedlich wahrgenommen. Einige Unternehmen nehmen sie nicht mit hinein, organisieren ihre Führungskreise eher nach der direkten Wertschöpfungskette oder entsprechend dem Marktfokus (welche Funktionen verantworten Umsatz und Ergebnis?). Diese Funktionen werden dann direkt in den engeren Führungskreis einbezogen. Mit den übrigen Leitern bilden sie dann den erweiterten Führungskreis.

Diese Diskussionen gestalten sich nicht einfach und sind wohlbedacht zu planen und vorzubereiten, da sie immer auch mit "hinein nehmen und ausschließen" zu tun haben. Damit sind Auseinandersetzungen und "böses Blut" vorprogrammiert.

Organisationskonzept erarbeiten

Nach folgender Gliederung können Organisationskonzepte erarbeitet werden. Dabei stellen die Gliederungspunkte einzelne Arbeitspakete dar, die gemeinsam mit den Klienten erarbeitet werden.

Schwerpunkt	Gliederungspunkte
Einleitung	• Anlass, Auftrag und Zielsetzung des vorliegenden Konzeptes • Methodische Vorgehensweise, zeitlicher Ablauf, Beteiligte (Projektorganisation)
Ausgangslage	• Ausgangsbasis und Handlungsbedarf • SWOT • Rahmenbedingungen (z.B. Vorgaben durch Gesetzgeber, Unternehmensführung, Konzern oder Geschäftsbereichsleitung)
Strategische Eckpunkte	• Rahmenbedingungen des Marktes (z.B. Markt-Trends und -entwicklung) • Zentrale Anforderungen aus der strategischen Ausrichtung des Unternehmens an die Organisation (z.B. Stabilisierungs- und Änderungsfaktoren für die Organisation) • Ziele des Gesamtunternehmens und Auftrag an den zu organisierenden Bereich • Szenarien (zwei bis drei Szenarien)
Organisation und Prozesse	• Ausgangslage (bisherige Erfahrungen mit der Unternehmens-Struktur/en) und Schlussfolgerungen • Organisationsziele, und -prinzipien • Mögliche Zielorganisation (Grundauftrag und Grundstruktur) bzw. Soll-Organisation (ggf. mehrere Alternativen durchdenken) • Soll-Personal-Kapazitäten (Kapazitätsplanung) • Überblick und Ziele der einzelnen Aufgabenbereiche (Gesamtstruktur, Aufgabenübersicht, Funktionen, Rollen) • Erarbeitung von Lösungsszenarien • Technologieeinsatz in der zukünftigen Unternehmensorganisation • Zusammenspiel der neuen Organisationseinheiten (Aufgabenverteilung, Leitlinien der Zusammenarbeit) • Zukünftige Organisationsprozesse bzw. -abläufe (z.B. Prozesse, Schnittstellen) • Steuerungsgrößen für die Organisation sowie Leistungsindikatoren (z.B. Kosten, Kundenzufriedenheit, Prozessqualität, Mitarbeiterentwicklung) • Führungsstruktur (Struktur, Rollen, Gremien) • Rollenprofile, Qualifikationsanforderungen (fachlich, Arbeitstechniken und Methoden, Einstellung und Verhalten) und erforderliche Kapazitäten • Effizienzpotential (was kann mit welchem Modell eingespart werden) • Zusammenfassung der Veränderungen zur heutigen Organisation

Bewertung Organisationsmodell(e)	- Bewertungskriterien der Modelle (vgl. unten) - Chancen und Risiken sowie Vor- und Nachteile der Lösungsszenarien - Kosten/- Nutzen Analyse - Investitionsbedarf für Realisierung - Pro-Contra-Bilanz je Modell - Gesamtbewertung und Empfehlung bezüglich der Lösungsszenarien
Umsetzungsplanung	- Umsetzungsschritte (Vorgehensziele, Partizipationsgrad, Projektschritte, zeitlicher Vorgehensplan) - Sofortmaßnahmen - Personalpolitische Aussagen (z.B. „sozialverträgliche organisatorische Veränderung") - Kritische Erfolgs- und Risikofaktoren der Umsetzung (Voraussetzungen des Implementierungserfolges) - Organisationskulturelle Erfordernisse - Kommunikationsplan (Zielgruppen, Kommunikationsinstrumente) - Projektorganisationsvorschlag (Rollen, Gremien, Aufgaben, Verantwortlichkeiten im Reorganisationsprojekt)
Empfehlung	- Empfehlung des Veränderungsteams - Erforderliche Grundsatzentscheidungen bezüglich des weiteren Vorgehens

Leistungen und Mitwirkung des Klienten

Die beschriebenen Arbeitspakete werden durch das Berater-Team erarbeitet bzw. durchgeführt. Für den Projekterfolg ist es unabdingbar, dass zeitnah Informationen und Ansprechpartner zur Verfügung stehen und Entscheidungen über die erarbeiteten Ergebnisse durch den Kunden getroffen werden.

Phase	Leistung Berater	Mitwirkung Klient
Konzepterarbeitung (Analyse und Organisationsmodelle)	• Erstellung des Grundkonzepts • Gemeinsame Diagnose mit dem Klientensystem • Strukturierung und Moderation von Workshops • Durchführung von Interviews • Dokumentation und Präsentation • Projektarbeit • Übernahme der Projektleitung • Lenkungsausschuss-Besetzung durch Reviewpartner	• Teilnahme an Interviews und Workshops • Bereitstellung von Informationen • Gemeinsame Diagnose mit den Beratern • Lenkungsausschuss-Besetzung durch Geschäftsführung
Umsetzung	• Strukturierung der Konzeptdetaillierung • Vertiefung und inhaltliche Absicherung des Grundkonzeptes • Durchführung von Interviews • Lenkungsausschuss-Besetzung durch Reviewpartner • Dokumentation und Präsentation • Je nach Ausprägung der Maßnahmen Mitwirkung bei der Umsetzung • Coaching der Führungskräfte und Projektrollen • Durchführung der Projektleitung	• Mitarbeit in Workshops zur Prozessdetaillierung • Qualitätssicherung der Ergebnisse • Lenkungsausschuss-Besetzung durch Geschäftsführung • Je nach Ausprägung der Maßnahmen Übernahme der Verantwortung und/ oder Mitwirkung bei der Umsetzung

Bewertungskriterien für Organisationsmodell

Nach folgenden Kriterien bzw. Organisationsprinzipien kann die Ziel-Organisation erarbeitet und bewertet werden.

- Grad der Strategieunterstützung (wird es den Anforderungen gerecht?)
- Kundenfokus (wie sehr wird der Kunde in der Organisation abgebildet?)

- Marktnähe (wie nah sind wir am Marktgeschehen?)
- Kundenakzeptanz (werden unsere Kunden die neue Organisation als zielführend erleben oder wandern sie eher zu Wettbewerbern ab?)
- Internationalisierungsgrad
- Grad der Prozessorientierung
- Klarheit der Verantwortlichkeiten (sind Verantwortlichkeiten in den Funktionen und an den Schnittstellen klar zugewiesen?)
- Schnelligkeit in den Entscheidungsfindungen, Abstimmungsaufwand (Komplexität)
- Entscheidungsebenen (wie viel Hierarchieebenen gibt es? Ist z. B. das Prinzip minimaler Hierarchieebenen gewährleistet?)
- Prinzip optimaler Handlungsfähigkeit (ist eine klare Zuweisung und präzise Abgrenzung der delegierten Aufgaben und Kompetenzen, um eine eindeutige Ergebnisverantwortung ohne "Grauzonen" zu erreichen gegeben?)
- Berichtswege (sind Berichtswege straff organisiert?)
- Effizienzpotential (wie viel Einspareffekte bringt das Modell?)
- Kosten für Realisierung des Organisationsmodells
- Umsetzungskomplexität (z. B. Akzeptanz Mitarbeiter und Arbeitnehmervertretungen, Veränderungskomplexität und Aufwand von "Ist" zu "Soll")
- Risiko
- Kulturelle Aspekte (wird die Teamarbeit gefördert? Werden Führungsrollen klar etabliert? Sind Rollenmodelle klar erkennbar und werden diese durch die neue Organisation gefördert?)
- Projektarbeit (wie stark ist die Projektarbeit gefördert?)
- Führungsspanne (wie groß ist die Führungsspanne?)

Führungsspanne festlegen

Führungsspannen festzulegen ist in schwieriges Unterfangen. Sie ist stark von den Aufgabeninhalten, der Rolle und der Organisations- bzw. Führungskultur abhängig. Als interner Berater in der Unternehmensentwicklung eines Konzerns mussten wir sehr genau auf die Führungsspanne achten. Hier war es wichtig, dass die Führungskraft sich ausreichend Zeit für seine Mitarbeiter nehmen konnte. Hierbei legten wir die Spanne zwischen 7 und 12 Mitarbeitern fest. Wobei es ab 10 Mitarbeitern mit der Betreuung schon schwieriger wurde. Gleichzeitig hat es einen Kontrollaspekt. Also zu erkennen, ab welcher Mitarbeiteranzahl es für die Führungskraft kaum noch möglich ist, seiner disziplinarischen Aufsichtspflicht nachzukommen.

Als externer Berater stellte ich fest, dass mit dem steigenden Kostendruck z. B. in der Versicherungswelt, organisatorische Einheiten (z. B. Projektmananagementpools) mit bis weit über 40 Mitarbeitern aufgebaut wurden. Nachdem deutlich wurde, dass eine qualifizierte Mitarbeiterführung hier kaum möglich ist und eher feuerlöschermäßig geführt wird, wurde entweder eine Unterstruktur eingeführt oder die Einheit in zwei Einheiten aufgeteilt. Generell geht der Trend jedoch in Richtung breitere Führungsspannen.

Skizze: Breite der Führungsspanne

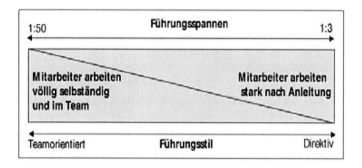

Beteilungs-Kompetenzmatrix

Für alle Beteiligten ist festzulegen, über welche Entscheidungskompetenzen sie im Rahmen der Aufgabenteilung verfügen. Hierfür können vier Typen eingeführt werden. Je nach Bedarf und Organisationserfordernis können in die Kompetenzmatrix weitere Aspekte eingefügt werden.

Bezeichnung	Abk.	Erläuterung
Durchführung[1]	D	• Umfasst die verantwortliche Durchführung einer Aufgabe • Je nach Art der Tätigkeit kann die Aufgabe kreativen Spielraum bedeuten oder ist in eng gesetzten Grenzen und unter Beachtung von Arbeitsanweisungen auszuführen (ggf. in Kommentarspalte eintragen)
Mitarbeit[1]	M	• Umfasst die inhaltliche oder methodische Mitarbeit in der Durchführung oder eine Unterstützung in der Entscheidungsfindung • Mitarbeit bedeutet eine Übernahme von Verantwortung für die Durchführung definierter, eindeutig abgrenzbarer Teilaufgaben; die Aufgabenverantwortung insgesamt liegt aber beim Durchführenden; die Entscheidungsverantwortung beim Entscheider
Entscheidung[1]	E	• Umfasst die inhaltliche oder ökonomische Abnahme von Ergebnissen einer Aufgabe; dies schließt konsequenterweise das Setzen entsprechender Ziele mit ein • Das Entscheidungsrecht beinhaltet notwendigerweise das Informationsrecht • Sind mehrere Einheiten an der Entscheidung beteiligt, kann zusätzlich zwischen E und Z (Zustimmung) unterschieden werden
Information[1]	I	• Umfasst das Recht über End- oder Zwischen-Ergebnisse einer Aufgabe informiert zu werden • Das Informationsrecht enthält nicht die Kompetenz, die Ergebnisse auch freizugeben

1 Hängt die Wahrnehmung einer Kompetenz von der konkreten Einzelaufgabe ab, so ist dies durch die Beschränkung"() - Fallweise" kenntlich zu machen

Formular Beteilungs-Kompetenzmatrix (Prozessschritte exemplarisch)

Aufgabe (Prozess-Schritt)	Beteiligte Funktionen						Kommentar
	GF	Produktion	Marketing	Forschung & Entwicklung	Logistik	...	
Reklamationsbearbeitung							
Instandhaltung/Pflege							
Einkauf							
QM-System (Auditierung/Dokumentation)							
Entsorgung							
Lagerhaltung							
Vertrieb (Strategie, Verkaufsaktivitäten)							
Investitionen							
Produktentwicklung (Technologie)							
Kommunikation							
Ansprechpartner des Betriebsrates							

Erläuterung: D - Durchführung, M - Mitarbeit, E - Entscheidung, Z - Zustimmung, I - Information, () - Fallweise

Diese Entscheidungs-Kompetenzmatrix kann auch in der Geschäftsprozessoptimierung eingesetzt werden. So können in einzelnen Geschäfts-Prozess-Workshops die Prozesse in Subprozesse untergliedert und einzeln durchgesprochen werden. Hierbei werden für die konkreten Schritte und aufgaben die jeweilige Verantwortung und Entscheidungs-Kompetenz sowie weitere Aspekte der Information und Einbindung besprochen und verhandelt werden. Diese Prozesse sind in der Regel sehr intensive Diskussionen. Am Ende schaffen sie sehr viele Klarheit und Verständnis für den Gesamtprozess.

Beurteilung von Interne Servicefunktionen

Durch systematische interne Befragungen können interne Dienstleistungs- und Servicefunktionen eingeschätzt und optimiert werden. Diese Funktionen können z. B. sein: Marketing-Service-Funktionen, Vertriebsunterstützungsfunktionen, Personalentwicklung, Kantine.

Dabei werden zunächst die Kriterien festgelegt, nach denen die Leistungen dieser Serviceeinheiten vom internen Kunden (Abnehmer) beurteilt und gemessen werden. Diese Kriterien können z. B. sein: Servicekosten, Schnelligkeit der Serviceerbringung, Qualität, Reklamationsbearbeitung, Freundlichkeit, Flexibilität, Servicepalette, Innovationsfähigkeit (neue Leistungen entwickeln), Nähe, Einbeziehung des Kunden in die Serviceprozesse. Diese Kriterien werden untereinander nach ihrer Bedeutung z. B. von 1 (gering) bis 7 (sehr hoch) eingeschätzt. Dann folgt die Abfrage der Zufriedenheit je Kriterium und Serviceeinheit oder –rolle, je nachdem wie genau gemessen werden soll. Die Zufriedenheit wird auch von 1 (sehr unzufrieden) bis 8 (sehr zufrieden) eingeschätzt.

Die Servicefunktion wird selbst auch gefragt, nach den gleichen Kriterien, um ein Selbst- und Fremdbild herauszubekommen. Vorher wird sie jedoch nach den Kriterien gefragt, wonach der Kunde sie wohl einschätzt. Auch wird gefragt, wie sie den internen Kunden sieht. Hier wird auch nach den Kriterien und deren Bedeutung sowie dem Erfüllungsgrad gefragt. Kriterien können z. B. sein: Klarheit des Briefings, Nennung von Zusatzansprüchen, Wertschätzung, partnerschaftliches Vorgehen. Diese Art von Befragungen und Projekten löst in der Organisation kulturelle Veränderungen aus. Die Arbeit nach außen, zum externen Kunden, wird verbessert, da die Sensibilität für Kunden- und Serviceprozesse deutlich steigt. Serviceleistungen und -prozesse werden auch besser auf den Bedarf ausgerichtet, was wiederum die organisatorische Effizienz und Zufriedenheit erhöht. Es verdeutlicht auch die Bedeutung des internen Kunden.

Praxisbeispiel: Reorganisation in einer Bank

Der Vorstand einer Großbank entschied die Informatik Dienstleistungseinheit zu zentralisieren. Hierbei mussten die regionalen Informatikeinheiten aus den "Fürstentümern" herausgezogen und mit der bereits vorhandenen zentralen Informatik verschmolzen werden. Die Herausforderungen, die mit dieser massiven Reorganisation bewerkstelligt werden mussten, lagen zum einen in dem starken Kostendruck der weltweit herrschte, Widerstände bei den "Regionalfürsten" die die IT-Leistung bezogen musste vermieden werden, die Integration zu einer einheitlichen, zentralen IT-Einheit musste gelingen. Neue organisatorische Steuerungsgrößen mussten entwickelt, neue Kompetenzen (z. B. professionelles Projektmanagement) musste aufgebaut werden.

Folgende OE-Methoden kamen zum Einsatz: Evaluation und Beratung des internen Projektplans für die Reorganisation. Coaching der IT-Führung. Konzipierung und Umsetzung einer Zielorganisation (Struktur, Rollen, Personen, Prozesse, Steuerungsgrößen). Führungsklausuren mit Vorstand. Führungskräftetagungen. Initialisierungs-Workshop mit allen betroffenen Führungskräften. Beratung und Coaching des internen Change-Projektteams und des Projektleiters. Erarbeitung eines passgenauen Kommunikationskonzepts und die Umsetzungsberatung.

In zwei Vorgesprächen sind Zielsetzung und Ausgangslage des Vorhabens erörtert worden. Die Ergebnisse dieser Gespräche stellen wir in den folgenden Absätzen zur Ausgangslage vor. Darauf aufbauend gestalten wir einen Vorschlag zum Ablauf des geplanten Initialisierungsworkshops im Januar. Im ersten Schritt wurde unter Berücksichtigung der zukünftigen Leistungs- und Aufgabenstrukturen durch ein Projektteam eine Aufbauorganisation entwickelt, die über den Hauptabteilungsleiter der Datenverarbeitung und seinem Stellvertreter an die Mitarbeiter der Datenverarbeitung kommuniziert wurde.
Mit der neuen fachlichen Gliederung der IT-Aufgaben ist auch ein neues

Führungs- und Kommunikationsverständnis verbunden. Begleitend zur fachlichen Implementierung der neuen Organisation soll ein Regelwerk für Führungs- und Kommunikationsaufgaben für alle Mitarbeiterverantwortlichen entwickelt werden.

Gegenstand des Angebotes ist die Initiierung des neuen Führungs- und Kommunikationsverständnisses durch einen Initialisierungs-Workshop für die zukünftigen Hauptabteilungs- und Hauptgruppenleiter.

Anlass der organisatorischen Neuausrichtung:

Der offizielle Auftrag an die Hauptabteilung Informatik und die dezentralen Informatikeinheiten ist die effizientere Gestaltung der IT-Organisation mit dem primären Ziel, Kosten zu reduzieren und zukünftig über eine erhöhte Flexibilität zu verfügen, z. B. zur Geschäftsfeld-Erweiterung.
Der Handlungsbedarf in Bezug auf die IT-Organisation wird von allen Beteiligten gesehen, auch bei den betroffenen dezentralen Informatikeinheiten.

Fragen zur Präzisierung des Projektauftrags:

In einem ersten Arbeitstreffen mit der Projektleitung wurden folgende Fragen zur Präzisierung des Projektes behandelt:

Thema	Frage
Anlass des Projektes	• Was ist der Anlass dieses Projektes? • Besteht Handlungsdruck seitens interner Kunden?
Analyse der Ausgangslage	• Welche aktuellen Analysen liegen in welchem Umfang und in welcher Qualität vor? • Welche für das Projekt relevante Unterlagen liegen vor?
Entscheidungslage	• Welche Entscheidungen sind bereits getroffen worden und durch wen?
Ziele des Gesamtprojektes	• Was sind die Ziele des Projektes insgesamt? • Was sind die Ziele der Phase 1?
Ergebnisse Phase 1	• Was soll am Ende der Phase 1 (Gesamtkonzept) als Ergebnis vorliegen?
Gesamtkonzept	• Welche Elemente soll das Gesamtkonzept beinhalten? • Soll das Gesamtkonzept als Entscheidungsvorlage erarbeitet werden?
Zeitliche Eckwerte	• Welche Meilensteine, z.B.: - Klausur mit Vorstand im Dezember (wann konkret?). - Beginn Umsetzung?
Beteiligte an Konzeptentwicklung	• Wer wird im Kernteam (KT) mitwirken? • Können alle erforderlichen Informationen durch das KT eingebracht werden?
Rolle des OE-Institutes	• Was sollte die Rolle des OE-Institutes sein? • Was erwarten Sie konkret vom OE-Institut?
Klausur mit zuständigem Vorstand	• Ziele? Termin? Vorbereitung?

Ziele der organisatorischen Neuausrichtung:

Nach der Zielklärungsphase wurden folgende Ziele für das Gesamtvorhaben vereinbart: Eine effiziente Informatik-Organisation für das Gesamtunternehmen entwickeln und umsetzen. Das Projekt in möglichst breitem Konsens durchführen. Entwicklung eines leistungsfähigen IT-Dienstleisters. Aufbau einer effizienten Führungsstruktur. Neuordnung von Zuständigkeiten und

Verantwortlichkeiten. Grundlagen einer neuen Führungs- und Kommunikationskultur legen. ‚Abholen' und Motivieren der Mitarbeiter bzgl. der neuen Struktur; Optimierung der IT-Prozesse; Flexibilisierung des Ressourceneinsatzes durch zentrale und dezentrale Kompetenzcenter. Die sukzessive Reduzierung der externen Entwicklerkapazitäten mit den dezentralen Einheiten durchführen.

Vorstandsauftrag:

Auf Basis der Zielsetzungen wurde vom Vorstand folgender Auftrag vergeben: Organisatorische Gestaltung der Gesamtbank-IT mit dem Fokus einer fachlichen und organisatorischen Integration der bestehenden dezentralen IT-Einheiten, Stabilisierung einer Startorganisation, Entwicklung einer Zielorganisation, Definition des Migrationsprozesses, Implementierung und Umsetzung einer Zielorganisation und schnelle Aktivierung von Synergiepotenzialen.

Parallel zu den Aufgaben ‚Stabilisierung der Startorganisation' und ‚Entwicklung der Zielorganisation' wurden die ersten Synergiepotenziale analysiert und umgesetzt. Eine zehnprozentige Kostenreduktion an die Führungskräfte wurde als Zielgröße vorgegeben.

Skizze: Struktur des OE-Programm-Managements

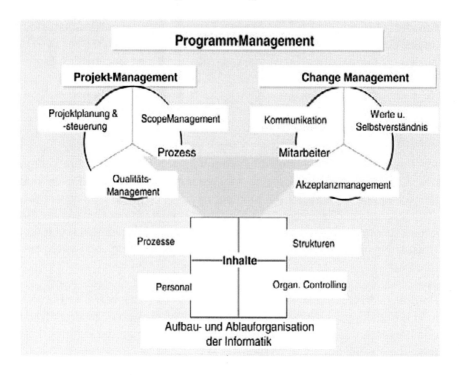

Die erfolgreiche Durchführung des Programms hing wesentlich von der Strukturierung des Gesamtprojektes, der Reduzierung der Komplexität sowie der Akzeptanz der Ergebnisse ab. Die integrative Wirkung des ‚Programm Management' förderte eine klare Vorgehensweise im Sinne des Programmerfolgs. Das Programmmanagement steuerte wie eine Projektleitung das Gesamtprojekt und setzte sich aus den drei Rollenfeldern Projekt- und Change-Management sowie der Steuerung der inhaltlichen Projektergebnisse zusammen.

Das Projekt-Management steuert das Gesamtprojekt und ist eng mit den Change Management Beratern verzahnt. Beide Rollen arbeiten unabhängig voneinander und fordern sich in ihrer Arbeit im Sinne des Gesamtprojekterfolges heraus.

Skizze: Projekt-Management

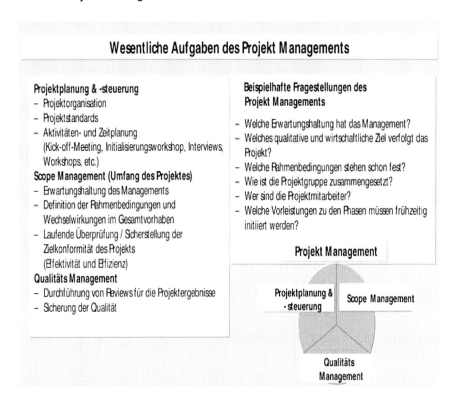

Die Aufgaben der Veränderungsberatung wurden unter dem Begriff Change Management zusammengefasst.

Skizze: Change-Management

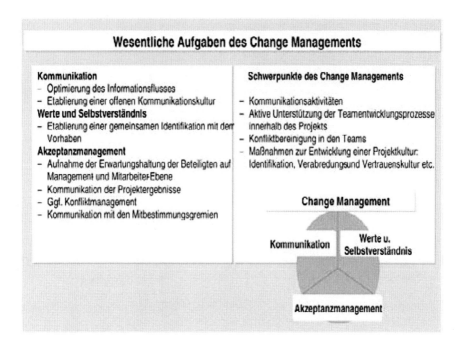

Inhaltliche Ergebnisse:

Die Ergebnisse des Projektes wurden im Hinblick auf Prozesse, Organisation, Personal und dem Controlling erarbeitet.

Programmplanung - projektübergreifendes Phasenmodell
Das Programm wurde in drei übergeordneten Phasen durchgeführt. Die notwendige dritte Phase ‚Umsetzung und Optimierung' leitete in einen permanenten Prozess über. Hierdurch wurde die Gesamtsteuerung der Teilprojekte im Sinne einer Multiprojektsteuerung gewährleistet.

Das Programm wurde in drei übergeordneten Phasen durchgeführt. Die notwendige dritte Phase ‚Umsetzung und Optimierung' leitet in einen kontinuierlichen Prozess über. Hierdurch wird die Gesamtsteuerung der Teilprojekte gewährleistet (Multiprojektsteuerung).

Skizze: Phasenmodell

Phase	Kick off / Grundkonzept	Migration	Umsetzung und Optimierung
Zielsetzung	– Darstellung des Gesamtvorhabens im Kontext des OE-Institutes-Referenzmodells – Entwicklung eines organisatorischen und prozessualen Konzepts zur Realisierung der Projektzielsetzung – Akzeptanz im betroffenen Personenkreis der Gesamtbank-IT	– Sicherung des laufenden Betriebes – Implementierung der Zielorganisation (Prozesse und Organisation) – Besetzung der Stellen	– Faktische Realisierung der Projektziele – Coaching der Führungskräfte zur Realisierung der Projektziele – Optimierung der Prozesse und Schnittstellen – Ggf. Feinjustierung der Prozesse
Haupt-aktivitäten	– Klärung von Zielen und Erwartungshaltungen (Personal, Aufgaben, Prozesse) – Stabilisierung der Startorganisation – Konzeption der Zielorganisation – Implementierungsplanung – Synergiepotenziale	– Detaillierung des Grundkonzepts – Abstimmung mit dem Betriebsrat – Implementierung Stellenbesetzung FK und MA Aufbauorganisation (Vergütungssysteme) Abstimmung der SLA's mit den internen Kunden Controlling-Instrumente	

Programmplanung-projektbezogenes Phasenmodell:

Bezogen auf die übergreifenden Phasen (Multiprojektsteuerung) ordneten sich die Einzelprojekte wie folgt. Es galt die Reorganisation durchzuführen, ohne den laufenden Betrieb zu gefährden, was aufgrund der minutiösen Planung gelungen ist.

Skizze: Phasemodell projektbezogen

Phase	Kick off	Grundkonzept	Migration	Umsetzung und Optimierung
Zielsetzung		– Darstellung des Gesamtvorhabens im Kontext des OE-Institutes-Referenzmodells – Entwicklung eines organisatorischen und prozessualen Konzepts zur Realisierung der Projektzielsetzung – Akzeptanz im betroffenen Personenkreis der Gesamtbank-IT	– Sicherung des laufenden Betriebes – Implementierung der Zielorganisation (Prozesse und Organisation) – Besetzung der Stellen	– Faktische Realisierung der Projektziele – Coaching der Führungskräfte zur Realisierung der Projektziele – Optimierung der Prozesse und Schnittstellen – Ggf. Feinjustierung der Prozesse
Haupt-aktivitäten		– Klärung von Zielen und Erwartungshaltungen (Personal, Aufgaben, Prozesse) – Stabilisierung der Startorganisation – Konzeption der Zielorganisation – Implementierungsplanung – Synergiepotenziale	– Detaillierung des Grundkonzepts – Abstimmung mit dem Betriebsrat – Implementierung Stellenbesetzung FK und MA Aufbauorganisation (Vergütungssysteme) Abstimmung der SLA's mit den internen Kunden Controlling-Instrumente	

Die Führungskräfte, die im Kern- bzw. im erweiterten Kernteam die Projektarbeiten begleiteten, hatten folgende Aufgaben:

- Sind für den Initialisierungs-Workshop gesamtverantwortlich o Bringen ihre Sichtweisen als Führungskräfte (FK) ein
- Vertreten ihren Bereich
- Als FK beachten sie die Gesamtverzahnung im Unternehmen und zu externen Nahtstellen

Die Aufgaben des externen OE-Institutes lagen in den Aufgaben:

- Konzeptionelle Beratung
- Moderation und roter Pfaden
- Change Management Beratung
- Fachliche Informatik-Organisationsberatung (über zwei externe Informatik- Fachleute mit OE-Erfahrung abgedeckt)

Skizze: Projektorganisation

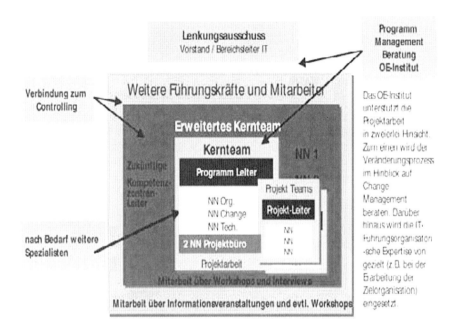

Konkrete Arbeitsweise im Projekt:

Konkret wurde im Projekt wie folgt gearbeitet.

- Ein- bis zweiwöchentliche Projektbesprechungen mit Programmleitung vor Ort (je nach Projektphase)

- Sechs- bis achtwöchentliche Besprechungen mit Lenkungsausschuss (je nach Projektphase)
- Das OE-Institut stellt ein Kernteammitglied (Teilnahme an wichtigen KT-Besprechungen)
- Aktive Information und Beteiligung an kritischen Projektsituationen ("OE-Berater begleiten Konflikte")
- Zugang zu allen erforderlichen Informationen
- Teilnahme an zentralen Projektklausuren und -workshops ("Mentale Wahrnehmung des Veränderungsprozesses")

Projekt Kick-off:

Im Kick-off wurden die am Programm bzw. an Projekten beteiligten Führungskräfte und Mitarbeiter über das grundsätzliche Vorgehen anhand von Referenzprojekten der Berater mit entsprechenden Beispielen informiert. Die im Vorfeld durchgeführte Auftragsklärung (Kontrakt) bildete die Basis für die Festlegung des Untersuchungs- und Gestaltungsrahmens.

Kick Off

- Ziele und Erwartungshaltung des Managements
- Darstellung des Gesamtvorhabens
- Darstellung der Basisprozesse und Aufgaben
- Schwerpunkte und Gestaltungsrahmen
- Gestaltungsauftrag an die beteiligten Führungskräfte und Mitarbeiter und Mitwirkungsrahmen dieses Personenkreises
- Kommunikationsaktivitäten und Informationsaustausch im Projekt
- Abstimmung Projektvorgehen

Kick-off-Ziele:
- Information
- Initialisierung
- Identifikation
- Integration

Dimensionen des Vorhabens "organisatorische Neuausrichtung":

Folgender Gesamt OE-Ansatz wird im Folgenden detailliert.

Skizze: Dimensionen der Neuausrichtung der Informatik-Organisation

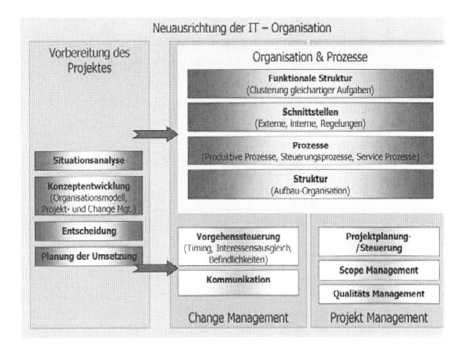

Das Ergebnis der organisatorischen IT-Neuausrichtung muss durch eine konzeptionelle Struktur unterlegt werden. Die nachfolgende Konzeptstruktur resultiert aus unseren bisherigen positiven Projekterfahrungen. Ziel des Initialisierungsworkshops ist es u. a., die folgende Konzeptstruktur in Bezug auf die Erfordernisse der Bank zu definieren und im Sinne einer effizienten Umsetzung zu priorisieren.

Skizze: Detaillierung Ansatz "Organisation & Prozesse"

Führungskräfte-Workshop zur Entwicklung eines gemeinsamen Führungsverständnisses:

Die Initiierung des neuen Führungs- und Kommunikationsverständnisses für die zukünftige erste und zweite Führungsebene des Zentralbereiches Informatik erfolgte durch einen zweitägigen Initialisierungs-Workshop. Das Vorgehen wurde in drei Phasen gestaltet.
Die Strukturierung des Workshopablaufs wurde nach in der Phase I erarbeiteten Inhalten für die Arbeiten im Plenum sowie in den Gruppen ausgearbeitet. Folgende Schwerpunkte wurden im Workshop behandelt.
- Das veränderte Dienstleistungsverständnis
- Die Übernahme einer gesamthaften Leistungsverantwortung o Selbständiges Handeln und Verantwortung in der Linie
- Führen von Projekten
- Verantwortung von Gremien und ihre Akzeptanz
- Die Übernahme von Kosten- und Budgetverantwortung
- Der Umgang mit vertikaler und horizontaler Kommunikation
- Mitarbeiterverantwortung und Personalführung in dezentralen Organisationsstrukturen

Phase I: Vorbereitung:

Der Initialisierungsworkshop als der zentrale, vertrauensbildende Workshop, der unbedingt gelingen musste, wurde durch Vorgespräche an den sieben dezentralen Standorten der Informatik und durch den Einsatz eines gezielten, anonymisierten Fragebogens vorbereitet. Das Ziel dieser Vorbereitungsphase war die Absicherung der Themen und die Entwicklung eines adäquaten Workshopvorgehens. Gleichzeitig sollten die Ansprüche an die Informatik-Führung (zentrale und eigene Führungsrolle) erarbeitet werden. Die Gespräche wurden durch das externe OE-Institut geführt. Schwerpunkte der Gespräche mit der ersten und zweiten Führungsebene der Informatik waren das eigene Führungsbild, die Erwartungshaltungen und die Abfrage des jeweiligen Informationsstands bzgl. des Reorganisationsvorhabens.

Der Aufbau der Workshop-Dramaturgie und die Auswahl geeigneter Methoden zur Entwicklung einer motivierten Grundhaltung der Teilnehmer für ihre laufenden und zukünftigen Führungsaufgaben wurde anhand der Auswertung und der Gesamtzielsetzung des Workshops gestaltet. Persönliche Themen-Schwerpunkte konnten seitens der Gesprächspartner für den Workshop (keine fachlichen Themen) genannt werden. Abgefragt wurden auch ‚Kritische Erfolgsfaktoren' aus Sicht der Führungskräfte für die erfolgreiche Durchführung des informationstechnischen Auftrages der Informatik.

In Abstimmung mit dem Auftraggeber wurde ein kurzer anonymer Fragebogen entwickelt und zur Einstimmung vorab an alle Workshopteilnehmer versendet (inkl. Infos zum Workshops bzgl. Zielsetzung, Teilnehmer, Schwerpunkte und externer Unterstützung). Die Auswertung und Ergebnisse der Fragebögen wurden durch zwei bis drei Gespräche mit Personen aus der zweiten Führungsebene reflektiert und abgesichert. Die Ergebnisse wurden zur Vorbereitung und Gliederung des Workshops aufbereitet. Die Ergebnisse wurden für den Workshop anonymisiert und dienten als Eingangsthesen und Diskussions-Initialisierungen der jeweiligen Workshop-Themenschwerpunkte.

Typische Fragestellungen

Folgende typische Fragestellungen wurden in den Interviews erörtert.
- Planung/ Steuerung: Was bedeutet betriebswirtschaftliche Verantwortung für Produkte und Services in meinem Zuständigkeitsbereich? Welches sind die wesentlichen Steuerungsgrößen für die Informatik?
- Inhalte: Was verstehen wir unter einem Produkt und wodurch werden unsere Produkte definiert? Was bedeutet gesamthafte fachliche, technische Verantwortung für Produkte und Services?
- Selbstverständnis: Wie definieren wir "Informatik als Dienstleister"? Was bedeutet
- Kundenorientierung für meinen Zuständigkeitsbereich? Brauchen wir Service- Level-Agreements (Leistungsvereinbarung mit internen Kunden über Informatikdienstleistungen)? Welches IT-Verständnis erwarten wir auf der Kundenseite?
- Generell: Wann und wie kann ich meine Kompetenz autonom ausführen? Was kann ich selbst entscheiden und wann muss ich eskalieren? Wie kann ich verantwortungsvoll delegieren? Was sind meine Stärken und was ist meine neue Kompetenz? Wie kann eine effiziente Kommunikation der IT-Abteilungen untereinander und zur zentralen Informatik sichergestellt werden?

Phase II: Durchführung

Das OE-Institut übernahm die Rollen Moderation, das Coaching und die fachliehe Leitung (Informatik-Organisation) des Initialisierungs-Workshops. Eigene Projektetfahrungen wurden in die Diskussion eingebracht. Ein strategischer Maßnahmen plan und ein Führungsprogramm zum weiteren Vorgehen wurden erarbeitet.

Praxisbeispiel: Einführung von Projektmanagement

Das beschriebene Praxisbeispiel vereint die Methodik der OE mit der Personalentwicklungsmethodik (PE) und das Projektmanagementkonzept. Organisationsentwicklung deshalb, da es darum geht, ein Projektmanagementverfahren einzuführen, welches die Führungsstrukturen ergänzt und Abläufe in der Entscheidungsfindung verändert. Gleichzeitig ist es ein Personalentwicklungsprojekt, da alle Führungskräfte, angefangen bei der Geschäftsführung, bis zu beteiligten Mitarbeitern in dem neuen Projektmanagementsystem geschult und gecoacht wurden.

Das Praxisbeispiel beschreibt ein ungewöhnliches Organisationsentwicklungsprojekt in einem Großunternehmen. Die Geschäftsführung gab dem Personaleiter des Unternehmens den Auftrag, ein modernes Projektmanagementsystem einzuführen. Bestandteil dieses Auftrags war die Vorgabe, eine sehr hohe Identifikation mit und Akzeptanz dieses Führungsinstrumentes bei allen Mitarbeitern und Führungskräften sicherzustellen.

Die Einführung eines Führungsinstrumentes bringt die Veränderung von Prozessen, Rollen und damit mittelfristig auch eine Entwicklung der Arbeitsweisen und der Organisationskultur mit sich. Aus diesem Grunde kann die Einführung als eine klassische Organisationsentwicklungsmaßnahme (OE) verstanden werden. Dieser OE-Ansatz bietet die Möglichkeit, das Projekt als einen organisatorischen Lernprozess aufzubauen. Die Hebel der Organisationsentwicklung "Beteiligen" der Betroffenen Mitarbeiter und Führungskräfte sowie des Gesamtbetriebsrates, die "Kommunikation" mit allen wichtigen Zielgruppen und die frühzeitige "Qualifizierung" derjenigen, die das System anwenden sollen, können angewendet werden. Der Hebel "Führung" hat den Gesamtrahmen gehalten und eine hohe Bedeutung des Projektes im Unternehmen sichergestellt.

In dem beschriebenen Fall wurde intensiv überlegt, wie der methodische Ansatz gewählt und das Vorgehen gestaltet werden sollte. Die Personalleitung beriet mit seinem Projektteam, ob eine "klassische" Form der Einführung gewählt oder das Projekt als eine Organisationsentwicklung verstanden und umgesetzt werden sollte. "Klassisch" hätte bedeutet, eine große Beratungsgesellschaft zu beauftragen, die ein Projektmanagementsystem mit all seinen Instrumenten (z. B. Projektmanagementhandbuch, Prozessbeschreibungen) "fix und fertig" und "mundgerecht" mitgebracht hätte. Organisationsentwicklung würde bedeuten, eine partizipative Methode zu wählen mit Unterstützung eines OE-Institutes, das Projekt als ein Lernfeld aufzubauen, bereits vorhandene Expertise zu ermitteln und in ein neues Projektmanagementsystem einzubringen. Der Organisationsentwicklungsansatz wurde einvernehmlich gewählt. Es wurde hierdurch vermieden, dass weiteres Projektmanagementsystem mehr zu "Schrankware" wurde.

In diesem Organisationsentwicklungsprojekt handelt es sich um den Aufbau eines einheitlichen und verbindlichen Projektmanagementsystems mit folgender Zielstellung:
- Eine einheitliche Vorgehensweise bei Projekten zu etablieren o Die ganzheitliche Sichtweise im Sinne der Kunden zu stärken o Die Ressourcen- und Zeitplanung zu verbessern
- Eine noch wirksamere Projektsteuerung umzusetzen o Die Kundenorientierung zu verstärken
- Reibungsverluste abzubauen
- Führungskräfte und Mitarbeiter insgesamt mehr in der Projektarbeit zu unterstützen.

Die Projektleitung übernahm der Leiter Personal, Mitglieder des Projektteams waren der Leiter Organisation, Leiterin Personalentwicklung, ein Niederlassungsleiter, der Vorsitzende des Gesamtbetriebsrates und ein weiteres Mitglied des Gesamtbetriebsrates. Eine neue Position "Senior-Projekt-Coach" wurde eingerichtet und in das Projektteam aufgenommen. Der Senior-Projekt-Coach begleitete hauptamtlich die Einführung des neuen Projektmanagementsystems und die spätere Umsetzung der Projektarbeit im Unternehmen.

Der Projektleiter war als Bereichsleiter hierarchisch hoch angesiedelt. Dies war eine wichtige Grundlage seiner Akzeptanz im Unternehmen und als Projektleiter. Gleichzeitig war er der Hauptansprechpartner des Gesamtbetriebsrates, was bei der Projektarbeit und bei wichtigen Entscheidungen bezüglich der Projektmanagement-Instrumente hilfreich war. Zu Beginn war es eine ungeklärte Frage, und vom Auftraggeber an das Projektteam delegiert, wer denn die Projektleitung wahrnehmen würde. Mehrere direkt Beteiligte kamen in Frage: Zum Beispiel der Leiter Organisation, der im Projektteam mitarbeiten sollte. Seine Rolle im Unternehmen lag in der Bearbeitung von Organisationsfragen bezüglich der Führungsorganisation. Der Niederlassungsleiter im Team kam nicht in Frage, da er nicht die Zentrale vertreten konnte, in der eine Vielzahl von Projekten laufen. Die Leiterin Personalentwicklung kam ebenfalls nicht in Frage, da sie nur den Personalentwicklungsteil repräsentierte und nicht die organisatorischen Aspekte. Der Personaleiter bot sich an, da er als Bereichsleiter direkt dem Vorsitzenden der GF berichtet und der Hauptansprechpartner des Gesamtbetriebsrates ist – er duzt den Vorsitzenden des Gesamtbetriebsrates - und ist auch Mitglied im erweiterten Führungskreis. In seiner Funktion verbindet er sowohl organisatorische Fragen als auch personalentwicklerische. Gleichzeitig genießt er im Unternehmen eine hohe persönliche Akzeptanz.

Obwohl es doch eine recht heftige Konkurrenzsituation hervorrief, nutzten wir eine der ersten Projektteamsitzungen dazu, die Kriterien für die Leitung des Projektes gemeinsam zu visualisieren. Auch hier wurde nicht eine Check-Liste von außen eingebracht, sondern gemeinsam diskutiert, worauf in diesem speziellen Fall zu achten war, was die Projektleitung unbedingt mitbringen sollte. Folgende Kriterien wurden aufgestellt: Nähe zur und Akzeptanz durch die GF, Akzeptanz durch den Betriebsrat, Führungs- und Integrationskompetenzen, hierarchisch hoch angesiedelt, Seniorität und zeitliche Verfügbarkeit (wobei hier klar war, dass die Projektleitung in vielen Aufgaben entlastet werden musste, wenn es galt, die vorherigen Kriterien zu erfüllen). Im Grunde war klar, dass nur der Personalleiter diese Rolle wahrnehmen konnte und auch im Sinne der GF ausfüllen sollte. Dieser Vorgang ist ein eher unüblicher. Es war jedoch Ausdruck eines partizipativen Prozesses mit allen Vor- und Nachteilen. Der Personalleiter hielt sich im Entscheidungsprozess stark zurück und manipulierte nicht.

Rollen im Projekt

Auftraggeber war die gesamte Gesamtgeschäftsführung. Sie zeigte ihre hohe Verbindlichkeit durch eine enge Begleitung des Projektes, durch die Anwesenheit im kick-off, in den Schulungen (Kamingespräche mit Teilnehmern) und durch die Abnahme des Projektergebnisses sowie die Teilnahme an der Auswertungsveranstaltung ("lessons learnt"). Viele Appelle und Reden waren in diesem Projekt gar nicht erforderlich. Allein das kontinuierliche Kümmern um wichtige Projektbelange und die bereits er- wähnte Präsenz in den Projekten zeigte die Bedeutung des Projektes und den Geist, der dem Ganzen innewohnte. Die GF zertifizierte alle Teilnehmer der PM-Schulungen persönlich. Ein wichtiger, symbolischer Akt, der bei den Projektmitarbeitern den Wunsch förderte auch selbst einmal größere Projekte leiten zu dürfen. Folgende Übersicht zeigt alle Rollen in diesem Projekt:

Rolle	Funktion	Aufgabe
Auftraggeber	Geschäftsführung Organisation	Gesamtverantwortung, Entscheidung über Weichenstellung, Ressourcenfreigabe. Präsenz in jeder Schulung (im ersten Modul jeder Zielgruppe: Kamingespräch). Übergabe der Teilnahmebestätigung
Projektteam	Personalleiter	Projektleitung (Steuerung des Projektes). Personalmanagement. Repräsentant der Bereichsleiter
	Leiter Organisation	Organisation und Allgemeine Verwaltung. Repräsentant der Abteilungsleiter
	Gesamtbetriebsrat	Repräsentanten Gesamt-Betriebsrat und der Mitarbeiter
	Niederlassungsleiter	Repräsentant der Niederlassungsleiter
	Leiterin Personalentwicklung	Personalentwicklung (Schulung und Coaching)
	Projektkoordinator (Senior Projekt Coach)	Senior-Coach. Kommunikation über Projektfortgang an das Unternehmen. Steuerung der Umsetzung des Konzeptes
	OE-Institut	Beratung, Einbringung Projektmanagement System-Konzeptes („Referenz-Modell"), Schulung des neuen Konzeptes, Einrichtung Projektleiterkonferenz, Coaching, Schulung, Prozessberatung

Als externe Beratung wurde ein OE-Institut beauftragt, das Unternehmen bei der Entwicklung, Schulung und Einführung des Projektmanagementsystems zu unterstützen. In einer ersten Phase wurde das Projektmanagementsystem – basierend auf dem ‚Standard Projektmanagement Verfahren' – mit den Beteiligten zusammen an die Belange des Unternehmens angepasst.
Nach der Erstellung der ersten Version des Projektmanagementsystems wurde eine Informationsveranstaltung (Kick-off) mit allen Beteiligten durchgeführt, in der das Vorgehen für die Einführung und der Schulungsplan kommuniziert wurden. Erste Schulungen für ca. 15 Projektleiter, ca. 30 zukünftige Projektleiter und ca. 30 Projektmitarbeiter wurden in einer ersten Phase durchgeführt.
Mit dieser Maßnahme wurde insbesondere das Ziel, das neue Unternehmen weiter zu professionalisieren und auf ihre Kunden auszurichten sowie alle Bereiche bei der Aufgabenerfüllung zu unterstützen verfolgt. Die Führungskräfte wurden um Unterstützung gebeten. Das gesamte Unternehmen wurde regelmäßig, mit Hilfe des Kommunikationskonzeptes, über Verlauf, Ergebnisse und über die Einführungsschritte informiert.

Arbeitsweise in den Trainings

Die Arbeitsweise im Training wurde, im Sinne einer intensiven Zusammenarbeit aller, so gestaltet, dass in hohem Maße auf die Bedürfnisse und den Kenntnisstand der einzelnen Teilnehmer eingegangen wurde. Das neue Projektmanagementsystem diente als Grundlage für die inhaltlichen Schwerpunkte der Qualifizierung. Konzeptionelle Inputs durch die Trainer, Rollenübungen, Gruppenarbeiten, Partnerarbeiten, Einzelarbeit und Praxisbesprechungen wechselten sich ab.

Das Lernen im "Hier und Jetzt" (Gruppendynamik in der Trainingsgruppe) wurde als zusätzliches, Live-Lern-Material genutzt. Eine konkrete Eigenplanung der Teilnehmer sicherte den Bezug zur eigenen Projektarbeit im Unternehmen ab.

So wurden die Teilnehmer motiviert, selbst eigene Schritte zu planen ("Bis wann muss ich welche Themen und Fragestellungen wie angehen?"). Das Training wurde so gestaltet, dass die Teilnehmer die Instrumente und Methoden des Projektmanagementsystems ausprobieren konnten (z. B. Planung, Diagnose) und das laufende Training als Lernforum nutzen können. Hierbei wurde der Trainer selbst, als zu beobachtende Person, im Sinne der Leitung eines Projektteams, gesehen.

Skizze: Konzeption Trainingsmethode

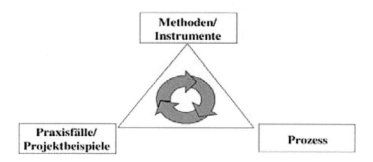

Praxisbeispiel: Reorganisation während einer Fusion

Aufgrund folgender Aspekte wurde im Rahmen einer Fusion die Organisation zwei Jahre nach der Gründung bereits überarbeitet und angepasst. Die GF erarbeitete eine grobe Ideenskizze, die sie in einem ihrer Führungsklausuren mit ihren Bereichsleitern, zur Diskussion vorstellte. Eine Arbeitsgruppe aus diesem Kreis arbeitete das Konzept weiter aus. Im nächsten Schritt wurde die Diskussion mit dem Betriebsrat gesucht. In einem ersten Gespräch erläuterte die GF den Handlungsdruck. In weiteren Gesprächen wurden mit dem Betriebsrat die Lösungsansätze diskutiert. Nach Konzeptabschluss und Freigabe durch den Aufsichtsrat erfolgte die Umsetzung.

Mit dieser Reorganisation, die in der Vertriebsschwäche ihre Ursache hatte, sollte die Akzeptanz des Vertriebs bei Kunden und innerhalb der Organisation in den nächsten sechs Monaten gesteigert werden. Weiterhin musste die Wettbewerbsfähigkeit im Markt in den nächsten sechs Monaten verbessert werden. Intern sollte die Reorganisation folgende Ziele verfolgen
- eine höhere Vertriebsproduktivität durch Arbeitsteilung erreichen (Vertrieb/ Presales/ Auftragsabwicklung/ Backoffice)
- die Verkürzung der Prozessdurchlaufzeiten durch fachbereichsübergrei-

fende Zusammenarbeit in Teamstrukturen und Steigerung der Einflussgröße Mitarbeiterzufriedenheit erreicht werden
- Sicherung des Bestandskundengeschäfts (Marktanteil/Rendite) durch Steigerung der Kundenloyalität und die Möglichkeit der Neukundenakquisition auf Basis einer handlungsfähigen und verankerten Struktur
- Ausrichtung von der Anbietersicht zur Kundensicht
- Wissenstransfer und Erfahrungsmultiplikation durch Teamstrukturen (SAT - Sales Account Team)

Praxisbeispiel: Einrichtung eines Projektmanagement-Pools

Im Rahmen einer Neuausrichtung eines Technologie-Dienstleisters in einer Bank wurde ein Projektmanagement-Pool eingerichtet. In dieses Pool wurden Mitarbeiter aus allen bestehenden Abteilungen zusammengeführt, die Projekte leiten und beraten. Das ganze Projekt steht unter dem Aspekt der Effizienzsteigerung und der massiven Kostensenkung. Die Abteilungen müssen ihre besten Mitarbeiter für das Pool abgeben. Verständlicherweise war die Begeisterung in diesem Punkt nicht sehr groß. Immer wieder musste die Geschäftsführung an ihre Abteilungsleiter appellieren, Mitarbeiter für diesen "freiwilligen" Schritt, in das Pool überzugehen motivieren.

Sogenannte "Synchronisations-Points – Sync.-Points." wurden eingerichtet, an denen die GF und alle Abteilungsleiter der betroffenen Bereiche teilnahmen. Moderiert wurde die Runde von den externen Change-Managern. Die Leiterin der Fachberatung (Management Beratungsgesellschaft) übernahm die fachliche Führung dieser Sync. Points. Die Moderation erfolgte somit durch 2 Personen. Es war jedoch vereinbart, dass die Change-Management (CM)-Beratung die "Lead-Moderation" (in Konfliktfällen die entscheidende Moderationsrolle) hat. Dies entsprach dem vereinbarten Leitsatz: Konflikte, Missverständnisse und Uneinigkeiten haben Vorrang. Das neue Konzept soll mit einem Höchstmaß an Übereinkunft entwickelt und eingeführt werden, trotz bzw. wegen der bestehenden Widerstände.

Nach Fertigstellung des neuen Organisationskonzeptes wurden alle 1.200 Mitarbeiter durch eine Kommunikationskaskade geführt, die durch die Change-Manager moderiert wurden. An fünf verschiedenen Standorten mit jeweils 200-400 Mitarbeitern galt es, die Botschaften zu vermitteln und die Mitarbeiter für das Poolkonzept zu interessieren. Die Kaskade begann mit der Arbeit auf der GF-Ebene. In dieser Runde war es wichtig, Standortinteressen nicht über das Gesamtunternehmensinteresse zu stellen. Die verschiedenen Standorte waren Resultat von verschiedenen Fusionen. Immer noch zeigten sie Kultureigenschaften dieser Vorfirmen. Es galt, trotz unterschiedlicher Standortkulturen, die sich z. B. in der Unterschiedlichkeit von Entscheidungsfindung, dem Führungsverhalten und der Informationspolitik auszeichneten, eine einheitliche Poolorganisation aufzubauen.

Das Gesamtprojekt verfolgte die Ziele: Verschlankung der Gesamtorganisation inner- halb einer neuen Aufbauorganisation, Flexibilisierung des Ressourceneinsatzes, Optimierung der Arbeitsprozesse, Neuordnung von Zuständigkeiten und Verantwortlichkeiten, sukzessive Reduzierung der externen Mitarbeiterkapazitäten, Weiterentwicklung der Organisation zu einem leistungsfähigen Dienstleister, Aufbau einer schlanken Führungsstruktur, Aufbau von Grundlagen einer neuen Führungs- und Kommunikationskultur und "Abholen" und Motivieren der Mitarbeiter.

Aus diesem Ziel leitete sich folgender Auftrag an die Organisationsberatung: Organisatorische Gestaltung der Organisation, mit dem Fokus, ein organisatorisches und prozessuales Konzept zur Realisierung des Projektmanagement-Pools zu entwickeln und zu implementieren. Betrachtet werden hierbei die Dimensionen Prozesse, Organisation, Personal, Umsetzungsvorbereitung und Controlling. Beschreibung des Zusammenspiels des Projektmanagement-Pools mit der übrigen Organisation.

Das Projektmanagement-Pool stellt für Projekte und ggf. für andere Maßnahmen Kapazitäten und das zusätzlich benötigte Know-how bereit. Es beschafft in enger Zusammenarbeit mit den Projektleitern und anderen "Abnehmern" die externen Kapazitäten (Verhandlungsführung). Sein Grundauftrag liegt in der flexiblen Bereitstellung von qualifiziertem Personal, Definition der Projektmanagementverfahren und Sicherstellung des Projektsupports. Kritische Erfolgfaktoren liegen im Qualifikationsniveau der Mitarbeiter sowie in der bedarfs- und zukunftsorientierten Personalentwicklung sowie in der Qualität der Mitarbeiterführung.

Skizze: Projektorganisation

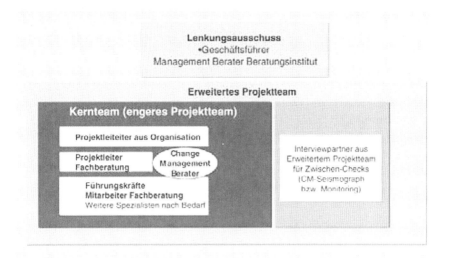

Die Einführung eines Projektmanagement-Pools zur optimierten Steuerung von Projekten und besseren Auslastung der Mitarbeiter verlangte den Übergang von einem Drittel der Mitarbeiter von der Linie in die neue Organisationseinheit. Da dieser Mit- arbeiter-Übergang nach Vereinbarung freiwillig erfolgen sollte, mussten die Mitarbeiter und Führungskräfte für diese Veränderung gewonnen werden. Berater unterstützten den Kunden inhaltlich bei der Reorganisation (Fachberater) sowie durch Change Management (Change Management Berater).

Das CM sollte dabei helfen Akzeptanz und Identifikation mit dem neuen Pool-Konzept zu schaffen. Eingesetzte CM-Methoden: CM-Beratung des Projektteams in der Konzeptionsphase (Moderation, Coaching, Umsetzungs- und Veränderungsberatung). Systematische Kommunikationskaskade (Workshops, dialogorientiert Mitarbeiterversammlungen an allen vier zentralen Standorten. GF-Beratung in Bezug auf CM.

Coaching der neuen Führungskräfte im PM-Pool. Coaching GF-Klausuren. Open Space Konferenz mit dem internen Kunden. Teamentwicklungen in den Bereichen. Führungskräfte-Workshops (Vorbereitung Umsetzung).

In den Reorganisationsprozess waren neben einer finanzfachlich und informations- technologisch ausgerichteten und beauftragten Beratungsgesellschaft ein CM-Institut im Einsatz. Diese beiden Gesellschaften sind langjährige Kooperationspartner und konnten so ihre umfassende Kompetenz und auch Kooperationserfahrung (die ein Muster und Vorbild für die beteiligten Führungskräfte im Veränderungsprozess war) in Fragen der Reorganisation einbringen. Die CM'ler wurden in diesem Prozess vom Klienten als Change-Manager bezeichnet, weshalb diese Bezeichnung im Praxisbeispiel beibehalten wird.

- Die Zielgröße für den Mitarbeiterübergang wurde erreicht o Die Geschäftsführung hat ihr Image positiv gestärkt
- Die Mitarbeiterzufriedenheit und -motivation wurde nicht belastet o Reibungsverluste konnten weitgehend vermieden werden
- Die Projektziele wurden erreicht

Die Zielsetzung der Change-Management-Beratung vor dem Hintergrund dieser Ausgangslage lag in der CM-Begleitung in der Konzeptphase, das flankierende und unterstützende Coaching innerhalb der unterschiedlichen Projektteams und ihrer Mitglieder. Zu dieser Aufgabe gehörten:

- Belastungen im Projekt benennen und über das Wissen der Problemfelder Lösungen anstreben. Dadurch werden Konfliktfelder behandelt, die möglicherweise eine Organisationsveränderung behindert oder unmöglich gemacht hätte.
- Moderation der Sitzungen und Workshops. Aus der Befragung der Führungskräfte: "Gut, dass es keine Interessenskonflikte zwischen der Moderation und der fachlichen Begleitung (durch Aufsplitterung der Funktionen) gibt".
- Coaching innerhalb des Projektteams. Als Sparringspartner steht hier der CM zur Verfügung, um durch unterschiedliche Techniken der Gesprächsführung Konflikte zu benennen und als Ratgeber zur Verfügung zu stehen
- Während des Projektes werden empirische Daten aufgrund qualitativer Verfahren generiert. Der CM stellt seine Interview- und Diagnosekompetenz zur Verfügung und spiegelt der Projektleitung die Ergebnisse zurück.
- Feedbackgeber innerhalb der unterschiedlichen Projektstadien zu einzelnen Führungskräften. Einen Kulturwandel innerhalb des Projektes aufnehmen und mit dem Team Veränderungsziele deutliche hervorheben.

Das Change-Managementteam stieg über Interviews mit oberen Führungskräften aus dem Erweiterten Führungskreis in das Projekt ein. Dabei wurden folgende Fragen gestellt:

- Wenn Sie an das Projekt "Neuausrichtung Dienstleister" denken, sind Sie mit dem bisherigen Projektverlauf zufrieden?
- Finden Sie sich im Projekt bisher genügend eingebunden und berücksichtigt?
- Was sollten wir Ihrer Meinung nach verbessern?
- Sind Sie mit dem bisher erarbeiteten Konzept zufrieden?
- Welche Anregungen oder Verbesserungsvorschläge zum Konzept haben Sie?
- Welche CM-Themen (z. B. auf der Ebene Kommunikation, Kultur, Integration o.ä.) sollten vordringlich neben der fachlichen Erarbeitung beachtet und ggf. über das Teilprojekt hinaus bearbeitet werden?
- Gibt es noch sonstiges über das Sie sprechen möchten?

Ergebnisse

Zwei Personen aus dem Erweiterten Kernteam (EKT) des Projektes äußerten, dass sie bis heute zufrieden seien. Fünf Personen waren nur teilweise zufrieden und nannten folgende Gründe.

Thema Organisation: "Das Projekt fokussiert sich sehr stark auf die Poollösung. Was bedeutet unser Ergebnis für die Linienorganisation und für die gesamte Organisation?"

Thema Personal: "Wie kommen wir zu einer initialen Poolfüllung mit Mitarbeitern? Frage nach einer finanziellen Dotierung und den Karrierechancen sind unklar. Vorsicht vor einem möglichen Gefälle zwischen Linie und Pool. Thema Flexibilität wurde weg geschoben. Habe den Eindruck, dass es an der Stringenz der externen Berater fehlt. Präsentation im Kick-off war zu lang und zu breit versehen mit zu wenig neuen Informationen. 1. EKT-Treffen war vormittags nicht zielgruppenkonform aufgesetzt. Die Folien waren unbekannt".

Sechs Personen äußerten, dass sie genügend oder gar zuviel eingebunden wurden. Eine Person fühlte sich eher nicht eingebunden.

Thema Kommunikation: "Etwas mehr loslassen vom Referenzmodell der Fachberater und andere Meinungen stärker hinterfragen und wahrnehmen. Wie soll der Infoprozess zu den Mitarbeitern laufen? Zwischeninformation verdichten und weiterreichen, wenn es Informationen gibt. Betrifft die Zeit zwischen den EKT Sitzungen. Ich sehe ein Risiko darin, dass es plötzlich zu schnell geht und wir nicht mehr hinterherkommen und in der Linie zerrissen werden. Sollten uns genügend Raum zur Diskussion und Entscheidung geben."

Thema Organisation: "Wie stellen wir uns auf, in der Implementierungsphase? Erwarte eine Art Leitfaden zum Thema: wie geht es weiter - Planung der Schritte über die jetzige Phase hinaus."

Drei Personen äußerten, dass sie mit dem Konzept zufrieden sind. Vier Personen sehen Kritikpunkte im Konzept.

Thema Konzept: "Es sind zu viele Allgemeinplätze im Konzept. Es dient eher dazu, den weniger Involvierten heranzuführen. Etwas mehr loslassen vom Referenzmodell und andere Meinungen stärker hinterfragen und wahrnehmen." Thema Arbeitsprozesse: "Wie wird mit den Ängsten der Linienmitarbeiter bzgl. Pool umgegangen? Nicht transparent ist mir der Prozess, wie die MA motiviert werden sollen in den Pool zu gehen. Wie werden die Leute gewonnen? Wie und woher wird der Poolmanager gewonnen? Ich sehe ein Risiko darin, dass es plötzlich zu schnell geht und wir nicht mehr hinterherkommen und in der Linie zerrissen werden. Sollten uns genügend Raum zur Diskussion und Entscheidung geben." Weitergehende Verbesserungsvorschläge wurden wie folgt benannt:

Thema Personal: "Es gab schon in der Vergangenheit die Forderung nach Fachkarrieren. Ich sehe dieses Thema wieder auf uns zu laufen. Was ist damit? Gibt es schon eine Lösung? Frage nach Aufstiegsmöglichkeiten? Im Pool und in der Linie? Denkbar wäre ein Senior Programm oder ein anderes Laufbahn-Entwicklungsprogramm. Beim Thema Personalbeschaffung ist ein zentraler Ansatz gut, aber die lokalen Besonderheiten sollten mitbedacht werden. Denkbar ist es, dass auch vor Ort eine gute Arbeit geleistet wurde und die Preise ok sind. Was passiert mit den freigewordenen Führungskräften aus der dritten Ebene? Klären!" Thema Organisation: "Die Schnittstelle zwischen interner Struktur der Linienorganisation und dem Pool erarbeiten. Stärkere Zielführung. Die Konzentration auf das Wesentliche. Weniger Allgemeinthemen verarbeiten, die ich mir schon erarbeitet habe (z. B. Zielvereinbarung oder MA Gespräche)."

Change-Management-Themenfelder

Bei der Beantwortung konnte eine Konzentration auf die Themen Kommunikation und Führung festgestellt werden.

Thema Kommunikation: "Thema Kommunikation und die spätere Verteilung der Informationen an die Mitarbeiter. Regelung der Informationsverteilung und -weitergabe. Oder: Zuerst einen geschlossenen Entwicklungskreis garantieren und dann in der Kommunikation die Treppe von oben kehren. Oder: Die Kommunikation nach außen gut vorbereiten. Mitarbeiter sollten nicht emotional überrollt werden. Darstellen, dass das nicht Willkür der GF und der ersten Führungsebene ist, sondern hier handelt es sich um Organisationsentwicklung mit Außenwirkung. Ideen transportieren und damit jeden abholen und mitnehmen." Thema Führung: "Das gesamthafte (wir als Konzern) Führungsverständnis muss verbessert werden. Oder: Möglichst keine harten Schnitte vollziehen - wenn harte Schnitte, dann die Leute adäquat darauf vorbereiten." Thema Führungskultur: "Brücke schlagen in der Führung - standortbezogene Unterschiede aufweichen, viele Führungskräfte der ersten Ebene sind sehr auf die Erhaltung ihrer Linie fixiert - weniger bereit flexibel zu denken."

Die Ausgangslage aus fachlich-organisatorischer Sicht zeigte sich wie folgt: Prozesse sind nicht durchgängig dokumentiert und z. T. standortbezogen. Methoden, Verfahren und Tools für Projektarbeit sind uneinheitlich über die Standorte hinweg. Einheitliche Rollen- und Stellenbeschreibungen, Karrierepfade, Zielvereinbarungen, Mitarbeiterentwicklung fehlen. Qualifikationen und genaue Kapazitäten sind noch zu ermitteln. Vergütungssysteme und erfolgsabhängige Vergütung im Rahmen der Projektarbeit ist uneinheitlich. Aufgabenverteilung in der Organisation teilweise uneinheitlich und nicht immer abgegrenzt, Redundanzen vorhanden, Führungsspannen teilweise klein und Gremienverantwortung z.t. nicht deutlich, Steuerungsgrößen und Regelkreise zum Controlling nur teilweise vorhanden, Projektcontrolling nur in Ansätzen vorhanden und nicht einheitlich. Ressourcenplanung nur auf Gruppenebene vorhanden.

Integrations- und Joint Venture-Beratung

Integrationsberatung ist eine der schwierigsten Strukturierungsmaßnahmen. Neben einer Schließung wohl die Schwierigste. Wenn nicht noch schwieriger, das bei einer Schließung "Freund und Feind" ziemlich klar und erkennbar sind. Bei einer Fusion von z. B. zwei früherer Wettbewerber kommen starke Emotionen, Widerstände und Konflikte zum Tragen, die in großen Teilen auf die externen OE´ler projiziert werden. Wenn das OE-Institut hier nicht stabil ist, den Prozess gut hält (Containment bietet) wird es für alle Beteiligten recht mühsam und schwierig.

Zentrale Fragen im Fusionsprozess

Integrationsprozesse führen zu Ängsten und Widerständen bei Mitarbeitern. Die Erfahrungen aus Integrationsprojekten zeigen, dass die Integration bei Mitarbeitern Unsicherheiten auslöst. Durch ein gezieltes und professionelles Integrationsmanagement kann die Integration und der gemeinsame Aufbau des neuen Unternehmens zum Erfolg geführt werden (Unternehmensentwicklung). Gleichzeitig werden durch diese Organisationsentwicklungsorientierte Integrationsarbeit bei Mitarbeitern Akzeptanz und Identifikation gefördert. Folgende kritische Fragen stellen sich während der Integrationsarbeit, die für das Gelingen der Partnerschaft und Integration berücksichtigt werden müssen.
- Wie öffnen wir die Mitarbeiter beider Herkunftsfirmen für die neuen Ideen und Wertvorstellungen?
- Wie erhöhen wir die Identität mit der zukünftigen Unternehmung?

- Wie können wir den Partner auf den Integrationsprozess vorbereiten?
- Wie können wir gemeinsam in eine neue Kultur wachsen, ohne eigene, wichtige Werte aufzugeben?
- Wie bringen wir die unterschiedlichen Wertvorstellungen der Partner (Kulturen) für alle gewinnbringend zusammen?
- Wie können wir das Lernen voneinander fördern?
- Wie schaffen wir es, eine Aufbruchs- und Innovationsbereitschaft und -stimmung entstehen zu lassen?
- Wie 'holen' wir die Mitarbeiter der unterschiedlichen Herkunftsfirmen von ihren Ausgangspositionen ab?

Bedeutung der wesentlichen Erfolgsfaktoren für den Integrationserfolg

Den Management-Persönlichkeiten und den Unternehmenskulturen kommt neben der strategischen Fundierung der Partnerschaft die stärkste Wirkung innerhalb der Einflussfaktoren zu.

Skizze: Gesamtphasenmodell – von der Idee zur Implementierung

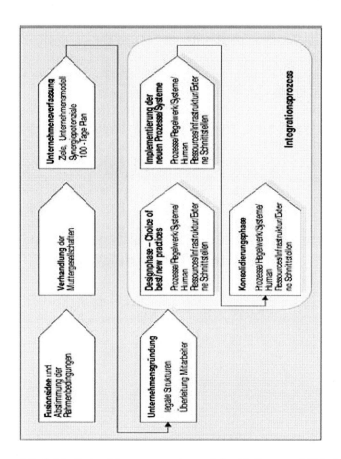

Eine Unverträglichkeit des Managements und der Kulturen erhöht die Wahrscheinlichkeit eines nicht erfolgreichen Integrationsverlaufes. Von einer frühzeitigen und umfassenden Kommunikation zu Mitarbeitern und Marktpartnern gehen stark positive Impulse auf das Integrationsergebnis aus.

Erfolgsfaktoren für den Integrationserfolg

Erkenntnisse aus bisherigen, eigenen Fusionserfahrungen. In der Integration gilt es, schnelle, positive Erfolge zu erzielen. Die Geschäftsführung übernimmt Vorbildfunktion für den Integrationsprozess indem die selbst intensiv an ihrer eigenen Geschäftsführer-Teambildung arbeitet und die Fusion aus einer Position der Klarheit und Stärke führt.

Skizze: Einflussfaktoren auf Integrationsprozesse

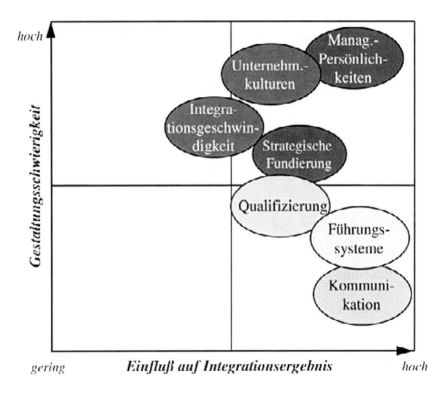

Entlastende Faktoren

- Fachprozesse (Dienstleistungen zur Muttergesellschaft) können zunächst getrennt bleiben
- Zwangskontrahierung (Leistungen nur für die Mütter) wirkt als zeitlicher Puffer
- Hohe persönliche Qualifizierung der Führung und der Mitarbeiter
- Finanzielle Ressourcen

Belastende Faktoren

- Einfluss der Muttergesellschaften ist hoch
- Administrative Prozesse müssen neu entwickelt werden o Ungewissheit über weitere Fusionen
- Klarer Unternehmensauftrag fehlt, bzw. vieles ist an den Schnittstellen mit verbundenen Unternehmen noch unklar

Skizze: Inhaltliche Schwerpunkte eines Integrationsprojektes

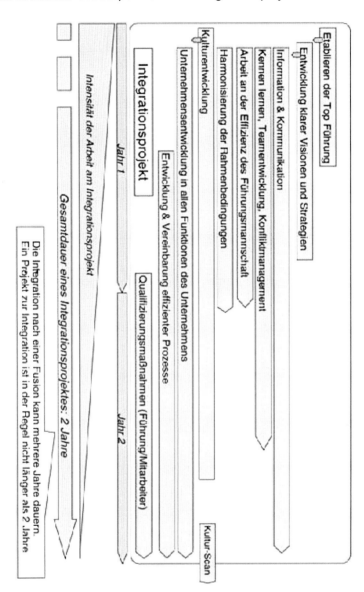

Skizze: OEZPA Vorgehensmodell für Integrationsprojekte

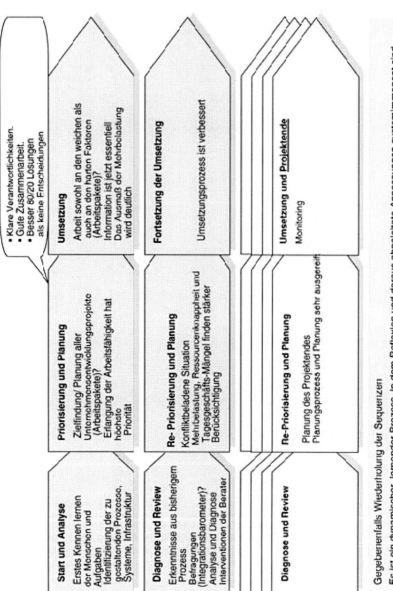

Herausforderungen der Startphase eines fusionierten Unternehmens

Merkmale
- Beginn der Geschäftsaktivitäten unter einem gemeinsamen "Dach".
- Die Geschäftsleitung übernimmt in allen Bereichen die Verantwortung.
- Fast alle Systeme, sowohl technische, organisatorische und soziale, sind entweder provisorisch oder nicht ausgereift. Das Gesamtsystem ist in allen Ecken suboptimal. Dies führt zu einer Mehrbelastung der Mitarbeiter.

Risiken der Startphase
- Systeme könnten über längere Zeiträume schlecht funktionieren.
- Zwischen der Erwartungshaltung der Mitarbeiter und den realistischen Möglichkeiten der Systemoptimierung könnte eine Diskrepanz bestehen. Es könnte deutlich länger dauern, als jeder sich das vorgestellt hat.

Mögliche Auswirkungen
- Sukzessive Verschlechterung der Stimmung in der Belegschaft aufgrund der suboptimalen Situation.
- Das Management verliert zunehmend an Glaubwürdigkeit, wenn die von den Mitarbeitern erwartete Optimierung vor dem Hintergrund unrealistisch hoher Erwartungen nur unzureichend bzw. zu schleppend erfolgt.
- Der Erfolg der Geschäftätigkeit gerät in Mitleidenschaft, die Qualität leidet in allen Bereichen. Die Kundenbeziehungen verschlechtern sich und es kommt in der Folge zu einem Verlust von Marktanteilen.
- Es besteht auf Seiten der Mitarbeiter die Versuchung, auf den alten "bewährten" Strukturen zu beharren, bzw. bei auftretenden Problemen wieder auf sie zurückzugreifen.

Empfehlungen
Aus bisherigen Integrationserfahrungen können folgende Empfehlungen ausgesprochen werden:

- Alle Mitarbeiter müssen sich von Anfang an über die zu erwartende Mehrfachbelastung im Klaren sein.
- Konsequentes Weiterarbeiten an der Integration parallel zu den Geschäftsaktivitäten, die naturgemäß Priorität haben müssen.

- Absicherung des operativen Erfolges durch weitere Arbeit an der Integration bzw. Unternehmensentwicklung.
- Wo es geht, Aktivitäten des operativen Geschäfts mit Unternehmensentwicklung kombinieren à Synergetische Vorgehensweise.
- Kontrolle des Integrationsprozesses. Planung und Koordination der gesamten Vorgehensweise.
- Konsequente Einbindung der Mitarbeiter, sowohl bei der Planung als auch bei der Umsetzung.
- Dosierte Vorgehensweise, um nicht Überbelastungen und Frustration zu erzeugen. Es müssen Rahmenbedingungen geschaffen werden, in denen die Mitarbeiter eine hohe Motivation entwickeln können. Hilfreich wären hier finanzielle (Incentives = Anreize) und persönliche Anerkennung. Auf keinen Fall sollte im Sinne von "Business as usual" vorgegangen werden. Dass Mitarbeiter bereit sind, Sonderleistungen zu vollbringen, ist eine Grunderfolgsvoraussetzung. Und dies sollte im Sinne eines konsequenten Umgangs mit der Ausnahmesituation auch honoriert werden.
- Der suboptimale Zustand ist per se nicht tragisch, es ist der "normale" Zustand für diese Phase. Kritisch wird es jedoch, wenn die Situation unterschätzt wird oder nicht früh genug Wege in Richtung hin zu einem optimalen Geschäftsablauf aufgezeigt werden. Die Perspektive muss allen Beteiligten rasch deutlich werden. Zu Beginn dieser Phase ist eine erste, an wichtigen Meilensteinen orientierte Perspektive aufgezeigt worden und mit dieser vor Augen sind alle Mitarbeiter gestartet. Die in der Startphase unvermeidlichen Mängel können jedoch schnell das Tagesgeschäft beeinträchtigen. Das Management muss hier dafür Sorge tragen, dass die gegebene Perspektive weiter detailliert ausgearbeitet wird. Dies sollte in Form einer transparenten, realistischen, im Konsens erarbeiteten Planung dokumentiert und kommuniziert werden. Darüber hinaus muss konsequent an der Umsetzung des Plans zur Erreichung der Integrationsziele gearbeitet werden.
- Disziplinierte Arbeit an mehreren "Baustellen" (operatives Geschäft, Integration, Übernahme von Mehrarbeit durch die fusionsbedingt vakanten Stellen).
- Sensibler Umgang mit den Menschen und ihren Sorgen, Nöten und Hoffnungen.

Integrationsrunden der Führung

Zur Sicherstellung des integrativen Ansatzes auf der Führungsebene der Fusion und der aktiven Gestaltung des Projektes im Hinblick auf Integration wird die Führungs- Integrationsrunde etabliert.

Ziel dieser Führungs-Integrationsrunde (Auftraggeber Runden) ist es, den Projektfort- schritt zu reflektieren, die Teamentwicklung auf der Leitungsebene zu fördern, drohende bzw. vorhandene Konflikte zu identifizieren und zu bearbeiten, über Interventionsansätze zu entscheiden, kontinuierlich Rollenberatung der Auftraggeber als Person und als Team (Teamcoaching) sicherzustellen.

Teilnehmer dieser Runden sollten sein, die Auftraggeber und die OE-Berater, die in Fusionsprozesse den Blick auf Integration richten müssen. Diese Runden sollten gut vorbereitet werden. Gespräche mit Mitarbeitern und Projektbeteiligten und die Auswertung dieser Gespräche (OE-"Seismograph") können hilfreiche Informationen für die Auftraggeber und für die gemeinsame Arbeit geben. Informationen sollten unverändert und ohne Beschönigung wiedergegeben werden. Auch in diesen Runden gilt, so offen und direkt wie möglich zu sprechen. Bekanntlich werden Führungskräfte dafür bezahlt, dass sie auch mit unliebsamen Dingen konfrontiert werden können.

Je nach Intensität der Transformation können diese Runde wöchentlich bis 4 wöchentlich durchgeführt werden. Sie können von 2 Stunden bis zu einem Tag dauern, je nach Komplexität der Thematik. Diese Runden können abwechselnd im Büro der Aufraggeber und alle zwei bis vier Wochen außerhalb der Organisationsräumlichkeiten stattfinden, um die "Blickrichtung zu verändern" und von operativen Störungen unbehelligt arbeiten zu können. Die Führungs-Integrationsrunden werden den Zusammenhalt und die Integration auf oberster Ebene fördern, was sich wiederum auf den Gesamtfusionsprozess positiv auswirken wird.

Integrations-Kernteam

Neben der Führungs-Integrationsrunde stellt das Integrations-Kernteam eine regelmäßige Beratungs- und Kommunikationsplattform der zentralen Projektführungskräfte dar. Das Integrations-Kernteam ist ein wichtiges Führungsinstrument der Fusions- Projektleitung.

Das Ziel dieser Runden ist es, die kontinuierliche Besprechung und Verfolgung des Fusionsfortschritts auf Projektleitungsebene sicherzustellen, Entscheidungen von erforderlichen Maßnahmen zu beschleunigen, die Sicherstellung der Verzahnung und Verantwortungs-wahrnehmung der Integrationsprojekte zu fördern. Gleichzeitig werden kritische Handlungsfelder kontinuierlich identifiziert und in die Führungs- Integrationsrunden gespeist. Teilnehmer des Integrations-Kernteams ist das engere Projektteam, mit der Gesamtprojektleitung, allen Teilprojektleitern der fachlichen Integrationsteams und die OE´ler.

Die mit der Begleitung des Fusionsprozesses beauftragten OE´ler bereiten diese Runden vor und moderieren diese. Alternativ kann diese Runde vom Gesamtprojektleiter moderiert werden. Der Vorteil der Moderation durch die Externen liegt in ihrer Allparteilichkeit. Der Tagungsturnus kann in der Anfangsphase wöchentlich (sogar öfter, falls die Projektkomplexität dieses erfordert) später zweiwöchentlich sein. Die Dauer beträgt einen halben bis zu einem Tag. Zusätzlich kann sich dieser Kreis vor bestimmten Meilensteinen oder aufgrund der Projektlast zu Klausuren und Workshops zurückziehen.

Unternehmenshandbuch bei Integrationen

Im Rahmen unserer Fusionsprojekte haben wir direkt mit Beginn des Projektes ein Unternehmenshandbuch dokumentarisch angelegt. Im elektronischen Handbuch wurden Schritt für Schritt alle wichtigen Informationen und Projektergebnisse des neu gebildeten Unternehmens festgehalten. Das Handbuch diente auch als Vereinbarungsgrundlage, da jedes Ergebnis durch die GF verabschiedet werden musste, bevor es im Handbuch aufgenommen werden konnte. Danach hatte es offiziell Gültigkeit und konnte intern wie extern für die Kommunikation und für Schulungszwecke genutzt werden.

Was verstehen wir unter einem Unternehmenshandbuch?
- Es ist die Sammlung aller Ergebnisse der Unternehmensentwicklung aus dem Integrationsprojekt

Warum ein Handbuch?
- Um eine gemeinsame sprachliche Ebene zu finden o Um den gleichen Wissensstand zu ermöglichen

- Standardisierung
- Als Unterstützung bei der Einarbeitung

Wichtige Merkmale
- Es muss leicht verständlich und möglichst knapp sein
- Es sollte von allen Mitarbeitern genutzt werden können

Formen
- Elektronisch auf Server
- Papierversion als Ritual aushändigen

Gliederung
- Alle Elemente der Unternehmensentwicklung sind enthalten o Hierarchischer Aufbau, möglichst gleich für alle Bereiche
- Der genaue Aufbau wird in Zusammenarbeit mit den einzelnen Bereichen erstellt

Integrations-Barometer

Ein Integrationsbarometer dient als Diagnoseinstrument zum Fortschritt des Integrationsprozesses und der Mitarbeiterzufriedenheit. Sie kann per Fragebogen oder elektronisch durchgeführt werden. Auch lässt sich der Integrationsfortgang durch Abfragen in Mitarbeiter-Veranstaltungen durchführen (z. B. durch das elektronische TED- Abfrage-System).

Mit dem Wissen, dass aller Anfang schwierig ist, durchleuchten die Mitarbeiter ihr neues Unternehmen nach Dingen, die noch kranken. Sie nutzen jedoch auch die Möglichkeit, mal alles Positive bewusst zu bewerten. Auf lange Sicht schaffen sie es selbst den Rahmen für eine erfolgreiche Gesellschaft, indem Sie regelmäßig Hinweise geben. Die Befragung ist anonym und für alle freiwillig. Das Verfahren und die Inhalte müssen in Ländern wie der BRD mit dem Betriebs- und Personalrat abgestimmt werden.

Ziele des Integrationsbarometers

Ziel des Integrations-Barometers ist es, durch eine Vollbefragung allen Mitarbeitern die Möglichkeit zu geben, ihre ganz persönliche Meinung zum Stand der Integration zu äußern – und das in regelmäßigen Abständen.

- Informationen über die Entwicklung des Integrationsfortschritts
- Akzeptanz und der Grad der Einbeziehung sowie der Verbundenheit aller Betroffenen mit dem Unternehmen sollen mess- und visualisierbar gemacht werden
- Allen Mitarbeitern ein Feedback-Forum zum Stand der Integration zur Verfügung stellen und ihnen die Möglichkeit geben, Verbesserungs-vorschläge einzubringen

Eckwerte
- Teilnehmer sind alle Mitarbeiter oder ein repräsentativer Querschnitt o Frequenz: Befragungen im Abstand von drei bis sechs Monaten

Skizze: Einsatz des Integrationsbarometers

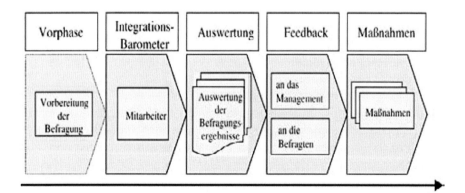

Fragen des Integrationsbarometers

Folgende Fragen können in einem Integrationsbarometer eingesetzt werden:

Allgemeines zur Integration:
o Wie zufrieden sind Sie mit dem Verlauf der Integration in diesem Jahr? (Vollkommen zufrieden, sehr zufrieden, zufrieden, weniger zufrieden, unzufrieden)
o Wie stark identifizieren Sie sich mit Ihrem neuen Unternehmen? (Äußerst stark, sehr stark, stark, weniger stark, überhaupt nicht)
o Wie ist Ihre Bereitschaft, die neue Unternehmenskultur mitzugestalten (äußerst stark, sehr stark, stark, weniger stark, nicht vorhanden)?

Information/Vorbereitung der Mitarbeiter bezüglich der Integration:
o Wie zufrieden sind Sie generell mit der Information über den Integrationsprozess? (Vollkommen zufrieden, sehr zufrieden, zufrieden, weniger zufrieden, unzufrieden)
o Wie zufrieden sind Sie mit der Information durch Ihre Vorgesetzten (Vollkommen zufrieden, sehr zufrieden, zufrieden, weniger zufrieden, unzufrieden)?
o Wie viel zentrale Information erwarten Sie (Viel mehr, mehr, wie bisher, weniger, keine)?
o Wie zufrieden sind Sie mit der Ehrlichkeit und Offenheit der Information/Kommunikation zur Integration (Vollkommen zufrieden, sehr zufrieden, zufrieden, weniger zufrieden, unzufrieden)?

Organisationsstruktur/Abläufe:
o Entspricht die neue Struktur den zukünftigen Markterfordernissen (Vollkommen, sehr, ausreichend, weniger, überhaupt nicht)?
o Sind Ihnen die Entscheidungsabläufe in der Firma klar (Vollkommen, sehr, ausreichend, weniger, überhaupt nicht)?
o Werden getroffene Entscheidungen implementiert (Vollkommen, Sehr, ausreichend, weniger, überhaupt nicht)?
o Ist Ihr Aufgabenbereich klar strukturiert und vernetzt im Unternehmen (Vollkommen, sehr, ausreichend, weniger, überhaupt nicht)?
o Sind Sie in Entscheidungen, die Ihren Aufgabenbereich betreffen, einge-

bunden (Vollkommen, sehr, ausreichend, weniger, überhaupt nicht)?
o Entspricht der Umfang Ihres neuen Aufgabengebietes Ihren Möglichkeiten und Vorstellungen (Vollkommen, sehr, ausreichend, weniger, überhaupt nicht)?
o Inwieweit müsste Ihre Kompetenz erweitert werden, wenn Sie Ihren Aufgaben voll gerecht werden wollen (Sehr stark, stark, unschlüssig, kaum, überhaupt nicht)?

Zusammenarbeit und Motivation:
o Wie ist die Zusammenarbeit (Atmosphäre, Kommunikation) mit den neuen Kollegen (Äußerst positiv, sehr positiv, positiv, eher negativ, sehr negativ)?
o Wie schätzen Sie die Motivation in Ihrem Team ein (Äußerst stark, sehr stark, stark, eher schwach, sehr schwach)?
o Inwieweit sind hinsichtlich der Ihnen unterstellten Bereiche Änderungen notwendig (Äußerst stark, sehr stark, stark, kaum, überhaupt nicht)?

Qualifizierung:
o Wo sehen Sie aus heutiger Sicht, mit Blick auf Ihre neuen Aufgaben, Qualifizierungsbedarf (Fachlich; Methodisch (z. B. Moderation, Präsentation, Arbeitstechniken); Soziale Kompetenzen (z. B. Führung, Kommunikation, Konflikt)?
o Sind sie in Qualifizierungsmaßnahmen genügend einbezogen (Voll einbezogen, einbezogen, wenig, überhaupt nicht)?

Umzug an den neuen Standort:
o Inwieweit haben Sie persönlich den Umzug an den neuen Standort akzeptiert (Sehr gut akzeptiert, akzeptiert, weder noch/ unschlüssig, nicht, überhaupt nicht)?
o Wie gut fühlen Sie sich vom Unternehmen für den Umzug unterstützt (Äußerst gut, sehr gut, gut, weniger gut, schlecht)?

e-Business (hier Sonderzusatzfrage):
o Falls erforderlich können Sie wie hier spezielle Fragen bezüglich des neuen Unternehmens und seiner Strategie stellen. Damit beziehen sie Mitarbeiter in den Gestaltungsprozess ein und erhalten wichtige Informationen von ihnen. Insbesondere dann, wenn Sie den Markt des dazugekommenen Unternehmensteiles nicht genug kennen.
o Welche Bedeutung messen Sie e-Business in unserer Branche zukünftig

bei? (Sehr hohe, hohe, unschlüssig, kaum, überhaupt keine)
o Soll das Unternehmen e- Business -Strategie einführen? (Ja, in 3 Monaten; Ja, in 6 Monaten; Ja, in 12 Monaten; unschlüssig; Nein)

Chancen und Risiken in Integrationsprozessen

Chancen	„Fallstricke"
Know-how-Transfer („Voneinander Lernen").	Ungleiche Machtverteilung (real bzw. in der Wahrnehmung der Mitarbeiter).
Effizienzüberprüfung (-steigerung).	Alte Strukturen, Seilschaften als „Bremsklotz".
„Kultur-Maximierung".	Kultur –Konflikt.
Neue Problemlösungsstrategien.	Abwertung bisheriger Herkünfte und Identitäten.
Ungewohnte Kommunikationswege ausprobieren.	„Überstülpen von gewohnten Vorgehensweisen/ Verhalten". Kein Ausprobieren neuer Dinge.
Lernen aus bisherigen Fusionserfahrungen („lessons learned").	Zurückhalten von Informationen.
	Negative Erfahrungen aus vorherigen Fusionen.

Mehrwert der Integrationsberater

Schwerpunkt	Beschreibung
Expertise	Erfahrungen aus vorherigen Fusionen.
	Expertise in Führung, Organisation, OE, PE und Prozessoptimierung.
Intervention	Bringen durch professionelle Interventionen Bewegung hinein.
Methodik	Stossen Lernprozesse an. Bieten Methodik und Design von Veranstaltungen (Strategieentwicklung, Organisationsentwicklung, Workshops, Klausuren, Großveranstaltungen).
Lern-Helfer	Helfen Führungskräften und Mitarbeitern, sich selbst zu entwickeln und zu helfen.
	Unterstützen bei thematischem Lernen (z.B. Führung, Kommunikation, Konflikte).
Ventilfunktion	Bieten Projektionsfläche für Frustration und Aggression (muss jedoch erkannt und an die Ursachen geführt werden).
Neutrale Instanz	Bringen eine neutrale Sichtweise hinein. Wirken ausgleichend. Sind Allparteilich.

Praxisbeispiel: Integrationsberatung von mehreren IT-Abteilungen

Herausforderung: Unterschiedliche Arbeitsweisen und Organisationskulturen. Interkulturelle Herausforderung. Unklare Rolle und Zuständigkeiten. Eingesetzte OE- Methoden: Integrations-Workshops. Kaminrunden mit Geschäftsführung (Storytelling und Mitarbeiterdialoge). Coaching der IT-Bereichsleitung (Rollen- und Vorgehensberatung). Rollenberatung. Teamcoaching (Teamleiter-Team).

Praxisbeispiel: Zusammenführung der Deutschlandorganisation

In diesem Praxisbeispiel geht es um die OE-orientierte Zusammenführung/ Integration zweier Unternehmensbereiche von Großunternehmen der chemisch-pharmazeutischen Branche.

Zwei Unternehmen planten ihre weltweiten Geschäftsaktivitäten im Bereich Chemie auszugliedern und in einem gemeinsam zu gründenden Unternehmen zusammenzuführen. Die Märkte, in denen die Unternehmen operieren, sind insbesondere durch rückgängige Marktpotentiale, verschärften Wettbewerb und restriktive gesetzliche Rahmenbedingungen gekennzeichnet.

Zwei Großunternehmen der Chemisch-pharmazeutischen Branche, Firma Contro (alle Firmennamen sind verändert), ein traditionsreiches, deutsches Unternehmen mit ca. 40 Mrd. Euro Umsatz und 120.000 Mitarbeitern, Firma Teamo ebenfalls ein deutsches Unternehmen der chemisch-pharmazeutischen Branche, mit 4 Mrd. Euro Umsatz und ca. 20.000 Mitarbeitern, wollten ihre chemischen Geschäftsbereiche in einem neu zu gründenden Unternehmen in Form eines Joint -Ventures zusammenlegen. Die neue Firma sollte ein Umsatzvolumen von ca. 5 Mrd. Euro und 10.000 Mitarbeiter haben. Das Beteiligungsverhältnis war 60% (Contro) zu 40% (Teamo).

Das OE-Institut erhielt den Auftrag, den Zusammenführungsprozess auf der Deutschlandebene zu beraten. Auf Deutschlandebene hatte Contro einen Umsatz von 300 Mio. Euro und 300 Mitarbeiter. Teamo hingegen war mit einem Umsatz von ca. 400 Mio. Euro und 500 Mitarbeitern im Deutschlandgeschäft größer als Contro. Hier ging es also darum, eine größere Firma, die insgesamt nur 40% der Joint Venture Anteile besaß, mit einer kleineren Firma, die jedoch 60% der Joint Venture Anteile besaß zu fusionieren.

Das OE-Institut wurde von beiden Unternehmen beauftragt, eine Konzeption für die Fusion der Deutschlandgeschäfte gemeinsam mit den Führungskräften zu erarbeiten, sowie die Umsetzung abzusichern. Unsere Beratungsleistung bestand dabei in folgenden Aufgabenstellungen:

- Erarbeitung von Vorgehensweisen für das Gesamtprojekt und für die Teilprojekte
- Beratung und Moderation des Lenkungsausschusses und der Teilprojekte
- Einzelberatung von Projektleitern
- Koordination des Gesamtprojektes und der Teilprojekte einschließlich der Unterstützung des Lenkungsausschusses bei der Gesamtprojektsteuerung

Die Zielsetzungen des Projektes lauteten konkret wie folgt:

- Erarbeitung und Umsetzung einer Unternehmenskonzeption für das Deutschlandgeschäft (Strategie, Organisation, Personal, Systeme etc.)
- Förderung der Zusammenarbeit zwischen Führungskräften und Mitarbeitern bei- der Unternehmen
- Gestaltung einer gemeinsamen Unternehmenskultur unter Berücksichtigung der unterschiedlichen Erfahrungen

Wesentliche Projektergebnisse waren:
- Erarbeitung einer Unternehmensstrategie auf Basis des gemeinsamen Produktportfolios
- Festlegung von neuen Vertriebsgebieten; Neugestaltung der regionalen Vertriebsstrukturen und Anpassung der Aufgabenstellungen sowie Kapazitäten des Außendienstes an zukünftige Markt- und Kundenanforderungen
- Zusammenlegung der Deutschlandzentralen beider Unternehmen an einem Standort
- Auflösung der regionalen Standorte beider Unternehmen und Zentralisierung der Verkaufsabwicklung und des Außendienst-Services an einem

Standort
- Qualitative und quantitative Neuausrichtung aller Unternehmensfunktionen auf Basis der ermittelten zukünftigen Anforderungen (z. B. Änderung der Aufgabenstellung, Anpassung der Kapazitäten, Erarbeitung neuer Anforderungsprofile)
- Festlegung der Planungs- und Informationsprozesse sowie Erarbeitung der dazu notwendigen Planungs- und Steuerungsinstrumente
- Erarbeitung einer neuen Organisationsstruktur und der zukünftigen Arbeitsabläufe
- Personalauswahl und Besetzung der zukünftigen Funktionen
- Förderung der Zusammenarbeit und Entwicklung einer gemeinsamen Unternehmenskultur durch intensive Zusammenarbeit in gemischten Projektgruppen (paritätisch aus beiden Unternehmen besetzte Teilprojekte)
- Aufzeigen von Synergie- und Rationalisierungspotentialen (Kostensenkung um ca. 20 %)

Zwischen den beiden Firmen gab es hinsichtlich dem Selbstverständnis in der Marktbearbeitung und des Marktauftritts sowie in der Führungs- und Unternehmenskultur erhebliche Unterschiede, die es in der Projektarbeit zu erkennen, zu verstehen und zu beachten galt.

Was die Marktbearbeitung und den -auftritt anbetrifft, so war Contro wesentlich verkaufsorientierter als Teamo. Die Contro Außendienstmitarbeiter waren „knallharte Verkäufer" die ihre Produkte um jeden Preis unter die Kunden bringen wollten. Das Denken war eher kurzfristig ergebnisorientiert.
Teamo arbeitete marketingorientierter, konzeptioneller. Die Außendienstmannschaft von Teamo verstanden sich in erster Linie als Berater ihrer Kunden. Ihnen war es wichtig langfristige Kundenbeziehungen aufzubauen. Schlagworte die immer wieder die Runde machten waren z. B. „Value for Money", d.h. den größtmöglichen Nutzen für den Kunden und sein Geld zu erarbeiten.

Die Führungs- und Unternehmenskultur von Contro war stark hierarchiebetont und autoritär. Es wurde nicht lange „gefackelt" sondern schnell entschieden und umgesetzt, ohne Rücksicht auf Verluste.

Bei Teamo war das Zauberwort Team. Alles sollte in der Verantwortung eines Teams liegen, ob in der Deutschlandleitung oder in den Regionalleitungen.

Es gab unendlich viele Teams und dementsprechend Besprechungen. Die Deutschlandleiter der beiden Organisationen bekamen von den Unternehmensvorständen der Muttergesellschaften den Auftrag, "gemeinsam eine Unternehmenskonzeption für das Deutschlandgeschäft zu erarbeiten und umzusetzen". Im Einzelnen beinhaltet dieser Auftrag die Entwicklung einer neuen Strategie, die Erarbeitung einer Organisationsstruktur für die Zentrale und die Regionen, die optimale Gestaltung der wesentlichen Geschäftsprozesse, die Erarbeitung des Personalkonzepts sowie der erforderlichen Systeme und Ressourcen. Weiterhin sollte die Zusammenarbeit zwischen Führungskräften und Mitarbeitern beider Unternehmen gefördert werden. Eine gemeinsame Unternehmenskultur sollte unter Berücksichtigung der unterschiedlichen Erfahrungen und Historien gestaltet werden. Dieser Punkt enthielt auch die Entwicklung eines neuen, gemeinsamen Corporate Images und Designs.

Der Auftrag bedeutete für die Projektmitarbeiter und uns als Management-Berater die Arbeit sowohl auf inhaltlicher (Märkte, Mitbewerber, Produkte), auf der methodischen (z. B. Strategie- und Organisationsentwicklung, Geschäftsprozessoptimierung) als auch auf der psychosozialen Ebene (z. B. Steuerung des Gesamtprozesses, Arbeit an der Unternehmenskultur). Der Lenkungsausschuss setzte sich aus Vorständen beider Unternehmen zusammen. Das Steuerungsteam bestand aus den beiden Leitern der Deutschlandorganisationen, die gemeinsam mit den Management-Beratern die gesamte Projektorganisation für Deutschland erarbeiteten.

Die zentrale Frage bei der Festlegung der Unternehmensprojekte war die Frage nach den zukünftig erforderlichen Unternehmensfunktionen und Geschäftsprozessen. Das hieß, dass mit dem Aufbau der Projektorganisation für die Fusion die zukünftige Aufbauorganisation der Joint Venture-Firma vorweg gedacht wurde.

Dieses Ziel war insofern von größter Bedeutung, da mit der Besetzung der Projektleitungen die zukünftigen Chefs angedacht werden mussten. Gleichzeitig war diese Projektarbeit auch eine Form des „Assessment Centers" größeren Ausmaßes für zukünftige Vorgesetzte und Schlüsselpersonen. Die Projektleitungen wurden nach einer sehr mühsamen und zähen Verhandlung und Auseinandersetzung mit Personen aus beiden Unternehmen mit der größten Kompetenz und mit dem größten Potential für die jeweilige Funktion besetzt. Bei Uneinigkeit gab es eine Doppelbesetzung die zeitlich eingegrenzt war.

Zu beachten war die gleichmäßige Verteilung der Projektleitungen aus beiden Firmen sowohl im Hinblick auf Anzahl der Projektleitungen als auch im Hinblick auf die Bedeutung der Projekte (Parität). Beispielsweise war das Teilprojekt Marketing und Vertrieb von seiner Bedeutung für die gesamte Organisation, die ja im Grunde eine Vertriebsorganisation ist, von größerer Wichtigkeit als das Teilprojekt Controlling und Administration. Die erwarteten Ergebnisse dieser Teilprojekte hatten unterschiedliche Auswirkungen, z. B. auf die Frage der Rationalisierung. Das neue Unternehmen sollte nicht größer als das größte der zusammengelegten Unternehmen sein.

Die Teilprojekte wurden mit Schlüsselpersonen aus beiden Firmen für die jeweilige Fragestellung besetzt. Die paritätische Besetzung der Teilprojektgruppen war zum Aufbau eines Vertrauensverhältnisses besonders wichtig. Keine der Parteien sollte das Gefühl bekommen, das die andere Seite sie „über den Tisch zieht".

Wir zwei Management-Berater teilten uns auf die beiden Teilprojekte auf. Hier vollzog sich unbewusst eine Spaltung des Beratersystems insofern, als dass der eine „zufällig" die Teilprojektleiter der einen Firma zu betreuen hatte und der andere die andere Firma. Diese Spaltung (Splitting) war durchgängig zu beobachten (Steuerungsteam, Beratungsteam und Administrationsteam). Erst durch das Erkennen dieser Dynamik durch uns Beratern, der internen Thematisierung, der Reflexion konnten wir die „Integration" erreichen. Diesen Punkt öffneten wir auch gegenüber unseren beiden Hauptklienten, den Geschäftsführern. So dass es uns möglich war, auch unbewusste Prozesse und Dynamiken zur Erkenntnis- und Lernquelle zu machen.

Das Fusionsprojekt stand unter zeitlichem Druck und musste innerhalb von einem halben Jahr abgeschlossen sein. Das neue Unternehmen sollte bereits zum neuen Jahr "Live gehen". Der Marktauftritt und die Kundenkommunikation mussten sehr gut laufen, galt es doch den guten Ruf und die Marktanteile beider Firmen, die zuvor ärgste Konkurrenten waren, zu halten. Die beiden Geschäftsführer wurden in diesem Prozess sehr gute Freunde. Der ausgestiegene machte sich selbstständig (nicht als Berater). Der schwierige Prozess der Fusion hatte sie zusammengeschweißt. Keiner von beiden wusste wer der Chef werden würde. Die Teilprojektleiter wussten auch nicht, wer von ihnen die Funktion, die sie zurzeit als Projekt führten, übernehmen würde. Der zukünftige Standort war ebenfalls unklar: Zwei standen zur Auswahl. Welche Mitarbeiter bleiben und welche gehen mussten war ebenfalls unbekannt, da ein Interessenausgleich und Sozialplan verhandelt wurde. Alles in allem ein Prozess voller Unsicherheiten.

Praxisbeispiel: Nächste Fusion in der Chemie

Nach einer Vorbereitungsphase, in der die Interviewziele und -partner benannt wurden, begann die OE-Arbeit. Die Interviews dienten insbesondere dazu, die Mitarbeiter "dort abzuholen", wo sie sich aufgrund der bisherigen Arbeiten und ihrer Betroffenheiten befanden. Auf Basis der Ziele und Vorstellungen des Geschäftsführers, des Management Komitees und der Führungskräfte bzw. Mitarbeiter wurde ein intensives Integrations- und Organisationsentwicklungsprogramm mit dem Integrationsteam erarbeitet. Die Fusion musste während der Hochsaison durchgeführt werden. Hier galt es den Markt abzusichern und dafür zu sorgen, dass die Kunden durch das Verschwinden beider Vorunternehmen und dem Erscheinen des neu gegründeten Unternehmens verunsichert werden. Die Wettbewerber bauten die Lage in ihre Verkaufsargumentationen ein und verunsicherten die Kunden zusätzlich.

Projektziele

Das Integrationsprojekt verfolgte zum einen das Kernziel das neue Unternehmen einvernehmlich aufzubauen und zum anderen dieses neue Unternehmenskonzept umzusetzen.

Kernziel 1	Zielart	Elemente
Unternehmensentwicklung: Entwicklung von Philosophie, Strategien, Fach-/Funktionskonzepten, Kultur, Strukturen, Prozessen und Regeln	*Konzeptionelle Komponente*	Philosophie, Strategien
		Fach- bzw. Funktionskonzepte
		Kultur
		Strukturen
		Prozesse
		Regeln

Kernziel 2	Zielart	Elemente
Start des neuen Unternehmens bis zur Gewährleistung eines erfolgreichen und synergetischen Geschäftsablaufs	*Umsetzungskomponente*	Aufbau der legalen Strukturen
		Reibungsloser effektiver Geschäftsablauf
		Realisierungsgrad von Synergien
		Umsetzung des Standortkonzeptes
		Informatiksysteme
		Teamentwicklung: Ziel im Rahmen des Projektes kann die Entwicklung eines „Wir-Gefühls", die Steigerung der sozialen Kompetenz und der Effizienz der Arbeit in den einzelnen Teams sein.
		Qualifizierung der Mitarbeiter: Ziel im Rahmen des Projektes kann sein, die Erfüllung von Mindestanforderungen sicherzustellen, damit die neue Unternehmensausrichtung umgesetzt werden kann).

Skizze: Vorgehen zu Beginn des Projektes

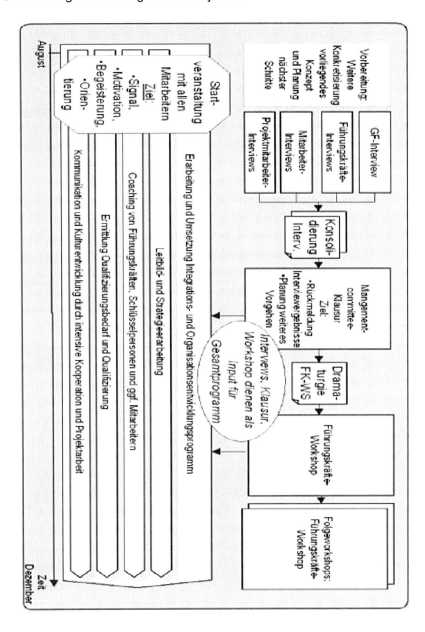

Startprozess

Der Integrations-Prozess wurde mit Kurz-Interviews mit den Führungskräften und Mitarbeitern gestartet. In diesen Interviews wurden die Führungskräfte und Mitarbeiter nach ihren bisherigen Erfahrungen, Sichtweisen, Erwartungen und Befürchtungen bezüglich des bisherigen und weiteren Integrationsprozesses befragt. Durch diese Gespräche und die Berücksichtigung ihrer Ergebnisse wurde die Partizipation der Mitarbeiter an der Gesamtentwicklung erhöht.

Nr.	Schritt	Ziele	Termin
1.	Kommunikation über Projektstand und über Start der Integrations-Arbeit an Mitarbeiter	• Klare Information über Stand und Intensivierung der Projektarbeit • Akzeptanz für das Thema OE schaffen	Mitte August
2.	Zusammenführung der Interviewergebnisse	• Auswertung und Reflexion der individuellen Interviewergebnisse	Ende August
3.	Management Committee - Klausur (Datenfeedback)	• Präsentation und Diskussion der Interviewergebnisse • Offene Diskussion und Planung der Eckwerte des weiteren Vorgehens (Basis für Integrations- und Organisationsentwicklungs Programm) • Planung Führungskräfte - Workshop	Ende August
4.	Führungskräfte - Workshop (Datenfeedback)	• Präsentation und Diskussion der Interviewergebnisse • Offene Diskussion und Planung des konkreten weiteren Vorgehens (Priorisierung und Auswahl) • Förderung des Integrationsprozesses und der Organisationsentwicklung	Anfang September
5.	Erarbeitung und Beginn Integrationsprogramms auf Basis der Gesamtziele	• Erarbeitung des Integrationsprogramms auf Basis der Abteilungsleiter - Workshopergebnisse	Anfang September
	Kommunikationskonzept und -prozess	• Intensivierung der Information und Kommunikation	
	Führungskräfte-Begleitung und –entwicklung (Workshops, Trainings, Coaching)	• Unterstützung Führungskräfte bei ihrer Integrations- und Organisationsentwicklungsaufgabe	
	Qualifizierungsprogramm	• Ermittlung des Qualifizierungsbedarfes und Qualifizierung	

Erster Führungskräfte-Workshop

Ziele	<ul><li>Vertiefte Information der Führungskräfte über das Projekt</li><li>Rückmeldung (Datenfeedback) über Interviews</li><li>Förderung der Kooperation und Kommunikation auf Führungskräfteebene</li><li>Förderung der Identifikation mit dem neuen Unternehmen und dessen Akzeptanz</li><li>Klärung und Vereinbarung der erforderlichen Projektschritte</li><li>Förderung des gegenseitigen Kennen lernens</li></ul>
Teilnehmer	<ul><li>Alle Führungskräfte</li><li>Weitere Projektbeteiligte</li></ul>
Koordination	Koordination erfolgt über das Integrationsteam
Moderation und Coaching	OE-Berater
Dauer	2 Tage
Termin	August
Ort	Neutraler Ort, Tagungshotel (alternativ war ein Schiff angedacht)

Maßnahmenschwerpunkte

Folgende Maßnahmen wurden geplant und durchgeführt:

Ebene	OE-Hebel		
	Beteiligung	Kommunikation	Qualifizierung
Organisation	• Visions- und Strategieentwicklung • Integrationsprozess-Begleitung (Regiegruppen, Transformationsteam) • Erarbeitung Unternehmenskultur (Toleranz / Gleichberechtigung / gegenseitige Wertschätzung) • Gestaltung Reorganisationsprozess	• Kommunikationsprogramm zu Projektergebnissen etc. (horizontal/vertikal praktizieren bzw. intensivieren) • Erarbeitung und Kommunikation von Führungsgrundsätzen	• Förderung des organisatorischen Lernprozesses ("das Beste von einander Lernen") • Personalaustausch -programm (standortübergreifend)
Team	• Geschäftsführer-Meetings, -klausuren und -Workshops • Abteilungsleiter-Team-Workshops (Stärkung Führungsteams) • Abteilungsworkshops	• Förderung projektbezogener Zusammenarbeit und Kommunikation • Abteilungsleiter-Workshops • Integrations-Workshops	• Prozesstraining • Teamtraining • Teamcoaching • Teamentwicklung
Person	• Entwicklungs- und Bildungsbedarfsanalysen • Patenschaften standortübergreifend • Befragung zu Integrationsentwicklung	• Personalentwicklungskonzept (klare persönliche Perspektiven)	• Einzelcoaching (Stärkung Eigenverantwortung) • Ausbildungsprogramm, z.B. Kundenberater

Aufgaben und Rollenverteilung im Rahmen des Projektes

Aufgaben	Rolle Interne	Rolle externe OE-Berater
Unternehmensentwicklung	• Mit Beratern Vorgehensweise planen • Input generieren • Entscheidungen treffen und kommunizieren • Umsetzung	• Beratung und Coaching • Koordination • Moderation • Dokumentation des Prozesses und der Ergebnisse
Koordination und Planung Gesamtprojekt	• Hauptverantwortung • Fordern und „treiben" • Planungsinhalte liefern • Information über Status und Änderungen	• Neutrale (allparteiliche) Prozessbegleitung • Planung kontinuierlich aktualisieren
Qualifizierungskonzept	• Bedarfsdefinition • Unterstützung bei der Konzepterstellung und Planung • Auswahl Teilnehmer	• Konzepterstellung und Planung • Durchführung Schulungen und Trainings
Teamentwicklung	• Unterstützung bei der Konzepterstellung und Planung	• Konzepterstellung und Planung • Leiten der Teamentwicklungsmaßnahmen

Ende des Projektes

Einige Aktivitäten erstreckten sich noch über mehrere Jahre; mit Ablauf des Jahres wurde jedoch der größte Teil der Integrationsaktivitäten abgeschlossen. Der 31. Dezember wurde als formaler Endpunkt des Integrationsprojektes vereinbart.

Die Terminierung des Abschlusses des Projektes war wichtig, um sicherzustellen, dass die not wendigen Aktivitäten auf diesen Zeitpunkt hin konsequent geplant und durchgeführt wurden. Die Dauer und die Terminierung eines Projektes sind wichtige Eckdaten, auf die stringent hingearbeitet werden muss. Diese Eckdaten sind unabhängig von der Dauer und Rolle des Einsatzes externer Berater zu betrachten.

Skizze: Gegenstand und Vorgehensweise der Unternehmensentwicklung

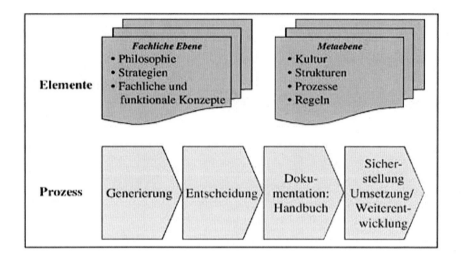

Manöverkritik

In diesem Prozess sind wir zu stark in die Führung gerutscht. Der neue GF hat die Organisation sehr stark aus persönlichen Motivationen herausgeführt, die eigene Herkunftsmannschaft stark gefördert. Der bisherige GF wurde regelrecht "kaltgestellt". Es wurde beruflich nicht gut für ihn gesorgt. Seine bisherigen Führungskräfte und Mitarbeiter fühlten sich als die Verlierer. Als dann auch nicht der Standort in die Nähe des stärkeren Mutterkonzerns verlegt wurde, war es aus mit Paritätsüberlegungen. Die Rahmenbedingungen torpedierten die guten Integrationsabsichten. Wir haben dann auch noch aus lauter Neutralitätseifer gegenüber dem neuen Chef das Vertrauen des älteren früheren GF verloren, der uns erneut in diese Fusion hineinbrachte. Wir haben quasi auf das vermeintlich stärkere Pferd gesetzt. Wie es Berater manchmal so an sich haben. Besser wäre es gewesen, auf gar kein Pferd zu setzen. Stattdessen hätten wir nur die neue Firma, alle (!) ihre Mitarbeiter und die Ziele im Auge behalten sollen. Psychodynamisch ist mir jedoch klar,

dass wir einem unbewussten Prozess und Druck gefolgt sind. Die Loyalitätsfrage stand im Raum. Sie wurde sehr stark vom neuen Chef unausgesprochen eingefordert. Mitarbeiter und Führungskräfte beider Herkunftsfirmen sind ihm gefolgt. So auch wir Berater. Was jedoch ein Widerspruch zu unserer Rolle und zu unserem Selbstverständnis war.
Die Beraterkapazitäten reichten für diese Dimension der Arbeit nicht aus. Es hat sehr lange gedauert, bis wir formal den Auftrag bekommen haben. Dies hat mich in meiner Rolle als Leiter des OE-Institutes, der auch für Projekte für seine Mitarbeiter und Kollegen sorgen muss, verunsichert. Dies führte dazu, dass wir keine Kapazitäten vorhielten. Hier war der Partner überhaupt nicht verlässlich. So ähnlich müssen die eigenen Mitarbeiter gedacht haben. Die Entscheidungen wurden primär vom neuen, jüngeren, stärkeren GF getroffen. Die Einbindung des Führungskreises erfolgte wenig. Die Konzentration lag auf dem direkten Führungskreis. Die nächste Eben der Teamleiter wurden nur über die jeweiligen Abteilungsleiter, die noch mental in ihren Herkunftsfirmen steckten, geführt. Gegen Ende des Integrationsprojektes hatten wir den früheren GF völlig verloren. Dieser tauchte ab und nutzte seinen Einfluss bei seinen früheren Mitarbeitern weiter, was dem neuen Chef ein Dorn im Auge war. Wir wurden von dem früheren GF nicht verschont, da wir als Teil des Übels gesehen wurden.

Unterwegs wurde der Koordinator des Integrationsprozesses, der Leiter der Strategischen Unternehmensentwicklung, eine Stabsfunktion und ein "Ziehkind" des früheren GF´s gegen das eigene "Ziehkind" des neuen GF ausgetauscht. Damit wurde die eine Seite immer weiter entmachtet.

Praxisbeispiel: Zerbrochene Fusion

Zwei Firmen der Technologiedienstleistung haben fusioniert: Gesamtgröße ca. 450 Mitarbeiter; zwei Hauptstandorte in unterschiedlichen Bundesländern: die Geschäftsführung besteht aus zwei Personen, die ehemalige Top-Manager der Herkunftsfirmen waren. Ein Führungskreis (FK) wurde etabliert: 2 GF, alle Bereichsleiter, eine GF- Assistentin. Der FK trifft sich wöchentlich. Alle zwei Wochen mit Übernachtung im Tagungshotel.

Die Fusionsbegleitung dieses Technologiedienstleisters durch ein integrations- erfahrenes OE-Institut wurde mit folgender Zielsetzung beauftragt: Fördern der Unternehmensentwicklung des neuen Unternehmens, Integration der Menschen im neuen Unternehmen, Erreichen eines erfolgreichen und synergetischen Geschäftsablaufs. Wir wurden als OE-Institut durch die Geschäftsführung mit der Beratung des Integrationsprozesses beauftragt (den "Transformations- und Integrationsprozess" zu begleiten). Konkrete Aufgaben waren z. B. die Beratung der Geschäftsführung und des Führungskreises bei der Planung und Durchführung des Gesamtprojektes, das Konzipieren und Durchführen von Teamentwicklungsmaßnahmen, das Coachen der Führungskräfte und Mitarbeiter, die Beratung der Arbeitspakete, die kontinuierliche Reflexion und Feed- back des Integrationsprozesses. Zum Projekt wurde eine "Integrationsnews" zur Projektplanung veröffentlicht. Dies wurde das Medium, welches monatlich alle Mitarbeiter über die Integrationsaktivitäten informierte.

Die Projektarbeit begann mit einem großen Infomarkt, zu dem alle Mitarbeiter eingeladen waren. Einer der beiden Geschäftsführer leitete den Infomarkt und damit die Fusionsprojektarbeit wie folgt ein: "Dies ist heute eine Auftaktveranstaltung für das neue Unternehmen und des notwendigen Integrationsprozesses. Unsere Organisation und die Kommunikationsstruktur stehen weitgehend. Das Thema Integration, d.h. die Zusammenführung von unterschiedlichen Kulturen und Erfahrungen, wird von der Führung als sehr wichtig eingestuft. Uns ist hierbei insbesondere die Wichtigkeit der Führungskräfte und aller Mitarbeiter bewusst. Was ich mir wünsche ist eine Kultur des gegenseitigen Respektes, des Mutes, der Offenheit, der Kritik und des konstruktiven Dialoges.

Die Art und Weise in der wir miteinander zusammenarbeiten, wird über unseren Erfolg entscheiden. Auch Frustrationen und Rückschläge gehören zu einem Integrationsprozess, sie dürfen uns aber nicht blockieren und wir werden daraus gestärkt hervorgehen, wenn wir aus ihnen lernen. Wir wollen uns durch erfahrene und professionelle Integrationsberater begleiten lassen, damit wir während des Tagesgeschäftes nicht den Fokus auf die Schaffung der neuen Prozesse und der gemeinsamen Kultur verlieren. Aus meiner Erfahrung während der Gründungsphase meiner Vorfirma weiß ich, dass eine weit reichende Beteiligung aller Mitarbeiter an den Veränderungen, eine punktuelle Qualifizierung für die neuen Aufgaben und Prozesse sowie eine gute interne und externe Kommunikation ausschlaggebend sind für den Erfolg einer Integration. Wir werden Programme aufsetzen, welche die Personalentwicklung vorantreiben, Workshops durchführen, um die Findung der neuen Bereiche zu unterstützen, und auch Teile dieser Maßnahmen von Ihnen selbst in Arbeitsgruppen erarbeiten lassen um ein internes Unternehmertum im Unternehmen zu schaffen. Auch wenn dies heute die Auftaktveranstaltung war, wird diese Form der interaktiven Arbeit im Verlauf der Integration weitergeführt werden. Wir werden ausreichend miteinander kommunizieren müssen, um dieses Integrationsprojekt gemeinsam zum Erfolg zu bringen. Am besten beginnen Sie mit dieser Kommunikation gleich heute Abend im nun folgenden gemütlichen Teil." Über diese Veranstaltung wurde mit professionellen Filmemachern ein kurzer Unternehmensfilm ("Get together") gedreht und an alle Mitarbeiter verteilt. In diesem Infomarkt stellten sich die Bereiche, strategischen Projekte des Unternehmens und das Integrationsprojekt selbst vor. Die Stände waren im ganzen neuen Unternehmensgebäude auf verschiedenen Etagen verteilt. Die Darstellungsform war den Bereichs- und Projektleitern bewusst selbst überlassen. Der Vielfalt sollte genügend Raum gegeben werden. Der Leiter des OE-Institutes moderierte die Gesamtveranstaltung.

Die beiden GF hatten sich die Aufgaben gerecht verteilt. Der eine eröffnete die Veranstaltung, der andere schloss sie. Auch dieses Großevent war ein gemeinsames Projekt, woran die Integration geübt wurde.

Auszüge aus der GF-Eröffnungsrede. "...Ich freue mich, dass wir nun endlich den Tag für die Auftaktveranstaltung unseres Unternehmens erreicht haben. Nach all den monatelangen Vorbereitungen und der formalen Firmengründung, betrachte ich den heutigen Tag als einen Startschuss für den Beginn einer neuen Ära, die wir alle zusammen gestalten dürfen. Ein wesentliches Ziel dieser Veranstaltung ist es, erstmalig alle Mitarbeiter des Unternehmens zusammenzubringen. Wir wollen mit Ihnen über unsere Visionen und Ziele sprechen, und auch wie wir uns das Zusammenführen der unterschiedlichen Kulturen vorstellen. Wir wollen Ihnen aber auch das Unternehmen konkret näherbringen. Deshalb werden sich unsere neuen Bereiche, sowie die Menschen die ihnen vorstehen, in einem Infomarkt vorstellen. Jetzt geht es richtig los, und ich denke heute Abend am Ende dieser Veranstaltung, werden wir alle uns schon ein bisschen besser kennen gelernt haben. Ich möchte jetzt auf die Ziele und Visionen der des Unternehmens eingehen.

Die sich rasch ändernde wirtschaftliche Umgebung wurde bereits erwähnt. Um in diesen dynamischen Zeiten bestehen zu können sind unsere Kunden in hohem Maße auf ihren Dienstleister angewiesen. Die insbesondere wichtige Bedeutung von innovativer Technologie im Zeitalter der "New Economy" ist unbestritten. Das wichtigste Unternehmensziel ist somit, auch in Zukunft den wirtschaftlichen Erfolg unserer Kunden durch die Bereitstellung konkurrenzfähiger und innovativer Dienstleistungen kostenoptimal sicherzustellen. Dies bedeutet im Einzelnen: Das Angebot von am Markt orientierten Standard-Dienstleistungen auf einem hohen Qualitätsniveau, die Nutzung von Synergien aus den existierenden Angeboten der Ursprungsunternehmen, um hervorragende Qualität und Wirtschaftlichkeit zu erreichen, Innovationsfreudigkeit, um unseren Kunden einen technologischen Vorteil zu verschaffen, die Bereitstellung von Individualleistungen, soweit die Ressourcen dies zulassen, sowie eine enge Kooperation mit unseren Mutterkonzernen, um das optimale Produktportfolio für unsere Kunden anzubieten. Wir werden uns auch um die Vermarktung von Leistungen an Fremdunternehmen kümmern. Nur so können wir beweisen, dass wir in der Lage sind, am Markt preislich und innovativ mitzuhalten. Unser Unternehmen bietet für uns alle große Chancen.

Das zu erwartende Wachstum, sowohl im Volumen als auch bezogen auf die Fortentwicklung der Technologien, bietet die Erweiterung der persönlichen Skills und auch neue Karrieremöglichkeiten. Die geforderte Vielseitigkeit und Bandbreite an Tätigkeiten wird Sie als die Mitarbeiter dieses Unternehmens beruflich konkurrenzfähig halten. Wir stellen aber auch Erwartungen an Sie. Um der Dynamik in unserem wirtschaftlichen Umfeld gewachsen zu sein, ist Ihre Initiative und der volle Einsatz Ihrer Kreativität und Ihrer Möglichkeiten gefordert. Erlauben Sie mir noch eine kurze Bemerkung zu unserem Namen und zum neuen Logo. Der Name wurde gewählt, um die Herkunft noch erkennen zu lassen. Wir wollen uns aber auch neuen Märkten öffnen. Bei der Farbauswahl haben wir uns von den Assoziationen Anthrazit für Solidität, Sicherheit und Grundfeste und Orange für Innovation, Spielfreudigkeit und Aggressivität leiten lassen. Uns, d.h. den Geschäftsführern sowie auch den Leitern der Bereiche, ist bewusst, dass das Zusammenwachsen zweier unterschiedlicher Kulturen für uns alle nicht einfach wird. Da gibt es unterschiedliche Auffassungen von Entscheidungsfindungen, Arbeitsstilen – einfach wie man im Tagesgeschäft miteinander umgeht. Wir müssen gemeinsam und jeder für sich einen Beitrag leisten, um lieb gewonnene eingespielte Regeln und Verhaltensweisen durch neue gemeinsame "Spielregeln" zu ergänzen. Mein GF-Kollege wird in der Abschlussrede noch darauf eingehen, welche weiteren Maßnahmen wir in Angriff nehmen werden, um den Integrationsprozess aktiv zu unterstützen. Wir sind überzeugt, dass die Erfüllung der Unternehmensziele durch die Zusammenlegung der langjährigen Erfahrungen der Mutterkonzerne noch besser gelingen wird. Sie werden dies bereits heute bei den Infomärkten am Auftritt der neuen gemeinsamen Organisation feststellen können. Vergessen wir eins nicht, "Wir sind die Besten! Ich bitte jetzt unseren Moderator, die weitere Moderation der Veranstaltung zu übernehmen."

Organisationsdiagnose als OE-Prozess

Jede Organisation ist ein komplexer, sozialer und sensibler Organismus. Organisationsentwickler sollten nicht ohne Wissen über Zusammenhänge, Kulturaspekte, Konfliktfelder, Geschichte, handelnde Personen und ohne die inneren Zusammenhänge zu berücksichtigen, Interventionen starten oder Empfehlungen abgeben. Falls doch, wird riskiert, mehr Schaden anzurichten, als Zustände zu verbessern. Das erste, was für ein sinnvolles Management von Veränderungen gebraucht wird, sind vertrauensvolle Entscheidungsgrundlagen. Eine gute, unter Beteiligung des Klienten Systems, erarbeitete Ist-Aufnahme und anschließende Diagnose der Daten und Informationen ist die zentrale Basis des organisatorischen Veränderungsprozesses.
Der Diagnoseprozess ist sowohl als Einzel-Instrument, als auch als Prozesselement eines umfassenden OE-Prozesses zu sehen.
Jede Diagnose hat einen inhaltlichen ("was will ich fragen und aufnehmen") und einen prozessualen Rahmen ("wie will ich vorgehen"). Organisationsdiagnose ist ein geplantes und systematisches Vorgehen, um Informationen über den inneren Zustand der Organisation zu gewinnen. Diagnose ist eine gezielte Intervention in das System und eine spezielle Phase im Rahmen eines Organisationsentwicklungsprojektes.

Einstiegsdiagnose bei Projektbeginn

Zu Beginn von Projekten ist es sinnvoll, die Situation des Projektumfeldes und die Betroffenheiten zu diagnostizieren. Hierzu kann der Auftraggeber, Führungskräfte und Mitarbeiter aus verschiedenen Funktionen und weitere beteiligte Personen befragt werden. Auf Basis dieser Gespräche kann im Berater- bzw. Projektteam eine Betroffenheitsanalyse durchgeführt werden (vgl. Checkliste: Betroffenheitsanalyse) um die Projektorganisation und die -Vorgehensweise zu überprüfen. Die Gespräche können durch einen Planungsworkshop ergänzt werden. In diesem Workshop können die Ausgangslage, die Stärken sowie Handlungs- und Problemfelder entwickelt werden. Aufbauend auf den Workshop Ergebnissen kann dann ein Veränderungs-Master-Plan entwickelt werden.

"Paralyse durch Analyse"

Der Umfang und die Tiefe einer Diagnose richtet sich nach der Zielsetzung bzw. Problematik und Konfliktintensität des Veränderungsprozesses. Bei der Diagnose ist zu beachten, dass nur Informationen und Daten aufgenommen werden, die im folgenden Prozess gebraucht und genutzt werden können. Sonst droht die "Paralyse durch Analyse". Zunächst sollte die Frage beantwortet werden, wofür welche Daten gebraucht werden, was das Ziel der Diagnose ist.

Diagnose – "Um etwas zu verändern, muss ich erst einmal verstehen, was es ist"

Zu Beginn der Projektarbeit steht eine sorgfältige Aufnahme und Analyse der Ausgangssituation. Die Analyse und Bewertung der Ausgangssituation ist als ein Meilenstein für die Entwicklung einer gemeinsamen Sichtweise über die aktuelle Lage zu sehen. Auf diese gemeinsame „Lagebeurteilung" bauen sich die weiteren Schritte der Projektarbeit auf.
- Verändern erfordert verstehen.

- Innere und äußere Realitäten in ihren Zusammenhängen und Einflüssen ernst nehmen und verstehen.
- Daten und Informationen erheben, verdichten, interpretieren und zurückspiegeln.
- Unterschiedliche Sichtweisen, Interessen sowie deren Hintergründe verstehen und mit Augenmaß transparent und nutzbar machen.
- Funktionale und dysfunktionale Wirkungen von Strukturen und Kulturen erkennen. Oftmals liegen Schwachstellen nicht nur in der einen oder anderen Organisationseinheit, sondern in der Zusammenarbeit, im dynamischen Zusammenspiel dieser Einheiten.
- Bedeutung von Widerständen bei Mitarbeitern und Organisationseinheiten erkennen.
- Hohe Konfliktfähigkeit und Wertschätzung von Andersartigkeit ist für die Veränderungsarbeit notwendig.

Objekte in der Organisationsdiagnose

Was genau in der Analyse- und Diagnosephase eines Veränderungsprozesses angewandt wird, ist abhängig davon, was der Untersuchungsgegenstand ist. Ein Diagnoseobjekt kann sein:
- Die gesamte Organisation (z. B. Gesamtunternehmen, gesamte Fabrik)
- Ein Bereich (z. B. Geschäfts- bzw. Produktbereich, Standort)
- Ein Team (z. B. Projektteam, Abteilung)
- Ein Geschäftsprozess (z. B. Produktions- oder Vertriebsprozess)
- Ein Projekt

Die Daten und Informationen werden in Bezug auf diesen Untersuchungsgegenstand aufgenommen und analysiert. Es ist oftmals wichtig, auch das unmittelbare Umfeld des Untersuchungsgegenstandes anzuschauen, um Erkenntnisse über ihre Wirkungsweise zu gewinnen. Dabei wird auch ein Fremdbild aufgenommen.

Methoden der Organisationsdiagnose

Diagnoseart	Mittel
Interviews	• Einzel- und Teaminterviews, Managementgespräch
Beobachtung	• Teilnahme und Beobachtung von Veranstaltungen • Wahrnehmung von Organisationen durch Präsenz („ich sitze in der Eingangshalle, laufe herum, nehme die Organisation wahr, mache mir Notizen und spiegele diese an die Organisation zurück")
Lektüre und Auswertung	• Lektüre von Unternehmensdokumenten (z.B. Geschäftsberichte, Mitarbeitermitteilungen, Informationskästen) • Intranet- und Internetauftritts etc.
Zeichnen	• Bilder der Organisation, des Teams oder des Projektes durch Mitarbeiter zeichnen lassen und in Klausuren bzw. Workshops reflektieren
Aufstellungen	• Organisations- und Teamaufstellungen mit Organisationsmitgliedern oder Holzfiguren
Befragungen	• Mitarbeiter- und Kundenbefragungen. • Feedbackprozesse (z.B. 360-Feedback in Bezug auf Führung)
Fragebogen	• Fragebogen entwickeln und für Mitarbeiter eines Bereiches oder Teams einsetzen
Stärken-Schwächen-Analyse (SWOT)	• SWOT (Strength = Stärken, weaknesses = Schwächen, opportunities = Chancen und threats = Gefahren) in Klausuren und Workshops durchführen
Workshop, Klausuren	• Durchführung von Diagnose-Workshops um die aktuelle Lage und das bisherige Vorgehen aufzunehmen • Lessons-Learned-Workshops für Projekte
Appreciative Inquiry Prozess (AI)	• Anhand eines AI-Prozesses (wertschätzende Vorgehensweise) die aktuelle Situation durch Mitarbeiter (gegenseitige AI-Interviews, um z.B. „magische Augenblicke" in der Organisation zusammenstellen lassen) aufnehmen lassen.
Aktions Forschung (Action Research)	• Aktions-Forschungsgruppen führen in kleinen Gruppen Diagnoserunden und entwickeln aus der vorhandenen Erfahrung der Gruppenteilnehmer Lösungsansätze.

Phasen der Organisationsdiagnose

Eine Organisationsdiagnose durchläuft folgende Phasen:

1. Erstgespräch mit Auftraggeber und Kontrakt
- Führen von ersten Gesprächen zur Aufnahme und Abklärung von Zielen, Zusammenhängen und Interessen.
- Kontrakt für Diagnose-Prozess abschließen (Angebot abgeben). Beteiligte Personen kennen lernen, Vertrauen aufbauen, "Chemie" abprüfen ("können wir miteinander?")

2. Planung und Vorbereitung der Diagnose
- Entscheidung über die Diagnoseinstrumente (z. B. Interviews, Workshops) und Planung des Untersuchungsverlaufs und der zu beteiligenden bzw. zu befragenden Personen. Entscheidung über Einbeziehung bzw. Information der Arbeitnehmervertreter. Beachtet werden muss die Arbeitsgesetzlage in dem jeweiligen Land. Bisher haben wir jedoch mit den Arbeitnehmervertretern noch nie Probleme gehabt. Unsere OE-Prozesse wurden unterstützt und als Chance für Verbesserungen gesehen.

3. Information (zielgruppenspezifisch) über Diagnose
- Schriftliche Information aller Beteiligten über Start, Ziele, Vorgehen, Methoden und Beteiligte des Diagnoseprozesses. Ob die gesamte Organisation oder nur Teile informiert werden sollte, ist abhängig von der Zielsetzung und des Untersuchungsobjektes (die Einführung eines neuen Leitbildes oder eine Fusion geht die gesamte Firma an.
- Eine Teamentwicklung oder Befragung auf Bereichsebene sollte, falls es keine größeren Auswirkungen auf die gesamte Organisation hat, auf Bereichsebene an alle Mitarbeiter kommuniziert werden). Mit der Kommunikation können Gerüchte vermieden und eine Wirkung des Vorhabens in der Organisation sichergestellt werden (vgl. auch Abschnitt Kommunikation).

4. Informations- und Datenaufnahme
- Aufnahme von Informationen und Daten mittels der ausgewählten Methoden und Instrumente.
- Paralleler Aufbau der Dokumentation.

5. Datenverarbeitung und Hypothesenbildung
- Aufbereitung und Auswertung der erhobenen Daten.
- Interpretation der Ergebnisse zu inter- und intraorganisatorischen Vergleichen.

6. Daten-Feedback und Reflexion
- Schreiben eines Ergebnisberichts und Präsentation von Erhebungsergebnissen und Verbesserungsvorschlägen.

7. Planung der OE-Maßnahmen (Interventionen)
- Die konkreten Interventionen (Maßnahmen) werden in diesem Schritt ermittelt, geplant und vereinbart.

8. Auswertung des Diagnose-Prozesses
- Kritische Beurteilung des gewählten Vorgehens, der gewählten Instrumente im Diagnoseprozess, Lessons-Learned für spätere Diagnoseprozesse.

9. Planung der Folgeschritte und Start
- Entscheidung über nächste Schritte. Ggf. Beauftragen eines Projektteams.

Die OE-Berater sollten während der Diagnosephase (z. B. nach Interviews) ihre Gefühle, Gedanken und Erlebnisse aufschreiben. Damit steht ihnen wichtiges Reflexionsmaterial zur Verfügung, welches auch in der Zusammenfassung der Diagnoseergebnisse genutzt werden kann. Schreiben Sie Ihre Hypothesen, Annahmen und Empfehlungen auch auf. Die Zusammenfassung geht dann um so schneller.

Häufige Fehler während der Diagnosephase

Ein Diagnoseprozess ist eine Intervention ins System. Diese Intervention wird von den Organisationsmitgliedern sehr aufmerksam wahrgenommen und verfolgt. In dieser Phase kann sehr viel falsch gemacht werden. Einige zentrale Fehler sollen aufgeführt werden:
- Es werden unnötige Daten aufgenommen. Der Untersuchungsgegen-

stand wird nicht eingegrenzt.
- Mitarbeiter und Führungskräfte werden am Diagnoseprozess nicht beteiligt.
- Nach der Durchführung von Interviews werden die befragten Interviewpartner über die Ergebnisse der Gesamtbefragung nicht oder nicht als erste informiert. Für spätere Interviews sind diese Partner damit vorbelastet und verlieren ihre Motivation für die Bereitstellung von Informationen.
- Diagnose- und Befragungsergebnisse werden zu spät an die befragte bzw. beobachtete Einheit kommuniziert (Themen sind nicht mehr aktuell oder "heiß").
- Ergebnisdokument "verschwindet in der Schublade" des obersten Chefs ("unlieb- same Ergebnisse werden aus dem Verkehr gezogen").
- Die Diagnoseergebnisse werden nicht schriftlich dokumentiert.
- Diagnoseergebnisse sind insbesondere quantitativ bzw. statistisch falsch ausgewertet.
- Die Beobachtungen und ermittelten Konflikte werden aufgrund ihrer Brisanz "weichgespült". Mit Rücksicht insbesondere auf die oberen Führungskräfte, die einem (gemäß der osmanischen Devise "wer die schlechte Nachricht überbringt wird geköpft") gefährlich werden könnten, werden unliebsame Aussagen retuschiert und nicht deutlich genug vermittelt.
- Diagnoseergebnisse und das –verfahren werden an dem direkten Auftraggeber vor- bei, an den Chef-Chef weitergegeben und damit die Vertrauensbasis entzogen.
- Die Diagnoseergebnisse werden nicht klar genug strukturiert dargestellt.
- Die Diagnose gilt als gescheitert, da unklar ist, wie es nach dieser Phase weitergeht.
- Doppelfragen werden in Fragebögen gestellt, deren Ergebnisse dann nicht klar zuordenbar sind. (Z. B. "Wie zufrieden sind Sie mit ihrer Führungskraft? Bezieht er Sie in seine Entscheidungsprozesse ein?")
- "Manipulation" bei der Datenaufnahme. Bereits das Weglassen und Hinzufügen von Informationen kann eine direkte oder latente "Manipulation" bedeuten und das Ergebnis verfälschen.
- Der interne Koordinator (Projektleiter) des Prozesses sieht den Diagnostiker und seine Ergebnisse zu stark.
- Es wird der Versuch gestartet, und im schlimmsten Fall von den Beratern auch zugelassen, den Absender einer bestimmten Aussage (Interviewpartner), trotz vor- her zugesicherter Anonymität, offen zu legen.

Der "Analysespiegel"
- Intensive Rückmeldung -

Wir nennen den Bericht, den wir nach der Datenaufnahme für den Kunden zusammenstellen, "Analysespiegel". Es ist ein "Spiegel", den wir anbieten, in dem der Kunde hineinschauen kann oder auch nicht. Wir versuchen den Analysespiegel hierbei so deutlich und neutral wir möglich zu formulieren. Neutral deshalb, da wir von unserer beraterischen Sicht zunächst keine Einschätzungen hineinnehmen. Es sei denn, es ist ausdrücklicher Wunsch des Kunden.

Das Ziel des Analysespiegels ist es, die diagnostischen Gesprächsergebnisse mit Organisationsmitgliedern für den Klienten zusammenzufassen und einen Prozess des Datenfeedbacks, der Reflexion und des Dialogs einzuleiten.

Gliederung des Analysespiegels

Die Ergebnisse der Diagnose, welche in Form von Interviews durchgeführt wird kann wie folgt aufgebaut werden:

1. Gesamtüberblick
Zunächst wird ein Überblick gegeben, wie das Vorgehen der Informationsaufnahmen gestaltet worden sind, in welchen Schritten vorgegangen worden ist.

2. Gesprächspartner
Hier wird kurz aufgezeigt, mit wem gesprochen worden ist. Bei einer großen Anzahl von Befragten genügt es, darzustellen, mit wie vielen Personen aus welchen Standorten bzw. Hierarchiestufen gesprochen worden sind.

3. Gestellte Fragen
In dem hier dargestellten Fall wurden folgenden offene Fragen gestellt. Zusätzlich können im Gespräch Fragen gestellt werden, die den Auftraggeber besonders interessieren oder die Thematik betreffen, z. B. Einführung ei-

nes neuen Personalinstrumentes ("Wie beurteilen Sie den aktuellen Einführungsprozess der Zielvereinbarung?")

- "Bitte nennen Sie uns die Dinge in ihrem Bereich, die gut laufen" (oder "Wo sehen Sie die Stärken des Bereiches?").
- "Was sind die Ursachen dieser positiven Dinge?"
- "Welche Handlungs- und Problemfelder sehen Sie?"
- "Was sind die Ursachen dieser Handlungs- und Problemfelder?"
- "Welche Lösungsansätze, Empfehlungen bzw. Ideen sehen Sie zu diesen Handlungs- und Problemfeldern?"
- "Was sind Ihre Erwartungen bzw. Befürchtungen bezüglich des eingeleiteten Prozesses?"
- "Was erwarten Sie von uns als Berater?"
- "Wie erleben Sie Ihre Führungskraft?" Tipp: Dies ist eine Zusatzfrage, dessen Anwendung vorher unbedingt mit der Führungskraft vereinbart werden muss.
- "Was wünschen Sie sich von Ihrer Führungskraft?"

Weitere diagnosespezifische Fragen können einfließen. Viel mehr Fragen brauchen Sie nicht. Es sei denn, Sie führen eine spezifische Befragung durch (z. B. ein Projektreview eine Kunden- oder Lieferantenbefragung).

4. Aussagen aus Vorgesprächen

Die Originalaussagen der Befragten wird unter "Aussagen" unverfälscht und tabellarisch dargestellt. Hierbei sollte darauf geachtet werden, die Aussagen nicht zu beschönigen, zu "retuschieren". Je klarer und deutlicher die Aussagen, desto besser. Ähnliche Aussagen werden unter einem Oberthema zusammengefasst und ähnliche Aussagen bei Bedarf unter einem Cluster (Oberpunkt). Die Sortierung hilft dem Leser einen schnellen Überblick der Ergebnisse der Gespräche zu bekommen. Falls es sich um einen komplexen Personenkreis handelt, ist es sinnvoll, die Auswertung differenziert nach Standorten, Herkunftsfirmen (z. B. bei Fusionen), Hierarchieebenen etc. dar. Das heißt, je differenzierter desto besser. Die Namen der Interviewpartner werden in dem Dokument, welches nach außen geht, selbstverständlich nicht den Kommentaren zugeordnet. Das Feedbackdokument wird anonymisiert gestaltet.

Beispiel – Zuordnung von Interviewaussagen

Thema	Cluster	Aussagen von Mitarbeitern (exemplarisch)
Strategische Lage	Produktdefinition und -entwicklung	• Wir sind sehr schlecht in der Produktdefinition. Es dauert viel zu lange, herauszubekommen was gewollt ist • Produkte werden nicht in der geplanten Zeit entwickelt • Wir wissen nicht, was wir brauchen, der Zeitraum zur Ideenfindung ist viel zu lang
	Markt-Veränderungen	• Es herrscht extremer Preisverfall am Markt • Unser Hauptmarkt in England hat sich dramatisch verändert • Gigantischer Preisverfall • Ergebnisprobleme

5. Hypothesen und Sicht der Berater

Die beraterische Sicht, ist als zusätzliche, externe Sicht für den Klienten von hohem Wert. Oft werden Sie darauf angesprochen ("Was ist denn Ihre Sicht?" oder "Wie erleben Sie uns denn?") und wie Sie die Befragungsergebnisse beurteilen. Da Sie nicht betroffen und (hoffentlich) außerhalb des Klienten Systems stehen, wobei Sie nie ganz außerhalb stehen werden und systemisch nach dem Eintritt in das Beratungssystem (Zusammenarbeit von Klienten- und Beratersystem) bereits unter dem Einfluss des Klienten Systems stehen, sind Ihre Wahrnehmungen, Gedanken und Gefühle wichtig. Sie bringen ja auch Erfahrungen mit anderen Projekten, Organisationen, Führungskräften und Mitarbeitern mit. Diese können Sie anbieten, ohne den Anspruch auf die alleinig gültige Wahrheit zu erheben.

6. Empfehlungen bezüglich des weiteren Vorgehens

An dieser Stelle werden die Empfehlungen der Berater bezüglich des weiteren Vorgehens aufgeführt. Je nach Kunde und Projekt kann es sich anbieten, bereits Empfehlungen bezüglich Maßnahmen anzubieten, die Sie sehen. Ich empfehle jedoch zunächst eher eine zurückhaltende Haltung, falls die mit dem Klienten vereinbart worden ist. Es geht zunächst eher darum, die Verantwortlichen mit dem Material, manchmal verdaubar und manchmal direkt, zu konfrontieren. Die verantwortlichen Personen müssen hier selbst einzeln (durch Lektüre der Aussagen) und gemeinsam (durch Dialog und

Reflexion) das Material verstehen, diagnostizieren und den besten Weg für sich herausfinden. Die Berater sollten hierbei den Prozess unterstützen. Die Intensität der Konfrontation ist ebenfalls Teil der vereinbarten Beraterrolle.

Vorgehensweise in diagnostischen Interviews

Der oben dargestellte Analysespiegel ist Resultat von Vorgesprächen bzw. Interviews, die als Informationsaufnahme und Vorbereitung von Klausuren und Workshops dienen. Die Gespräche werden alleine bzw. zu zweit geführt. Im Folgenden werden einige Vor- und Nachteile aufgeführt.

Interviewform	Vorteile	Nachteile
Alleine	Größeres Vertrauen seitens Gesprächspartner („kein Zeuge dabei")	Gefahr von Fehlern in der Informationsaufnahme (zuhören und schreiben ist schwierig). Jedoch akzeptabel, da nach Rückmeldung der Klienten die Wiedergabe von Kommentaren zu 80% immer zutrifft.
Zu zweit	Höhere Sicherheit bei der Informationsaufnahme. Gemeinsame und intensivere Diagnose möglich (vier Augen und Ohren statt zwei). Einer schreibt, der andere führt das Gespräch, hält Blickkontakt. Absicherung in schwierigen Situationen, falls die externen Interviewpartner bei der Datenrückmeldung angegriffen werden und Kommentare sehr stark angezweifelt werden. Schnellere Erarbeitung der Rückmeldung.	Gesprächspartner ist vorsichtiger. Kostenintensiver. Dauert etwas länger.

Je nachdem, ob es wichtig ist, Aussagen vom Absender unverändert und unverschönt aufzunehmen (z. B. für eine eher konfrontativere Rückmeldung), ist es sinnvoll, keine Rückkopplung bzw. Überprüfung der Gesprächsergebnisse durch den Interviewpartner durchzuführen. Das bedeutet, dass noch nicht einmal zusammengefasst und nachgefragt wird, ob man die Aussagen so richtig verstanden hat. Dies verhindert die Gefahr, dass der Gesprächspartner die Dinge, aus Furcht, dass es hinterher für die deutlichen Aussagen Konsequenzen geben könnte, relativiert, verändert oder sogar zurückzieht. Wichtig ist jedoch, dass Sie zu Beginn deutlich machen, dass nur die Dinge gesagt werden sollten, die Sie auch (anonym) dokumentieren und zurückspiegeln können. Womit also auch gearbeitet werden kann. Sonst lassen Sie sich "Handschellen" anlegen und Sie können mit den interessanten Aussagen nichts anfangen, da Sie in der Pflicht stehen.

Jede Diagnose ist subjektiv. Oft spielen Wahrnehmungen und Gefühle bei dem Berater für seine Informationsauswahl und -darstellung eine Rolle. Hier hilft es insbesondere die Datenaufnahme und Diagnose im Beraterteam durchzuführen.

Im Interview gilt es, insbesondere durch einen guten Einstieg Vertrauen aufzubauen. Zu Beginn wird nach der gegenseitigen Vorstellung das Ziel, das Gesamtvorgehen, die zu stellenden Fragen und der Auswertungs- bzw. Datenfeedbackprozess dargestellt. Diese Information erzeugen Sicherheit. Der aufgebaute und dargestellte Sicherheits- rahmen (Umgang mit aufgenommenen Daten) darf auf gar keinen Fall missbraucht oder verlassen werden. Tipp: Nehmen Sie die Gespräche nicht auf. Zum einen erzeugen Sie dadurch zusätzliches Misstrauen, ganz vermeiden lässt sich dieses Misstrauen nicht ("Was werden die mit den Daten machen?"). Zum anderen schaffen Sie sich zusätzlichen Aufwand. Die Dokumentation und vor allem Auswertung des aufgenommenen Interviews ist sehr aufwändig und nicht erforderlich. Schreiben Sie am besten beim Interview mit. Je größer Ihre Erfahrung mit diesen Interviews, desto mehr werden Sie bereits die Kommentare zusammengefasst und wiedergebbar dokumentieren.

Appreciative Inquiry

Appreciative Inquiry (AI) ist eine radikale Methode, die seit Mitte der Achtziger Jahre in den USA von David Cooperidder entwickelt wurde. Seitdem nimmt diese Methode ihren Lauf um den Globus. Sie ist deshalb radikal, da sie uneingeschränkt das Positive, die Potentiale, die Stärken und Chancen in den Vordergrund stellt. Übrigens wurde ich von einem politisch ranghohen Chinesen in Shanghai, der auch der Personalleiter des von uns beratenden Unternehmens war gefragt, was ich den mit "radikal" meine. Wir waren in einem Führungsworkshop in der ich die Methode des AI voller Stolz einführte. Für einen Augenblick wurde mir gewahr unter welchen Umständen wir dort in China OE betrieben. Dieses Gefühl auch mit einem Schuss Angst behaftet, hielt jedoch nicht lange an und wir zogen unser AI-Programm durch. Die Teilnehmer waren zufrieden. Übrigens fragten uns die Chinesen nicht, was oft in Europa passiert, was denn nun mit den negativen Themen, also den Problemen sei. Die es doch auch gäbe.

Skizze: Eckwerte des Appreciative Inquiry Ansatzes

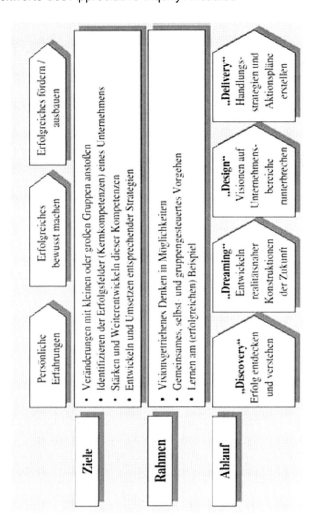

Appreciative Inquiry basiert auf der Annahme, dass die Basis gewünschter Veränderungen bereits in allen Organisationen vorhanden ist. Der Fokus liegt nicht auf Defiziten (Problemanalyse, Schuldzuweisungen), sondern auf Ressourcen- und Lösungsorientierung (Was läuft gut? Wie lässt es sich noch verbessern?).

Ablauf eines AI-Workshops

1. Entdecken und verstehen ("discovery")

Wertschätzende Interviews durchführen. Magische Augenblicke des Erfolgs und starker Momente entdecken. Wie sind wir, wenn wir unsere Organisation als inspirierend erleben? Was sind unsere „Best Practices"?

2. Visionieren ("dreaming")

Austausch über persönliche Visionen in den AI-Interviews. Kreative Präsentationen der Gruppenvisionen erarbeiten (Visionen lebendig machen). Vorstellung der Gruppenvisionen in Gesamtgruppe.

3. Gestalten ("design")

Gemeinsamkeiten in den Visionen in Worte fassen. Auswählen der wichtigsten Elemente in den Visionen. Erarbeiten von Zukunftsaussagen ("possibility statements").

4. Umsetzen/ erneuern ("delivery")

Was gibt uns Energien für das Verwirklichen unserer Vision? Erarbeitung von möglichen Maßnahmen. Auswahl der attraktivsten Maßnahmen. Übernahme von Verantwortung für Maßnahmen. Arbeitsgruppen zu ausgewählten Maßnahmen treffen sich. Gruppen überlegen sich, wie sie die AI-Haltung in ihre Tagesarbeit übernehmen können.

Es ist bemerkenswert, welche positive Stimmung diese Methode bei den Teilnehmern erzeugt. Durch die Konzentration auf die positiven Ergebnisse und Erfolge steigt die Stimmung. Gleichzeitig entsteht ein Gefühl, dass doch etwas nicht stimmen kann, dass es doch nicht sein kann, dass es keine negativen Dinge gibt.

Die Arbeit an den Punkten, die nicht erreicht werden konnten (Probleme, Konflikte, Schwierigkeiten) sind ebenso wichtig. Klären Sie im Vorfeld des Einsatzes der AI- Methode mit dem Klienten, welche Ergebnisse er genau erreichen möchte.

SWOT-Analyse

Die so genannte SWOT-Analyse aus der Strategiearbeit ist ein sehr gutes Organisations- Diagnose-Instrument um Veränderungsprozesse zu starten. Die Gruppe erhält mit dieser Kurzanalyse in sehr kurzer und konzentrierter Weise die zentralen Stärken (strenghts), Schwächen (weaknesses), Chancen (opportunities) und Gefahren (threaths). Diese können dann den Entscheidern, falls diese nicht anwesend sind, präsentiert werden.
Bei Stärken und Schwächen wird der Blick nach innen in die Organisation gerichtet. Bei den Chancen und Risiken wird nach außen (Umfeld) z. B. in den Markt, auf Wettbewerber, auf gesetzliche Regelungen und auf Trends geschaut.

Vorgehen:

- SWOT-Methode erläutern. Auf Flipchart skizzieren und Quadranten mit Beispielen erläutern.
- Falls zwei Gruppen parallel arbeiten, Tipps für Gruppenarbeit geben.
- Gruppen arbeiten und dokumentieren lassen.
- Gruppen präsentieren.
- Bei zwei Gruppen, Gruppenergebnis unbedingt zusammenführen lassen. Doppelnennungen wegstreichen lassen (Gruppe schaut sich Themen an und entscheidet. Moderator hält sich zurück, arbeitet nur fragend und unterstützt den Prozess).
- Je Quadrant wird priorisiert (z. B. jeder erhält drei Punkte oder Striche je Quadrant. Sehr hoch priorisiertem Thema kann max. 2 Punkte vergeben werden). Damit entsteht in den Quadranten eine Reihenfolge.

- Zusammenfassung (Fazit) als Gesamtdiagnose wird erarbeitet ("Was sagt Ihnen die SWOT-Analyse? Mit welchen zentralen Sätzen würden Sie die SWOT zusammenfassen?).
- Die wichtigsten Punkte im Workshop bearbeiten lassen (Ursachen besprechen, reflektieren und Maßnahmen ableiten).
- Weiteres Vorgehen vereinbaren (An wen wird das Ergebnis kommuniziert? Wie gehen wir mit den Ergebnissen, unseren Erkenntnissen und den angedachten Maßnahmen um?).

Bei der SWOT-Analyse ist es wichtig, eine gute Balance zwischen den internen Faktoren (Stärken und Schwächen) und den externen Faktoren (Chancen und Risiken) zu erreichen.

Fragen für die Diskussion:

Folgende Fragen können bei der Erarbeitung einer SWOT-Analyse hilfreich sein:

Stärken
- Was funktioniert gut? Was läuft gut?
- Worauf sind wir besonders stolz?
- Was gibt uns Energie und Zufriedenheit?

Schwächen
- Was funktioniert nicht so gut?
- Welche Fallstricke gibt es?
- Was hindert uns?
- Was vermissen wir?

Chancen
- Welche externen Ressourcen gibt es?
- Was sind die Zukunftschancen?
- Welche Verbesserungen sind möglich?
- Welche Chancen sind ungenutzt geblieben?

Gefahren

- Was sind die Zukunftsgefahren?
- Was sind mögliche Risiken?
- Gibt es kritische Faktoren?
- Wovor fürchten wir uns? Was bedroht uns?

Skizze: SWOT-Analyse-Darstellung

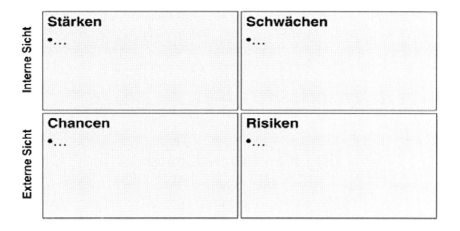

Geschäfts-Prozessanalyse und -optimierung

"Prozessmanagement ist radikales funktions- und hierarchieübergreifendes Denken und Handeln aller Führungskräfte und Mitarbeiter und zielt auf die Neugestaltung der Geschäftsprozesse, mit denen die Kosten entscheidend gesenkt, der Service wesentlich verbessert und/oder die Durchlaufzeiten signifikant verkürzt werden können" (Hinterhuber 1994).

Bei der Prozessanalyse und -optimierung geht es um das verbesserte Managen eines komplexen, bereichsübergreifenden Geschäftsprozesses. Hierbei müssen Gewohnheiten durchgebrochen und alte Zöpfe abgeschnitten werden, Bewusstsein für die übergreifenden Arbeitsprozesse (Gesamtblick herstellen) und den Qualitätsanspruch erhöhen. "Auch bei der Prozessanalyse geht es nur um den Menschen" sagte mir eine Top- Führungskraft eines Konzerns, der durch Berater nun Fabrik für Fabrik die Arbeitsprozesse in den Fabriken überprüfen und verbessern will.

Was ist ein Prozess?

Ein Prozess ist die "geschlossene Gestalt" eines Ablaufs. Geschlossen durch bestimmte Akteure, Interessen, Motive, Konflikte und Ergebnisse. Hilfreich ist der Vergleich zum Gerichts-Prozess: Zunächst wird er von allgemeinen, abstrakten, gesetzlich vorgeschriebenen Verfahren geregelt. Erst ein konkreter Fall mit Zusammenhängen, Hintergründen, Motiven, Interessen etc. verwandelt das formale Verfahren in einen lebendigen Prozess.

Definition Geschäftsprozess

Zur Steigerung des Markterfolges verfolgt die Ausrichtung auf die Geschäftsprozesse das Ziel, die optimale Ausrichtung der Dienstleistungen und Produkte auf die Bedürfnisse des Kunden. Gleichzeitig steht die Optimierung der Kostenreduktion zur Leistungserzeugung im Vordergrund.
Ein Geschäftsprozess ist die eine Gesamtheit von integrierten Tätigkeiten, mit denen ein Produkt hervorgebracht oder eine Dienstleistung bereitgestellt wird, die die Zufriedenheit, den Erfolg und die Wettbewerbsfähigkeit der externen Kunden erhöht. Ein Geschäftsprozess erleichtert die Arbeit der internen Kunden und steigert ihre Effizienz. Er hat einen messbaren In- und Output. Ein Geschäftsprozess erzeugt für die Organisation einen Wert und ist wiederholbar.

Zur Erreichung des Geschäftszwecks werden notwendige Prozesse identifiziert, gestaltet und in eine Prozesshierarchie gebracht. Ein Prozess ist ergebnisorientiert; Prozessmanagement stellt Ergebnisse (nicht Zuständigkeiten, Kompetenzen, Hierarchien usw.) ins Zentrum Der Geschäftsprozess (Kern- bzw. Subprozess) soll immer eine Wertschöpfung erzielen. Innerhalb des Prozesses ist das interne und externe Kun- den-Lieferantenverhältnis umgesetzt. Durch ständige Messungen der Prozesse mittels Kennzahlen (KPI´s = Key Performance Indikator) und deren Auswertung sowie Implementierung

ist die Grundlage für eine kontinuierliche Verbesserung gegeben.
Im Bereich der Unternehmen lassen sich zwei Prozessgruppen wiederfinden:
- Kern-, Sub- und Arbeitsregelungsprozesse sind die operativen Prozesse, d.h. Abarbeitung von Vorgängen, welche mit der direkten Erbringung der Dienstleistung oder Erstellung des Produktes zu tun haben
- Supportprozesse, die jeden Prozess begleiten, z. B. Managementprozesse, Qualitätsmanagement, Controlling und Wissensmanagement. Es sind also Vorgänge, die im Sinne einer Zuarbeit die operativen Geschäftsprozesse unterstützen. Hier sind Abläufe zugeordnet, welche nicht direkt mit der Leistungserbringung zusammenhängen, die jedoch das geordnete Funktionieren und Verbessern ermöglichen

Größere Unternehmen etablieren Geschäfts-Prozess-Verantwortliche, deren Aufgaben die Steuerung, Verbesserung, Optimierung und kontinuierliche Weiterentwicklung der Prozesse zu organisieren ist. Prozessmanagement orientiert auf die Bedeutung des Zeitfaktors. Prozesse laufen in der aktuellen Zeit, sind aber gerahmt von zeitlich eingefrorenen Strukturen, was dann zu Konflikten und Problemen in den Prozessen führen kann. Ein Prozess ist ereignisgesteuert. Es kann immer etwas passieren, was den Prozess in eine neue Richtung drängt. Es ist zugleich Gefahr und Chance. Die zentrale Chance ist die Möglichkeit, bewusst Ereignisse von innen und außen zu kombinieren. Prozessmanagement rechnet von vornherein mit "Störungen", die unvermeidlich und laufend einbrechen. Dies gibt die Chance, "Störungen" produktiv zu nutzen als Anregungen für neue Bezugnahmen. Prozessmanagement ermöglicht es, die unterschiedlichen Teillogiken von Funktionen, Geschäftsbereichen, aber auch von Organisationen und Märkten füreinander anschließbar zu machen. Das gelingt wiederum durch die eigene Logik des Prozesses.

Vorgehen: Prozessoptimierung

Ausgangspunkt aller Überlegungen bei der Prozessoptimierung ist die Frage, welche Abläufe bzw. Geschäftsprozesse einen Nutzen für den Kunden erzeugen und welche lediglich den Preis der Leistung bzw. des Produktes verteuern, oder aber den Ertrag des Unternehmens selbst schmälern. Erfasst und eliminiert werden sollen sämtliche kritischen Elemente der organisatorischen Wertschöpfungskette, die aus der Sicht des Kunden überflüssig sind und eine Verschwendung von Ressourcen aller Art darstellen.

Vorbereitung und Planung
- Einsetzen eines Projektteams bzw. Prozessteams.
- Aufbau Projektorganisation, Entscheidung über Vorgehensweise und Planung der Projektkommunikation.
- Abklären der Veränderungsbereitschaft in der Führung und bei Mitarbeitern

Startphase
- Festlegung der Prozessarchitektur bzw. Prozesslandkarte ("big picture"). Festlegung der zu untersuchenden Arbeitsprozesse bzw. Auswahl der Prozesse, die den größten und dauerhaften Geschäftserfolg sichern (Kundennutzen und Unternehmensziele/ Prozessverbesserungspotential) Festlegung der Prozessanalyse-Ziele.

Analyse der Prozesse
- Darstellung der Prozessabläufe und der Handlungsfelder in den Prozessen.
- Erarbeitung von Verbesserungsansätzen. Darstellung (Visualisierung) des ausgewählten Prozesses (Transparenz und Verständnis schaffen!). Welches sind die wichtigsten Anforderungen der Kunden an den Prozess? Was sind die Ziele (Sinn/ Zweck) und Haupterfolgsfaktoren des Prozesses?
- Problemschwerpunkte erarbeiten bzw. zuordnen (Prozesshindernisse) - (Defizite / Soll-Ist-Vergleich). Klären von Ursachen und Zusammenhängen. Wo sehen wir (bzw. die Kunden) wesentliche Optimierungspotentiale (fördernde Faktoren)?
- Erarbeitung eines gemeinsamen Verständnisses (mit allen Schlüsselfunktionen/- personen) über Ausgangssituation und Optimierungsbedarf und -ansätze.

Entscheidung
- Entscheidung über die Verbesserungsansätze.
- Maßnahmenkatalog für die Umsetzung und Professionalisierung erarbeiten (Prozesse, Organisation, Rollen/ Stellen, Personal, Technik).

Prozessoptimierung und Restrukturierungsplanung
- Realisierung der Prozessveränderungen und -verbesserungen.
- Implementierung eine Prozesskultur (in den Köpfen und im Verhalten). Zielfindung und Leitlinien der Optimierung (anspruchsvolle Ziele setzen!) Woran wollen wir die Prozesse messen (qualitativ /quantitativ)? Gestaltung des neuen Prozesses (bezüglich z. B. Kosten/Aufwand, Zeiten, Qualität etc.); der Abläufe.
- Ggf. Ideenfindungsworkshops zur Prozessoptimierung / Lösungsansätze. Bewertung (Priorisierung) Lösungsansätze.
- Gestaltung der erforderlichen Aufbauorganisation (schrittweise Erarbeitung einer prozessorientierten Aufbauorganisation). Festlegung von organisatorischen Zuständigkeiten für die umstrukturierten Geschäftsprozesse (Festlegen der Prozess- verantwortlichen, Qualifikationsanforderungen, Zuständigkeiten, Entscheidungskompetenzen).
- Kosten / Nutzen kalkulieren (Kosten, Zeit, Qualität).
- Erarbeitung einer detaillierten priorisierten Umsetzungsplanung (Personen, Zeiten etc.). Abstimmung bzw. Entscheidung über die Umsetzung. Zielvereinbarung (Prognose/ Vereinbarung z. B. für die nächsten drei/ sechs Monate).
- In dieser Phase ist eine hohe Konsequenz in der Umsetzung erforderlich. Realisierung der Veränderungen und Einführung einer prozessorientierten Aufbauorganisation. Messung des erreichten Erfolges.
- Kontinuierlichen Verbesserungsprozess einleiten (permanente Reflexion). Weitere wichtige Geschäftsprozesse optimieren.

Monitoring der Prozesse
- Kontinuierliches Monitoring der Prozesse und Verbesserungen.

Prozessanalyse Methoden

Open Space Konferenzen:
Die Analyse der Geschäftsprozesse kann z. B. auch mit der Open Space Methode durchgeführt werden. Das Thema kann hierbei wie folgt lauten: "Wir wollen unseren Logistikprozess verbessern, was können wir tun"? Dies ist eine offene Thematik und gibt Raum (Open Space), um viele Ideen in alle

Richtungen zu entwickeln.

"Brown paper" Workshops:
In gemischten Prozessworkshops werden die Prozesse auf großen und langen Plakaten aufgezeichnet ("brown paper work").

Prozess-Workshops:
In Prozessworkshops werden mit Hilfe der Kompetenzmatrix die Arbeitsprozesse auf einzelne Schritte herunter gebrochen und nach Zuständigkeiten und Handlungsfeldern untersucht. Aufgaben werden verteilt.

Nahtstellenworkshops:
Eng zusammenarbeitende Einheiten setzen sich in einem Workshop zusammen und besprechen die Arbeitsabläufe und den Austauschprozess ("Was bekommen wir von euch in welcher Qualität, was geben wir euch in welcher Qualität") an den Nahtstellen ("Schnittstellen").

- Wollen wir unsere Prozesse wirklich mühsam verändern?
- Wer würde diese Arbeit unterstützen?
- Was verstehen wir unter einem Prozess?
- Wie viele Prozesse gibt es bei uns?
- Welches sind die wichtigsten Prozesse für unseren Unternehmenserfolg?
- Was sind unsere Haupt-, Neben- und Unterprozesse?
- Welchen Prozess wollen wir uns sinnvollerweise zuerst vor nehmen (Auswahlkriterien Z. B.: Verbesserungspotential/ Bedeutung für unseren Erfolg)?
- Wie sieht die aktuelle Situation dieses Prozesses aus?
- Wie würden wir den Prozess gestalten, wenn wir morgen bei Null neu beginnen könnten ("grüne Wiese")?
- Wer sollte der Verantwortliche für diesen Prozess sein?
- Wie wollen wir vorgehen, um kleine Einheiten zu schaffen, Prozesse zu modellieren oder optimieren?
- Wie können wir unsere Arbeit auf Teamstrukturen umstellen?
- Wie können wir unseren Fortschritt monitoren und messen?
- Wie können wir eine Prozesskultur in der Organisation einführen?
- Welche Art von Führungsstil müssen wir etablieren?
- Wie können wir die kontinuierliche Verbesserung unserer neuen Prozesse sicherstellen (Rollen, Methodik, Instrumente)?

Voraussetzungen erfolgreichen Wandels

Veränderungsbereitschaft der Führungsebene und aktive Einbindung des obersten Managements ist eine Grundvoraussetzung für den Erfolg. Die Prozesslandkarte und die Prozesse müssen gesamthaft betrachtet werden. Der richtige Prozess muss ausgewählt und konsequent bearbeitet werden (Kernprozess, Breite, Tiefe usw.). Visionen für die Prozesse und ihre Verbesserung müssen entwickelt und ehrgeizige aber erreichbare Ziele gesetzt werden. Die Erfolgs- und Risikofaktoren müssen im Vorfeld herausgearbeitet und im Vorgehen sowie in der Projektorganisation berücksichtigt werden. Die besten Mitarbeiter im Wollen und Können müssen mit der Prozessarbeit beauftragt werden. Das Projektmanagement muss im Sinne des Ressourcenmanagements, des Einsatzes der richtigen Methoden und der Schaffung von Freiräumen professionell gestaltet werden. Der Fortschritt muss regelmäßig überprüft werden. Dies setzt voraus, dass zu Beginn des Projektes ein Mess- und Controlling System eingerichtet wird. Die Prozessoptimierung muss gut vorbereitet werden. Die Kommunikations- und Beteiligungspolitik ist sicherzustellen.

Führungskompetenz im Prozessmanagement

Die zentrale Kompetenz in der Führung von Prozessen ist die der Moderation. Der Manager muss in der Lage sein, die in einem spezifischen Prozess zusammenlaufenden, zum Teil widersprüchlichen Logiken, Interessen, Motive und Perspektiven zu einem positiven Ergebnis zusammenzubringen - nicht per Anweisung, sondern per Moderation und damit Ausgleich der Interessen. Moderation dient hierbei der Zielintegration.

"Spielregeln" einer Prozesskultur

Die Bedürfnisse und Anliegen der externen Kunden bestimmen grundsätzlich die Entscheidungsfindung im Unternehmen. Die professionelle Prozesskultur ist durch die Ressourcenorientierung (verantwortlicher Umgang mit allen Ressourcen) und der Lernorientierung geprägt (kurze Lernzyklen, schnelle Erfolge, regelmäßige Reflexionen). Generell gilt, dass Lernprozesse der permanenten Verbesserung etabliert werden müssen. Hierbei ist zu beachten, dass kein Prozess so gut ist, dass er nicht noch besser werden könnte. Veränderungen sollten als permanente Kernaufgabe verinnerlicht werden. Dies sichert Beweglichkeit und Flexibilität in den Prozessen und in der Gesamtorganisation. Prozesskultur bedeutet auch ausgeprägte Ziel- und Lösungsorientierung. Die Problembeseitigung ist darauf ausgerichtet, die Ursachen und Störfaktoren im System zu finden und zu beseitigen und nicht darauf, Symptome zu behandeln oder Schuldige zu suchen ("finger-pointing"). Größere Probleme und Fragestellungen werden routinemäßig von funktionsübergreifenden Prozessteams behandelt.

Systemisches Denken ist die Voraussetzung einer Prozesskultur. Hierbei wird in Zusammenhängen (Beziehungen) und Wechselwirkungen gedacht. Die Gesamtoptimierung ist wichtiger als Einzeloptimierung. Der Nutzen der Selbstorganisation wird als wichtig erachtet. Feedbackschleifen werden etabliert und beobachtet.

Kontextbewusstsein (immer das Gesamte im Auge behalten), Wirklichkeitskonstruktionen sind sehr individuell (unterschiedliche Wahrnehmung).

Neues Führungsverständnis und neue Führungsaufgaben

In einer prozessorientierten Organisationskultur ist der Anspruch an die Führungskraft hoch. Im Prozessmanagement und in der prozessorientierten Kultur versteht sich der Vorgesetzte als Dienstleister seiner Mitarbeiter. Ihm obliegt das Ressourcenmanagement soweit es nicht in der Kompetenz der Mitarbeiter liegt. Er regt an, entwickelt mit seinen Mitarbeitern Visionen, setzt Rahmen und reduziert damit die Komplexität, und reflektiert, was damit ausgeschlossen ist. Er pflegt und beeinflusst die Unternehmenskultur, beobachtet, reflektiert und fördert Entwicklungsprozesse auf Mitarbeitergruppen- und Unternehmensebene zusammen mit seinen Mitarbeitern, pflegt und optimiert Prozesse, kommuniziert gut, zeitnah, ausreichend und umfassend, ist ein konstruktives Teammitglied, schafft Rahmen und unterstützt soziale Verarbeitung in seiner Organisation.

Prozesslandkarte (Architektur)

Erste Prozessebene	Zweite Prozessebene	Dritte Prozessebene
Unternehmensplanung	Strategische Planung Taktische Planung Operative Planung	
Vertrieb	Marktforschung Produktplanung Produkteinführung Produktwerbung Kundendienst	
Einkauf	Auswahl von Lieferanten	Lieferantensuche Vorauswahl Lieferanten Bewertung Lieferanten Beauftragung für Testprodukte und -leistungen

Erste Prozessebene	Zweite Prozessebene	Dritte Prozessebene
Einkauf (ff)	Lieferanten steuern	Verhandlung mit Lieferanten Vertragsmanagement Bestellung Vertragsverletzungen managen
	Lieferanten entwickeln	Lieferanten auditieren - Qualifizierung und Organisationsentwicklung von Lieferanten
	Strategische Koordination des Einkaufs	Gesamtkoordination und Steuerung Trends und Prognosen erstellen
Produktion	Fertigungsplanung o Fertigungssteuerung o Fertigung	
Kundenauftrag/ Auftragsbearbeitung	Angebot Auftragseingang Auftragsverwaltung Produktionsbereitstellung Installation Rechnungsschreibung Forderungseinzug	
Finanzen	Investition Kostenplanung/-kontrolle Einkauf Rechnungswesen Liegenschaften	
Technischer Außendienst	Installation Wartung Ersatzteillagerung	

Erste Prozessebene	Zweite Prozessebene	Dritte Prozessebene
Personalwesen	Personalplanung Personalsteuerung Personalentwicklung Ausbildung Gehaltsabrechnung	
Informationssysteme	Service Entwicklung Beratung	
Recht	Arbeitsrecht Vertragsrecht	

If you want to understand the way work gets done, to improve the way work gets done, and to manage the way work gets done, processes should be the focus of your attention and actions. - Geary Rummler/ Alan Brache (1990)

Kulturentwicklung -Kulturarbeit in Unternehmen konkret

"First we shape our structures and then our structures shape us."
Winston Churchill

Ist die Auseinandersetzung mit der Organisationskultur überhaupt noch wichtig? Oder war die Auseinandersetzung mit den Fragen der Kultur nur eine Frage, die nach den desaströsen Scheitern vieler Projekte im Namen von Reengineering, Kaizen, Lean Management und nicht zuletzt aufgrund des Scheitern vieler Fusionen insbesondere in den 80'iger Jahren in Mode gekommen? Viele Bestseller der Management-Literatur verstärkten diesen Trend: Z. B. "Auf der Suche nach Spitzenleistungen" (Peters/ Waterman), "Heimliche Spielregeln in Organisationen" (...). Vorstandsvorsitzende haben Beratern Aufträge gegeben, die heimlichen Spielregeln in ihren Organisationen diagnostizieren zu lassen.

Viele Klienten verdrehen die Augen, wenn sie dieses Thema und den Vorschlag hören, eine Arbeitsgruppe aufzusetzen, die sich mit der Kultur des Unternehmens befasst. Beraterkollegen haben sicherlich ihren Teil dazu beigetragen, durch viele "quick-and-dirty-Ansätze" sich mit diesem wichtigen Aspekt in Veränderungsprozessen zu befassen. In unseren Organisationsprojekten hat sich ein pragmatischer Ansatz bewährt, welcher im Folgenden dargestellt werden soll.

Wichtig bei der Kulturarbeit ist es, nicht von schlechter oder guter Kultur zu sprechen. Wie jeder Mensch einen Charakter hat, so hat auch jede Organisation ihre eigene spezifische Kultur, die sie bei Ihrer Leistungserbringung unterstützt oder hindert. Deshalb ist zu fragen, welche Organisationskultur die eigene Strategie unterstützt, wo sie zurzeit diesbezüglich stehen, und ob bzw. wie sie zu dieser strategieunterstützenden bzw. konformen Organisationskultur kommen können.

Das klassische Eisbergmodell als praktisches Instrument

Auch wenn dieses Modell sehr einfach und oft strapaziert wird, so besticht mich oft seine Wirkung im Projekteinsatz. Es gibt Situationen wo ich nicht mehr weiterweiß, wo das ganze reden und Flip-Chart-beschreiben nichts mehr bringt und die Situation sehr verfahren ist. In diesen Momenten skizziere ich dieses Modell auf einen Flip- Chart und teile der Gruppe meinen Eindruck mit, dass sie über das 1/10 spricht, dass jedoch ca. 9/10 unausgesprochene Dinge sind. Dies ist eine recht intensive Intervention, die irritiert, Neugier hervorruft und zwangsläufig nach Klärung ruft.

Dieses Rufen ist dann der Moment, wo der Organisationsentwickler einsteigen und seine Beobachtungen, Fantasien oder Hypothesen zur Verfügung stellen kann. Alternativ lädt er die Gruppe selbst ein, darüber zu assoziieren, was das bisher Unausgesprochene ist, was die Gruppe belastet, oder sogar blockiert. Diese Intervention zum richtigen Zeitpunkt eingebracht, nicht zu früh, erst genügend "Leidensdruck" aufkommen lassen, damit es akzeptiert wird, wird als sehr willkommen geheißen.

Skizze: Unternehmenskultur (nach Edgar Schein)

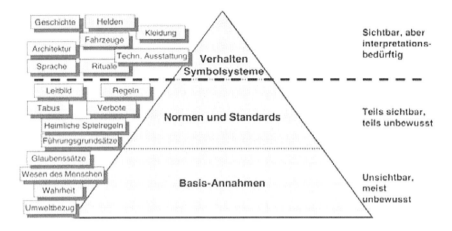

Vorgehen Kulturentwicklung

Bestandsaufnahme der Kulturen Ihrer Organisation bzw. Ihres Bereiches ("Subkultur" der Gesamtorganisation). Erste Ansätze innerhalb der Interviews.
- Überprüfung des Einflusses der Führung auf die bestehende Kultur.
- Gemeinsame Formulierung des gewünschten Zustandes.
- Definition von geeigneten Maßnahmen zur Kulturentwicklung und -förderung.
- Praxischeck durchführen.

Ausgewählte Dimensionen der Unternehmenskultur

Die Kultur einer Organisation kann anhand folgender Kulturdimensionen pragmatisch dargestellt werden. Die Dimensionen können sowohl in der Diagnose als auch in der Formulierung der zukünftig erwünschten Kultur genutzt werden. Dabei kann sich zwischen der Ist- und der Soll-Ausprägung der Kulturdimension jeweils eine Lücke (Gap) entstehen, die es dann zu analysieren und, je nach strategischem Kulturziel, zu bereinigen gilt. Mit folgendem Auftrag kann die Kulturausprägung Ihrer Organisation eingeschätzt werden (vgl. auch Praxisbeispiele): "Bitte schätzen Sie die Kultur Ihrer Organisation bzw. die Ihres Klienten ein und füllen die Tabelle aus."

Erforderliche kulturelle Veränderungen in Organisationen

Zusätzlich können Sie folgenden Auftrag erteilen: "Stellen Sie bitte anschließend diese Kultur dar (z. B. in Form einer Zeichnung auf dem Flip, Erzählung einer Kulturgeschichte)".

Falls Sie in Ihrer Organisationen erfolgreich Veränderungen durchführen wollen, gilt es kulturelle Veränderungen konsequent einzuleiten. Im Folgenden werden einige, zum Teil unangenehme bzw. herausfordernde, kulturelle Veränderungen aufgeführt.

Veränderungswünsche und jeweilige Veränderungsansätze

Verändern von Regelungen und der Unternehmenspolitik:
Schaffen Sie Regelungen ab, die neue Arbeitsweisen verhindern. Führen Sie neue Regelungen ein, die gewünschte Verhaltens- und Arbeitsweisen fördern.

Neue Ziele und Messgrößen einführen:
Führen Sie neue Ziele und Messgrößen ein. Richten Se die Ziele und Messgrößen an operative Prozesse aus. Belohnen und messen Sie an der Veränderungsleistung.

Neue Gewohnheiten und Normen einführen:
Verändern Sie alte Gewohnheiten. Beispiel: Stoppen Sie die schriftliche Kommunikation, wenn dies die beherrschende Art und Weise der Kommuni-

kation war. Ersetzen Sie diese durch kurze, dialogorientierte ("face-to-face") Veranstaltungen, in denen Sie Ihre Botschaften vermitteln.

Trainings, Schulungen stoppen:
Stoppen Sie Trainings- und Schulungsmaßnahmen, die den alten Weg fördern. Ersetzen Sie diese durch neue Maßnahmen, die neue Verhaltensweisen und Fähigkeiten fördern.

Berater und Trainer raussetzen
Verabschieden Sie sich konsequent von bisherigen Trainern und Beratern. In der Regel haben diese aus der bisherigen (nicht erfolgreichen) Situation profitiert, wenn nicht sogar mit herbeigeführt.

Neue Rituale (vor)leben:
Führen Sie neue Rituale ein, schaffen Sie ggf. die alten ab. Zeigen Sie in Ihren Reden, in Ihren Hinweisen und in der Dramaturgie des Rituals auf, welche Verhaltensweisen Sie zukünftig für erwünscht halten und welche nicht. Ein von mir eher kritisch betrachtetes, auch in deutschen Unternehmen durchaus übliches Ritual, ist der "Mitarbeiter des Monats". Trotz kritischer Betrachtung zeigen Sie mit den Erläuterungen bezüglich der Wahl des jeweiligen Mitarbeiters des Monats auf, welche Leistungen und Verhalten Sie besonders honorieren.

Verhalten Ihrer Führungskräfte ändern:
Da den Führungskräften in Veränderungsprozessen eine besondere Rolle zukommt, sollten Sie auf deren Verhalten in Veränderungsprozessen besonders achten. Strafen Sie das Verhalten ab, welches den Veränderungszielen entgegengesetzt ist. Dies setzt wichtige Signale.

Belohnung und Anerkennung:
Schaffen Sie Belohnungssysteme ab, die alte Verhaltensweisen und Methoden fördern. Ersetzen Sie sie mit neuen. Verbinden Sie Belohnungssysteme mit konkreten Veränderungszielen.

Kommunikation:
Verändern Sie die Kommunikationspolitik und -instrumente in der Organisation, die nicht dem neuen Geist entsprechen. Führen Sie Kommunikation in

neuer Form durch. Nutzen Sie vielfältige Kommunikationsinstrumente vor, während und nach Veränderungen. Achten Sie darauf, dass die Kommunikation Feedback ermöglicht, also beidseitig verläuft.

Gebäude und Infrastruktur verändern:
Verändern Sie Gebäude, Räumlichkeiten, Büros und Ausstattungen in Richtung der Veränderungsziele. Lassen Sie Mitarbeiter auch von außerhalb der Bürogebäude arbeiten. Dies stärkt die Kommunikation mit dem Markt und Kunden. Wenn Sie Zeichen setzen wollen, mieten Sie kleinere Büros an, ziehen sie als oberste Führung aus den schicken Etagen aus. Der weltweit größte Herrenhemdenproduzent in Istanbul verzichtete auf ein eigenes Büro. Er war permanent bei seinen Beschäftigten zu finden.

Organisationsstruktur:
Führen Sie Strukturen ein, die Veränderungen herbeiführen. Setzen Sie Kundenserviceteams ein, zentralisieren bzw. dezentralisieren Sie, je nach Anforderung und Veränderungsziel. Führen Sie überlappende Bereiche zusammen. (Erweitert nach T. Galpin, 1996)

Diese Veränderungen alle gleichzeitig durchzuführen erfordert sehr viel Kraft und würde von einem radikalen Reengineering nicht weit entfernt sein. Dennoch kommt es darauf an, wie groß der Leidensdruck ist, wie stark die Rückendeckung des obersten Organisationsführers bei Vorständen, Aufsichtsräten oder Eignern ist und auch wie die Arbeitnehmervertreter mitziehen. Nichtsdestotrotz können mit einer starken Rückendeckung auch sehr unliebsame Entscheidungen getroffen werden, um eine wirkliche und schnelle Veränderung herbeizuführen.

Die wirksamsten Veränderungen habe ich erlebt, in dem neue, von außen gekommene Geschäftsführer, einen völlig neuen Geist und neue Wertvorstellungen (z. B. Kunde in den Fokus, Verkaufsorientierung) konsequent vertreten haben. Voraussetzung ist hierfür jedoch, dass diese GF auch eine sehr starke Unterstützung durch ihre Vorstände und Aufsichtsräte erfahren, dass sie sozusagen eine freie Hand bekommen.

Einige kritische Überlegungen zum Thema Kultur- und Wertearbeit

Immer wieder ist zu beobachten, wie oberste Führungskräfte sehr komplexe, intensive Projekte starten, mit welchem sie die Werte ihrer Organisationen erarbeiten. Oft unter breiter Beteiligung von Mitarbeitern. Zu bedenken ist jedoch, dass die Organisation nicht nur darauf schaut, mit welchen innovativen und kreativen Methoden die Werte erarbeitet, die Vision und Mission beschrieben werden, sondern auch und insbesondere, wie diese Werte eingehalten und vorgelebt werden. So ist es nicht ganz einfach, wenn eines von 7 Werten einer Organisation ist "wir gehen fair miteinander um", und wenn im gleichen Atemzug ein unliebsamer Mitarbeiter sehr unfair entlassen wird, oder wenn sehr durchsichtige Machtspiele laufen, die sich in nicht abgestimmten, an den Köpfen hinweg gestalteten Personalbesetzungen zeigen, wo einem Mitarbeiter eine Funktion weggenommen wird oder einem Mitarbeiter aufgezwungen wird.

Wenn diese negativen Prozesse Visionsprozessen folgen, so wird sich die Organisation dies sehr genau merken und bei einem der nächsten Anläufe entsprechend Widerstand zeigen. Dem eigenen Image als visionäre Führungskraft schaden diese politischen "Spielchen" allemal. Die Entwicklung eines Bewusstseins für die eigene Organisationskultur und ihren Einfluss auf den Erfolg kann nicht hoch genug eingeschätzt werden.

Praxisbeispiel: Einsatz des Eisbergmodells im Vorstand

Ein Vorstandmitglied einer Großbank beauftragte mich mit der Moderation und dem Coaching einer Teamentwicklung mit seinen direkten Mitarbeitern. Wir sollten an der Ressortstrategie arbeiten und gleichzeitig mit dem Team. Zwei Tage lang zogen wir uns in ein sehr gutes Tagungshotel zurück. Der erste Tag war äußerst schwierig. Gedämpfte Stimmung, Präsentationen der einzelnen Bereichsleiter, mit dem Ziel diese dann zu einer Gesamtausrichtung zusammenzuführen und eine Ressortstrategie zu entwickeln.

Dies gelang nicht. Ich fühlte mich geradezu ohnmächtig und nach 20 Jahren beraterischer Erfahrung geradezu wie ein Anfänger, was ich auch sagte, zusammen mit einer These, welche ich anbot. Meine These war einfach. Ich teilte ihnen mit, dass ich beobachten würde, dass sie nicht wirklich weiterkämen und die Problematik auch nicht auf der inhaltlichen Ebene liegen würde, sondern vielmehr mit den unsichtbaren Dingen, wie bei einem Eisberg, zu tun hätten. Das Modell war ihnen bekannt und sprach sie auch an, zumal alle das Gefühl festzustecken mit mir teilten. "Sie haben doch bestimmt einen Vorschlag, wie es weitergehen kann", fragte mich der Vorstand in einem leicht autoritär-vorwurfsvollen Ton. Ich versuchte mich nicht beeindrucken zu lassen und schlug vor, uns alle in einen Stuhlkreis zu setzen und über die letzten zwei Jahre ihrer Teamgeschichte zu sprechen. Reihum sollten sie erzählen, wie es ihnen zur Zeit im Team geht und wie sie die Entwicklung der letzten zwei Jahre sehen würden.

Diese einfache Methode schlug ein. Es kamen sehr bedeutende Dinge hoch, die zum Teil geklärt worden konnten und zum Teil nur einen Raum brauchten, um geäußert werden zu können. Diese offenen und von allen gehörte Äußerungen brachten dann dem einzelnen als auch dem gesamten Team Entlastung. Ein zentrales Problem war zwischen dem Vorstand und einem Bereichsleiter (BL), der für die künftige strategische Richtung von hoher Wichtigkeit war. Als der Vorstand an der Reihe war, teilte er mit, dass er nicht vergessen hätte, wie der Bereichsleiter während seiner Abwesenheit eine mit ihm nicht abgestimmte Präsentation im Gesamtvorstand gehalten hätte. Dies sei für ihn eine sehr große Illoyalität gewesen, die er nicht vergessen könne. Der BL bekam die Möglichkeit, seine Situation und die Beweggründe für die unabgestimmte Präsentation zu schildern. Zumindest für den Workshop waren wir wieder arbeitsfähig.

Praxisbeispiel: Geschäftsführungs-Kultur-Workshop

In einer Fusion zweier Chemiekonzerne entschloss sich die neue GF, paritätisch zusammengesetzt aus beiden Herkunftsfirmen, und ihre direkten Führungskräfte, sich zu Beginn der Fusion bereits mit ihren Herkunftskulturen zu befassen, und sich gegenseitig besser kennen zu lernen. Die zukünftige Unternehmenskultur sollte gemeinsam beschrieben und als Ziel festgelegt werden. Folgende Fragestellungen standen im Fokus.
o Gemeinsames Betrachten der Kulturen. Wo liegen Unterschiede in unseren Unternehmenskulturen?
o Welche gemeinsame Kultur wünschen wir uns?
o Was können wir tun, um uns zu dieser Kultur zu entwickeln?
o Wie können wir andere Mitarbeiter in diese Diskussion und Kulturentwicklung einbeziehen?

Nach der Auslagerung der Informationstechnologie-Funktionen (IT) der Mutterkonzerne in eine gemeinsame IT-Tochtergesellschaft wurden die Auswirkungen von kulturellen Unterschieden deutlich. Um einen Effizienzverlust zu vermeiden und die Integration im neuen Unternehmen sicherzustellen, wurde im Rahmen eines laufenden Change-Management-Projektes ein Kultur-Workshop unter der Leitung von dem OE-Institut durchgeführt.

In diesem Workshop wurden die Führungskräfte auf die kulturellen Aspekte der Fusion durch eine intensiv gecoachte Reflexion ihrer Herkunftskulturen sensibilisiert. Kulturmaßnahmen wurden im Hinblick auf verbesserte Kooperation und Kommunikation festgelegt.

Im Workshop wurde ein praxisorientiert-reflexiver Ansatz gewählt. Der Dialog sollte im Vordergrund stehen. Auf kreative, jedoch nicht immer einsetzbare Methoden wie malen, Unternehmenstheater etc. sollte verzichtet werden.

Der pragmatische Ablauf des GF-Kulturworkshops sah folgende Schritte und Methoden vor.

Schritt	Thema im Workshop	Methode
1	Begrüßung, Vorstellung, Ziele, Rollen, Ablauf, Arbeitsweise	Besprechung im Plenum, Flips
2	Meine Erwartungen und Befürchtungen bzgl. des Kultur-Workshops	Abfrage im Plenum, Flip-Doku
3	Einstimmung auf das Thema	Durch Moderator
4	Was ist Kultur überhaupt? Vorstellung von Kulturdimensionen: Wahrnehmung von Führung (Entscheidungsfreude, Verbindlichkeit, Verlässlichkeit), Mitarbeiter („unser höchstes Gut"), Kommunikation (offen, Dialog), Kundenorientierung, Ergebnisorientierung (finanzieller Aspekt), Effizienzorientierung, Qualitätsorientierung, Internationalität	Konzeptioneller Input in Gesamtgruppe durch OE-Berater
5	Reflexion der Kulturen auf Basis der Kulturdimensionen (vgl. Abschnitt: Kuturdimensionen) (Eigenbild, Fremdbild) Was zeichnet unsere bisherige Kultur aus? Was würden wir gerne in das neue Unternehmen einbringen? Was würden wir am liebsten aufgeben? Wie sehen wir unsere Partner?	2 Arbeitsgruppen (getrennt nach Herkunftsfirmen)
6	Präsentation, Reflexion der AG-Ergebnisse (Eigenbild, Fremdbild)	Gesamtgruppe
7	Wie wollen wir mit Kulturunterschieden umgehen? Wie können wir eine neue, gemeinsame Kultur aufbauen, ohne eigene Werte aufzugeben?	Zwei gemischte Gruppen
8	Wie schaffen wir es, eine Aufbruchs- und Innovationsbereitschaft und -stimmung an beiden Standorten entstehen zu lassen? Wie können wir Kulturarbeit vertiefen?	Gesamtgruppe
9	Grobplanung von Maßnahmen, Auswertung des Workshops, Verabschiedung	Gesamtgruppe

Praxisbeispiel: Strategiewechsel führt zum Kulturwandel

Ein Großunternehmen musste aufgrund seines massiven Stratgiewechsels vom klassischen Papiermacher zum Digital Print Unternehmen seine Organisationskultur überprüfen und diesem Strategieansatz anpassen.

Die OE´ler wurden gebeten, diesen Prozess durch ein intensives Kulturentwicklungsprojekt zu begleiten. In mehreren Interviews und Workshops wurde mit Mitarbeitern, Führungskräften und Gesellschaftern die Ausgangskultur transparent gemacht und diagnostiziert. In einem Dialogprozess wurden die strategischen Kulturdimensionen (Sollkultur) wie z. B. verstärkte Kundenorientierung, moderne Mitarbeiterführung, Qualitätsorientierung praxisorientiert entwickelt. Die zentralen Defizite im Vergleich zur bestehenden Kultur führten u. a. zu Projekten wie "Customer Relationship Management", "Führungsgrundsätze" und "Total Quality Management". Das Monitoring dieser Projekte übernahmen ausgewählte Teilnehmer der Kulturworkshops (culture teams) gemeinsam mit den externen OE´lern.

Phasen im Projekt "Kulturentwicklungsprozess"

Nr.	Phase	Ziele/Inhalte	Zeitraum
1	**Klärung** der Ziele und Rahmenbedingungen mit Auftraggeber. Workshop 1 Tag	• Klärung der Ziele und Teilziele • Klare Beschreibung des Nutzens • Definition der kritischen Erfolgsfaktoren • Klärung der Projektorganisation (Rollenklärung) • Verabschiedung des weiteren Vorgehens	Februar-März
2	Abstimmung und **Information** Gespräche, schriftliche Vorstands-Info	• Abstimmung des Konzeptes mit den Führungskräften - Prüfung der Ergebnisse aus Phase 1 - Akzeptanz der Führungskräfte erreichen, "FKs sind die Träger des Kulturentwicklungsprozesses". • Information der Personalvertretungen und Mitarbeiter	März
3	**Analyse** der bestehenden Kultur 4 Analyse-Workshops je 2 Tage	• Bestehende Probleme und Barrieren in und zwischen den Organisationseinheiten werden erkannt, analysiert und Themen zum Veränderungsprozess definiert • Stärken der bestehenden Kultur werden ermittelt	April-Mai
4	**Zusammenführung** der Ergebnisse der Analyse-Workshops, Sollkonzept und Projektplanung Workshop 2 Tage	• Ergebnisse der vier Analyseworkshops werden zusammengeführt, Sollkonzept entwickelt und konkrete Projekte mit klaren Zeitplänen und Verantwortlichkeiten erarbeitet • TOP-Management-Workshop mit Delegierten aus Workshops	Mai-Juni
5	Ausarbeitung der **Projekte**	• Zum Ende dieser Phase sind die geplanten Maßnahmen und Projekte realisiert und soweit möglich bereits implementiert • Falls sie noch nicht eingeführt sind, ist der Einführungsprozess geplant	August-Oktober
6	**Auswertung** des Gesamtprojektes Workshop 1 Tag	• Der Erfolg des Projektes wird an Hand der kritischen Erfolgsfaktoren geprüft • Bei der Auswertung werden insbes. folgende Fragen bearbeitet: - Haben wir die definierten Ziele erreicht? - Wie war die Zusammenarbeit im Rahmen des Projektes? - Was hat das Unternehmen oder Teile des Unternehmens aus dem Projekt gelernt?	Ende November

Ablauf der Kultur–Workshops

Die vier Kulturworkshops an den unterschiedlichen Unternehmensstandorten verliefen alle nach folgender Agenda. Die Teilnehmer setzten sich aus allen Hierarchie- stufen und Funktionen zusammen. Tatsächlich saß in einem der Workshops der Vorstandsvorsitzende mit dem Pförtner zusammen und beide schrieben gleichermaßen Karten zur bestehenden und zur gewünschten Soll-Kultur. Das Ziel dieser Workshops war es, die Merkmale der heutigen Kultur konkret zu sammeln, die Soll-Kultur zu beschreiben, die Soll–Kulturelemente nach ihrer Bedeutung und dem heutigen Erfüllungsgrad zu bewerten: Weiterhin war es das Ziel, konkrete Maßnahmen, Projektideen und Instrumente (intern am jeweiligen Standort und im Konzern) zu erarbeiten, mit der die Kultur in Richtung Soll-Kultur weiterentwickelt werden konnte. Heraus kamen über alle Workshops die Unterschiede, die es mit verschiedenen Maßnahmen zu beschreiben galt.

Donnerstag		Freitag	
11.00 Uhr	Ziele, Kontext, Gesamtvorgehen	8.30 Uhr	Einstiegs-„Blitzlicht" (reihum)
	Erwartungen und Befürchtungen	9.15 Uhr	Präsentation und Zusammenführung Soll-Kultur
13.00 Uhr	Mittagessen	10.45 Uhr	Bewertung der Soll-Kultur (Bedeutung und Erfüllungsgrad)
	Konzeptioneller Input – Unternehmenskultur. Was ist Organisationskultur?	11.30 Uhr	Ermittlung Handlungsbedarf und konkrete Maßnahmen und Projektideen, Instrumente (intern/Konzern)
15.00 Uhr	Merkmale der heutigen Kultur		Ableitung von Konsequenzen für mein eigenes Verhalten (Wie werde ich mich anders verhalten? Worauf verpflichte ich mich hier (öffentlich)?
16.30 Uhr	Zusammenführung der IST - Kultur	13.00 Uhr	Pause
18.00 Uhr	Pause	13.15 Uhr	Präsentation und Zusammenführung
18.15 Uhr	Entwicklung der Soll - Kultur	14.15 Uhr	Fragebogen ausfüllen
19.45 Uhr	Feedback des Tages	14.30 Uhr	weiteres Vorgehen
20.00 Uhr	Ende	14.45 Uhr	Auswertung Workshop
		15.00 Uhr	Ende

Im Hinblick auf Erwartungen und Befürchtungen der Teilnehmer wurden zu Beginn des Workshops folgende Fragen in Arbeitsgruppen bearbeitet: Wann ist für Sie die Gesamtmaßnahme erfolgreich? Welche Befürchtungen haben Sie, wenn Sie an diese Maßnahme denken? Welche Erwartungen haben Sie zusätzlich zu den genannten Punkten an diesen Workshop?

Die Ist-Kultur wurde nach folgender Methode in vier durchmischten, parallel arbeitenden Arbeitsgruppen erfasst: Nennen Sie bitte die typischen Merkmale dieser Kultur (max. 7). Welche Merkmale sind für uns charakteristisch? Bitte begründen Sie die Auswahl Ihrer Merkmale. Welches sind die Stärken bzw. Schwächen dieser Kultur- Merkmale? Den Arbeitsgruppen wurde der Hinweis gemacht, klare und konkrete Aussagen zu formulieren.

Die SOLL-Kultur wurde wieder in den gleichen Arbeitsgruppen nach folgender Fragestellung erarbeitet und später, wie die Ist-Kulturpräsentationen auch, über alle AG- Ergebnisse zusammen gebracht und bewertet. In welche Richtung müssen wir die Kultur entwickeln, um langfristig erfolgreich zu sein: Wir werden erfolgreich sein wenn ...!

SOLL-Kulturelemente

Folgende SOLL-Kulturelemente wurden u. a. benannt:

Kundenorientierung:
Der Kunde steht im Zentrum unserer Geschäftstätigkeit, wenn wir die Bedürfnisse des Kunden kennen, wenn wir unsere eigenen Stärken und Schwächen kennen, wir jedem Mitarbeiter seine Bedeutung im Sinne des Geschäftes mit dem Kunden erklären, wenn wir die "Sprache" des Kunden verstehen, wenn wir unsere Kunden erfolgreich machen.

Führung:
Wenn wir Führungskräfte mit entsprechender Sozialkompetenz etablieren, wenn wir in der Führung Fach- und Sachkompetenz etablieren, wenn wir unsere Mitarbeiter zielgerichtet führen und Erfolgskontrollen stattfinden.

Die Kommentare zum Vergleich SOLL-Profil mit dem heutigen IST-Profil lauteten wie folgt: Kein einziges Merkmal voll erfüllt, Schlüsselthemen im Workshop werden bestätigt, Messlatte sehr hoch gelegt, Verhaltensorientierte Themen deutlich negativ, eindeutig Sach- und nicht Menschenorientierung, es gibt viel zu tun (Schwerpunkt muss Führung sein), im Sollbereich Beziehungsebene und Führung sind die größten Unterschiede, wir sind ein verdammt mittelmäßiges Unternehmen (geworden).

In zwei Arbeitsgruppen wurde der Handlungsbedarf auf Basis dieser Einschätzung erarbeitet: Welchen Handlungsbedarf sehen Sie? Leiten Sie daraus konkrete Maßnahmen und Projektideen ab (intern am Standort und im Gesamt-Konzern?) Welche Konsequenzen ergeben sich hieraus für ihr persönliches Verhalten?

In jedem Standort-Workshop wurden Personen benannt, die einem so genannten "Kulturteam" angehören sollen. Die Aufgabe dieser Kulturteams war es, die mit dem Workshop gestartete Kulturarbeit am Standort fortzusetzen, die Umsetzung zu begleiten (nachfragen, unterstützen) und für die Vernetzung mit den übrigen drei Kulturteams an den übrigen Standorten zu sorgen und auch für die Ergebniskontrolle der Workshop-Ergebnisse zu sorgen.

Grundsätze der Führung und Kooperation

Die Kultur eines Unternehmens wird sehr stark durch die Führungskräfte geprägt. Zum gemeinsamen Aufbau einer neuen Führungskultur stellt die Entwicklung von Führungsgrundsätzen und deren Umsetzung eine wichtige Basis dar. Führungsgrundsätze beschreiben die Führungsbeziehungen zwischen Vorgesetzten und Mitarbeitern. Sie sind sozusagen die Messlatte des Führungsgeschehens.

Ziele von Führungsgrundsätzen

- Führungsgrundsätze können nur dann wirksam werden, wenn sie in das Unternehmensleitbild eingebunden sind.
- Schaffung einer gemeinsamen Basis im Umgang der Führungskräfte mit ihren Mitarbeitern.
- Synchronisierung der Erwartungen der Mitarbeiter mit dem Führungsverständnis im Unternehmen.
- Neuen Führungskräften und Mitarbeitern den Einstieg in die Organisation erleichtern, da beide wissen was von ihnen als FK erwartet wird bzw. was sie von Führung erwarten können.

- Orientierung über die Rolle der Führungskraft geben (was wird von einer Führungskraft erwartet, was kann ich von meiner Führungskraft erwarten?).
- Rahmen für Führungskultur definieren.

Vorgehensschritte

1. Erarbeiten eines Vorgehenskonzeptes
2. Grobanalyse der bestehenden Führungskultur im Unternehmen
3. Entwicklung der Führungsgrundsätze (Z. B. in einem hierarchieübergreifenden Workshop, abhängig vom erwünschten Partizipationsgrad im Unternehmen)
4. Festlegung der Messbarkeit und des Controllings der Implementierung (wie soll es gelebt werden? Wie verbindlich muss das Verhalten sein?)
5. Kommunikation der neuen Führungsgrundsätze im Unternehmen
6. Schulung der Führungskräfte, inkl. des Top-Managements, welche sich in einer eigenen Klausur mit diesen neuen Prinzipien auseinandersetzt und sein eigenes Verhalten dies bezüglich abprüft

Hohe Kunst der OE-Workshopleitung

Gestaltung von OE-Veranstaltungen in Veränderungsprozessen

Im Organisationsentwicklungsprozess werden bedarfsorientiert professionelle Moderatoren für zeit-, themen- oder teilnehmerkritische Veranstaltungen eingesetzt. Diese Rolle ist nicht mit einer reinen Moderationsrolle, die sich temporär auf die Lösung eines Problems oder Tagung richtet, beschränkbar, sondern eine Mischung aus Moderation, Leitung und Beratung bzw. Coaching. Der Beratungs-Anteil ist bei besonders schwierigen Prozessen, so z. B. in Fusionsprozessen oder sonstigen, sehr angespannten Konfliktsituationen eher zurückzustellen. Eine neutrale und zurückgenommene Haltung und Rolle, hilft den Teilnehmern an dieser Stelle eher, ihre Workshopziele zu erreichen. Der Moderator konzentriert sich dann ausschließlich auf den Veranstaltungsprozess und hält sich aus den Inhalten völlig raus. Auch wenn er es kaum aushält und gerne einen Beitrag leisten will, nimmt er keine inhaltliche Position ein. Er hält den roten Faden in der Hand, gibt Orientierung, lebt die OE-Werte vor, ist ein Vorbild für Wertschätzung von Unterschieden (diversity), offene Kommunikation, Kooperation, Lernen und Engagement.

In Veränderungsprozessen werden bedarfsorientiert interne und externe, professionelle Moderatoren für zeit-, themen- oder teilnehmerkritische Veranstaltungen eingesetzt, um ein Höchstmaß an Arbeitsfähigkeit und Ergebniswirksamkeit zu gewährleisten. Der externe Moderator ist nicht Mitglied des Systems, "hat keine Aktien im Spiel". In der Frage der Moderation entstehen vielfach Konkurrenzsituationen zu internen Moderatoren bzw. Führungskräften, die die Moderation als Führungsaufgabe sehen, was je nach Situation auch richtig ist. Diese Konkurrenzsituation und das Nicht- vermitteln können bzw. verstehen der externen Moderationsrolle hat uns dazu gebracht, diesen Einsatz als Teamcoaching zu bezeichnen. Es ist für uns eine Mischung aus Moderation und Coaching. Daher kann er aus einer neutralen Position heraus, verschiedene Interessen berücksichtigend, Prozesse und Veranstaltungen moderieren.

Ziele der Moderationsrolle

Entlasten der fachlich verantwortlichen Führungskräfte und Stabsfunktionen von der Moderationsaufgabe. Damit können sie sich voll auf die inhaltliche Arbeit konzentrieren. Beispielsweise ist es schwierig, wenn in einer Reorganisation der Personalchef arbeitsrechtliche Erklärungen abgeben und Fragen beantworten muss, und gleichzeitig die Veranstaltung moderieren soll.

o Professionelle Moderatoren haben Vorbildcharakter (Lernen am Modell). Das heißt die Teilnehmer lernen an seiner Moderations- und Leitungsweise. In Organisationen kann der Moderator ein gutes, demokratisch-partizipatives Beispiel geben, in dem er bei erforderlichen Entscheidungen über die dramaturgischen Schritte im Workshop die Teilnehmer beteiligt, offene oder anonyme Abstimmungsprozesse einleitet, um das wirklich Gedach-

te herauszubekommen. Auch lernen die Teilnehmer anhand seiner Person, seinen Methoden und Beiträgen
o Sicherstellung der ergebnisorientierten Durchführung der Veranstaltung
o Das gesamte Problemlösungspotential aller Teilnehmer zur Wirkung bringen
o Den Workshop als ein temporäres Lernsystem gestalten. Neugier schaffen, die Teilnehmer füreinander und für die Themen interessieren
o Interne können an dieser Rolle, die ja quasi für den Externen Tagesarbeit ist, lernen, insbesondere wie schwierige Situationen gemeistert werden, oder wie die Effizienz sozialer Systeme auf hohem Niveau gehalten wird
o Berücksichtigen aller beteiligten Interessen (Führungskräfte, Mitarbeiter, verschiedene Abteilungen etc.)

Vorgehen

o Vorgespräche mit Auftraggeber, Kontrakt abschließen.
o Vorgespräche mit möglichst vielen Teilnehmern (Interviews) mit dem Ziel, ein Gefühl für die Herausforderungen und Erwartungshaltungen zu erhalten. Tipp: Keine Veranstaltung ohne Vorgespräche, auch wenn der Klient dieses zunächst nicht will. Überzeugen Sie ihn!
o Dramaturgie-Erarbeitung durch Moderator in Abstimmung mit den Verantwortlichen.
o Zu Beginn Klarheit über die Ziele und Erwartungshaltungen mit allen schaffen. Tipp: Halten Sie die Ziele und Erwartungen konkret und sichtbar fest. Nach der Veranstaltung werden dann alle sehen, was alles erreicht wurde.
o Der Moderator konzentriert sich ausschließlich auf den Veranstaltungsprozess. Tipp: Keine inhaltlichen Bemerkungen, so schwer es Ihnen auch fällt!
o Dokumentation während der Veranstaltung durch Moderator (auf Pinnwand bzw. Flip-Chart). Tipp: Schreiben Sie alles auf! Teilnehmer achten sehr darauf. Es ist auch eine Frage der Wertschätzung. Dadurch können auch unnötige Diskussionen und verdeckte Machtkämpfe, die sich um das Ringen einzelner Begriffe ranken, vermieden werden. Bitten Sie die Teilnehmer auch, dass sie das Geschriebene auf Fehlern kontrollieren und korrigieren.
o Ergebnisdokument wird in Form eines Abschlussdokumentes nach der Veranstaltung und Idealerweise innerhalb von drei bis vier Tagen – je früher desto besser – erstellt (Mischung aus Fotoprotokoll und Text, Z. B. zu den

entschiedenen Punkten und zum Aktionsplan).

o Auswertung am Schluss: Setzen Sie einen Fragebogen für Ihre eigene Qualitätssicherung und für potentielle Auseinandersetzungen am Schluss ein! Damit haben Sie für sich ein gutes Feedback für Ihr eigenes Lernen und zusätzlich schriftliches Material, falls es zu Unklarheiten über das Ergebnis und den Erfolg der Veranstaltung kommt.

o Transfergespräch zwischen Moderator und Verantwortlichem unmittelbar nach der Veranstaltung.

o Review nach sechs bis acht Wochen. Mindestens telefonisch, besser im persönlichen Gespräch.

Worauf der Moderator achten sollte

o Teilnehmer nicht unterdrücken oder persönlich beleidigen lassen ("auf Gürtellinie achten").

o Auseinandersetzungen in der Gruppe erkennen, ansprechen und Wege zu ihrer Bearbeitung aufzeigen. Nicht jeder Konflikt kann in der Veranstaltung bearbeitet werden. Es genügt jedoch, wenn der Konflikt benannt und mit Verantwortlichen auf die Aktionsplanung als zu klärender Punkt sichtbar dokumentiert wird.

o Teilnehmer am Thema halten, sie entsprechend koordinieren und leiten.

o Dafür sorgen, dass die Teilnehmer entlang der Agenda arbeitet und beim Thema bleibt. Abweichungen zulassen, falls sie für die Themenverfolgung wichtig sind (so viel Struktur wie nötig, soviel Freiraum wie möglich).

o Spielregeln erarbeiten lassen und deren Einhaltung und Respektierung beachten (Spielregeln hängen sichtbar an der Wand).

o Der Moderator und sein Co-Moderator sind für den Rahmen und die Grenzen der Veranstaltung verantwortlich (Agenda, Tagungsmaterial und -technik, Verpflegung, Kontakt zum Hotel).

o Zeitrahmen halten (Beginn, Pausen und Ende der Veranstaltung).

o Sorgt für die Dokumentation der Ergebnisse (Fotoprotokoll, Ergebnisdokument).

o Er sorgt für die Erstellung eines Aktionsplanes am Ende der Veranstaltung. Jede Besprechung bzw. Veranstaltung endet mit einem Aktions- bzw. Maßnahmeplan.

o Klärt Rollen aller Teilnehmer schriftlich auf Pinnwand oder Flip-Chart und stimmt sie mit allen ab. Je schwieriger das Thema und die Teilnehmer, desto wichtiger ist dieser Punkt. Tipp: Zeigen Sie die Rollendarstellung vor Beginn den Hierarchen bzw. Auftraggebern in der Veranstaltung, damit sie keine Überraschung erleben und die Rollenbeschreibung mittragen.

o Sorgt dafür, dass die Teilnehmer sich ihrer Verantwortung für die Ergebnisse bewusst werden, und nicht in eine Konsumhaltung gehen. Dies geschieht bereits bei der Rollenaufteilung.

Was der Moderator vermeiden sollte

o Ergebnisse bewerten. Je schwieriger das Thema und die Dynamik, desto stärker sollte sich der Moderator zurückhalten und sich nicht in eine inhaltliche Diskussion einmischen bzw. hineinziehen lassen.
o Sich als Führungskraft verhalten.
o Auf gar keinen Fall Partei ergreifen. Der Moderator muss sich der Gesamtgruppe gegenüber verantwortlich fühlen. Dieses sollten Sie vorher mit dem Klienten absprechen. Neben ihrem direkten Klienten gehören dann auch die Teilnehmer zu ihrem Klienten System, was die Sache nicht einfacher macht, Ihnen jedoch die Möglichkeit gibt, die Zufriedenheit und Unzufriedenheit aller ständig vor Augen zu halten und bei Änderungen der Agenda alle einzubeziehen. Achten Sie jedoch darauf, dass die Veranstaltung nicht zu einer demokratischen Runde wird. Manchmal müssen Sie eine Methode durchführen und nicht auf alle hören (z. B. wenn Sie eine anonyme Abfrage für richtig halten, dieses anbieten und trotz Ablehnung durch den einen oder anderen durchführen).
o Als Moderator nicht in Auseinandersetzung mit den Teilnehmern gehen. Auch bei Angriffen nach Möglichkeit ruhigen Kopf bewahren. Wenn Sie zu zweit arbeiten, sollte ihr Kollege einspringen, damit sie sich beruhigen und über die Ursachen nachdenken können. Später wäre es gut, den Konfliktfall anzusprechen und die Frage zu stellen, woran das liegen könnte. Auch können Sie als Moderator eine Open Staff Sequenz einleiten und vor den Teilnehmern "unter Kollegen" darüber sprechen, was passiert ist, und woran das liegen könnte.
Viele Führungskräfte achten sehr darauf, was ihre Mitarbeiter von dem Mo-

derator und seinem Moderationsstil halten. Sie beziehen Mitarbeiter bei der weiteren Beauftragung des Moderators ein. Achten Sie deshalb, wie oben erwähnt, auf die Gesamt- gruppe. Wenn Sie zu zweit sind, kann Ihr Kollege in den Pausen mit den Einzelnen Zwischengespräche führen, um die Sicht auf den Verlauf und auf bisherige Ergebnisse bis hin zu ihrer Moderationsweise abfragen. So bekommen Sie einen guten Überblick und können schnell handeln. Navigieren Sie ständig, ohne das Ziel und die erforderlichen Veranstaltungsergebnisse aus den Augen zu verlieren.

Aufgaben und Verantwortung der Teilnehmer

o Teilnehmer sind für die Ergebnisse mitverantwortlich. Keiner soll sich hinterher beschweren, dass die Veranstaltung ja nichts gebracht hätte. Unzufriedenheit soll frühzeitig mitgeteilt und bearbeitbar gemacht werden
o Darauf achten, dass die "Spielregeln" eingehalten werden. Dies ist auf jeden Fall Moderatorenaufgabe. Aber die Teilnehmer selbst können dieses mit beachten
o Sich aktiv einbringen, Ideen einbringen, Fragen stellen, sich öffnen, eigene Meinung offen kundtun
o In schwierigen Phasen für Einigung bemüht sein
o Die Rolle des Moderators akzeptieren und respektieren. Wenn der Moderator das Gefühl hat, dass das nicht gegeben ist, muss es thematisiert und mit allen geklärt werden. Sie brauchen sozusagen das Mandat von allen. Es sei denn, sie moderieren im Auftrag einer Führungskraft, der sich der Widerstände gegen seine Rolle klar ist, ohne dass er es explizit ausspricht. Er holt sie jedoch dazu, da er von Ihnen Unterstützung braucht. Sie "kämpfen quasi Seite an Seite" mit ihm. Wobei solche Zustände generell problematisch sind, und gesamthaft angeschaut und verbessert werden sollten. Das gemeinsame Durchleben einer solchen Situation kann Anlass zum Start einer Bereichsentwicklung sein.

Was sollte der Moderator für Fähigkeiten mitbringen

Folgende Fähigkeiten sollte der Moderator mitbringen:
o Kommunikationsfähigkeiten o Einfühlungsvermögen
o Erfahrung im Umgang und in der Arbeit mit Gruppen
o Unbewusste Gruppenprozesse erkennen und steuern können
o Konflikte und Unsicherheiten aushalten können. Krisengeprüft sein
o Situationen halten können ("Containment" geben)
o Methoden und Instrumente der Moderation beherrschen (Gesprächsleitung, Fragetechniken, Visualisierung, bei Bedarf Pinnwand-Karten-Technik)
o Flexibel sein (nicht auf Agenda pochen), situativ moderieren können.

Was der Moderator nicht braucht

Fachkenntnisse. Es ist oft sogar sehr hilfreich, dass der Moderator die Fachthemen nicht versteht. Er kann sich dann auf den Prozess und auf die Teilnehmer konzentrieren. Hier wird auf jede Regung in der Gruppe geachtet.

Worauf ist zu achten, wenn zu zweit moderiert wird

o Klare Rollen vereinbaren und sie den Teilnehmern deutlich machen. Die führende Moderatorenrolle deutlich machen. Sonst besteht die Gefahr, dass die Gruppe dieses unbewusst versucht herauszufinden und einen Konflikt erzeugt, wo dann der
Führende Moderator einschreiten muss.
o Eine Person hat die Gesamtverantwortung (Führender Moderator), damit wissen die Teilnehmer, an wen sie sich in schwierigen Situationen halten müssen (ähnlich wie der Kapitän in schwierigen Fahrwassern). Die zweite Person ist der Co-Moderator. Sequentiell kann diese Rolle sich im Verlaufe der Veranstaltung ändern.

Was ist die Aufgabe des unterstützenden Moderators?

Die Rolle des Co-Moderators ist sehr wichtig. Sie trägt wesentlich zum Stabilisieren des Führenden Moderators und zum Gesamterfolg der Veranstaltung bei.
o Qualitätssicherung
o Prozessanalyse und -Besprechung mit Moderator
o Kontakthalten mit Teilnehmern (in den Pausen mit Teilnehmern sprechen)
o Methodische Unterstützung. Der Co-Moderator bringt methodische Empfehlungen ein. Steht für Gruppenaufteilung, für Open Staff Runden und weiteren Methoden zur Verfügung.

Die Reise geht bereits mit dem Vorgespräch los

In einer professionell-kritischen Haltung werden vor dem Workshop mit dem Auftraggeber bzw. der internen Beratungsfunktion Z. B. Personalbereich folgende Eckwerte geklärt:
o Ziele, die mit dem Workshop verfolgt werden und Ergebnisse die erreicht werden sollen.
o Schwerpunkte
o Der grobe Ablauf. In schwierigen Fällen sogar den Ablauf und die Dramaturgie mit Entscheidern (Hierarchen) gemeinsam Punkt für Punkt entwickeln. Bringen Sie dann eine Vorschlagsagenda mit, damit Sie nicht mit leeren Händen kommen.
o Rollen. Wer wird mit welcher Rolle teilnehmen? Wer wurde warum rausgelassen?
Wer ist warum dabei? Welche Geschichte und Kontext verbindet die Teilnehmer? Wer muss außerdem noch einbezogen werden?
o Tagungsort, Ausstattung und Sitzform (Tische oder nicht, Dialogtische - "Buzz-Groups", wo werden die Führungskräfte sitzen? Gemeinsam oder unter die Teilnehmer verteilt?).
o Einladung (darauf achten, dass die Moderatoren namentlich benannt werden, da- mit Teilnehmer zu Beginn des Workshops nicht überrascht sind, bzw. sich an den Gedanken extern moderiert zu werden, gewöhnen).

o Erfolgs- und Risikofaktoren
o Bisherige Erfahrungen des Auftraggebers und der Teilnehmer mit Workshops
o Vereinbarung des Moderationsstils (zurückgezogene, begleitende Moderation versus starke, zielorientiert Leitung des Workshops). Hierbei ist zu berücksichtigen, ob Sie tatsächlich in diesem breiten Spektrum an Methodik und Anforderung arbeiten können und wollen. Vielmehr kann es sein, dass Sie eines dieser Rollen bevorzugen und dabei bleiben; nicht zuletzt auch aus Qualitätssicherungsgründen.
o Erwartung an den Workshop, Befürchtungen und Erwartungen an den Moderator.
Dieser Punkt erscheint oft unangenehm. Ist aber äußerst wichtig, um später, aufgrund enttäuschter Erwartungen, keine bösen Überraschungen zu erleben
o Wer bereitet den Workshop inhaltlich und von den Rahmenbedingungen (Ort, Ausstattung) her vor?
o Wie könnte bzw. sollte es nach dem Workshop weitergehen? Gibt es bereits Überlegungen und Ideen?

Teilnehmerauswahl

Kriterien für Teilnehmerauswahl bestimmen und kritisch durchgehen ("nicht in die
Tasche lügen", Kritiker nicht weglassen! Arbeitnehmervertreter einbeziehen?

Einladung als Vorbereitung der Teilnehmer

Mit der Einladung sollten Sie die Zielsetzung, das Thema und den Ablauf mit senden.

☐ Termin: Teilnehmer erhalten rechtzeitig den Workshoptermin mitgeteilt.
☐ "Gastgeber": Der "Hausherr" lädt die Teilnehmer als Gastgeber ein.
☐ Kleidung: Kleidungsordnung: bequeme Kleidung. Ggf. Hinweise auf festes Schuh- werk und Regenkleidung, falls Outdoorelemente oder Spaziergänge geplant sind.

☐ Orientierung: Entwurf der Agenda mit senden (Orientierung geben, Vorbereitung ermöglichen).

Gleichzeitig können mit der Versendung der Einladung konkrete Vorbereitungsaufgaben verteilt werde. Die Teilnehmer können gebeten werden, Material mitzubringen, einen Artikel zu lesen oder sich über eine Fragestellung vorab mit anderen zusammenzusetzen bzw. vorzubereiten.

Vorgespräche zum Vorfühlen

Ohne Vorgespräche mit Beteiligten kein Workshop! Dieses sollte die Maxime der
Veränderungsarbeit sein. Durch Vorgespräche wird insbesondere folgendes erreicht:

☐ Vertrauen aufbauen: Aufbau von Vertrauen zu den Organisationsentwicklern und zu ihrer Arbeitsweise.
☐ Angst reduzieren: Reduktion von Angst im Vorfeld eines Workshops (auch wenn dies nie offen zugegeben werden würde).
☐ Informationen aufnehmen: Aufnahme von wichtigen Informationen, die zu Beginn eines Workshops zurück gespiegelt werden müssen. Hierdurch wird Zeit im Workshop gespart.
☐ Sensibilisieren: Erst es Einfühlen und verstehen der bestehenden Organisationskultur durch den Moderator.
☐ Vorbereiten: Durch die gestellten Fragen werden die Teilnehmer vorbereitet. Gedanken und Gefühle werden losgetreten.
☐ Starten: Vorgespräche sind bereits ein erstes intervenieren in das System. Die Gesprächspartner werden vor dem Workshop "in Bewegung gebracht" und wirken als Multiplikatoren in die Organisation und auf die Teilnehmer.
☐ Neugier wecken: Die Neugier kann geweckt werden.

Können die Vorgespräche nicht durch interne Organisationsentwickler durchgeführt werden? Die Antwort ist ja. Nur ist das Ziel des Vorhabens zu berücksichtigen. Sollen die Mitarbeiter geöffnet werden, sind die internen Organisationsentwickler Teil des engeren Systems oder etwa des Problems. Damit hätten sie nicht die Neutralität, die erforderlich ist. Die Informationsaufnahme wäre nicht tief genug. Jedoch ist dies sehr stark von der jeweiligen Organisation, ihrer Organisationskultur und der Rolle der internen OE'ler abhängig. Hier reicht das Spektrum vom "helfenden Coach" bis zum "kontrollierenden Vorstandsbüttel".

Dramaturgie als Orientierung

Die Workshop Dramaturgie wird im Sinne einer Regieanweisung für die Steuerer des Workshops verstanden. Sie entspricht in ihren Hauptpunkten und dem zeitlichen Verlauf der Agenda. Über die Agendapunkte hinaus enthält sie detaillierte Anweisungen für die Steuerer des Workshops (interne und externe Moderatoren bzw. für den Klienten). Es spricht nichts dagegen, wenn die Dramaturgie den Teilnehmern zugänglich gemacht wird. Dies kann ganz im Gegenteil vertrauensfördernd sein. Nicht selten glauben Teilnehmer daran, dass es eine "heimliche Agenda" gibt und dass der Moderator eh durch den Chef manipuliert ist, und dieser nur die Ziele des Chefs verfolgt und die demokratisch-partizipative Haltung nur vortäuscht.
Dramaturgie-Erarbeitung durch Moderator in Abstimmung mit den Verantwortlichen. Die gemeinsame, detaillierte Erarbeitung der Dramaturgie mit dem Auftraggeber ist ein wesentlicher Erfolgsfaktor für den Workshop. Dieser Schritt ist an den Moderator fast nicht delegierbar. Delegierbar ist die Vorbereitung der Dramaturgie durch den Moderator.

Praxisbeispiel: Reorganisation eines Personalbereiches

Im Folgenden werden beispielhaft die Vorbereitungsfragen eines Start-Workshops eines Reorganisationsprozesses im Personalbereich einer öffentlich-rechtlichen Organisation aufgezeigt. Mit den Fragen soll der Organisationsentwicklungs-Workshop vorbereitet werden. Die Fragen dienen im Sinne der effizienten Workshopvorbereitung der Vorabsensibilisierung der Teilnehmer und des Beraters, sowie der ersten Klärung der Ausgangslage. Die Antworten werden im Vorfeld zusammengefasst und im Workshop gemeinsam besprochen:

- Was ist das konkrete Ziel des Workshops aus Ihrer Sicht?
- Welches Ergebnis erhoffen Sie sich vom Workshop?
- Was soll mit einer neuen Organisationsform erreicht werden?
- Wer hat welchen Nutzen von einer Neuorganisation?
- Welche Problemfelder sehen Sie bereits heute in Bezug auf neue Organisationsmodelle der Personalarbeit?
- Welche Stellen könnten sich als Verlierer der Neuorganisation fühlen?
- Welche Stellen können die Neuorganisation fördern?
- Welche Stellen können die Neuorganisation behindern?
- Welche Widerstände erwarten Sie von welcher Stelle?
- Was sind die Erfolgsfaktoren aus Ihrer Sicht?
- Gab es bereits ähnliche Versuche, die Personalarbeit zu reorganisieren?
- Welche Vorstellungen haben Sie bereits über eine mögliche neue Organisationsform?
- Was ist Ihre persönliche Erwartung an den Workshop?
- Was erwarten Sie von dem Veränderung Management-Berater?
- Welche Befürchtungen haben Sie, wenn Sie an den Workshop denken?
- Wie sollte es aus Ihrer Sicht nach dem Workshop weitergehen?

Diese Fragen werden im Vorgespräch mit dem Auftraggeber durchgesprochen. Die Fragen können auch als Fragebogen ausgefüllt und durch die Organisationsentwicklungs-Beratung oder durch die internen Organisationsentwickler aufbereitet und zu Beginn des Workshops zurück gespiegelt werden.

Rollen im Workshop

In diesem Reorganisations-Workshop hat der OE´ler folgende Rollen:
- Leitung (Moderation) des Workshops
- Bringt Expertise aus Organisations- und Personalprojekten ein (Beratung)
- Coacht die Beteiligten im Hinblick auf das Vorhaben ("Sparring", kritischer Reflektor)
- Bringt Projektmanagement Know-how ein zur Planung des Vorhabens und seiner Umsetzung.
- Sicherheit geben und die Veranstaltung halten (Containment)

Der Moderator kann für seinen Workshop aus der Teilnehmerschaft Rollen besetzen. Folgende Rollen bieten sich grundsätzlich an:

☐ Prozessbeobachter
Achtet auf Konflikte, auf Unzufriedenheit, auf Energieverlust, unterstützt Moderator, gibt Hilfestellung.

Ein bis zwei Personen als Prozessbeobachter zu etablieren ist ebenfalls eine sehr gute Methode. Ihre Aufgabe ist die aktive Beobachtung des Verlaufes. Sie sollen erspüren und es sofort zur Sprache bringen, wenn die Energie der Gruppe verloren geht, wenn Konflikte auftauchen und die Arbeitsfähigkeit der Gruppe behindern. Die Teilnehmer sind immer sehr dankbar, wenn sie diese aktive Rolle übernehmen können. Dies ist auch eine gute Methode, um interne OE´ler weiter zu qualifizieren. Beobachten trainiert die Sinne und schärft das Verständnis für Gesamtzusammenhänge.

Hinweis: Mit diesen Rollen empfiehlt es sich jedoch vorsichtig umzugehen. Die Besetzung einer Prozessbeobachterrolle kann auch kritische Momente hervorrufen. Die Rolle ist mit Autorität ausgezeichnet. In sehr konfliktären Projekten kann hier eine (Gegen)Machtposition aufgebaut werden, die schwer einzugliedern ist und den Prozess stört. Diese interne Person wird auch immer Teil des Systems sein und keine "Kriegs- beratung" unter Beratern mittragen bzw. mittragen können, falls es einmal zum gro- ßen Konflikt mit (Teilen) des Klienten Systems kommt.

☐ Dokumentar (falls kein Co-Moderator anwesend)
Visualisiert Fragen und Kommentare auf Flipchart, Pinnwandkarten bzw. Pinnwand. Dokumentieren will auch trainiert sein. Es ist gar nicht so einfach, genau das Geschehen mitzuverfolgen, sehr genau zuzuhören, den Zusammenhang einigermaßen zu verstehen und dann die richtigen kurzen Worte für das Flip-Chart zu finden. Wenn es heiß hergeht, die Hitze im Raum steigt, wird es noch schwieriger. Hier gibt es Regel als einfach loszuschreiben, und die Teilnehmer zu bitten, Korrekturen, sofort oder in der Pause, an den Flip-Charts vorzunehmen. Sie können auch den Teilnehmer fragen, ihnen das Stichwort zu geben oder die Formulierung zu diktieren. Sie werden sehen, dass das auch schon nicht einfach ist.

☐ Protokollführer

Führt ein Entscheidungsprotokoll entsprechend der organisationsinternen Protokollrichtlinien.

Durchführung von Workshops

Moderation soll hier als Leitung des Workshops verstanden werden. Sie ist eine Gesprächs- und Diskussionsführung, die es allen Beteiligten ermöglicht, ihre Interessen und Vorstellungen gleichberechtigt einzubringen. Eine besondere Rolle kommt dem Auftraggeber zu. Der Sponsor des Workshops. Dies ist in der Regel der Vorgesetzte der Teilnehmer. Falls die Personalfunktion eine aktive Rolle in einem Veränderungs- Workshop hat, so ist sie als Teil dieses Sponsorsystem zu verstehen und entsprechend intensiv einzubinden. Die Teilnehmer gehören auch zum Auftraggebersystem, da sie über den Erfolg oder Misserfolg des Workshops mitentscheiden. Die Leitung des Workshops ist in intensivem Kontakt mit allen Teilnehmern. Kontinuierlich schätzt er durch Zwischengespräche und durch Zwischen- bzw. Abschlussauswertungen des Tages den Fortgang des Workshops ab.

- Guten Einstieg finden

Zu Beginn von Zusammenkünften generell und von Workshops im Besonderen ist auf guten Einstieg (Warming-up/ Teilnehmer "auftauen") zu achten. Dies ist bekanntlich die Aufwärmphase, in der Vertrauen aufgebaut wird, die Rollen abgeprüft werden und die eigene Stimme gesucht wird. Die Aufwärmphase kann je nachdem wie viel Zeit insgesamt für den Workshop zur Verfügung steht, in einer kurzen Vorstellungsrunde, falls die Teilnehmer sich noch nicht so gut kennen, oder in Form von Abfragen von Erwartungen und Befürchtungen erfolgen. Dieser Schritt gibt über diese Einstiegsphase hinaus für die Orientierung des Moderators. Vorstellungsrunden (es ist wichtig, dass jeder zu Beginn zu Wort kommt), "Mein Motto für den Workshop"). Auch der Start mit einem Kaffeeempfang kann Teilnehmer auflockern.

- Ständig navigieren

Agenda immer sichtbar halten (Orientierung zu jeder Zeit geben). Idealerweise auf Pinnwand. Karten sind nicht geklebt, sondern nur mit Nadeln gesteckt. Können also im Verlauf noch verändert werden.
o Zwischendurch navigieren ob Vorgehensweise oder Inhalte geändert wer-

den müssen.
o Auf Zufriedenheit achten.
o In den Pausen auf Zwischenbemerkungen achten. In den Pausen in Kontakt mit den Teilnehmern bleiben.
o Sehr engen Kontakt zum Hauptverantwortlichen des Workshops halten. Seine Zufriedenheit und Interessen auf das weitere Ergebnis erkunden.

☐ Facilitation, die andere Art der Moderation
Der englische Begriff "facilitation" gibt die Art der Organisationsentwicklung orientierten Moderation von Workshops sehr gut wieder. Es geht hierbei eher darum, die Teilnehmer eines Workshops als ein soziales Arbeitssystem zu verstehen (Work System). Die Rolle des Moderators ist es, in einer zurückhaltenden, nicht dominierenden Art und Weise, auf den Stärken und Fähigkeiten, der Teilnehmer aufbauend, den Workshop zum Erfolg zu führen. Dies ist nicht immer einfach. Es kann mitunter ein schmerzhafter Prozess sein, den Druck alles für die Teilnehmer managen zu müssen auszuhalten. Die Teilnehmer werden bei diesem Ansatz aus der Konsumhaltung herauskommen und selbst aktiv am Erfolg der Zusammenkunft arbeiten. Der Workshop wird somit zum intensiven Lernprozess. Teilnehmer werden in ihrer Fähigkeit, mit anderen zusammen Problemlösungen zu finden, gefördert. Neue Wege der Arbeit können ausprobiert werden. Unsicherheiten müssen ausgehalten werden können. Auch wird deutlich, dass nicht sofort für jede Fragestellung und für jedes Problem eine Lösung bereit steht. Es wird mit dem Material, dem Wissen und den Fähigkeiten gearbeitet, die in der Gruppe vorhanden sind, und dies ist ziemlich viel. Dabei wird darauf geachtet, was die Gruppe zu ihrer Zielerreichung braucht.

☐ Die Organisationsentwicklungs-Arbeitsweise in Workshops
Beim Workshopkontrakt mit dem Auftraggeber und zu Beginn des Workshops sollte die Arbeitsweise, der Moderationsstil und die Methodik dargestellt werden. Dies können die Erwartungen der Teilnehmer in die richtige Richtung ausrichten und Enttäuschungen vermeiden. In der Regel bringen die Teilnehmer viele Erfahrungen mit Workshops und Moderatoren bzw. Beratern mit. Diese Erfahrungen werden auf Sie projiziert. Falls Sie diese Erwartungen nicht erfüllen, ruhig sind und die Dinge zum Teil laufen lassen, kann dies zu Irritationen und Frustrationen führen. Unten ist der Moderationsstil dargestellt. Dieser kann auch einem Agenda-Entwurf welcher vorab

an die Teilnehmer versendet wird bzw. dem Angebot angehängt werden.

Es kann vorkommen, dass wir uns nicht vollständig an den Zeitplan zwischen Start und Abschlusszeit halten. Nur diese beiden zeitlichen Eckwerte sind fix. Dieser ist nur eine ungefähre Vorgabe. Wir gehen in Abhängigkeit vom Veranstaltungsverlauf vor und kümmern uns um das, was für die Zielerreichung notwendig ist. Das kann manchmal eine Herausforderung für die Veränderungsbereitschaft der Teilnehmer sein – "Wie flexibel kann ich sein? Wie viel Struktur (Sicherheit) brauche ich?"
Bei jeder Veranstaltung gibt es einen kritischen Augenblick, an dem Motivation und Energie nachlassen. Die Teilnehmer müssen durch diesen Prozess hindurch, um am Ende erfolgreich sein zu können. Sie müssen quasi den "Boden wieder unten spüren", um wieder emporkommen zu können. Sie müsse das Leid, den Konflikt die Spannung spüren. Nur dann kann der Workshop zum Erfolg geführt werden.

Manchmal gibt es schwierige Augenblicke, bevor es zu neuen Einsichten und Veränderungen kommt. Die vorherrschende Stimmung dieser Momente können sehr verwirrend sein. Niemand weiß so recht, wie es dann weitergehen soll, auch nicht die Moderatoren. Diesen "verwirrenden Momenten" muss Zeit und Raum gegeben werden. Nach kleineren Diskussionen, Reflexionen und Frustrationen ist in der Regel "Licht am Ende des Tunnels" zu sehen. Ein gangbarer Lösungsansatz oder hilfreiche Methode bahnt sich an. Als Moderatoren werden wir die meiste Zeit am Rande stehen. Wir dominieren nicht den Moderationsprozess ("Wir brauchen keine Bühne. Die Bühne ist für die Teilnehmer da"). Nur wenn es notwendig ist oder Zeitdruck entsteht, werden wir strikter leiten, um die Konferenzziele zu erreichen.
Unsere Aufgabe als Moderatoren sehen wir darin, arbeitsfähige und effiziente Arbeitssysteme für den laufenden Tag aufzubauen. Die Moderatoren werden nicht über Inhalte reden. Sie konzentrieren sich vielmehr auf den Prozessablauf, die Effizienz, die Energielage im Raum und die Zufriedenheit aller Teilnehmer.

Wir versuchen, eine offene, dialogorientierte Lernatmosphäre zu schaffen, in der jeder alle nötigen Fragen stellen kann. Jeder lernt etwas, auch wir Moderatoren. Manchmal konfrontieren wir Management und Teilnehmer. Wir tun dies, um den Teilnehmern zu zeigen, dass kritischer Dialog möglich ist.

Manchmal ist es auch wichtig, dass wir als Moderatoren unabhängig sind und nicht nur das tun, was uns das Management sagt. Es kann auch sein, dass wir im Moderatorenteam vor den Teilnehmern bewusst kontrovers und offen disputieren. Dies setzen wir als bewusstes Instrument ein um verschiedene Standpunkte deutlich und erlebbar zu machen.

Reflexion, Dialog und Lernen sind wichtige Ergebnisse dieser Art von Treffen. Sie helfen, sich gegenseitig und die Themen besser zu verstehen. Das bringt Effizienz in die tägliche Arbeit und Prozesse.

Die aktive Mitarbeit der Teilnehmer ist von hoher Bedeutung. Die Teilnehmer können dabei ihren Gedanken und Gefühlen Ausdruck verleihen. Dies kann ihnen helfen, negative Gefühle und Ängste loszuwerden.
In dieser Veranstaltung können wir einen neuen Kommunikationsstil erleben. Sie ist in gewisser Weise ein Laboratorium (ein "Versuchsfeld"). Wir können ausprobieren und fühlen, wie es ist, in einen offenen und konstruktiven Dialog zu treten, Konflikte fair auszutragen.

Die Moderatoren helfen, den "roten Faden" zu halten. Sie haben ein Auge auf die Gruppendynamik. Sie sehen und fühlen potenzielle Konflikte und vermitteln sie auf zurückhaltende Weise, so dass es möglich ist, an den Konflikten zu arbeiten. Wenn wir es schaffen, im sicheren Umfeld der Veranstaltung über die Konflikte zu reden, können wir Zeit bei der Alltagsarbeit sparen. Wir vermeiden damit Gerüchte, die unsere effiziente Arbeit und Kooperation behindern.

Das Management ist zusammen mit OE-Institut verantwortlich für den Erfolg der Veranstaltung. Änderungen der Agenda werden zwischen OE-Institut und den Teilnehmern besprochen und vereinbart.

☐ Rollen im Workshop klären
Zu Beginn des Workshops, nach Präsentation der Zielsetzung, der Agenda und der Arbeitsweise sollten auf einem Flip-Chart bzw. Pinnwand die Rollen im Workshop mit ihren Aufgaben festgehalten werden. Dies ist insbesondere in komplexen, vom Verlauf her vorher nicht absehbaren Workshops wichtig. Auch kann dies wichtig sein, wenn die Organisation oder Teilnehmer wenig Erfahrung mit Workshops oder mit der Moderatorenrolle haben, oder wenn der Teilnehmerkreis sehr heterogen zusammengesetzt ist und manche

Rollen der Teilnehmer in der Organisation schlechthin unklar sind. Die Beschreibung und Klärung der Rollen kann Erwartungen reduzieren bzw. auf eine arbeitsfähige Basis stellen. So wird der Moderator oft als ein Berater gesehen. Von ihm werden inhaltliche Beiträge und Hilfestellungen erwartet. Bei der Rollenklärung wird den Teilnehmern zu Beginn aufgezeigt, dass diese Beiträge nicht zum Rollenrepertuare gehören. Den Druck, der durch die Erwartung der Teilnehmer entsteht, muss der Moderator aushalten können.

- "Spielregeln" für den Workshop erarbeiten

Es bietet sich an, zu Beginn eines Workshops einige "Spielregeln" oder "Leitlinien der Zusammenarbeit zu vereinbaren. Diese auf Zuruf festgehalten, auf Flip-Chart dokumentiert und an die Wand befestigt, können der Gruppe und jedem einzelnen helfen, effizient zu sein, sich auf die Inhalte zu konzentrieren.

In schwierigen Situationen können die Teilnehmer sich bzw. die Moderatoren auf die vereinbarten Spielregeln berufen. Zum Beispiel, wenn Teilnehmer immer wieder andere unterbrechen und nicht ausreden lassen. Dies ist besonders wichtig, wenn Hierarchen mit in der Teilnehmerschaft sitzen.

- Jeder OE-Workshop endet mit einem Aktionsplan

Gegen Ende des Workshops, nicht zu früh und nicht zu spät, da die Planung des weiteren Vorgehens in der Regel Zeit braucht, wird ein Aktionsplan auf der Pinnwand aufgebaut. Die Spalten können sein: Aktion, Kommentar (falls die Aktion erläutert werden muss), Verantwortlich (hier muss unbedingt ein Teilnehmername stehen und kein nichtanwesender), Beteiligt und Abschluss-Termin (damit deutlich wird, dass die Aktionen gemessen werden). Hierbei gilt die selbstredende Regel, dass nur die die dabei sind, als Verantwortliche erscheinen sollten. Es sollten auch nicht zu viele Aktionen sein. Wobei wir festgestellt haben, dass einige Klienten Organisationen sehr schnell und verbindlich in der Abarbeitung der Aktionen waren und entsprechend viele Aktionen vereinbart haben wollten. In diesen Fällen treibt die Führung die Aktionen, blieb dran und nahm die Ergebnisse wie vereinbart ab. Andere wiederum bekamen schon Kopfschmerzen, wenn sie den Begriff Aktions- bzw. Maßnahmenplan hörten. Wie ist es bei Ihnen in der Organisation?

- Ohne Evaluation und Reflexion verlässt keiner den Raum

Im Sinne lessons-learned sollte jeder OE-Workshop mit einer Abschlussreflexion enden. Falls die Zeit weggerannt ist, hilft ein kurzes "Blitzlicht", und wenn jeder nur ein einziges Wort sagt, die Stimmung und Zufriedenheit mit dem Workshop aufzunehmen. Die Kommentare werden sichtbar auf dem Flip-Chart festgehalten. Sie können auch einen Fragebogen einsetzen oder einfach nur Karten schreiben lassen. Somit bekommen Sie als Moderatorenteam ein wichtiges Lern-Feedback. Wenn wenig Zeit übrigbleibt, hilft es auch, dass jeder z. B. nur ein bis oder drei Worte nennt. Die Summe der Begriffe zeigt schon einen positiven oder negativen Trend.

Den OE´lern gibt diese Reflexion die Möglichkeit, am Ende noch das eine oder andere zu sagen. Es darf nur nicht zu einer Auseinandersetzung zwischen Teilnehmern und Beratern führen. Diskutiert werden sollte das Feedback auch nicht.

Betrachtet werden die Ergebnisse und der Verlauf. Hier können auch bekannte Methoden eingesetzt werden. Eine Ein-Punkt-Abfrage (Achsen: Ergebnis Workshop und Verlauf Workshop) kann gegen Ende eine gute Möglichkeit bieten, noch einmal ins Gespräch zu kommen und die Punkte aufzunehmen, die es beim weiteren Vorgehen zu berücksichtigen gilt. Generell sollte die Angst vor Feedback überwunden werden, da die Hinweise der Teilnehmer wichtige Lernmöglichkeiten bieten.

Zu Beginn des Workshops sollten die Workshopziele definiert bzw. überprüft werden, falls sie vorher vorbereitet wurden. Diese Zieldefinition kann eine Unzufriedenheit am Ende des Workshops vermeiden, die entstehen kann, falls es keine Zieldefinition gab und der Workshop auf Basis des im Workshop ausgebildeten Bewusstseins bzw. der Erkenntnisse evaluiert wird. Hierbei wird die im Workshop erreichte Leistung nicht aus den Augen verloren und nicht gewürdigt.

- Dokumentation vereinbaren

Klären, wer und wie die Ergebnisse dokumentiert werden sollen (Fotoprotokoll? Abschriften der Flip-Charts oder Ergebnisprotokoll) Bei Bedarf kann ein Abschlussbericht (Ausgangslage, Ziele, Teilnehmer, Vorgehen, Ergebnisse, Entscheidungen, weiteres Vorgehen bzw. Aktionsplan) erstellen.

- Transfergespräche

Mit Ergebnisdokument sollte ein persönliches Transfergespräch mit Auftraggeber und ggf. weiteren Personen führen (Rückblick auf Workshop: Wenn Sie an den Workshop denken, was kommt ihnen als erstes in den Sinn? Was lief gut? Was war eher kritisch? Was ist der Umsetzungsstand der Maßnahmen?).

☐ Präsenz in der Organisation zeigen
Die Präsenz macht die Musik. Nach einer erfolgreichen Veranstaltung ist die Präsenz der Organisationsentwicklungs-Berater im Klienten System ein wichtiges Element. Um zu zeigen, dass der Prozess nicht im Sande verläuft, sondern, dass noch eine Konzentration auf den Prozess vorhanden ist. Kurze Gespräche mit den Teilnehmern, neben einer systematischen Nachbefragung von Teilnehmern über den Status der Veränderungen und nach der Wirkung der Workshopergebnisse können neue Energien sowie Zuversicht bringen.

Die Ergebnisdokumentation kann klassischerweise durch ein Fotoprotokoll erfolgen. Zusätzlich ist jedoch im Sinne eines Organisationsentwicklungs-Prozesses zu entscheiden, ob es mit dem Ziel der weiteren Bearbeitung nicht sinnvoll ist, ein elektronisches Dokument zu erstellen, welches weiterbearbeitet werden kann.

Eine sehr wirkungsvolle Lernmethode ist die starke Einbindung von organisations- internen Mitarbeitern in die Workshop-Planung, -Durchführung und -Nachbereitung. Nicht alle Vorbereitungs- und Durchführungsarbeiten müssen und können durch externe Organisationsentwickler erfolgen. Insbesondere in der Workshopdurchführung können interne für Dokumentation (Mitschreiben der Fragen und Kommentare der Teilnehmer auf das Flipchart), für logistische Aktivitäten (ständige Absprachen mit dem Tagungshotel für Material und Pausen etc.) und für die Nachbereitung (dokumentieren der Workshopergebnisse) eingesetzt werden. Falls sie alleine ein Workshop gestalten. Dies hilft Ihnen, sich einmal zurückzulehnen und das Geschehen auf sich wirken zu lassen, die tieferliegende Dynamik zu spüren. Mit diesen Rollen lernen die Organisationsmitglieder aktiv beraterische Rollen zu übernehmen und sich zu entwickeln. Gleichzeitig werden sie entlastet und können sich auf die wesentlichen Aufgaben im Prozess konzentrieren. Insbesondere in schwierigen Prozessen, wo sie als externer selbst inhaltlich Position beziehen wollen oder müssen, kann es knifflig werden. In dieser Situation sollten Sie auf jeden Fall Prozessbeobachter, die bei Bedarf intervenieren und ihre Beobachtungen und Gefühle zur Verfügung stellen, einführen.

- Praxistipps für die OE-Workshopleitung
  - Dramaturgie detailliert mit Klienten entwickeln: Dramaturgie detailliert mit Auftraggeber erarbeiten! Dramaturgie hilft, den Workshop durchzudenken ("Dramaturgie als Prototyp"). Sie und Ihr Auftraggeber erhalten ein erstes Gefühl über die Themen, die Probleme die aufkommen können und über den Zeitbedarf.
  Auch wenn Ihr Klient ein Vorstand oder Geschäftsführer sein sollte, sollten Sie gerade deshalb mit ihm, die Dramaturgie entwickeln. Ansonsten besteht die Gefahr, dass er Ihnen in der Veranstaltung das Heft aus der Hand nimmt, da seine Rolle und sein Einsatz ungenügend geplant und abgestimmt wurde, und er sowieso immer das tut, was er will. Nehmen Sie Ihren Klienten mit auf die Reise.
  - Entwurf der Dramaturgie mitbringen: Falls Sie bereits gebrieft worden sind, sollten Sie einen Entwurf mitbringen. An diesem Entwurf können Sie sich dann entlang arbeiten.
  - Wunschergebnis abfragen: Fragen Sie Ihren Klienten, was er sich als Ergebnis der Veranstaltung wünscht, um herauszubekommen, was er für Gedanken hat.
  - Erwartungen und Befürchtungen abfragen: Fragen Sie Ihren Klienten nach seinen Erwartungen und Befürchtungen. Damit bekommen Sie neben den Erwartungen auch die Sorgen heraus.
  - Moderationsstil erläutern: Erläutern Sie Ihre Arbeitsweise und Ihr Selbstverständnis. Zeigen Sie auf, dass Sie nicht wie ein Experte auftreten und gleich Lösungen mitliefern. Machen Sie deutlich, dass es darum geht, das soziale Arbeitssystem arbeiten zu lassen. Achten Sie darauf, ob Sie die an Ihnen gestellten Erwartungen und Wünsche erfüllen können und auch wollen. Vielleicht stehen diese im Widerspruch zu Ihrer inneren Haltung.
  - Lernen Sie Auftraggeber kennen: Lernen Sie unbedingt den ranghöchsten Auftraggeber und seine Meinung im Vorfeld kennen. Auch wenn Ihr direkter Kontakt die Personal-, Organisations- oder sonstige Stabsfunktion sind, sollten Sie nicht in den Workshop gehen, ohne ein Gespräch mit dem Sponsor (z. B. Vorstand, GF, Bereichsleiter) gehabt zu haben. Ansonsten kann dies extrem schwierig werden und die Veranstaltung gefährden bzw. Ihre Rolle demontieren.

o Teilnehmer einzeln beschreiben lassen: Lassen Sie sich die Teilnehmer einzeln darstellen. Sie bekommen ein Gefühl dafür, wie ihr Klient über wen denkt. Lassen Sie sich davon jedoch in Ihrer Arbeit nicht zu stark leiten. Es ist manchmal auch gut, nicht zu viel zu wissen, da sie Geheimnisse und Tabus nur ablenken, da sie damit nicht aktiv arbeiten können, ohne die Vertraulichkeit zu brechen.

o Vorgespräche: Wie oben erwähnt: Keine Veranstaltung ohne Vorgespräche mit allen bzw. ausgewählten Teilnehmern (auf Repräsentativität achten).

o Informationen sammeln: Sammeln Sie im Vorfeld so viel Informationen wie möglich über die Organisation, Abteilung, Thematik, Personen und Hintergründe (falls es kein Neukontakt ist). Damit können Sie sich besser in den Verlauf, in die Dynamik und in die Herausforderungen eindenken. Gleichzeitig ist es nicht immer erforderlich, die Thematik gut zu kennen. Oft ist es sogar ganz gut, die Thematik nicht zu kennen. Damit können Sie sich besser auf die reine Moderationsrolle konzentrieren.

o Ort erkunden: Reisen Sie unbedingt einen Tag vorher an, lassen Sie alles auf sich wirken, bereiten Sie alles rechtzeitig vor. Wenn die Teilnehmer anreisen, sollten Sie sich um sie kümmern können.

o Umgang mit Macht: Werden Sie sich selbst bewusst wie Sie mit Hierarchen in Veranstaltungen umgehen. Lassen Sie sich die Rolle nicht wegnehmen. Achten Sie jedoch auch darauf, den Hierarchen nicht zu konfrontieren. Falls er sich dann doch nicht an die Absprachen hält, lassen Sie es eine Weile laufen, um dann wieder das Heft in die Hand zu nehmen. Bleiben Sie im Dialog mit ihm. Es ist hilfreich, eine weitere Person seines Vertrauens, Z. B. den Personalleiter, sein Verständnis für die Arbeit von OE´lern vorausgesetzt, mit in den Dialog und in die Reflexion einzubeziehen.

o Entscheidungskompetenz bleibt beim Auftraggeber und bei den Teilnehmern: Agendaänderungen müssen vorher mit dem Auftraggeber abgesprochen werden. Wenn Sie wollen, dass die Gruppe mitgeht, beziehen Sie auch diese mit in die Entscheidungsfindung ein. Überfordern Sie die Teilnehmer jedoch nicht. Sie wird auf einen Vorschlag von Ihnen angewiesen sein. Es sei denn, Sie sind auch verloren und wissen nicht mehr weiter. Dann sagen Sie dies ganz offen und lassen die Teilnehmer in kleinen Gruppen darüber beraten, wie es weitergehen kann (Dialog in sog. "Nachbarschaftszirkeln").

Coaching

Coaching ist eine personen- und teamorientierte Beratungsmethode. Sie ist eine zeitlich begrenzte und streng vertrauliche Begleitung und Unterstützung von Einzelpersonen (Führungskräfte und Mitarbeiter) und von Teams. Coaching ist zielgerichtet und situativ zugleich. Zu Beginn eines Coachingprozesses werden die Coachingziele vereinbart. Gleichzeitig wird situativ und zu Beginn in den Coachingeinheiten vereinbart, welche Themen aktuell den Coachee beschäftigen und in der jeweiligen Coachingsitzung bearbeitet werden sollen. Der Coachee ist dabei für sein Lernen, seine Entwicklung und für seine Entscheidungen selbst verantwortlich. Der Coach unterstützt ihn hierbei. Das Prinzip ist "Hilfe zur Selbsthilfe". Es gilt die Potentiale im Coachee zu entdecken und freizusetzen.

Der Coachee soll während der Coachingphase stabilisiert und gestützt werden. Er soll auch in die Lage versetzt werden, sein Problemlösungspotential zu erhöhen und zukünftig selbst Herausforderungen anzugehen. Dies bedeutet nicht, dass er nach einem Coachingprozess kein Coaching mehr braucht. Durch die Reflexionen, Selbsterkenntnisse und Problemlösungen wird er in die Lage versetzt, zukünftigen Herausforderungen besser begegnen zu können. Im Coaching wird eine vertrauensvolle, partnerschaftliche und tragfähige Beziehung zwischen Coach und Coachee aufgebaut.

Diese Partnerschaft kann entweder zeitlich begrenzt sein, falls überschaubare und temporäre Konflikte, Krisen, Herausforderungen oder Orientierungen im Coaching bearbeitet werden müssen. Sie kann aber auch eine langfristige Partnerschaft mit einer Führungskraft bedeuten. In diesem Fall kommen Coach und Coachee je nach Bedarf regelmäßig, einmal im Monat oder Quartal bzw. im Bedarfsfall öfter zusammen. Projektleiter können für den Verlauf eines Projektes einen Coach an die Seite bekommen werden. Wenn Sie bedenken, welche Projektbudgets ein Projektleiter zu verantworten hat, und welche Verluste an Umsatz oder Kosten eine Projektverschiebung durch schlechte Projektsteuerung und -konflikte mit sich bringt, lohnt sich die Investition eines zum Projekt parallel laufenden Coachings.
Die Coachingpartnerschaft, z. B. mit einer Führungskraft, die eine große Führungsverantwortung hat (z. B. Vorstände, Geschäftsführer, Bereichsleiter, Abteilungsleiter) kann jedoch auch wie oben erwähnt langfristig und

kontinuierlich aufgebaut sein. Ähnlich wie beim Sport kann der Coach den Coachee in seiner beruflichen Entwicklung begleiten. Diese Form ist eine sehr anspruchsvolle und interessante Coachingform, die ein sehr gutes und stabiles Vertrauensverhältnis erfordert.

Was ist Coaching genau?

Coaching ist eine personenorientierte Beratungsmethode für Führungskräfte und Mitarbeiter. Sie ist eine professionelle Form des individuellen und zielgerichteten Lernens für Einzelpersonen – zeitlich begrenzt und streng vertraulich.

Coaching gibt ganz besonders für Führungskräfte immer wieder Situationen im Unternehmen in denen mit Kollegen oder Vorgesetzten intensiv-persönliche Gespräche nur bedingt geführt werden können. Gerade in solchen Situationen kann Coaching als eine Form persönlicher Einzelberatung den Reflexions- und Beratungsbedarf in ganz besonderer Weise befriedigen. Ziel des Coachings ist also ein besseres Leistungsvermögen und gleichzeitig eine höhere Arbeitszufriedenheit, beides Grundvoraussetzungen für eine erfolgreiche und befriedigende Tätigkeit.

In einem offenen Gespräch werden Schwerpunkte und Ursachen bestimmter Problem- und Konfliktsituationen herausgearbeitet, orientiert an persönlichen Themen und Arbeitsplatzanforderungen des Einzelnen. In diesem geschützten Rahmen können eigene Einstellungen, Sichtweisen und Erfahrungen überprüft, reflektiert und auf dem Hintergrund der Gesamtsituation besser verstanden werden. Dies schafft und stärkt die Fähigkeit zu einer angemessenen Situationskontrolle, Problemlösestrategien können entwickelt und probeweise durchgespielt und vorbereitet werden.

Coaching ist eine Form der Einzel- und Teamberatung:
o   Partnerschaftliche Begleitung und Unterstützung von Einzelpersonen bzw. Teams.
o   Vertrauensvoller Prozess und streng vertraulich.
o   Verbindung von Berufsrolle und Person, zielorientiert und situativ.
o   Der Coachee ist für sein Lernen und für seine Entscheidungen selbst ver-

antwortlich.
o Zeitlich begrenzt (Coach steht so lange wie sinnvoll und erforderlich zur Verfügung).
o Umfang richtet sich nach der Situation und den individuellen Bedürfnissen.

Im Coaching "geht es vorwiegend um Situationen, in denen der Betroffene sich angesichts der Erstmaligkeit eines Problems oder einer Aufgabe auf den Weg macht, unter Begleitung sein eigenes Potential zu benutzen, um die anstehende Aufgabe zu lösen. Dabei muss ein Manager etwas für ihn sehr Ungewohntes tun: Er muss auf schnelle Lösungen verzichten, er muss sich auf unsichtbare Prozesse einlassen, Unwägbarkeiten aushalten" (Loos, 1992)

Anlass und Einsatzmöglichkeiten von Coaching

In folgenden Situationen kann Coaching unterstützend wirken:

☐ Reflektion des Führungsverhaltens und Meistern von –Situationen:
o Gestaltung der eigenen Führungsrolle
o Überprüfung des eigenen Führungsstils und des Umgangs mit Mitarbeitern, Kollegen und Vorgesetzten
o Verbesserung des Führens von Mitarbeitergesprächen
o Herausarbeiten der persönlichen Stärken und Fähigkeiten
o Einüben von schwierigen Führungssituationen und -gesprächen
o Umgang mit schwierigen Mitarbeitern
o Umgang mit Konflikten, Krisen und Widerständen
o Verbesserung des eigenen Konflikt- und Streitverhaltens o Vorbereitung von Mitarbeiterbeurteilungen
o Aufbau, Führung und Entwicklung von Teams
o Planung und Verfolgung der eigenen Führungsentwicklung (Karriere)
·o Führen von Krankenrückkehrgesprächen

☐ Meistern von strukturellen Änderungen in der Organisation:
o Meistern von Rollenwechsel
o Meistern von schwierigen Situationen (z. B. Mitarbeiterdemotivation und -fluktuation)
o Verbesserung der Innovationsatmosphäre und -kultur

- o Meistern von strategischen Projekten
- o Entscheidungsfindung bzgl. Reorganisationen und erforderlichen Positionsneubesetzungen
- o Trennung von Mitarbeitern
- o Leistungsrückgang

☐ Beherrschen von komplexen Herausforderungen und Problemen:
- o Vorbereitung auf schwierige Verhandlungen
- o Reflexion und Erarbeitung von Lösungsansätzen für komplexe Situationen
- o Reduktion Komplexität durch Kontextklärung und Suche nach Handlungsmöglichkeiten

☐ Leitung von Projekten:
- o Unterstützen des Projektleiters bei der Gestaltung seiner schwierigen Führungsrolle
- o Umgang mit eigenen inneren Abwehrmustern bzgl. des Projektes (Identifikation mit dem Projekt und Akzeptanz der Projektziele)
- o Führung des Projektteams
- o Umgang mit Krisen und Konflikten in Projekten
- o Vorbereitung von Projekten
- o Abschluss von Projekten ("Lessons-Learned-Prozesse")

Coaching: Fragen

Folgende persönliche Fragestellungen können im Coaching bearbeitet werden:
- o Wie gestalte ich meine Führungsrolle, Mitarbeitergespräche, Zielvereinbarungen oder Projektentwicklung?
- o Wie definiere ich meine persönlichen Kernkompetenzen und meinen Handlungsspielraum?
- o Wie kann ich mein eigenes Verhalten besser verstehen und verändern?
- o Wie stärke ich meine Konfliktfähigkeit?
- o Wie erreiche ich meine persönlichen Entwicklungsziele?
- o Welche Unterstützung kann ich in Phasen der Neuorientierung finden?
- o Wie bereite ich mich auf schwierige Verhandlungen oder sonstige Situa-

tionen vor?
o Wo und wie kann ich in schwierigen Entscheidungssituationen Unterstützung finden?
o Wie kann ich mich in Situationen mit neu geordneten Kompetenzen und Aufgaben schnell zurechtfinden?

Ziele von Coaching

Coaching kann je nach Anlass und Bedarf unterschiedliche Ziele verfolgen:
o Arbeitszufriedenheit erhöhen bzw. erhalten
o Verstehen und Ausfüllen einer neuen beruflichen Rolle
o Leistungsvermögen des Mitarbeiters oder der Führungskraft dauerhaft zu erhalten und/ oder zu steigern
o Sparringspartner für Gespräche und Reflexionen bzgl. Führungs- und Organisationssituationen
o Herstellung von Entscheidungssicherheit in Bezug auf verbesserte Führung von Mitarbeitern und Vorbereitung auf Führungsaufgaben
o Stabilisierung von Kündigungsprozessen von eigenen Mitarbeitern (soziale
Verarbeitung und Stützung)
o Ausfüllung eines neuen Jobs bzw. neuer Situationen im Beruf
o Lösung von Schwierigkeiten mit anderen Personen in bestimmten Situationen
o Erhöhung der sozialen Kompetenz durch Reflexion Feedback seitens Coach
o Meistern eines organisatorischen Veränderungsprozesses
o Veränderung des eigenen Führungsverhaltens, z. B. nach einem 360-Grad- Führungsfeedback
o Vermeidung bzw. Bearbeitung einer Stress- bzw. Burn-out-Situation (z. B. bei Überforderung in Bezug auf eine neue Führungs-, Projekt- bzw. Fachaufgabe)
o Umgang mit der eigenen Angst in Veränderungsprozessen

Ziel eines Coachingprozesses ist die Stärkung der Person in Veränderungsprozessen und in ihrer täglichen Arbeit sowie die Erhöhung der persönlichen Zufriedenheit. Coaching darf sich nicht nur darauf reduzieren, dem Coachee dabei zu helfen, mit den widrigen Umständen der Organisation oder des Projektes zurechtzukommen. Im Sinne einer systemischen Arbeit ist es ebenso wichtig, ihm dabei zu helfen, dass er Impulse in die Organisation oder in das Projekt zurückgeben kann, damit sich die "krankmachenden" oder Energie raubenden Umstände verändern können. Konkret kann dies zum Beispiel dahingehend erfolgen, indem zentrale Aspekte, die nicht personenbezogen sind, und nachdem die Weitergabe mit dem Coachee vereinbart worden ist, aus dem Coaching dokumentiert und in die Organisation Z. B. an den Vorgesetzten weitergegeben werden. Dieser Schritt sollte, da es eine Intervention in das System ist, in Form eines Dreierdialogs Coachee, Coach und Führungskraft des Coachee erfolgen. Gleichzeitig erweitert mit diesem Gespräch der Coach sein Wirkungsspektrum, indem er eine weitere (nicht unwichtige) Person in das Coaching einbezieht.

Was Coaching auszeichnet

Was sind die zentralen Merkmale, an denen Coaching erkennbar ist? Woran erkenne ich, dass ein professionelles Coaching stattfindet? Diese Merkmale können Ihnen helfen, sich selbst zu prüfen, Ihre eigene professionelle Haltung zu überprüfen und Ihre Coachingprozesse gerade zu rücken:

☐ Auftraggeber: Ein Coachingprozess hat einen Auftraggeber. Dieser kann der Coachee sein, muss es aber nicht. Der Auftraggeber hat ein Interesse am Coaching und finanziert diesen. Es kann der Chef des Coachees sein. Coach und Coachee: Es gibt einen Coach und einen Coachee (Klient).

☐ Budget: Für die Coachingarbeit wird bezahlt (es ist kein Freundschaftsdienst).

☐ Zeitliche Begrenzung: Es gibt kurzzeitige und langfristige Coachingprozesse. Coaching hat ein Beginn und ein Ende. Auch wenn ich als ständiger Coach einer Führungskraft quasi "stand by" bin also ständig verfügbar bin, sollte auf den professionellen Rahmen des settings und der Honorierung geachtet werden. Dieses schafft Sicherheit und Verbindlichkeit.

☐ "Raum" (setting): Coaching hat einen geschützten Raum, ein so genanntes "setting". Einen Coachee in der Kantine zu coachen, wo vielleicht noch seine Kollegen sich dazu setzen, wäre absolut unprofessionell.

Soziale (mentale) Verarbeitung durch Coaching

Veränderungsprozesse lösen Ängste aus und erzeugen versteckte und offene Widerstände, die Arbeitsfähigkeit und das Lernen verhindern können. Es ist notwendig sich Zeit und Raum für soziale Verarbeitung zu nehmen. Dieses kann gemeinsam in der Projektgruppe oder im Coaching erfolgen. Hierbei verändert die soziale Verarbeitung im Coaching die Wahrnehmung und Einschätzung der Situation.

Soziale Verarbeitung schafft Verständnis für unterschiedliche Sichtweisen; hilft Vielfalt zu integrieren; bearbeitet Widerstände, Konflikte und Krisen; hilft Ängste abbauen; gibt Rückhalt und Stabilität; fördert Risikofreudigkeit; stärkt das Selbstbewusstsein; steigert die Freude an der Rollenausübung; erhöht die Eigenmotivation.

Der oezpa Coaching Prozess

Die Phasen der einzelnen Coachingsitzungen durchlaufen folgende Schritte. In diesem Verlauf muss der Coach sich sehr diszipliniert zurückhalten. Vorschläge und Ratschläge sollten, wenn überhaupt nicht vor dem fünften Schritt (Lösungsansätze suchen) eingebracht werden. Je mehr der Coachee arbeitet, je mehr er selbst seine Problemlage mit Ihrer Hilfe untersucht und selbst Lösungsmöglichkeiten findet, desto besser. Sie werden nicht ständig als Coach zur Seite stehen können, daher ist es wichtig, dass Sie dem Coachee helfen, seinen Weg selbst zu finden und zu gehen.

Schritt	Ziele	Aufgabe Coach
1. Kontext klären	Klärung des Kontextes. Sammlung von Informationen und Fakten, Verstehen der Ausgangslage und des Bedürfnisses des Klienten. Klienten zum Erzählen anregen.	Fragen, fragen, fragen (Kontext-, Tatsachen- und Verständnisfragen). Neutral und entspannt zuhören, beobachten, wahrnehmen, in sich selbst hineinfühlen keine Vorschläge machen!
2. Fragestellung konkretisieren (Zielfokussierung)	Präzisierung der Fragestellungen, die der Coachee in der Coachingeinheit bearbeiten will, festlegen. Tagesziel/Thema für jeweilige Coachingsitzung festlegen.	Fragen, fragen, fragen/ zuhören, beobachten, wahrnehmen, keine Vorschläge machen!
3. Hintergründe und Ursachen klären	Ursachen, Hintergründe und Zusammenhänge klären und erfassen	Fragen, fragen, fragen (diagnostische, untersuchende Fragen)/ zuhören, beobachten, wahrnehmen, keine Vorschläge machen!
4. Hypothesen und Annahmen bilden	Erste diagnostische Überprüfung. Gemeinsame Bildung von Hypothesen und Annahmen über die Lage des Coachee und über die Situation.	Nach eigenen Annahmen des Klienten fragen und ggf. welche anbieten, eigene Gedanken und Gefühle anbieten/ zuhören, keine Vorschläge machen! Feedback geben, „konfrontieren" mit dem, was Sie sehen, hören und wahrnehmen.
5. Lösungsansätze suchen	Entwicklung von Lösungsansätzen durch Vergleiche mit anderen Situationen, Projekten und Organisationen.	Klient nach eigenen Ideen und Optionen fragen, ggf. eigene Erfahrungen, ähnliche Beispiele, Ideen und mögliche Ansätze einbringen, anbieten, zuhören.
6. Nächste Schritte vereinbaren	Wie geht es weiter? Welcher Lösungsansatz wird weiterverfolgt? Erhält der Coachee Selbstbeobachtungsaufgaben? Wann findet die nächste Coachingsequenz statt?	Planen, vereinbaren, wahrnehmen.
7. Arbeit reflektieren	Auf die Coachingsequenz zurückblicken („wie haben wir zusammengearbeitet?", „wie geht es Ihnen mit dieser Sequenz?", „was nehmen sie für sich mit?", „was nehmen Sie sich vor?").	Reflektieren/ zuhören.

Vorbereitungsfragen zum Coaching-Prozess

Folgende Fragen werden vor Beginn und als Vorbereitung der ersten Coaching-Sequenz von Coachee ausgefüllt und in der ersten Runde mit dem Coach besprochen.

- Zur Geschichte: Wie ist es zu der Situation gekommen, die jetzt dieses Coaching auslöst? Haben Sie bereits Coaching wahrgenommen? Wenn ja, was waren Ihre Erfahrungen?
- Zum Thema: Wie lautet Ihre Problemformulierung (bzw. Formulierung der Frage/n, die im Coaching geklärt werden soll) zu Beginn des Prozesses?
- Zur Prognose: Wie ist die zu erwartende Entwicklung der Problemlage ohne das Coaching? Was passiert, wenn nichts passiert?
- Zu den Erwartungen an Coach: Was erwarten Sie vom Coach? Was ist Ihnen wichtig?
- Zu Tabuzonen: Was soll während der und durch das Coaching auf keinen Fall passieren?
- Zu Vorannahmen: Was wissen Sie über Beratung, therapeutische und pädagogische Prozesse? Was erwartet er hinsichtlich des methodischen Vorgehens?
- Zur Zielsetzung: Was soll aus Ihrer Sicht nach dem Coaching alles anders sein als zum gegenwärtigen Zeitpunkt? (Zielformulierung)
- Zu Kriterien: Woran werden Sie merken, dass er sein Anliegen in ausreichender Weise bearbeitet hat?
- Zur Zeit: Welche zeitliche Vorstelllungen über das Eintreten von spürbaren "Effekten" haben Sie?
- Zu eigenen Themen: Bitte nennen Sie Ihre Themen, die Sie aus jetziger Sicht gerne besprechen wollen?

Arbeitsansätze im Coaching

Je nach Bedarf und Priorität können im Coaching folgende Aspekte bearbeitet werden. In der ersten Coachingeinheit werden die Ziele priorisiert und festgelegt.

Mitarbeiter-Beziehung:
Management-Coaching und Leadership; Zielvereinbarungen; Führen in Konflikten; Mitarbeiter-Beurteilung; Feedbacktechniken.

Beziehung zu Vorgesetztem:
Eigenbild – Fremdbild abklären; Abstimmung von Erwartungshaltungen; Zielvereinbarungen; eigenes Rollenbild und Selbstverständnis.

Führung generell:
Personal- und interne Organisationsentwicklung umsetzen; Führungstechniken optimieren, Prioritäten finden, eigene Zeit managen.

Rolle:
Die aktuelle Rolle wahrnehmen und bewusst gestalten.

Kundenbeziehung:
Auftraggeber-Auftragnehmer Verhältnis verstehen und danach handeln; Rollenverständnis und persönliche Positionierung; Instrumente (Projektmanagement) Planung und Gestaltung der Kundenbeziehung.

Das GROW-Modell

Das GROW (Wachsen) Modell nach Whitmore, wird häufig als Rahmen und Strukturierung für eine Coaching-Sequenz benutzt, da es Kernelemente für eine nützliche Diskussion umgibt. Insbesondere konzentriert es sich auf das Erhöhen des Bewusstseins und der Verantwortung des lernenden Coachees.

☐ Das "G" steht für das Ziel ("Goal") der jeweiligen Coaching-Sequenz
Die Coachingsequenz sollte mit der Zielklärung beginnen. Es sollte klar festgelegt werden, was der Bedarf ist und was in dieser Cochingeinheit erreicht werden soll. Das Ziel kann zunächst auch eher vage beschrieben werden, um es immer weiter zu konkretisieren. Nützliche Fragen hierzu: Was würden Sie gerne in dieser Sequenz besprechen? Was ist ihr persönliches Ziel für das heutige Coaching? Woran erkennen Sie, dass es Ihnen geholfen hat? In dieser Phase können Sie auch ein langfristiges Ziel definieren, welches

insgesamt erreicht werden soll. Bestimmen Sie die Themen, die in dieser Einheit bearbeitet werden sollen.

☐ Das "R" steht für die Wirklichkeitsüberprüfung ("Reality check")
Diese Überprüfung der aktuellen Lage des Coachees und seine Eingebundenheit sollte so intensiv wie möglich erfolgen, bevor an Handlungsoptionen gearbeitet wird. Laden Sie den Coachee zur Selbsteinschätzung auf. Er soll seine Situation zunächst selbst einschätzen, bevor Sie Ihre Einschätzung anbieten.

☐ Das "O" steht für (Handlungs)Optionen ("option generation")
Hier gilt es, so viele alternative Handlungsoptionen wie möglich mit dem Coachee zusammen zu entwickeln, damit die bestmögliche Handlungsoption ausgewählt werden kann. Das letzte Wort hat hier der Coachee. Seien Sie zurückhaltend mit voreiligen Vorschlägen und überhaupt mit Vorschlägen, die den Coachee zu sehr überfordern würden.

☐ Das "W" steht für Wille ("will")
In dieser Phase des Coachinggespräches muss der Dialog und die Reflexion in konkrete Handlungsplanung geführt werden, mit der die vereinbarten Ziele erreicht werden können. Der Coachee muss wirklich etwas an seiner Situation ändern wollen und dieses mit konkreten und verbindlichen Schritten planen. Erarbeiten Sie gemeinsam Hindernisse und Ansätze, wie diese Hindernisse gemeistert werden können. Klären Sie, wer Unterstützung geben könnte. Konkrete Schritte und zeitliche Meilensteine sollten vereinbart werden.

Die Rolle des Coaches

Ein guter Coach ist eine neutrale Person, der man vertraut. Der Coach richtet den Umfang des Coachings nach den individuellen Bedürfnissen des Coachees aus und macht sich selbst schnell wieder überflüssig. Konkret übernimmt der Coach folgende Aufgaben:

o begleitet, unterstützt und fördert.
o strukturiert und analysiert.
o hilft, genauer zu beobachten, zu erspüren und zu reflektieren.
o lässt das Bewusstsein und die persönliche Verantwortung für eigene Handlungen sowie Verhalten wachsen.

o dient als Resonanzkörper und gibt konstruktives Feedback.
o zeigt auf, wie der Coachee selbst Lösungen und Wege findet.

Der Coach unterstützt den Coachee bei der Erarbeitung von Lösungs- und Handlungsstrategien. Gleichzeitig hilft er dem Coachee, selbstverantwortlich diese Strategien umzusetzen. Es geht darum, dass der Coachee in die Lage versetzt wird, seine Probleme und Herausforderungen selbstständig zu lösen. Die Intensität des Coachings kann dann Schritt für Schritt reduziert werden die Handlungsfähigkeit des Coachees Schritt für Schritt gestärkt wird.

Wertvorstellung im Coaching – Coaching Profil

Was sind Ihre Werte als Coach? Was für ein Menschenbild haben Sie? Was leitet sich aus diesem für eine Philosophie ab? Dies sind wichtige Fragen, die die Arbeitsweise und Haltung des Coaches und damit seine Auswahl bestimmen. Die Reflexion folgender Fragen kann Ihnen helfen, Ihr Profil als Coach weiterzuentwickeln:

o Was ist meine aktuelle Rolle in diesem Coachingprozess oder in meiner Organisation (falls Sie interner sind)?
o Was ist mein Selbstverständnis? Was sind meine persönlichen Werte? Was ist mein Menschenbild?
o Was sind meine wesentlichen Aufgaben und Leistungen als Coach (was biete ich an?)?
o Welche Methoden und Instrumente wende ich an?
o Welche konkreten Instrumente setze ich ein? o Wie und worauf schaue ich, wenn ich coache? o Was zeichnet meine Arbeit besonders aus?
o Was kann ich ganz besonders gut? Wo tue ich mich eher schwer? Was will ich, was will ich auf gar keinen Fall?
o Wohin will ich mich mit der Zeit entwickeln?

Grundvoraussetzungen für den Coaching-Prozess

Wenn Veränderungen anstehen und die damit einhergehenden Herausforderungen durch einen Coach begleitet werden sollen, müssen folgende Grundvoraussetzungen erfüllt sein. Nur so ist der erwünschte Erfolg des Coaching-Prozesses gewährleistet.

- Vertraulichkeit
  - Die Schweigepflicht des Coaches muss gewährleistet sein.
  - Da sehr persönliche Themen Gesprächsinhalte sein können, muss sichergestellt sein, dass sämtliche Informationen vertraulich behandelt werden.
  - Vertrauen muss vorhanden sein bzw. sich über die Zeit aufbauen können.
- Freiwilligkeit
  - Coaching kann nicht verordnet werden. Auch wenn die Grenze im Unternehmensalltag oft nicht deutlich genug gezogen werden kann, bedeutet dieser Punkt, dass der Coachee eine Grundbereitschaft für das Coaching mitbringen und sich auf den Prozess einlassen muss.
  - Der Coachee muss freiwillig in den Prozess einwilligen. Nur so wird sie sich persönlich einbringen und auch zu Änderungen ihrer Verhaltensweise bereit sein.
- Persönliche Akzeptanz, gegenseitiger Respekt und Wertschätzung
  - Aufgrund des sehr persönlichen Charakters der Beratungsgespräche kann Coaching nur erfolgreich sein, wenn die Beziehung von Coach und Coachee durch gegenseitige persönliche Akzeptanz und Wertschätzung getragen wird.
  - Ein psychologischer Kontrakt ist die Basis einer guten Zusammenarbeit.

Akzeptanz, Respekt, Vertrauen und gegenseitige Wertschätzung sind das Fundament der Coach-Coachee-Beziehung. Falls dieses gestört sein sollte, wird ein erfolgreicher Coachingprozess nicht möglich sein. Über diese Beziehung wird eine "Käseglocke" draufgesetzt, die dicht ist. Alles bleibt unter dieser Glocke und darf nicht heraus.

Arbeitshaltung im Coaching

Coaching bedeutet fragen, fragen und nochmals fragen. Die richtigen Fragen zu stellen hilft dem Klienten bzw. Mitarbeiter oft mehr, als wenn zu früh Empfehlungen gegeben werden. Die Empfehlungen basieren auf eigenen Erfahrungen und auf eigenen Wirklichkeitskonstruktionen. Sie basieren nicht auf Erfahrungen des Klienten, sondern auf denen des Coaches. Diese müssen auf die Situation des Coachee nicht zutreffen. Sie können sogar den Coachee auf einen für ihn falschen Weg führen. Weiterhin ist eine wertschätzende Haltung sehr wichtig. Auf gar keinen Fall darf ein unten und oben entstehen. Der Coachee darf sich nicht als weniger wichtig oder gut fühlen. Er muss bestärkt werden. Es geht also beim Coaching nicht darum, die Handlungen und Aussagen des Coachees zu bewerten.

Im Coaching betrachten wir die Organisation bzw. das Projekt unseres Coachees durch seine Augen. Der Coachee schildert seine Fragestellung und zunächst steht uns als Informationsgeber nur er zur Verfügung.

Gleichzeitig stehen uns bei unserer Coachingarbeit unsere eigenen Gefühle, Gedanken und inneren Bilder als Material zur Verfügung. Diese bieten wir bei Bedarf an. Eine professionelle Haltung des Coachs äußert sich u. a. in folgenden Aspekten:

- Zuhören (zunächst erzählen lassen)
- Zurückhalten (Ruhe bewahren)
- Fragen, fragen, fragen
- Auf Balance achten (wenn Kunde euphorisch, andere Seite beleuchten)
- Auf eigene Gefühle achten und bei Bedarf thematisieren
- Nicht mit dem Anspruch "ein perfekter" Coach sein zu wollen arbeiten (großer innerer Druck kann zu einer Verschlechterung der Coacharbeit führen.)
- Mit Vorschlägen zurückhalten (Coaching-Prozess-Phasen) einhalten (wenn Lösungsansätze, dann nur von Erfahrungen aus anderen Situationen erzählen)
- Verantwortung dem Klienten lassen (nur der Klient entscheidet was für ihn/ sie wichtig ist oder nicht)
- Absolute Vertraulichkeit wahren!
- Nähe und Distanz zum Klienten ausbalancieren

Medieneinsatz beim Coaching

Im Coaching können vielfältige Medien genutzt werden. Durch Medien wie Bilder zeichnen wird die Situation bzw. das Problem verfremdet und dadurch eine neue Optik möglich. Folgende Methoden können u. a. im Coaching zum Einsatz kommen:
- Coaching-Gespräche (Dialog) und –Reflexionen vor Ort und telefonisch
- Coaching on the job (Beobachtung und Feedback)
- Dokumentation über Kreativitäts- und Visualisierungstechniken
- Rollenanalyse und -beratung (Rollenbilder)
- Rollenspiele (als dramaturgisches Medium) und -übungen
- Outdoor
- Baukästen
- Figuren zum Aufstellen von Teams, Organisationen und Projekte
- Bilder zeichnen (malen) und assoziieren
- Beobachten und Feedback o Postkarten
- Reflecting Team (sofern mehrere Personen im Teamcoaching anwesend)
- Dokumentieren des Dialogs und Skizzierung (z. B. Organigrammen)
- Einsatz von Fragebögen und Checklisten
- Literaturarbeit und anschließende Besprechung.

Coaching als Führungsaufgabe – Führungskraft als Coach

Das Konzept der "Führungskraft als Coach" ist eine sehr schwierige Aufgabe. Seinen Mitarbeiter in allen beruflichen und persönlichen Belangen zu coachen ist als Vorgesetzter nicht erfüllbar. Es muss ein sehr großes Vertrauensverhältnis bestehen, dass sich der Mitarbeiter seinem Vorgesetzten gegenüber mit allen seinen Problemen und Wünschen öffnen kann. Da die Führungskraft gleichzeitig die Aufgabe hat, die Leistung und das Verhalten seines Mitarbeiters zu beurteilen, ist es eine geradezu kaum erfüllbare Aufgabe, in der einen Situation der bewertende Vorgesetzte zu sein und in einer anderen Situation seinen Mitarbeiter zu coachen. Dies würde bedeuten, dass der Vorgesetzte die aufgenommenen Informationen und Kenntnisse aus dem Coaching nicht nutzt, oder sehr gut trennen kann.

Trotzdem kann er sein Führungsstil in Phasen, in dem es nicht um die Bewertung der Leistung seines Mitarbeiters geht, dem des Coachings anpassen. Hierzu ist es erforderlich, dass die Führungskraft als Coach:

- Zuhört.
- Bereit ist sein Bild, welches er über den Mitarbeiter mit der Zeit gebildet hat, zu verändern.
- Keine bewertenden Urteile äußert.
- Nicht Kritik übt.
- Er seinen Mitarbeiter bestärkt.
- Keine für den Mitarbeiter nachteiligen Verhaltensweisen zeigt.
- Über die erfahrenen Aspekte nicht mit anderen spricht.
- Dem Mitarbeiter Wertschätzung entgegenbringt.

Dies bedeutet, dass Führungskräfte jede Gelegenheit und Begegnung mit ihren Mitarbeitern dazu nutzen sollten, ihre Mitarbeiter zu coachen. Wichtigstes Ziel dabei ist das Selbstvertrauen seiner Mitarbeiter zu stärken. Nur mit einem gesunden Selbstvertrauen können die Mitarbeiter anspruchsvolle Ziele verfolgen, aus sich herausgehen und Risiken eingehen. Führungskräfte glauben, dass das coachen der Mitarbeiter in den jährlichen Zielvereinbarungsgesprächen stattfindet und damit der Aufgabe genüge getan ist und manchmal die leidige Pflicht des Coachens erfüllt ist. Dies reicht nicht aus. Coaching ist ein permanenter Prozess. Auch wenn es nicht dem idealen Rahmen eines Coachings entspricht, können Führungskräfte beispielsweise gemeinsame Fahrten und Besuche von Kunden, Fabriken, Lieferanten oder Geschäftsstellen mit ihren Mitarbeitern für Coachinggespräche nutzen. Umgekehrt können Mitarbeiter diese Gelegenheit nutzen, um mit ihren Führungskräften in einer lockeren Atmosphäre ins Gespräch zu kommen, sich zu beraten und um Feedback zu fragen.

Die Haltung der Führungskraft sollte hier ehrlich und von einer Neugier getragen sein. In einer fragenden Art und Weise kann das Gespräch geführt werden. Nur weil Sie eine Führungskraft sind, müssen Sie nicht alle Antworten kennen. Diesen Druck der sich in einem aufbaut, gilt es auszuhalten. Weiterhin können bei Führungsbesuchen am Stand- ort durch wechselnde Präsentationen die Mitarbeiter gecoacht werden. Geben Sie neuen Mitarbeitern früh die Gelegenheit sich durch eine Präsentation und dem anschließenden Feedback hierzu vorzustellen und zu lernen. (vgl. Jack Welch, 2005). In meiner eigenen Führungspraxis erlebe ich immer wieder, dass meine Mitarbeiter in schwierigen, komplexen Projekten mit Sorgenfalten herumlaufen. In diesen Augenblicken setze ich mich zu ihnen und frage einfach wie der letzte Projekteinsatz war und höre dann erst einmal zu.

Manchmal muss ich Dinge aus meiner Sicht darstellen, um den Blick für Herausforderungen und Probleme zu öffnen. Wenn ich dieses nicht tue und meine Mitarbeiter alleine lasse, klappt die Arbeit auch, jedoch nicht in der gleichen Qualität und mit der gleichen "Leichtigkeit". Das Gespräch hier ist sehr hilfreich, da über Schwierigkeiten und Herausforderungen gesprochen werden kann. Vielmehr muss ich hier nicht machen und bleibe auf der Ebene der Rolle und des Projektes. Viel höher ist mein Anspruch als "Führungskraft als Coach" erst einmal auch nicht. Auf die Personenebene muss ich nicht einsteigen. Es sei denn es gibt hier einen Handlungsbedarf. Dann wäre zu prüfen, inwiefern ich als Chef mit dem Mitarbeiter arbeiten kann, ob das Vertrauensverhältnis da ist, ob der Mitarbeiter sich überhaupt öffnen würde.

Führungsverhalten, mit dem Coaching-Prozesse gestartet werden können

Da die Führungskraft als Coach eher einem Prozess denn einem systematischen Prozess ähnelt, kann dieser coachende Führungsstil wie folgt begonnen werden:
- Einfach nur zuhören und den Mitarbeiter zunächst erzählen lassen. Hier müssen Sie Geduld zeigen und sich zurückhalten.
- Zeitnahes Feedback geben und dabei in einer offenen Diskussion Themen, Rückmeldungen von anderen, Probleme, Fehler und Herausforderungen besprechen, verstehen und analysieren.
- Explorieren, wie sich das Mitarbeiterverhalten auf die Aufgabenerfüllung und auf das Umfeld auswirkt. Wie Kunden auf den Mitarbeiter reagieren.
- Persönliche Maßnahmen gemeinsam entwickeln, um Veränderungen im
- Verhalten sicherzustellen.
- Nach Einverständnis und Übernahme von Verantwortung fragen.
- Auch von sich und von ähnlichen Schwierigkeiten erzählen, Tipps geben.

- Regelmäßig zusammensitzen und sprechen, die Arbeit und die Rollenwahrnehmung reflektieren, für den Mitarbeiter da sein (Präsenz).

Grenzen von Coaching

Die Grenzen des Coachings zu definieren und vor allem im Prozess zu halten, ist eine Herausforderung für jeden Coach. Folgende zentrale Abgrenzungen können genannt werden.
- Coaching ist kein Ersatz für Führungsarbeit.
- Coaching ist keine Therapie.
- Coaching ist auch kein Freundschaftsdienst. Wobei dies je nach Land vom Coachee anders benannt werden kann (Z. B. Türkei, Indien). Auf die Frage was denn ein hochrangiger Klient von mir als Coach erwartet, bekam ich in der Türkei und auch in Indien die Antwort "seien Sie mein Freund". Dieses drückt eher den Wunsch nach Vertrauen und Loyalität aus.
- Coaching ist kein Training, auch wenn es kurze Einheiten des Einübens z. B. eines schwierigen Mitarbeitergespräches beinhalten kann.

Teamcoaching

Neben Einzelpersonen werden auch Teams in ihrer Entwicklung oder in Bezug auf eine konkrete Problemstellung bzw. Herausforderung gecoacht. Folgende Aspekte verdeutlichen die Methode der Teamcoachingansätze:

o Das ganze Team als soziales System mit ihren psychodynamische und strukturellen Bausteinen steht im Fokus des Coachings.
o Das Teamcoaching ist lösungsorientiert und nicht nur prozessorientiert.
o Der Kontrakt wird, auch wenn zunächst der Auftrag vom Teamleiter kam, bewusst mit dem gesamten Team abgeschlossen.
o Das Team ist über einen längeren Zeitraum (z. B. Projekt- oder Team in der Abteilung) zusammen und arbeitet an einer gemeinsamen Aufgaben- und Zielstellung.

Achten Sie darauf, dass alle Teilnehmer eines Teamcoachings die nächste Zeit auch im Team verbleiben und nicht gerade dabei sind, auszusteigen. Damit haben alle eine Perspektive und können mit Ihnen als Coach an der Aufgabenstellung arbeiten.

Teamcoaching eines Management-Teams: Beobachtungsaspekte

Ein Coach nimmt einen halben Tag lang an einer Managementteam-Besprechung teil, beobachtet dass Team bei seiner Arbeit und gibt ihm anschließend anhand folgender Beobachtungsaspekte Feedback:
- Aufgaben- und Rollenverteilung
- Kooperation und Zusammenarbeit, gegenseitiges Interesse und Unterstützung
- Lernen voneinander
- Austausch von Informationen, Erfahrungen und Wissen o Klima und Atmosphäre im Team
- Ergebnisorientierung
- Verpflichtung, z. B. gegenüber übernommenen Aufgaben
- Arbeitseffizienz in der Besprechung
- Engagement der Teammitglieder
- Führungsstil Leiter und Reaktion des Teams auf den Führungsstil
- Gegenseitige Wertschätzung
- Gegenseitige Akzeptanz
- Verlauf der Besprechung
- Agenda und Agendaverfolgung
- Vorbereitung der Besprechung
- Moderation
- Ergebnisorientierung und Protokollführung
- Reflexion am Ende der Besprechung (findet diese statt? In welcher Tiefe und Qualität?)

Sprache im Coaching

Wichtig beim Coaching ist die Sprache und die Verständigung mit dem Coachee. Kann sich der Coach verständlich machen? Spricht er die Sprache des Coachees. Mit Sprache meine ich die Art und Weise sowie die Worte die ich wähle, um mich verständlich zu machen. Auch geht es darum, die Methoden und den Blick deutlich zu machen. Wenn ich in einer Bank als Coach tätig sein will, muss ich in der Lage sein, in diesem System Bank zu arbeiten.

Wie mache ich z. B. deutlich, dass es so etwas wie das Unbewusste in Organisationen gibt. In einem Praxisbeispiel in einer Bank war es möglich, durch das Aufzeichnen des Eisbergmodells über das Unbewusste zu sprechen. In einem negativen Beispiel sind wir in einen Beratungsfall erst gar nicht hineingekommen, da ein Kollege der massiv unter Druck stehenden Stabsperson vorschlug, dass wir mit den Mitarbeitern daran arbeiten könnten, "wie die Lage denn verschlimmert werden könnte und die Angst der Mitarbeiter vor dem neuen Versicherungsgesetz erhöht werden könnte". Auch wenn dies eine wichtige systemische Frage ist, um Sichtweisen und Wahrnehmungen zu verändern, so war es in diesem Fall kontraproduktiv.

Praxisbeispiel: Vertrauensverlust beim Start

Eine Führungskraft wollte sich, nach einem überzeugenden Gespräch mit seinem Chef, coachen lassen. Der Chef hatte ihn überzeugt, dass, wenn er seine Organisation mit über 2000 Mitarbeitern für die Zukunft vorbereiten wolle, er auch an sich und seiner Rolle arbeiten müsse. Er bekam drei externe Coaches angeboten, von denen er einen auswählen solle. Ich freute mich darüber, dass er mich auswählte. Leider kam es nicht zu diesem Coaching, das unser Vertrauensverhältnis von Anbeginn gestört war. Nach anderthalb Jahren teilte mir der Coachee mit, dass er damals Abstand genommen hätte, da er mit mir ja vereinbart hätte, dass er der Auftraggeber des Coachings sei und nicht sein Chef.

Damit würden die persönlichen Aspekte absolut unter uns beiden bleiben, meinte er. Jedoch hätte sein Chef in unserer Dreierbesprechung davon gesprochen, dass er mit mir vereinbart hätte, dass sie beide meine Auftraggeber seien. Damit wäre er ja in den Informationsprozess mit eingebunden, meinte er. Und dies wollte er nicht. Zu Recht, wie ich finde, jedoch damals wohl nicht vermitteln konnte. Auftraggeber hätte der Chef sein können, im Sinne Budget freigeben, sofern der Coachee kein eigenes hat. Was dann sehr deutlich festgelegt werden muss, ist, dass alles Persönliche zwischen Coach und Coachee bleibt. Übergeordnete Themen, die das Unternehmen oder den Chef betreffen, können vom Coach und dem Coachee gemeinsam, nach vorheriger Vereinbarung, mit dem Auftraggeber herangetragen werden, um Verbesserungen herbeizuführen.

Praxisbeispiel: Begleitung von Führungsteams

Die Begleitung der Führungskräfte am Standort beginnt mit einem Team-Coaching. In diesen ´Veranstaltungen kommen Gruppen von Abteilungs- und Teamleitern zusammen, und sprechen von ihren Erfahrungen in diesem schwierigen Prozess der Reorganisation, die mit der Herauslösung von mehreren 100 Mitarbeitern einhergeht. Das Teamcoaching der betroffenen Abteilungsleiter, Teamleiter und Schichtleiter, die sich mit ihrer jeweiligen Führungsebene und einem bis zwei Teamcoaches zusammensetzen, werden folgende Ziele bearbeitet (bis 10 Personen wird ein Coach eingesetzt, ab 11 Personen wird zu zweit gearbeitet):

- Teamlernen fördern (Erfahrungen austauschen). Lernen in der Gruppe ermöglicht größere Offenheit, effektiveres Problemlösen
- Kooperation und Zusammenarbeit der Führungskräfte stärken
- Orientierung über die Anforderungen an die Führungskraft geben o Besprechung der bisherigen Rollenwahrnehmungen
- Vereinbarung der neuen Rollenanforderungen
- Herstellung von Klarheit über Aufgaben, Verantwortungen, Entscheidungskompetenzen und Erwartungen
- Sensibilisieren der Rollenträger
- Rollenklarheit schaffen und halten
- Rahmen für Führungskultur definieren.

In diesem Prozess wurden die Abteilungs- und Teamleiter, die ihre Mitarbeiter auswählen mussten und mit dem Abteilungsleiter zusammen, der die disziplinarische Verantwortung trug, freisetzen. Einzelcoaching wurde hierbei als ein zentrales Instrument zur Optimierung und Festigung der (Führungs-)Rolle in diesem Sonderprozess des Abbaus und Schließung genutzt. Mit dem Ansatz des persönlichen Coachings konnten die in der Diagnose erkannten Rollenkonflikte bearbeitet werden. Gesamtziel des Einzelcoachings war die Stärkung der Person im Veränderungs-Prozess und in ihrer täglichen Arbeit.

Die Ziele im Einzelnen waren folgende:

- Persönliche Stärkung der Führungskraft
- Aufrechterhaltung der persönlichen Motivation
- die persönliche Balance finden, Arbeitsfähig bleiben
- Verarbeitung der persönlichen Erfahrungen und Trauer
- Klärung der persönlichen Situation, Zukunft und Vision
- Unterstützung beim Aufbau einer reflektierenden Haltung
- Erkennen und Umgang mit der eigenen Angst und des persönlichen Stresses
- Erkennen und Umgang mit Widerständen und Abwehrmechanismen (der eigenen und mit denen des Gegenübers)
- Begleitung am Arbeitsplatz (war abhängig vom Bedarf)
- Begleitung bei Besprechungen (war abhängig vom Bedarf)
- Planung der persönlichen Entwicklung (insbesondere dann, wenn eigener Bereich oder sogar Position nach Veränderung wegfiel)
- Outplacement-Coaching (Begleitung beim Ausstieg aus der Organisation, "nach getaner Arbeit").

Praxisbeispiele: Teamcoaching

Diese kleinen Praxisbeispiele für Teamcoachingaufträge sollen mögliche Coachingansätze auf der Ebene des Teams verdeutlichen:
- Geschäftsführungsteam beauftragt Coach mit der Aufgabe, die Strategieerarbeitung methodisch zu unterstützen und dabei gleichzeitig auf die Teamzusammenarbeit und -kooperation der Geschäftsführung untereinander zu achten

- Projektteam wird in zwei Workshops im Hinblick auf seine Teamzusammenarbeit und -rollen gecoacht
- Mit Hilfe zweier Outdoor-Trainer und einem Coach wird ein 20 köpfiges Projektteam noch vor Start des Projektes 2 Tage lang in einem Outdoor-Hotel gecoacht. Im Vordergrund stehen hierbei das Kennen lernen, der Vertrauensaufbau, die Rollen bzw. -wahrnehmung und die Sensibilisierung für kommende Herausforderungen (z. B. Kooperation, Kommunikation, gemeinsame Problemlösung).

Praxisbeispiel: Coaching der Geschäftsführung

Nach der Auslagerung der chemischen Pflanzenschutzproduktion in ein neues Unternehmen wurde das OE-Institut u. a. damit beauftragt, den Integrationsprozess, unter besonderer Betrachtung der kulturellen Aspekte der Fusion, zu beraten.

Aufgrund der konfliktären Ausgangslage konzentrierte sich das OE-Institut zunächst auf das Teamcoaching des neuen und des ehemaligen Geschäftsführers (GF), die gemeinsam den Auftrag erhielten, das gemeinsame Unternehmen als aufzubauen.

In diesem Coachingprozess wurden die GF's im Hinblick auf ihre Bedeutung als Kulturträger und -förderer beraten. Ihre konstruktive Kooperation, welches durch das Coaching, sichergestellt werden konnte, wirkte sich positiv auf den gesamten Integrationsprozess aus.

Parallel wurden die Bereichsleiter und ihre Bereiche durch eine Bereichsfindungskaskade, in ihrer Integration und dem Aufbau beraten.

Paxisfall: Coaching der neu besetzten Führungspositionen

Durch die neue Projektmanagementstruktur sind die neu eingerichteten Führungskräfte insbesondere mit folgenden Anforderungen konfrontiert:
Die Führungskraft des Projektmanagementbereiches (PM-Führungskraft) steuert, anders als die Führungskraft aus der Linie bisher gewohnt sind, we-

niger operative Aufgaben, sondern konzentriert sich auf eher im Bereich der Personalentwicklung anzusiedelnde Aufgaben. Er muss seinen Mitarbeitern Heimat bieten und sie auch „remote" betreuen, wenn sie in Projekten „fern der Heimat" unterwegs sind (was nicht unbedingt Standortwechsel bedeutet). Er muss trotzdem in der Lage sein, seine Mitarbeiter zu beurteilen, zu fördern und weiterzuentwickeln.

Die PM-Führungskraft hat verstärkt mit den Führungskräften gleichen Ebene aus der Linie und vor allem mit ihren Vorgesetzten zu tun ("starke Hierarchieorientierung"). Er hat hier eine Dienstleisterrolle. Er muss sich andererseits aber auch durchsetzen können, verhandeln und "Rückgrat zeigen". Gegenüber den oberen Führungskräften darf er nicht "einknicken".

Coaching-Ansatz:

Der in diesem Projekt angewandte Coachingansatz wurde im Kontrakt wie folgt vereinbart: Es ist nicht Aufgabe eines Coaches, Lösungen für seinen Coachee zu finden oder gar für ihn aktiv zu werden. Es geht vielmehr darum, durch Fragen, Anregungen, einen maximalen Lösungsraum abzustecken, Aus Erfahrungsberichten des Coaches, etc. den Coachee zu begleiten, handlungsfähig zu machen und in die Lage zu versetzen, seine Aufgaben selbst aktiv anzugehen sowie Entscheidungen zu treffen und zu diesen zu stehen.

Ziele des Coachings:

Mit dem Coaching-Prozess werden folgende Ziele verfolgt:
o Die Poolführungskräfte in ihren Rollen stärken, um besser und schneller in ihre neue Rolle hineinwachsen zu können
o Eine gemeinsame Sicht der PM-Führungskraft mit dem Gesamtleiter des Projektmanagement-Bereiches bezüglich der neuen Rollen und ihrer Anforderungen entwickeln

Vorgehen und Coachinginhalte:
1. Vorbereitungsklausur mit Gesamtleiter des Projektmanagementbereiches (Sponsor)
2. Briefing der Coaches bezüglich Ausgangslage, Gesamtkontext, Erwar-

tungshaltung, Abgleich der Vorgehensweisen
3. Einzelgespräche des Coaches mit seiner PM-Führungskraft zu Zielen, Rahmenbedingungen und Arbeitsweise (Coaching-Kontrakt)
4. Team-Besprechung Gesamtleiter des Projektmanagementbereiches mit seinen PM- Führungskräften und allen Coaches sowie des Coaching-Review-Partners (Teamcoaching)
5. Einzel-Coaching für die PM-Führungskräfte (Zunächst 4 x 0,5 Tage je Coachee vereinbart, nach Zwischen-Check Fortführung)
6. Zwischen-Check (nach 4 Coaching-Sitzungen) des Prozesses mit Gesamtleiter des Projektmanagementbereiches, seinen PM-Führungskräften und dem Coaching- Review-Partner (Ziel: Check des bisherigen Coachingprozesses und Vereinbarung Folgeprozess)
7. Einzelgespräche mit Gesamtleiter, um übergeordnete Themen mit ihm zu besprechen, Gesamtcoaching durch Review-Partner
8. Auswertung erste Coaching-Sequenz und Planung des weiteren Coachingprozesses
9. Kontinuierliche Reflexion im Coaching-Team.

Für alle Aktivitäten wurden notwendige inhaltliche Vorbereitungsarbeiten sowie begleitende und nachbereitende Reflexionen eingeplant und fakturiert. Der Gesamt-Reviewpartner hat keinen Coachee übernommen, um ein Rollenkonflikt zu vermeiden und sich auf die Begleitung des Gesamtprozesses zu konzentrieren. Gleichzeitig konnte er so der direkte Ansprechpartner des Sponsors bleiben. Die Arbeiten werden im notwendigen fachlichen Kontext des Projektes "Neuausrichtung der Organisation" (vgl. Praxisbeispiel) durchgeführt. Der faktische und mentale Coachingprozess für alle PM-Führungskräfte startete im Februar und wurde zunächst bis Ende Juni durchgeführt (erste vier Coaching-Sitzungen).

Nach einer ersten Zwischenauswertung wurden weitere Coaching-Sitzungen durchgeführt. Die Coaches wurden aus dem Coaching-Pool des OE-Institutes eingesetzt. Der konkrete Einsatz wurde zwischen dem Gesamtleiter (Sponsor), den PM-Führungskräften (Coachee) dem Reviewpartner (Leiter OE-Institut) festgelegt. Der Coachingprozess fand im Hinblick auf Vorbereitungs-, Durchführungs- und Auswertungstätigkeiten in den Räumlichkeiten des OE-Institutes, der Coachees und der Coaches statt. Informationen auf der Personenebene wurden vertraulich behandelt. Kritische Themen die das Gesamtkonzept der neuen Organisationen wurden gesammelt und über den Reviewpartner gemeinsam mit den Coachees zum Gesamtleiter gebracht.

Führungskräfteentwicklungs-Programme

Qualifizierungsprogramme bzw. Trainings sind wohl die am meisten angewendete OE- Methode. Es ist wichtig darauf zu achten, ob die Organisation für einen Veränderungsprozess bereit ist (organizational readiness for change). Ein umfassendes Führungskräfteentwicklungsprogramm ist bereits eine Intervention auf der Personen- als auch auf der Organisationsebene, sofern es die oberen Führungskräfte in das Programm mit einbezieht. In einem internationalen Führungskräfteentwicklungsprogramm mussten wir nach einem Modul das Programm stoppen, noch einmal über die Bücher gehen und mit dem Gesamtsponsor aus der Unternehmenszentrale und dem Sponsor vor Ort (Standortleiter) das Programm komplett neu aufsetzen. Wir mussten den Standortleiter dessen Rolle, Einstellung und Verhalten von eminenter Bedeutung für das Gelingen des Programms war, einbinden.

Ein auf die Unternehmensbedürfnisse abgestimmtes Qualifizierungs-Programm bietet Führungskräften die Möglichkeit, managementrelevantes Wissen aus unterschiedlichen Bereichen systematisch auszubauen und damit persönliche Spitzenleistungen als Führungskraft zu erzielen. Diese Programme haben eine sehr große Wirkung auf die Kultur der Organisation. Sie können diese verändern bzw. entwickeln.

Skizze: Aufbau von entwicklungsorientierten Qualifizierungsprogrammen

Instrumente der Qualifizierung

Die Lern und Entwicklungsperspektive ist neben den Perspektiven Finanzwirtschaft- "Kunden- und interne Prozessperspektive eines von vier zentralen Perspektiven um ein kennzahlenbasiertes Unternehmen aufzubauen. "Nur durch Investitionen in diesem Bereich – und zwar in Mitarbeiterpotenziale, Informationssysteme und Motivation – lassen sich strategische Pläne umsetzen." (Die strategiefokussierte Organisation, Führen mit der Balanced Scorecard, Kaplan/ Norton, 2001). Hier wird deutlich, dass die systematische Entwicklung von Mitarbeiter und das Fördern des Lernens ein wichtiger Faktor erfolgreichen unternehmerischen Handelns ist.

Zur Qualifizierung von Mitarbeitern stehen vielfältige Instrumente zur Verfügung. Die gängigsten sind bekanntlich Trainings, Schulungen und längerfristige Aus- und Fortbildungen. Folgende Instrumente können darüber hinaus zum Tragen kommen.

o Teilnahme an Schulungen
o Trainings in Seminarform (intern und außerhalb der Organisation)
o Coaching vor Ort bzw. außerhalb des eigenen Organisationsumfelds

- Aktionsforschung bzw. Praxislernen (Action Learning)
- Intervision (kollegiale Beratung)
- Jobrotation
- Projektarbeit
- Auslandsaufenthalte

Lernkonzept

Folgendes Lernkonzept hat sich aufgrund der langjährigen Erfahrungen im In- und Ausland bewährt.

☐ Begleitet
- Veränderungs- und Entwicklungsberatung
- Kollegiale Reflexion (Peer-Gruppen aus unterschiedlichen Standorten, Funktionen)
- Transfergespräche o Coaching
- Praxistage: Beratung der Projekte im Hinblick auf Vorgehen, Rollenwahrnehmung, Umsetzungserfolg

☐ Projektbezogen/ Partizipativ
- Praxisprojekte
- Mitarbeiter werden an der Unternehmensentwicklung beteiligt o Lernpartnerschaften
- Erarbeitung von Konzepten für das Unternehmen z. B. Leitbild, Kundenbefragungen, Führungsgrundsätzen, Handbüchern, Check-Listen, Umsetzungsplanungen

☐ Entwicklungsbezogen
- Phasenorientiert (längerfristig)
- Zusammenstellung Gruppen entwicklungsbezogen (Stufenbezogen)
- Offen für neue Gruppen (ausbaubar)
- Selbsterfahrung berücksichtigt / Reflexion der persönlichen Rolle im Unter nehmen
- Abschlussarbeit (Ziel: Selbstreflexion und Vertiefung eines bestimmten Aspektes aus dem Coaching)

☐ Bedarfbezogen
o Unternehmerischer Bedarf
o Organisations- und Leadershipentwicklung wird verknüpft (Action Learning). Lernen aus der Praxis für die eigene Führungsrolle
o Zielgruppenorientierung
o Trainings-Bausteine ("Building-Blocks") können durch Interviews ermittelt und zu Modulen zusammengefügt werden

☐ Wissensvermittelnd
o Inputs durch interne und externe Referenten
o Vorträge, Z. B. Experten, Vorstände und Manager (interne Wissensträger werden einbezogen)
o Kamingespräche mit oberen Führungskräften

☐ Gruppendynamisch und selbsterfahrungsorientiert
o Das Lernen und Reflektieren im "hier und jetzt"
o Projektgruppen sind "live-Gruppen"
o Teilnehmer "werden durchgerüttelt" (Grad der Intensität muss vereinbart werden)
o Programm wird erlebnis- und erfahrensorientiert gestaltet (spielerische Elemente)/ Event-Charakter mit Augenmaß
o Einsatz in sozialen Einrichtungen zur Erhöhung der Sozialkompetenz
o ORGLAB (Führung, Autorität und Macht in Organisationen) als Group-Relations-Ansatz integriert

Zusammenbau eines Qualifizierungsprogramms

Durch Interviews werden die Teilnehmer und ein Kernteam an der Entwicklung des Programms beteiligt. Aus den genannten Herausforderungen mit denen die Führungskräfte konfrontiert sind, werden so genannte "Building Blocks" (Bausteine aus Herausforderungen) definiert. Am Ende steht ein aus den realen Herausforderungen des Unternehmens und ihrer Führungskräfte entwickeltes Qualifizierungsprogramm.

Nr.	Schritt	Ziel	Ergebnis
1.	Interviews mit Teilnehmern und deren Vorgesetzten	In Interviews wurden gezielte Fragen bzgl. der Herausforderungen für die Führungskräfte gestellt	Handlungs- und Konfliktfelder, Bedürfnisse, Erwartungen, Befürchtungen, Themen
2.	Kernteam führt Interviewergebnisse zu sog. „Building blocks (=Bausteinen)" zusammen	Ein erster Entwurf eines Management-Entwicklungs-Programms entsteht	Entwurf der Module (Zusammensetzung aus Bausteinen) und Gesamtkonzept eines Management-Entwicklungs-Programms
3.	Abstimmung mit Vorstand	Programm wird mit Vorstand und Vorgesetzten abgestimmt und angepasst	Freigabe des Programms durch Vorstand (Gesamtsponsor)
4.	Kick-off	Start des Programms (Initialisierung, Integration, Information)	Verantwortungsübernahme, Akzeptanz und Verständnis für das Programm
5.	Programmdurchführung	Qualifizierung und Verantwortungsübernahme	Sensibilisierte und qualifizierte Teilnehmer (Erreichen höheres Leadership-Niveau)

Praxiserprobte Lernarchitekturen

Skizze: Unternehmensentwicklung und Managementenwicklungsprogramm (MEP)

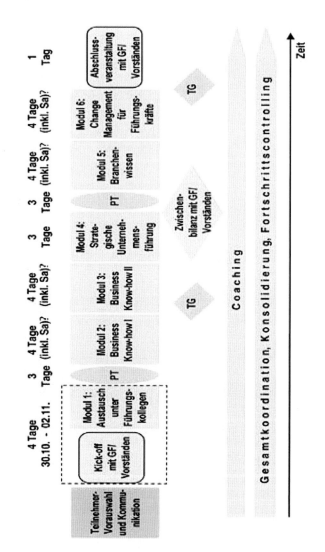

Mit diesem Managemententwicklungsprogramm bereitete ein mittelständisches Unternehmen seine oberen Führungskräfte auf Geschäftsführungs-Positionen von Tochtergesellschaften vor. Gesamtaufwand für die Teilnehmer das Qualifizierungsmoduls betrug 30 Tage und verteilte sich auf 18 Monate

Skizze: Auswahl der Teilnehmer

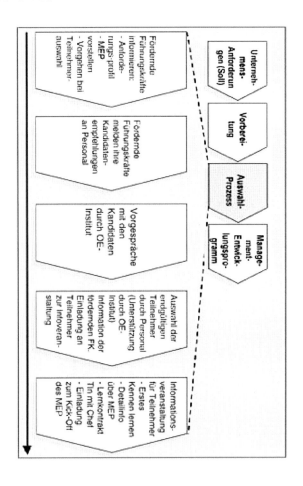

Der Auswahl und dem Auswahlprozess in Qualifizierungsprogrammen kommt eine hohe Bedeutung zu, da sie bereits selbst eine Intervention im

System Organisation bedeutet. Ein schlecht durchgeführter und kommunizierter Auswahlprozess kann in der Organisation unnötigen Schaden erzeugen.

Skizze: Unternehmensentwicklung und Fusion durch Führungskräfteentwicklung

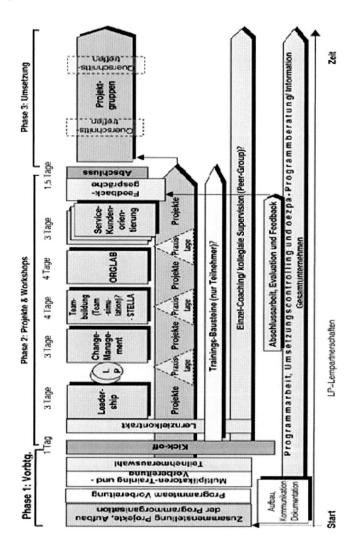

Die Zusammenführung zweier Unternehmen und die Unternehmensentwicklung wurde durch ein intensives Programm gefördert. Die erforderlichen Projekte für den Start des neuen Unternehmens wurden als Lern- und Reflexions"material" genutzt. Die Fusion zweier Unternehmen wurde parallel mit einem Führungskräfteentwicklungsprogramm gestartet. Das Programm half die Führungskräfte und damit auch die Mitarbeiter menschlich zusammenzubringen und schnell und nachhaltig zu vernetzen.

Skizze: Führungskräfteentwicklungsprogramm als Integrationsfaktor

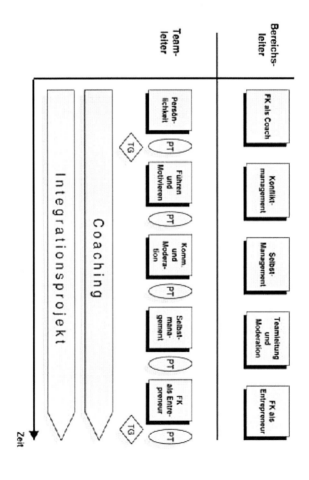

Skizze: Alle Hierarchieebenen umfassendes Programm unter EFQM-Dach

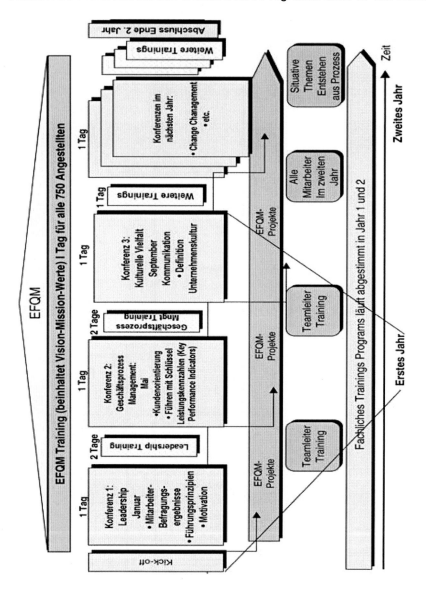

Ein internationales Programm unter Leitung des Vorsitzenden der Geschäftsführung und unter dem Dach des EFQM-Zieles (European Foundation of

Quality Management) wurde durchgeführt. Für alle 75 Abteilungsleiter unter Teilnahme der gesamten GF wurden eintägige Management Konferenzen eingerichtet.

Diese Konferenzen wurden thematisch fokussiert (z. B. Erarbeitung von Führungsprinzipien für das Unternehmen). Das Gesamtprogramm diente sowohl als strategische Plattform der GF, in der sie die Möglichkeit hatte, ihre Themen und Konzepte (neues Bonus- und Bezahlungssystem, Strategie etc.) zu vermitteln als auch die Rollenentwicklung der teilnehmenden Führungskräfte durch Reflexion und Lernen am Vorbild GF zu fördern.

Das Programm hatte eine Laufzeit von zwei Jahren. Danach wurden die Konferenzen als fester Bestandteil der Führungsorganisation etabliert und vierteljährlich durchgeführt. Die Führungskräfte reisten aus dem ganzen Land an:

Skizze: Projektleiter-Qualifizierungsprogram

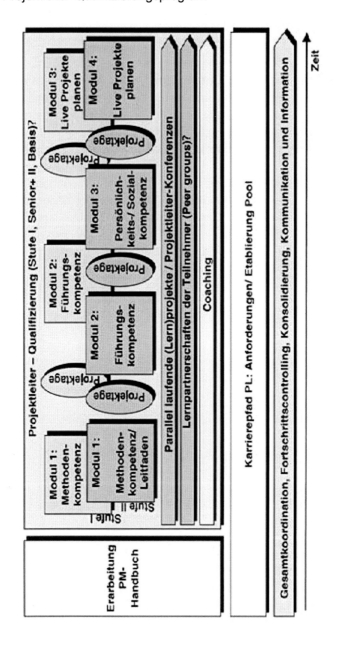

Skizze: Qualifizierung in Strategieentwicklung

Das Programm wird mit Vorgesprächen auf Leitungs- und Teilnehmerebene gestartet.

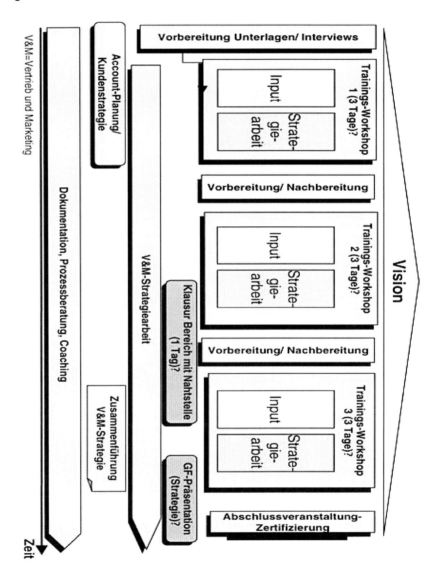

Kurzanleitung Action Learning

Bei Action Learning wird auf die Unterscheidung zwischen lehrenden Experten und lernenden Laien verzichtet. Alle nutzen ihr kreatives Potenzial, um an sie gestellte Herausforderungen zu bewältigen, einander zu korrigieren und zu unterstützen.

In den ersten Runden werden die Teilnehmer durch erfahrene Begleiter (Facilitatoren) unterstützt. Hinterher wird völlig eigenständig gearbeitet.

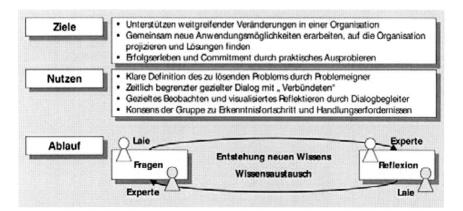

Nachfolgendem Ablauf können in Organisationen Problemstellungen bearbeitet werden. Hierbei setzen sich die Kollegen mit einem OE'ler zusammen und reflektieren die Problemstellungen und ihre Lösungsansätze. Je gemischter die Gruppe zusammengesetzt ist, desto besser. Dabei sollten Menschen aus den verschiedensten Fachfunktionen zusammen. Damit ist sichergestellt, dass das Problem aus den verschiedensten Blickwinkeln betrachtet werden kann.

1 Ein Teilnehmer präsentiert bzw. beschreibt seinen Fall, seine Fragestellung, seine
Problemsituation und die Geschichte des Problems.
2 Die Teilnehmer stellen nur Fragen, um den Kontext des präsentierten Falles besser zu verstehen.
3 Der Organisationsentwickler hilft der Gruppe, die Fragestellung hinter der

Fragestellung des vorgestellten Falles zu untersuchen. Dabei beschreibt jeder Teilnehmer das was er verstanden hat und wie er das Problem sieht. Der Organisationsentwickler dokumentiert diese Beschreibungen auf dem Flipchart bzw. auf einer Pinnwand.

4 Der Organisationsentwickler fordert die Teilnehmer auf, ihre Erfahrungen mit ähnlichen Fragestellungen und Problemen nacheinander zu schildern. Er bittet sie, ihre damaligen Lösungsansätze und –schritte und Ergebnisse der Gruppe mitzuteilen.

5 Der Organisationsentwickler hilft der Gruppe, die unterschiedlichen Blickweisen auf das Problem, die in ähnlichen Fällen eingesetzten Methoden, Ansätze und Instrumente zu besprechen und dokumentiert diese auf einem Flip-chart oder Pinnwand.

6 Der Organisationsentwickler hilft der Gruppe, diese Methoden, Ansätze und Instrumente auf den vom Teilnehmer vorgestellten Fall zu beziehen. Gleichzeitig wird das Problemlösungsmodell der verschiedenen Teilnehmer besprochen ("wie ich an Probleme herangehe").

7 Die Gruppe schaut auf ihre wichtigsten Erfahrungen in diesem Problemlösungsprozess zurück und reflektiert die Art und Weise wie sie generell Probleme angeht, um daraus zu lernen. Falls zeitlich möglich, teilen die Teilnehmer nun mit, wie sie zukünftig ähnliche Probleme angehen wird.

Diese Arbeit kann auch nach einer Einführungs- und Lernphase Kollegial ohne externe OE´ler weiter geführt werden.

Trainings-Gruppe (T-Group)

In den ursprünglich am NTL entwickelten Trainings-Gruppen sitzt eine kleine Lern- gruppe von Teilnehmern mit mindestens einem Coach im Stuhlkreis und ohne feste Agenda und reflektiert das Verhalten und die Dynamiken in der Gruppe. Das Ziel der Trainings-Gruppen ist es, Einstellungen und Verhaltensweisen von Individuen zu verändern.

Trainings-Gruppen sind selbsterfahrungsorientiert. Persönliches Feedback kann erhalten werden. Das Feedback beeinflusst wiederum das eigene Verhalten. Teilnehmer können so auf die Informationen bezüglich ihres eigenen Verhaltens reagieren. Der Wirkung des eigenen Verhaltens auf andere kann

somit untersucht und verändert werden. Gleichzeitig wir die Kommunikations- und Interaktionsfähigkeit gesteigert.
Sie lernen sich selbst und andere besser zu verstehen. Sie lernen auch Feed- back verantwortungsvoll zu erhalten und zu geben. Ihr Verständnis von Gruppenprozessen und -dynamik steigt. Sie lernen schwierige und konfliktäre Themen an- und durchzusprechen. Da das in den Trainings-Gruppen erhaltene Feedback sehr persönlich sein kann, ist der Einsatz von erfahrenen Coaches als Begleiter Grundvoraussetzung.

Business-Simulation ORGcamp

Mit der Simulation ORGcamp steht ein systemisches Instrument zur Verfügung, mit der die Teilnehmer von Qualifizierungsprogrammen in Fragen der Führung, der Team-, Kunden- und Prozessoptimierung, des Qualitätsmanagements sowie im eigenen Rollenmanagement trainiert.

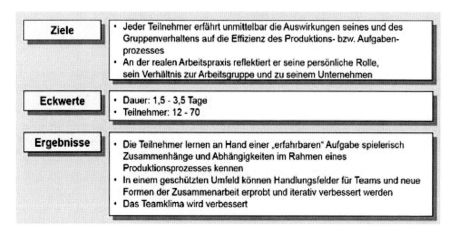

In diesem Intensivseminar werden eigene Praxisfälle, Projekte und Einsätze mit Beratern und den TeilnehmerInnen reflektiert, analysiert und geplant. Parallel zu dieser Praxisarbeit werden das bewusste und unbewusste Verhalten in Gruppen, die -Entwicklung und das -Verhalten von Gruppenphänomenen mit den TeilnehmerInnen sowie den BeraterInnen untersucht um daraus für die Unternehmenspraxis zu lernen. Somit werden die TeilnehmerInnen in die

Lage gebracht, den Einfluss von Gruppenphänomenen und die Gruppenentwicklung auf die Lösungskompetenz von Praxisfragen und -Problemen zu erleben und zu verstehen. Dieses Vorgehen basiert auf dem so genannten `Double Task Modell´ von Harold Bridger, einem früheren Mentor des Autors. Diese Vorgehensweise ermöglicht es TeilnehmerInnen, die organisatorische Fragestellungen und Erfahrungen bewältigen müssen, einen größtmöglichen Nutzen aus der Arbeit zu ziehen.

Das Organisationsseminar ist so konzipiert, sodass sie als eine temporäre Organisation verstanden werden kann, in der das Lernen die vorrangige Aufgabe darstellt. Dieses Design ermöglicht und unterstützt die Bearbeitung von Praxisprojekten. Gleichzeitig gibt es den TeilnehmerInnen die Möglichkeit, in dieser temporären Organisation erfahrungsorientiert zu lernen.

Einbringung von eigenen Praxisfragen und -Herausforderungen. Fallbearbeitung. Beratung von Fällen, Projekten, Rollenverhalten und Reflexion der Gruppe und der temporären Organisation, die während der Dauer des Seminars aufgebaut wird.

Organisationslaboratorium (ORGlab)

Dieses Seminar bietet die Möglichkeit, das Leben einer Organisation im Entstehen zu erfahren, zu beobachten und zu gestalten. Der Lernfokus liegt hier auf der Ebene der Dynamik sozialer Systeme und Rollen, das Seminar dient hier als organisatorischer Mikrokosmos.

Ziele	• Lernen über Führung, Selbstmanagement in Rollen und psychodynamische Prozesse in Organisationen • Reflexion der beruflichen Rolle und Erarbeitung von Gestaltungsmöglichkeiten
Inhalte	• Herausforderungen durch veränderte soziale und wirtschaftliche Realitäten und ihre Einwirkung auf Sichtweisen und Selbstverständnis • Wahrnehmung und Verständnis sozialer, kultureller und politischer Einflüsse und ihre bewusste wie unbewusste Auswirkung auf Menschen und Organisationen • Gestaltung von Beziehungen unter Berücksichtigung der beruflichen Rolle
Arbeitsweise	• Für die Seminardauer entsteht eine temporäre Organisation (soziales System) • Die Teilnehmer kommen in verschiedenen Systemen (Gruppen) zusammen. In diesen können sie ihre Wahrnehmungen und Gedanken über ablaufende Prozesse und entstehende soziale Geflechte erfahren und reflektieren • Im Mittelpunkt steht das Lernen an den unmittelbar ablaufenden Prozessen

Unternehmenstheater

Veränderungen im Rahmen von Organisationsentwicklung fallen vielen Mitarbeitern schwer. Diffuse Ängste widersetzen sich oft rationalen Argumenten. Hier kann das emotionale Erleben von Theater einen Prozess der Bewusstwerdung und Neuorientierung initiieren und so Öffnung schaffen.

Ziele
- Szenen des Unternehmensalltags spiegeln
- Mitarbeiter und Führungskräfte können sich und ihr Handeln auf der Bühne beobachten und reflektieren
- Mitarbeiter für notwendige Veränderungen sensibilisieren und vorbereiten
- Kreativität fördern
- Visionen verbildlichen und damit besser verständlich machen
- Veränderungs-Szenarien, andere Perspektiven (z.B. Kundenbedürfnisse) erlebbar machen

Vorgehen
- Auftragstheater, das Drehbuch bildet den Unternehmensalltag (z.B. Umgang mit Kundenbeschwerden, Zusammenstoß Kulturen in Fusion, Führungsprobleme)
- Gezielte Auswahl der Zuschauer
- Die Sprache des Unternehmens wird gesprochen
- Die Aufführung findet im Unternehmen oder extern statt
- Reflexion und Veränderungsprozess als Follow-up

Einsatzbeispiele von Unternehmenstheater

Im Folgenden werden einige Beispiele für den wirkungsvollen Einsatz von Unternehmenstheater:

Praxisbeispiel	Schwerpunkte
Kundenorientierung verdeutlichen	Eine Großsparkasse setzt Unternehmenstheater ein, um allen Mitarbeitern zwei Dinge zu verdeutlichen. Zum einen die bisherige, geradezu kundenfeindliche Atmosphäre in ihren Geschäftstellen, zum anderen die zukünftig angestrebte, kundenorientierte Ausrichtung ihrer Organisationskultur. Professionelle Schauspieler spielen beide Kulturmomente vor. Mitarbeiter sind sehr bewegt, lachen viel (über sich selbst) und gehen nachdenklich gestimmt in ihre Abteilungen zurück. Ein OE-Prozess mit dem Schwerpunkt „Erhöhung der Kundenorientierung und -zufriedenheit" schließt sich an.
Führungsrolle überdenken	Ein Versicherungsunternehmen setzt zu Beginn eines größeren OE-Prozesses, mit dem Ziel Serviceorientierung zu stärken, professionelle Schauspieler ein, die vor dem Kick-off im Führungskreis des Unternehmens unterschiedliche Führungsverhalten vorspielen (Z.B. Umgang mit Mitarbeitern, Verhalten in Konfliktsituationen, Kooperation mit Kollegen). Durch Interviews wurden zuvor kurze Führungsmomente aufgenommen, die dann pointiert und professionell vorgespielt werden. Auch hier ist die Wirkung groß und die Führungskräfte werden sensibilisiert. Ein langfristiger OE-Prozess „Etablierung einer Serviceorientierten Organisationskultur" wird damit angestoßen.
Umgang mit Zeit	Ein professioneller Pantomime wird in einer Führungsklausur eingesetzt, der den anwesenden Top-Managern Augenblicke im Umgang mit der Zeit vorspielt. Danach erfolgt eine Reflexion über das gesehene und erlebte.

Rollenarbeit

Methode der Rollenanalyse und -beratung

Die Rollenanalyse untersucht die komplexen Austauschprozesse und Wechselwirkungen zwischen Person und Organisation im Kontext der beruflichen Rolle. Anhand von „Rollogrammen" (bildliche Darstellung der Schnittstelle von Personen und Organisationen).
Missverständnisse und unterschiedliche Erwartungshaltungen zwischen Individuen in Organisationen können ihre Effektivität beeinflussen. Gründe können in dem Fehlen von gemeinsamem Wissen, in Missverständnissen oder im fehlenden Vertrauen liegen. Rollenanalyse und -beratung kann helfen, individuelle Wahrnehmung und die Erwartungshaltung anderer abzugleichen, um ein höheres Verständnis füreinander herzustellen.

Die Rollenanalyse und -beratung ist eine Coachingmethode, die es Rollenträgern ermöglicht, Anforderungen und Dynamiken einer Rolle zu analysieren und zu gestalten. Die Rolle ist hierbei die Schnittstelle zwischen dem personalen System (Person) und dem organisationalen System (Organisation oder Projekt). Die Rolle wird zum einen durch die Anforderungen, Erwartungen, Vorgaben, anderen Rollen und Dynamiken aus der Organisation und aus den Anforderungen, Wünschen, Hoffnungen und Dynamiken aus dem personalen System beeinflusst. Ursprünglich wurde die Methode der Rollenanalyse und -beratung in den 1950´iger Jahren am Tavistock Institut of Human Relations in London entwickelt.

In der Rollenanalyse und -beratung gilt es, die bewussten und unbewussten Anteile in der Rollenwahrnehmung zu verstehen. Das Ziel dieser Arbeit ist es, das Selbstmanagement in der Rolle zu stärken. Dieses Selbstmanagement der eigenen Rolle in der Organisation ist umso wichtiger, da es gilt, den ständigen Veränderungen in der Organisation, seinem Umfeld und damit den Rollenanforderungen gerecht zu werden. Hierzu ist es insbesondere erforderlich, die eigene Autorität in der Rolle zu entwickeln und sein persönliches Selbstverständnis mit den Anforderungen aus der Organisation in Einklang zu bringen.

Die Rollenarbeit bezieht sich nicht nur auf die Führungskräfte in einer Organisation. Es ist eine Methode, die es jedem Rollenträger ermöglicht, über seine Rolle und Rollenanteile in der Organisation nachzudenken, Anforderungen sowie Erwartungen an diese Rolle zu verstehen, Klarheit zu erreichen und diese aktiv selbst zu gestalten, die Grenzen auszutesten.

Skizze: Rolle als Schnittstelle des personalen und des organisatorischen Systems

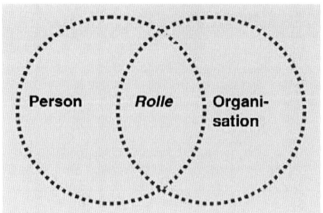

In der Skizze wird die Schnittstelle zwischen dem personalen und dem organisationalen System als die Rolle deutlich. Rolle wird durch die Anforderungen und Dynamiken aus dem organisatorischen sowie den Anforderungen und Dynamiken (z. B. Organisationskultur, Ziele, Aufgaben, andere Rollenträger) aus dem personalen System (z. B. Familie, persönliche Entwicklung, persönliche Wertvorstellungen, Kulturkreis) geprägt.

Rollenanalyse und -beratung bearbeitet also die Dynamiken, Austauschprozesse und Wechselwirkungen zwischen der Organisation und Person als Systeme im Zusammenhang mit der beruflichen Rolle.

Anlass für Rollenanalyse und -beratung

In folgenden Situationen kann die spezielle Methode der Rollenanalyse und -beratung eingesetzt werden:
o Überprüfung der eigenen Rolle im Team bzw. in der Organisation
o Karriereplanung im eigenen Unternehmen
o Berufliche Neuorientierung in der eigenen Organisation oder im Out-Placement-Prozess (Ausstieg und Wiedereinstieg)
o Unternehmensnachfolge, insbes. im Familienunternehmen
o Work-Life-Balance Herausforderungen
o Rollenkonflikten und -krisen
o Schwierigkeiten im Umgang mit Mitarbeitern, Vorgesetzten oder Kollegen
o Übernahme einer neuen Funktion
o Übernahme einer Führungsrolle.

Die formale Rolle wird durch die Organisation definiert. Der einzelne Rolleninhaber gestaltet seine Rolle durch seine Einstellung, Haltung und Verhalten in der Rolle. Spannungen in dieser Wechselwirkung entstehen dann, wenn die Anforderungen aus dem organisationalen System oder aus dem privaten, personalem System nicht im Einklang sind.

Schritte der Rollenarbeit

o Kurze Einführung in das Rollendenken und die Arbeitsweise.
o Zeichnen der Rolle auf ein Flip-chart (Blatt wird quer genommen, obiges Bild wird auf das Flip-chart skizziert und mit Symbolen und Farben ausgemalt). Dabei sollten keine Worte geschrieben werden. Symbole und Farben sind aussagekräftiger und geben gute Reflexionsmöglichkeiten.
o Kurze Vorstellung aller Bilder, falls in der Gruppe gearbeitet wird.
o Besprechung (Reflexionen) der einzelnen Bilder (45 bis 60 Minuten je Bild). Assoziationen, Gedanken und Gefühle zu den Bildern werden genannt. Hierbei sind die Elemente, ihre Farben, Größen und Abstände zueinander ebenso wichtig wie weggelassene, jedoch bedeutende Personen und Zusammenhänge im Bild.
o Abschlussreflexion.

Worauf bei der Rollenanalyse und -beratung geachtet werden muss

Wichtig ist, darauf zu achten, dass der Blick auf die Bilder immer subjektiv ist und keine "objektive Wahrheit" darstellt. Das was in den gemalten Bildern gesehen wird, sind Momentaufnahmen und "nicht in Stein gemeißelte" Weisheiten. Die gemeinsame Betrachtung und Interpretation dessen, was jeder in dem Bild wahrnimmt, ist als Betrachtungsangebot zu sehen. Der Rollenträger entscheidet selbst, was er von dem Gesagten in diesem Augenblick annehmen kann und will.

Bereits der Volksmund weiß: "ein Bild sagt mehr als tausend Worte". Entsprechend werden unbewusste Gedanken und Dynamiken in dem Bild deutlich, die geübte Augen anhand von den gewählten Symbolen, Farben, Abständen zueinander und den nicht gewählten Symbolen ("was wurde weggelassen?") erkennen und als anbieten.

Es ist auch interessant zu sehen, wie wer auf das Bild schaut, welche "Brille" er dabei aufsetzt. Allein dieses "wie schaue ich" ist ein wichtiger Lernaugenblick. Bei der Gruppenbesprechung der Rollenbilder lernt jeder aus jeder Rollenbearbeitung und Reflexion, da sich die Themen, Dynamiken und Herausforderungen auch für andere Rollenträger gelten können und jeder bei der Bearbeitung in die bewusste und unbewusste Arbeit an seine Rolle geführt wird.

Die Aufgabe des Coaches in der Rollenanalyse und -beratung ist es, den Arbeitsrahmen für die Gruppe zu halten, darauf zu achten, dass keine destruktiven und verletzenden Aussagen getroffen werden. Er kann sich aus der Rollenarbeit weitestgehend raushalten und das Potential in der Gruppe nutzbar machen. Er kann aber auch zurückhaltende aktiv mit wirken und seine Sichtweise mit einbringen. In der Einzelsituation ist der Coach in der Rollenarbeit aktiver.

Rollenklärung im Team

Eine pragmatische Arbeitsform in Organisationen ist die Klärung von Rollen im Team. Bei dieser Methode beschreiben Teilnehmer in Einzelarbeit ihre Rollen, präsentieren diese anschließend der Gruppe, diskutieren diese und verabschieden alle Rolle. Es ist erstaunlich, wie viel Erkenntnis über die eigene und über die Rollen der Kollegen durch diese einfache Struktur und -Arbeitsweise erzielt werden kann. Unterschiede im Selbstverständnis oder in den gegenseitigen Erwartungen können deutlich und besprochen werden. Gleichzeitig können tiefer liegende Rollenkonflikte offengelegt und insbesondere nach der Klausur bearbeitet werden.

Vorgehen

1. Jeder beschreibt nachfolgenden Oberpunkten (Z. B. meine Rolle, meine Aufgaben, meine Verantwortungen, meine Entscheidungskompetenzen) die jeweilige Rolle
2. Präsentation der Rollenbeschreibungen
3. Diskussion und Herausarbeiten von unterschiedlichen Sichtweisen je Rolle (Anforderungen und Erwartungen)
4. Festlegung der Rollen im Team und Verabschiedung
5. Dokumentation aller Rollenbeschreibungen. Gesamtrollenkonzept liegt somit vor
6. Veröffentlichung des Gesamtrollenkonzeptes in der Organisation. In einer erweiterten Führungsrunde, wo alle Teamleiter einbezogen werden, kann nach der Besprechung dieses Konzeptes die Rolle des Teamleiters, die oft wenig verstanden ist, in gleicher Form bearbeitet werden

Beschreibung der eigenen Rolle

Die eigene Rolle kann, wie bereits oben erwähnt, in folgender Weise beschrieben und in Form eines Flip-Charts oder Pinnwandkarten oder elektronisch dargestellt werden:

o Meine Rolle
o Meine Aufgaben
o Meine Entscheidungskompetenzen ("was ich entscheiden kann")
o Mein Selbstverständnis ("meine Rollenphilosophie")
o Was ich zur erfolgreichen Erledigung meiner Aufgaben von wem brauche (input) bzw. was ich von wem erwarte
o Was ich wem gebe (mein output)

Das Vorgehen kann dahingehende intensiviert und erweitert werden, dass jeder jede andere Rolle im Team beschreibt. Durch dieses Vorgehen werden unterschiedliche Sichtweisen und Rollenkonflikte (unterschiedliche Erwartungshaltungen an eine Rolle) sofort deutlich. Auch wenn es Zeit benötigt führt diese Arbeit zur Vermeidung von unnötigen Reibungsverlusten im Tagesgeschehen.

Praxisbeispiel: Rollenkonzept und -Verbindlichkeit

In einer Großbank werden die Rollen in einem Veränderungsprojekt (Aufbau einer neuen Tochtergesellschaft aus zwei fusionierten Bereichen) im Hinblick auf z. B. Aufgaben, Verantwortlichkeiten, Entscheidungskompetenzen, Selbstverständnis, Erwartungen anderer und Ansprechpartner beschrieben, und verbindlich mit allen Rollenträgern des Projektes bzw. der zukünftigen Organisation vereinbart.

Ziele des Vorgehens

o Besprechung der bisherigen Rollenwahrnehmungen (geleiteter Feedbackprozess).
o Vereinbarung der neuen Rollenanforderungen.
o Herstellung von Klarheit über Aufgaben, Verantwortungen, Entscheidungskompetenzen und Erwartungen.
o Sensibilisieren der Rollenträger.
o Festlegung der Rollen in einem Regelwerk (umfassendes Rollenkonzept).
o Kommunikation des Rollenkonzeptes im Unternehmen.

Vorgehen

- o Erarbeitung des ersten Entwurfes im Veränderungsteam.
- o Abstimmung des Rollenkonzeptes mit den Projektbeteiligten.
- o Verabschiedung durch oberste Projektleitung.
- o Kommunikation an Auftraggeber und Projektbeteiligte sowie an Nahtstellen (intern, extern).

Großgruppenveranstaltungen in der Organisationsentwicklung

In OE-Prozessen stehen uns einige sehr wirksame Großgruppenmethoden zur Verfügung. Wichtig ist, die richtige Methode für das jeweilige Ziel auszuwählen. Nicht jedes Ziel kann mit jeder Methode gleichermaßen erreicht werden. Wenn Sie als Klient das Ziel verfolgen, eine Strategie zu verkünden, diese diskutieren zu lassen und ein klares Feedback zu erreichen, um dann darauf zu reagieren sollten Sie nicht die Methode des Open Space´s nutzen, da diese Methode von ihrer Freiheit und vom Selbstmanagement lebt. Demzufolge würde eine Überstrukturierung oder sogar Reaktionen der Führung auf das Feedback usw. den Team-Geist ("Spirit") beseitigen.

Um eine Entscheidung über die Sinnhaftigkeit und Zielfokussierbarkeit einer Methode zu entscheiden zu können, ist es erforderlich, diese Methoden, ihre Dynamiken und Wirkungen und Ergebnisse gut zu kennen.

Großgruppenkonferenzen sind eine Interventionsform auf der Organisationsebene. Sie folgen den Prinzipien der Selbststeuerung und der Selbstverantwortung, holen "das ganze System in einen Raum" (bzw. dessen Repräsentanten: Alle Funktionen und Hierarchien sind vertreten) und ermöglichen damit einen organisationsweiten Dialog und Reflexion.

Im Vorfeld kommt es darauf an, den Klienten dahingehend zu beraten, wie er die richtige Auswahl treffen kann, die Methode wählt, die seine Ziele am ehesten unterstützen können. So ist es z. B. zu empfehlen, eine Real Time Strategic Veränderung - Methode (RTSC) durchzuführen, wenn er eine Vision erarbeiten und Ziele formulieren will. Also ein konkretes, messbares

Ziel. Dieses Ziel mit einer Open Space Veranstaltung zu erreichen ist sehr schwierig. Open Space ist eher eine sehr offene, kreative und von den Inhalten her nicht kontrollierbare Methode. In einer Open Space Veranstaltung finden keine Präsentationen statt.

Ziele und Nutzen der Großgruppenveranstaltungen

So kann Z. B. bei genügender Erfahrung und Führungsstärke eine Open Space Konferenz auch in Kurzform durchgeführt werden. Dabei muss beachtet und mit dem Klienten vorher besprochen werden, was die Vor- und Nachteile einer Kurzform (Dauer z. B. ein Tag) sind.

Als Großgruppe bezeichnen wir eine Gruppe ab 20 Personen bis mehrere Hundert Personen. Einzelne Elemente der Methoden und Arbeitsweisen (z. B. in Tischgruppen zusammensitzen, Gedanken auf Flip-Charts bzw. Packpapiere schreiben, Mindmaps erstellen, offene thematische Dialoggruppen einbauen) können durchaus auch in kleinen Gruppen realisiert werden. So können beispielsweise in einem Führungskreis von 7 Mitgliedern mit der Methode der RTSC-Konferenz Visionen, Ziele und Umsetzungsprogramme erarbeitet und vertieft werden. Auch wenn hierdurch das enorme Gemeinschafts- und Aufbruchsgefühl und Erleben einer Großgruppe nicht erreicht wird. Im Folgenden will ich die Großgruppenmethoden in ihren Grundzügen erläutern und mit Praxisbeispielen nachvollziehbar machen.

Open Space Konferenz

Die Großgruppen-Konferenzform Open Space eignet sich besonders, um Veränderungsprozesse in Gang zu bringen und ein positives Bewusstsein zu Beginn des Veränderungsprozesses zu entwickeln.

Organisatorische Veränderungen werden mit Unterstützung des mittleren Managements und der Mitarbeiter geplant. Open Space ist eine besondere Konferenzform nach den Prinzipien der Selbstorganisation und Selbstbestimmung. Die Teilnehmer entscheiden selbst über die Inhalte und temporäre Gruppendialoge im Rahmen eines gegebenen Leitthemas und den Ablauf der Veranstaltung. Es gibt kein über Wochen oder Monate geplantes Programm. Einen immer aktiven Moderator gibt es nicht. Auch keine Vortragenden. Open Space kann mit Gruppen von 10-2500 Personen durchgeführt werden.

Skizze: Eckwerte Open Space Konferenz

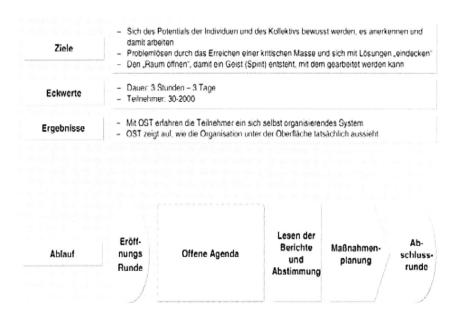

Die Dauer variiert von mehreren Stunden bis zu drei Tagen. Je größer die Gruppe, desto dynamischer ist die Veranstaltung. Je länger die Veranstaltung, desto mehr Ergebnisse und Planung wird erzeugt. Die Intensität steigt von Tag zu Tag. Falls der Kunde nicht nur eine gute Auftaktveranstaltung, sondern auch umsetzbare Ergebnisse in der Open Space Konferenz diskutieren, reflektieren, priorisieren, planen und dokumentieren will, wird dies in sehr hoher Qualität bei einer Open Space Veranstaltung gehen, die mindestens zwei, idealer Weise drei Tage verläuft. "Zweimal darüber schlafen" ist hierbei eine gute Formel.

Ablauf einer Open Space Konferenz

1. Einstieg (Eröffnungskreis)
2. Thema benennen (und auf offene Agenda hängen)
3. Agenda füllen
4. Dialog in vielen kleinen und größeren Gruppen
5. Lesen der Berichte
6. Priorisierung und Maßnahmenplanung
7. Abschlusskreis
8. Dokumentation mitnehmen. Dieser Schritt stellt sicher, dass idealerweise die Teilnehmer nicht "mit leeren Händen" die Konferenz verlassen

Erfolgsfaktoren von Open Space Veranstaltungen

o Das Leitthema sollte ein wirkliches Anliegen für die Organisation beinhalten. Bei den Teilnehmern sollte es Leidenschaft, Leidensdruck und Betroffenheit auslösen. Damit ist gewährleistet, dass genügend Energie für das Thema vorhanden ist.
o Die Situation in der Organisation sollte dringenden Handlungsbedarf hervorrufen.
o Außer ersten Ansätzen und Ideen gibt es noch keine fertigen Lösungen und Entscheidungen für die Handlungsfelder.
o Das Leitthema gibt durch offene Formulierung einen breiten Diskussionsspielraum.
o Eingeladen werden alle von der Situation Betroffenen oder ein repräsentativer Querschnitt. Die Zusammensetzung sollte möglichst heterogen sein (Funktion, Hierarchieebene, Standorte, Geschlecht, Alter, Nationalität etc.).
o Die Teilnahme an der Veranstaltung erfolgt freiwillig. Da die Führung einlädt, ist dieser Punkt in den meisten Fällen nicht unbedingt gegeben, da in der Regel der Einladung der oberen Führung Folge getragen wird. Dennoch sollte die Führung die Freiwilligkeit besonders hervorheben, da sonst keine bzw. wenig Energien und Ideen entstehen.
o Vorbereitung der Teilnehmer und des Veranstaltungsortes auf die selbstverantwortliche Rolle im Rahmen der Open Space Veranstaltungen.
o Geeignete Rahmenbedingungen (Räume, Material, Verpflegung). Auf die

Akustik im Raum sollte geachtet werden (störungsfreies Arbeiten sichern, falls im Großraum gearbeitet wird). Parallele Gruppen sollten sich, Z. B. aufgrund der Lautstärke im Raum, nicht stören.

o Zeitnahe Verteilung der Workshop-Dokumentationen noch vor dem Ende der Veranstaltung.

o Die Organisationsleitung verhält sich für die Dauer der Veranstaltung sehr zurück- haltend, achtet darauf, dass es nicht Dialoge dominiert, beteiligt sich doch rege. Die Führung lässt sich in seiner Leitungsrolle auch nicht aktivieren.

Wie kann die Nachhaltigkeit von Open Space Konferenzen gewährleistet werden?

Frage der Nachhaltigkeit nach wie ein recht schwieriges Thema. Welche Kriterien sollten erfüllt sein, damit Nachhaltigkeit wirken kann?

o Verknüpfung mit Zielen. Falls die Zielerreichung mit dem Gehaltssystem verknüpft ist, wird dieser Punkt noch wichtiger, da jede Führungskraft zunächst seine originär vereinbarten Ziele verfolgen wird, bevor er zusätzliche Ziele und Maßnahmen verfolgt. Dieser Punkt scheint mir in vielen Unternehmen als ein kritischer Punkt zu wirken

o Engagement der obersten Führung. Jedoch muss in diesem Punkt noch Luft gelassen werden für die Selbstinitiative der Mitarbeiter

o Verknüpfung der Selbstinitiative mit einem Bonus bzw. kapazitativer Entlastung

o Schnelle Realisierung und Kommunikation von Erfolgen

Praxisbeispiel: Eine Open Space Konferenz

Durchgeführt in der unternehmenseigenen Lagerhalle eines Produktionsunternehmens. In Zusammenarbeit mit dem Autor ist folgender Artikel über die Durchführung einer Open Space Konferenz in der Mitarbeiterzeitschrift eines Unternehmens erschienen. "Ich hätte nie gedacht, dass wir in so kurzer Zeit mit so vielen Personen so heiße Themen besprechen können!" – solche

Aussprüche von Teilnehmer sind oft am Ende einer Open Space Konferenz zu hören. Mit dieser Methode, die die Mitarbeiter eines weltweit tätigen Entwicklungsbereichs kennen lernten, lassen sich die Dynamik, die Energie und Diskussionsfreude aus guten Pausengesprächen fruchtbar mit einem Entwicklungsziel verbinden.

Zu der Open Space Konferenz hatte der neue weltweit für Technik und Entwicklung verantwortliche Chef persönlich eingeladen, um seinen Mitarbeiter die Gelegenheit zum intensiven Austausch und Ermittlung von Verbesserungsansätzen in der Entwicklung zu geben, aber auch ein Startsignal mit der neuen Führungsspitze um den neuen Entwicklungschef zu setzen.

Nachdem die 250 Mitarbeiter der Entwicklung im großen Stuhlkreis Platz genommen hatten, führten die Organisationsentwickler in die Methode des Open Space ein. "Es geht darum, die Fragen zu diskutieren, die Sie wirklich beschäftigen und zu entdecken, dass alle Fähigkeiten zur Zukunftsgestaltung bereits bei Ihnen vorhanden sind". Open Space ist als eine innovative Großgruppenkonferenz besonders geeignet für Veränderungsprozesse in Unternehmen. Keine Tagesordnung, nur ein Leitthema und eine Agenda mit freien Räumen für Themen der Teilnehmer. Es schafft Raum für selbstbestimmtes Arbeiten, jede Menge Begeisterung und neue Ideen – und die sind natürlich insbesondere bei der kreativen Arbeit der Ingenieure in der Entwicklung das A und O.

Und die Ideen ließen nicht lange auf sich warten: Innerhalb von einer halben Stunde hatten die Mitarbeiter mehr als 40 Themen auf die leere Agenda gebracht zum Leitthema "Wir wollen unseren wirtschaftlichen Erfolg sichern! Wie packen wir es an?".
Das Themenspektrum reichte von praktischen Themen wie einem "neuen Produktkonzept" bis hin zu visionären Themen wie "Aufgaben der Entwicklung in 10 Jahren".

Der einzige Vorschlag der anwesenden Frauen fand jedoch größten Anklang bei den überwiegend männlichen Kollegen: "Wertschätzung der Arbeit von Mitarbeitern". In einstündigen Runden diskutierten die Mitarbeiter nun Ideen, die sie vielleicht schon länger im Kopf haben, aber aus verschiedenen Gründen (Kosten etc.) nicht immer vorbringen.

Der Raum war erfüllt von einer positiven Atmosphäre und einem produktiven Schaffen: Komplexe Themen wurden von Mitarbeiter verschiedener Bereiche gemeinsam diskutiert und Führungskräfte wie Mitarbeiter brachten gleichermaßen ihre Ideen ein. "Als ich von der Konferenz hörte, hätte ich mir nie vorstellen können, dass an einem Tag so viele kreative Ideen entstehen können. Ich bin total begeistert!" so ein Teilnehmer in der Abschlussrunde.
Am Ende hatte jeder Teilnehmer Gelegenheit, seine beiden favorisierten Themen zu kennzeichnen und erhielt die Protokolle des Tages mit kurzen Zusammenfassungen. "Die Open Space Konferenz hat ein Gemeinschaftsgefühl und eine Art Aufbruchstimmung erzeugt, der durch zügige Weiterverfolgung erhalten werden sollte", schrieb ein Teilnehmer später.

Durch die positive Atmosphäre bildete sich spontan eine Projektgruppe, das Open Space Technology Team (OST-Team), das von der Entwicklungsleitung offiziell den Auftrag erhielt, die erarbeiteten Ideen und Maßnahmen weiterzuverfolgen.

Im ersten Schritt wird das OST-Team alle Vorschläge aus den Diskussionsrunden zusammenstellen, nach Machbarkeit und Aufwand bewerten und eine Entscheidungsmatrix für den technischen Chef und dem Entwicklungschef vorbereiten. Entsprechend der Entscheidung sollen dann im zweiten Schritt die nötigen Aktionen für die Umsetzung der Maßnahmen durchgeführt und der Status der Umsetzung verfolgt werden. Ziel ist hierbei das Motto der Open Space Konferenz präsent zu halten und die positiven Einflüsse dieser Konferenz auf das Arbeitsklima entwicklungsweit zu erhalten: "Wir wollen unseren wirtschaftlichen Erfolg sichern! Wie packen wir es an?"

Alle Teilnehmer der Open Space Konferenz und Mitarbeiter werden in regelmäßigen Abständen über die Maßnahmenverfolgung informiert."

World Café

"Beim Dialog werden die Beteiligten zu Beobachtern ihres eigenen Denkens". (Peter Senge)

Die Zukunft einer Organisation oder eines Projektes kann mit Gesprächen gestaltet werden. Mit dem World Café Format wird ein kreativer Raum und Vernetzung dieser Gespräche um ein für alle interessantes Thema geknüpft. Das World- oder International-Café ist eine einfache, wirksame und kreative Großgruppenmethode. Die Bezeichnung Café ist als eine Metapher zu sehen. Diese Metapher hilft uns, die Wichtigkeit von informellen Gesprächen und deren Verknüpfungen als eine Form des sozialen und kollektiven Lernens und Austausches zu verstehen. Durch die Methode des World Cafés gewinnen wir den Zugang zu gemeinsamen Wissen und Potential in der Organisation.

Teilnehmer entwickeln einen Gemeinschaftssinn ("Team-Spirit"). In der World Café Methode gehen wir davon aus, dass das erforderliche Wissen und Kreativität in der Organisation bereits vorhanden ist. Was hinzu kommt ist der Rahmen, dass diese Kreativität ihren Raum und die notwendige Aufmerksamkeit bekommt. Teilnehmende arbeiten in wechselnden Gruppen, tauschen ihre Standpunkte und Sicht- weisen aus, überprüfen die Realität, interpretieren sie neu, entwickeln neue Ideen und Bewusstsein. Weiterhin werden neue Lösungsansätze erarbeitet oder vorhandene Lösungsideen überdacht. Die Verknüpfung der Gespräche erzeugt Zukunft. Die Atmosphäre ist sehr inspirierend und locker. Wie in einem Café halt.

Die World Café Methode wurde im Jahre 1995 von Juanita Brown und David Isaacs in den USA eher zufällig an einem verregneten Tag entwickelt (vgl. J. Brown, D. Isaacs, 2005).

Eine geplante Veranstaltung im Garten fiel förmlich ins Wasser. Eilig aufgestellte Tischchen im Haus und eine schöne Atmosphäre brachte das Format World Café hervor. Das Format kann entweder als Teil einer Veranstaltung, z. B. zu Beginn als Einstiegs- und Aufwärmmethode, oder aber auch als Kernmethode einer Veranstaltung, wo es beispielsweise um den Dialog um eine neue Vision geht, genutzt werden (vgl. Praxisbeispiel). Menschen die sich überhaupt nicht oder nur wenig kennen, kommen mühelos ins Gespräch. Daher eignet sich das Format insbes. auch für Fusionsveranstaltungen (come together). Das World Café dient also nicht unmittelbar der Erzeugung von bearbeitbaren Ergebnissen. Entscheidungen zu treffen und dezidierte Maßnahmenpläne aufzustellen steht ebenfalls nicht im Vordergrund. Der Dialog und die Reflexion der Menschen stehen im Fokus. Dies gilt es in der Planung zu berücksichtigen.

Zielsetzung des World Cafés

Zielsetzung des World Cafés ist es, Mitarbeitende miteinander ins persönliche, offene und kreative Gespräch zu bringen. Durch diese offenen Gespräche lernen sich die Mitarbeitenden besser kennen. Ihre Beziehung verbessern sich durch diesen Austausch. Die World Café Methode kann für alle Arten von Zusammenkünften genutzt werden:
o wenn ein gewisser Beitrag (z. B. Vision, Strategie, Projektkonzept) verarbeitet werden soll.
o wenn zwischen dem Vortragenden und den Teilnehmenden ein intensiver Austausch stattfinden soll (Input, Dialog, Feedback, Gesamtdialog).
o wenn Ideen und Handlungsmöglichkeiten entwickelt werden sollen.
o wenn das Gemeinschaftsgefühl gefördert und bestehende Beziehungen gestärkt werden soll.
o wenn die Ideenfindungskraft und Innovationsstärke von großen Gruppen genutzt werden soll.
o wenn ein Thema oder Konzept aus unterschiedlichsten Perspektiven angeschaut werden soll.

Worauf geachtet werden sollte

☐ Im Vorfeld
Klären Sie zunächst die Ziele und den Kontext mit dem Sponsor ab. Passt diese Methode zu den Zielen? Wenn ja, gilt es die richtigen Mitarbeitenden mit einer Neugier erzeugenden Einladung durch den Sponsor einzuladen. Bearbeiten Sie eine zentrale Frage, die alle interessieren und wo ein Bedarf hinter ist. Bauen Sie eine gastfreundliche und entspannte Atmosphäre

auf. Leise Hintergrundmusik kann die Atmosphäre verschönern. Diese Atmosphäre bleibt den Teilnehmenden in angenehm in Erinnerung. Der Ablauf und die Moderation müssen festgelegt werden. Der Abschluss (welches Ergebnis soll erreicht werden?) und die Dokumentation muss vereinbart werden.

☐ Während des World Cafés
Unterschiedliche Perspektiven sollten eingenommen werden können. Jeder Teilnehmende sollte einen Beitrag bringen können. Alle Beiträge wertschätzen. Gut mit dem Sponsor während des Cafés in Kontakt bleiben. Teilnehmende teilen ihre Erkenntnisse und Wissen offen an den Tischen und im Gesamtforum.

☐ Nach dem World Café
Wie bei allen Großgruppenveranstaltungen ist es auch hier wichtig, dass die Ergebnisse aufgegriffen und in den Unternehmensalltag transferiert werden. Bestehende Organisationseinheiten oder gemischte Projektgruppen sollten die Themen fortführen. Eine permanente Rückkopplung von Zwischenergebnissen an die Teilnehmenden sollte erfolgen.

Wann die Methode nicht passt

Die Methode sollte nicht eingesetzt werden, wenn es bereits vorgefertigte Absichten und Vorgehensweisen gibt (die auch gar nicht in Frage gestellt werden sollen), wenn Sie nur einseitig informieren wollen, wenn Sie sofort detaillierte Maßnahmen- und Umsetzungspläne brauchen, wenn weniger als 12 Personen teilnehmen.

Der Café Raum

Der Raum sollte sehr (gast)freundlich, mit runden Tischen, darauf weißen Papier- Tischdecken, Blumen und ggf. Kerzen gestaltet sein. Es sollte genügend Platz für mehrere Tische vorhanden sein. Es sollte hell und mit Tageslicht durchflutet sein. Die Tische werden im Raum verteilt. Zwischen ihnen ist genügend Platz zum Herumlaufen. Die Tische stören sich nicht gegenseitig. Auf den Tischen liegen auch Wachsmalstifte und dicke Filzschreiber. Moderationskarten werden ausgelegt. An den Tischen sollten zwischen vier und sechs Personen sitzen. Die Spielregeln (Café-Etikette) liegen auf den Tischen.

Verpflegung

Kaffee, Tee, Wasser und Verpflegung kann direkt auf den Tischen oder auf einer Verpflegungstheke aufgebaut werden.

Nutzen des World Cafés

Hürden werden schnell abgebaut, Teilnehmende kommen schnell in Kontakt. Ideen der Teilnehmenden werden direkt vernetzt und neue Ideen werden geboren. Teilnehmende sehen für sich Handlungsmöglichkeiten, an die sie vorher nicht gedacht haben. Ein Ergebnisdruck entsteht nicht. Die Veranstaltung wird als eher informell und zwang- los erlebt. Die Gedanken und Sichtweisen können an den kleinen Tischen angstfreier geäußert werden. Jeder kommt entweder verbal oder durch seine Skizzen auf dem Tischtuch zum Sprechen. Ein Dominieren an den Tischen ist hierdurch reduziert.

Welche Fragen können bearbeitet werden?

Folgende Fragen bzw. Inhalte können mit der Methode gut bearbeitet werden:
o Welche ungenutzten Märkte und Kunden können wir gewinnen?
o Welche Produkte und Leistungen sind für unsere Kunden interessant?
o Wie können wir die Motivation in unserer Organisation erhöhen?
o Wie können wir eine kundenorientierte Kultur einführen?

o Wie können wir sicherstellen, dass das Reorganisationsprojekt ein Erfolg wird?

Café-Etikette

In den Gesprächen werden Meinungen ausgetauscht, Teilnehmende hören sich zu und interessieren sich füreinander. Folgende Spielregeln die auf den Tischen aufgestellt werden, helfen, diese Atmosphäre zu fördern:
o Blick auf das legen, was wichtig ist
o eigene Meinung, Ansichten und Sichtweisen beitragen
o Sprechen und Hören mit Herz, Bauch und Verstand
o Hinhören, um wirklich zu verstehen und wahrzunehmen o Ideen verbinden und verknüpfen
o neue Erkenntnisse und tiefer gehende Fragen entdecken und die Aufmerksamkeit hierauf richten
o Lösungsansätze finden und auf Tischdecken festhalten
o auf die Tischdecke malen, kritzeln und schreiben
o sich auf die anderen einlassen
o Spaß und Freude haben.

Ablauf World Café

Der Ablauf des World Cafés wechselt zwischen Gesamtplenum und Einheiten von Tischgesprächen. Das World Café wird unter ein Gesamtthema (eine zentrale Frage oder eine aufeinander abgestimmte Abfolge von Fragen) gestellt (z. B. "wir wollen unsere Organisation kundenfreundlicher gestalten, was können wir tun?" Oder: Wir wollen unsere Vision umsetzen, wie können wir dieses am effektivsten gestalten?"). Die Dialoge können immer wieder durch neue Hinweise und Informationen im Plenum angeregt werden.

☐ Vor Beginn
Am Eingang werden die Teilnehmer gebeten, sich an einen Tisch mit ihnen weniger bekannten bzw. vertrauten Personen zu setzen.

- Eröffnungsplenum

Nachdem alle Platz genommen haben, bittet der Moderator die Tische, einen so genannten "Gastgeber" (Tischmoderator) zu wählen. Die Aufgabe des Tischmoderators ist es, das Tischgespräch anzuleiten.

- Erste Gesprächsrunde (20-30 Minuten)

Das erste Gespräch folgt der ersten Frage. In der zweiten Runde kann entweder die gleiche Frage nochmals gestellt werden, oder eine weiterführende Frage wird angeknüpft. Teilnehmer wechseln nach der ersten Gesprächsrunde an andere Tische. Der Gastgeber bleibt sitzen und empfängt die neuen Tischnachbarn. Gastgeber gibt einen ersten Überblick über die bisherigen Themen und Gesprächsergebnisse und bittet dann die Teilnehmer die Arbeitsfragen zu beantworten.

- Zweite Gesprächsrunde (20-30 Minuten)

Teilnehmer wechseln wieder zu neuen Tischen. Gastgeber empfängt neue Teilnehmer, fasst wieder zusammen und bittet um die Beantworten der Arbeitsfragen. In der zweiten Runde kann der Gastgeber neu bestimmt werden. Jedoch ist es hilfreich, je Tisch einen durchgängigen Tischmoderator zu haben, der alle Ergebnisse am Tisch zusammenfassen kann.

- Abschlussplenum

Es findet ein Abschlussplenum statt. In diesem Plenum können die Teilnehmenden ihrer Eindrücke und Beobachtungen über die Veranstaltung, Fragen und Ergebnisse austauschen. Gleichzeitig wird über alle Tische hinweg ein Gemeinschaftsgefühl mit der Abschlussrunde entwickelt.

- Vernissage

Die Teilnehmer werden nun vom Moderator gebeten, ihrer Tischdecken abzunehmen und an die Wände bzw. an aufgespannte Wäscheleinen aufzuhängen. Alle können nun alle Tischergebnisse betrachten (Vernissage). Gastgeber überreichen ihre Moderationskarten dem Moderator.

- Weiterbearbeitung der Karten

Nun geht der Moderator in seine übliche Moderationsrolle und fasst die Karten mit
Hilfe der Gastgeber auf den Pinnwänden zu Oberpunkten zusammen (Clusterung).

☐ Dokumentation

Die Ergebnisse eines World Cafe´s können zum einen als Fotoprotokoll mit den Originalbildern der Tischdecken unter Hinzufügung von Gruppenbildern aus der Veranstaltung dargestellt werden. Falls durch den Sponsor oder durch die Teilnehmenden gewünscht, kann ein Protokoll durch ein bis mehrere Personen über die zentralen Ergebnisse (Z. B. Themenschwerpunkte der Tischdialoge, Entscheidungen im Forum unter Beteiligung des Sponsors), der Darstellung der Methode und des Ablaufes sowie den vereinbarten nächsten Schritten erstellt werden.

Aufgaben des "Gastgebers" (Tischmoderator)

Darauf achten, dass jeder zu Wort kommt, dass der Arbeitsauftrag bearbeitet wird, dass die Gedanken auch auf die Tische gekritzelt und geschrieben wird (z. B. Gedanken, Ideen, Bedenken, Wünsche, Kommentare, Feedback). Der Gastgeber sorgt auch dafür, dass die Themen und zentralen Ergebnisse auf Moderationskarten geschrieben werden, damit sie später zusammengetragen werden können. Zu Beginn erläutert der Moderator die Aufgaben des Gastgebers. Die Aufgabenbeschreibung hängt auch an der Wand.

Praxisbeispiel: Vision durch World Cafe´ vermitteln

An einem internationalen Organisationsstandort mit mehreren Fabriken wurde mit Hilfe der World Cafe' Methode die vom Management erarbeitete Methode allen 2.000 Mitarbeitern des Standortes vermittelt. Die Vision des Unternehmens wurde mit der Methode der World Cafe´s in die Umsetzung gebracht. Hierbei wurde das Ziel verfolgt, ein Dialogforum zur Besprechung der Vision anzubieten, einen intensiven Aus- tausch in Gesprächsrunden zu ermöglichen, Inspiration auszulösen, das aktuelle Stimmungsbild im Unternehmen aufzunehmen und eine offene Kommunikationskultur zu erleben.

Storytelling
Geschichten die heilen oder die Macht des Geschichtenerzählens

Der bewusste Umgang und Einschätzung von kulturellen Aspekten ist im Rahmen der Organisationsentwicklung ein wichtiger Faktor. Geschichten sind ein sehr starkes Instrument zur Einschätzung der aktuellen Werte einer Organisationskultur, als auch zur Bewusstmachung der negativen Auswirkungen und der Veränderung dieser vorherrschenden Kultur. Storytelling ist ein wichtiges Management-Instrument. Erzählungen können in schwierigen Veränderungsprozessen helfen, wichtige Ideen zu transportieren und neue Wege aufzuzeigen. Mit Hilfe von Storytelling können "heiße Themen" angegangen werden. Widerständen kann frühzeitig in einer annehmbaren Form begegnet werden. Mitarbeiter können durch Geschichten ihr Verständnis bzgl. eines Veränderungsvorhabens erhöhen und die Ziele verinnerlichen. Das Verständnis für komplizierte Sachverhalte kann durch einfache Geschichten vermittelt werden. Das Erzählen löst eine Kettenreaktion von Geschichten hervor. Dieses kann wiederum helfen die Sichten zu erweitern, wichtige Informationen über die Lage der Organisation zusammenzubringen. Gleichzeitig erfahren Sie was in der Organisation los ist. Diese Geschichten werden von den Mitarbeitern ansonsten nur in den Pausen erzählt und bleiben dem Führung verborgen. Mit der Storytelling Methode können sich alle die Geschichten teilen. Dem Erzählen sind keine Grenzen gesetzt. So können Geschichten, Anekdoten oder Witze erzählt werden.

Geschichten erzählen liegt uns Menschen. Sie sind einfach, erzeugen Energien und Begeisterung. Geschichten können unterhaltsam sein. Geschichten können im Gedächtnis bleiben. Geschichten sprechen unsere Gefühle direkt an und lösen unser inneren Abwehrmechanismus in Organisationen nicht aus (vgl. Storytelling in Organizations, Steve Denning 2004). Auch wenn Storytelling zu einer Managementmethode kultiviert wird, so ist sie doch in ihrem Ursprung sehr dem Menschen liegende Ur-Aktivität. Sie ist in der menschlichen Kommunikation fest verankert. Storytelling sollte bewusst in OE-Prozessen genutzt werden. Auch wenn es hier und da mal kritisch "der erzählt wieder Geschichten" (eine Steigerung ist hier "er erzählt wieder Märchen").

In diesen Fällen stimmt etwas mit der Authentizität nicht. Oder der Glaube an das Management ist verwirkt. In unseren OE-Prozessen weise ich immer wieder darauf hin, dass die oberste Führung, die die Landesorganisationen in der Welt bereist, nicht nur Kontakt zu den Führungskräften hat. Diese Reisen sind in der Regel lange und intensiv vorbereitet und dienen dann eher dazu, einen guten Eindruck bei diesen Hierarchen zu hinterlassen und diesen Besuch heil zu überstehen. Diese Besuche können sehr gut dazu verwendet werden, um die neuesten Geschichten aus dem Unternehmen und bzgl. der Zukunft zu erzählen. Die Mitarbeiter sind nach diesen Begegnungen in der Regel motiviert und empfinden eine größere Nähe für ihr Unternehmen. Wichtig ist, dass die Geschichten Zielgruppengerecht erzählt und verstanden werden.

Die Geschichten die erzählt werden, haben folgende Charakteristiken. Sie werden aus der Perspektive eines Protagonisten erzählt, der sich in einer schwierigen Situation

befand. Die Situation ist typisch für die Branche. Die Zuhörer können an die Geschichte anknüpfen. Die Geschichte hat einen bestimmten Grad an Ungewohntem, so dass die Aufmerksamkeit und die Gedankenwelt der Teilnehmer angesprochen werden kann. Die Geschichte ist glaubhaft und nachvollziehbar. Die Geschichten sind einfach und kurz. Die meisten Geschichten enden positiv. Damit erzeugen sie positive Energien und eine Aufbruchsstimmung.
Storytelling ist so gut, wie die Absicht der Veränderung ist. Schlechten Vorhaben können am Ende die besten Geschichten nicht helfen. Durch das Erzählen der Geschichten stellt sich von selbst die Erkenntnis ein, "ob denn diese Geschichten nicht etwas mit unserer Organisation zu tun haben können". Große Interpretationen seitens der Moderatoren sind nicht erforderlich und sollten sogar tunlichst vermieden werden.

Warum Storytelling?

Geschichten erzählen kann in folgenden Fällen wirksam sein:
o Dialoge sind zu langatmig und zu langsam.
o Nichts hilft mehr.
o Das geschriebene Wort auf der Folie oder auf dem Flip-Chart ist zu anstrengend.
o Situation ist angstbesetzt.
o Anspannung ist zu hoch.
o Es ist kein Engagement und Begeisterung für das Thema vorhanden.
o Ein neuer Chef oder Kollegen sind da.
o Zukunftsängste sind zu erkennen.
o Die Führung weiß nicht so recht, wo die Mitarbeiter des Unternehmens stehen.

Folgende Ziele können mit Storytelling verfolgt werden

 Wissen teilen
Aufgetauchte Probleme und Schwierigkeiten können besprochen werden. Lösungen die geholfen haben werden erzählt. Dieser Austausch kann helfen, neue Probleme und Schwierigkeiten besser anzugehen, noch wirkungsvollere Lösungsansätze zu finden. Folgende beispielhafte Aussagen kann das Geschichtenerzählen bei diesem Anlass hier auslösen: "Ja, wir sollten schauen, dass wir diese Fehler nicht mehr so machen", "ein guter Ansatz diesmal so zu probieren", "dass die Problem diese Ursachen haben, hätte ich nicht gedacht".

 Wissen vermitteln
Um Wissen in einer anregenden Art und Weise zu vermitteln eignet sich diese Methode sehr gut. In unserem Praxisbeispiel wird Wissen über erfolgreiche Projektführung vom Geschäftsführer persönlich vermittelt. Es ist ein Dialog der mit der Führung stattfindet. Ausgelöste Sätze Z. B.: "Das muss ich einmal selbst ausprobieren", "unser Chef hat ja richtig Ahnung von Projektarbeit", "wenn ich große Probleme habe, werde ich ihn auch mal direkt ansprechen".

 Zusammenarbeit fördern

Teilnehmer teilen miteinander die Erkenntnis, dass die Zusammenarbeit verbessert werden muss. Sie erzählen sich gegenseitig die Aspekte, die die Zusammenarbeit aktuell beschreiben. Hierbei wird nicht über Personen gesprochen, damit das Geschichtenerzählen nicht in eine Art "Übereinander reden" ausartet. Ausgelöste Sätze Z. B.: "Das erinnert mich an die Zeit...", "wenn ich mir das so recht überlege, so finde ich, dass die Zusammenarbeit bei uns...", "wo gibt es denn gute Beispiele, wo gute Zusammenarbeit bei uns sich gezeigt hat, oder in anderen Unternehmen?", "das erinnert mich an...".

☐ Gerüchteküche angehen

Gerüchte verbreiten sich schnelle und können eine Organisation regelrecht lähmen. Hier hilft die Methode des Geschichtenerzählens ebenfalls. Die Gerüchte werden einzeln angesprochen und um weitere ergänzt. Ausgelöste Sätze Z. B.: "In der Art habe ich das noch gar nicht betrachtet".

☐ Neue Kulturwerte einführen

Hierbei darf nicht vergessen werde, dass Sie die Werte die Sie durch Ihre Geschichten zum Ausdruck bringen wollen, unbedingt selbst vorleben müssen. Ausgelöste Sätze Z. B.: "Warum machen wir das nicht immer so?", "das ist so richtig".

☐ Sich Bekannt machen

Mit Geschichten können Sie sich vorstellen und in die Organisation einführen. Vielleicht sind sogar Geschichten über Sie bereits im Umlauf ("er soll eine Firma völlig umgedreht haben", "er hat wohl schon mal jemanden rausgeschmissen, weil er zur neuen Kultur nicht passte"). Sie sollten Geschichten und Details aus Ihrem beruflichen und privatem Bereich erzählen, die sie fassbar machen. Stärken andeuten oder auch Ihre Verletzlichen Seiten. Damit wird es authentisch. Ausgelöste Sätze z. B.: "Das wusste ich ja gar nicht", "Nun verstehe ich was er anstrebt", "da kommt ja etwas auf uns zu".

☐ Zuversicht für die Zukunft schaffen

Ohne zu viel in Details gehen zu müssen, die sich dann vielleicht nicht einstellen und zur Fristration führen, werden durch das Erzählen von Zukunftsgeschichten Vertrauen und Zuversicht hervorgerufen. Der Chef erzählt persönlich, wie er sich die Zukunft der Organisation vorstellt. Was ihm wichtig ist, was die neue Strategie bringen wird. Andere erweitern seine Erzählungen, träumen die Zukunft mit. Sie wird quasi vorweg gedacht. Ausgelöste Sätze z. B.: "Wo werden wir in 5 Jahren sein...", "Wie schaffen wir das?", "Lasst uns zusammen anfangen".

☐ Aktivitäten vorantreiben

Beschreiben Sie, wie Sie in der Vergangenheit starke Veränderungen herbeigerufen haben. Geben Sie nicht zu viel Details, damit die Zuhörer bei sich bleiben und das Erzählte auf ihre eigene Situation herbeiführen können. Ausgelöste Sätze z. B.: "Stell Dir einmal vor...", "was ist wenn....".

Methode des Storytellings

Sie verabreden sich zu einem Thema, z. B. "die Zukunft unserer Organisation" oder "unsere Führungskultur", "unsere Qualitätsoffensive", "unser Projekt" etc. Die Teilnehmer nehmen mit den beiden Moderatoren (facilitator) im Stuhlkreis Platz. Je nach Größe des Kreises empfiehlt es sich zu zweit zu arbeiten. Zum einen kann dies zum "Halten" der Veranstaltung (Containment) helfen und zum anderen das Erzählen von Geschichten unterstützen. Der Eigner (Auftraggeber) des Prozesses begrüßt kurz, teilt seine Neugier bezüglich der Methode mit, sagt, dass es nicht darum geht, dass hier ausgefeilte Aktionspläne herauskommen. Es geht als nur um Geschichten erzählen und um Dialog. In die Mitte wird ein Gegenstand gelegt, welches als Sprechstab wirkt. Derjenige, der eine Geschichte erzählen will, holt sich den Sprechstab und erzählt seine Geschichte, legt den Stab wieder in den Kreis. Der Vorteil hiervon liegt zum einen daran, dass es nicht nur um "plaudern" geht, sondern um bewusstes Erzählen von Geschichten. Gleichzeitig bekommt das Ganze einen Rhythmus der auch Zeit zum Wirken zulässt. Es ist wichtig, als Moderatoren darauf hinzuweisen, dass Pausen entstehen können, dass diese Pausen wichtige Erkenntnispausen sein können und daher normal sind. Niemand muss eine Geschichte erzählen. Diejenigen die fast physisch spüren (innere Aufregung), dass sie nun eine Geschichte erzählen sollten, da es in ihnen brodelt, sollten auf dieses Gefühl achten und dann erzählen. Damit wird auch signalisiert, dass Nervosität und Aufregung in Ordnung und sogar erwünscht sind. Vertraulichkeit kann vereinbart werden. Dies hilft dem Kreis der Anwesenden. Was sich jedoch als schwirig gezeigt hat ist, dass die Teilnehmer sich dann schwertun, die Geschichten in die Organisation hinauszutragen. Wir empfehlen daher die Vertraulichkeit gar nicht zu erwähnen oder darauf hinzuweisen, dass wenn etwas sehr Persönliches erzählt wird, dieses im Raum bleiben sollte. Auch kann der Erzähler am Schluss oder zu Beginn seiner Geschichte erwähnen, dass diese Geschichte im Raum bleiben soll.

Da die Erzählsequenzen durchaus zwei bis drei Stunden dauern können, ist es jedem erlaubt aufzustehen wann immer es ein menschliches Bedürfnis ist oder sich Verpflegung zu sich zu nehmen. Strukturierte Pausen sind hierdurch nicht erforderlich und stören auch nicht den Erzählfluss. Die Gesamtlänge einer Storytelling Zusammenkunft liegt beim ersten Mal bei ca. drei bis vier Stunden. Danach kann sie kürzer gehalten werden. Sollte jedoch nicht kürzer als anderthalb Stunden betragen, um dieser Sequenz den erforderlichen Rahmen geben zu können.

Die Agenda der Storytelling Sequenzen sollte den Fluss des Erzählens und die Freude am Erzählen nicht einschränken. Einmal anmoderiert ist es wichtig, die Sequenz laufen zu lassen.
Neben dieser bewussten Zusammenkunft, um sich Geschichten um ein bestimmtes, zentrales Thema zu erzählen, kann wie in den Praxisfällen erkennbar, Storytelling auch in anderen Veranstaltungs-Formaten eingebaut werden.

Storytelling als Organisationskultur-Diagnose-Methode

Im Übrigen kann mit der Methode des Storytellings auch die eigene Unternehmenskultur analysiert werden. Hierbei werden in einstündigen Gesprächen Mitarbeiter durch externe Organisationsberater z. B. nach ihrem Unternehmen oder Bereich gefragt ("Erzählen Sie doch bitte einmal, wie war es als sie in das Unternehmen bzw. in den Bereich kamen"). Danach lassen Sie das Gespräch laufen. Diese Gespräche werden übereinandergelegt und ausgewertet. Diese Gespräche sind absolut vertraulich. Die Auswertung kann nach der weiter oben beschriebenen Form eines "Analysespiegels", wonach die zentralen Geschichten in Kurzform zu Oberpunkten gesammelt werden. Hierbei ist neben den Inhalten auch wichtig welche Art von Geschichte erzählt wird, welche Rollen im Unternehmen genannt werden, welche Botschaften diese Geschichten beinhalten. In einem Unternehmen erzählte der Vertriebsleiter immer wieder von sich selbst als demjenigen, der das neue Vertriebssystem mühsam und umfassend eingeführt hätte. Mitarbeiter tauchten in seinen Geschichten kaum auf. Als gebe es diese nicht. Die

Analyse dieser Erzählsequenzen gibt dann einen interessanten Aufschluss über die Organisationskultur des Unternehmens und bzgl. dem Grad seiner Mitarbeiterorientierung.

Führungskräfte können durch die Analyse der Geschichten vieler Mitarbeiter erkennen, wie ihre Mitarbeiter das Unternehmen, das Projekt oder bestimmte Themen sehen. Sie erkennen auch, ob wichtige Botschaften angekommen sind und wie sie ausgelegt werden.

Die Diagnose sollte unbedingt im Unternehmen bzw. in dem jeweiligen Bereich oder Projekt allen Mitarbeitern präsentiert werden. Eine gemeinsame Diagnose kann dem folgen. Damit wird sowohl der Führung als auch den Mitarbeitern ein "Spiegel" vorgehalten.

Praxisbeispielbeispiel: Storytelling im Projektmanagement

In China setzen wir uns mit dem deutschen Leiter eines Deutsch-Chinesischen Joint Ventures (General Manager) in einem Kreis von Projektleitern und -mitarbeitern hin und sprechen über Erfolge und Misserfolge in Projekten. Dem Leiter gefällt die Atmosphäre. Er ist 60 Jahre alt und sehr erfahren. Er spricht gerne über seine Erfahrungen. Seine Mitarbeiter hören ihm gerne zu. Ich schließe mich ebenfalls an. Und auch alle anderen. Schritt für Schritt entwickelt sich die Atmosphäre von "der Chef spricht und wir hören alle brav zu" hin zu wir erzählen uns unsere Projektgeschichten. Wir hatten den Leiter zu einer Art Kamingespräch eingeladen. Das Ziel ist die Qualifizierung der Mitarbeiter in Projektmanagement. Eine Geschichte und Erzählung löst eine andere aus. Die einen sitzen auf Stühlen oder Tischen, andere setzen sich auf den Boden. Eine angenehme Stimmung herrscht im Raum.

Praxisbeispiel: Neuer Geschäftsführer einer Dienstleistungsgesellschaft

Der neue Geschäftsführer einer Dienstleistungsgesellschaft startete seinen ersten Tag mit dem Management-Team in einer Führungsklausur. Da er Offizier der Reserve in der Armee ist, konnte er die neue Strategie und Organisationskultur die er in der Firma einführen wollte, anhand von militärischen Geschichten an die Mitarbeitenden bringen. Hierzu verwendete er Flip-Chart-Skizzen. Er zeichnete beispielsweise einen Berg auf, der zurückgewonnen werden muss. Passend zur Skizze erzählte er eine Geschichte nach der anderen, mit welcher Strategie dieser Berg eingenommen werden kann. Welche Gefahren zu meistern sind, welche Risiken bei Nichtdisziplin in der eigenen Mannschaft drohen ("friendly fire") usw. Die Führungskräfte erahnten bereits welcher neue Wind sich hier mit dem neuen GF anbahnte. Auch hat er tolle Vertriebsgeschichten erzählt, die die Sicht der Mitarbeiter nach außen in den Markt und auf die Kundenbetreuung lenkten. Die Menschen kamen ins Grübeln. Der GF hatte die Form des Storytelling´s ohne dass er es explizit so nannte zu seinem Führungsstil gemacht. Sobald Sie ihm eine Frage stellen, kommt schon die erste gute Geschichte und Sie sind in seinem Bann. Seine Botschaften vermittelt er über diese Geschichten. Einige verstehen die Botschaften, knüpfen mit ihren Geschichten an andere nicht.

Praxisbeispiel: Vorstand erzählt Zukunftsgeschichte

Ein Bankenvorstand setzt sich zusammen, bereitet einen fiktiven Brief an alle Mitarbeiter aus der Zukunft vor (5 Jahre später) und spielt es vor den Mitarbeiter vor. Hierbei werden kleine Geschichten erzählt, wie sie welche Bank kaufen und wie integrieren wollen. Die Mitarbeiter sind begeistert und stolz, schafft es doch ihr Vorstand glaubhaft zu erzählen, wie eine "Premium-Bank" übernommen werden kann. Mitarbeiter erzählen dann mit, worauf zu achten ist, wie dieser Schritt vorbereitet werden kann.

Bereichs- und Teamentwicklung

Teamarbeit und Teamentwicklung sind eines der Grundpfeiler von Organisationsentwicklung. Teams sind wichtige Systeme von Organisationen. Gleichzeitig stellen sie für die Arbeit von Organisationsentwicklern einen Interventionsansatz dar. Damit Teams erfolgreich ihren jeweiligen Auftrag erfüllen können, müssen sie in die Lage versetzt werden, ihre internen und externen (an den Nahtstellen) Elemente auf der "blauen" (Struktur-Bausteinen) und auf der "roten" Ebene (psychodynamischen Bausteine) zu klären und zu bearbeiten. Organisationsentwicklung bietet hierzu wichtige Ansätze.

Skizze: Zielfolge zur Stärkung einer Organisation

Die Zunahme von Kooperation und Teamarbeit ist eine Voraussetzung für die Fähigkeit einer Organisation, innovativ zu sein und sich selbst immer wieder zu revitalisieren.

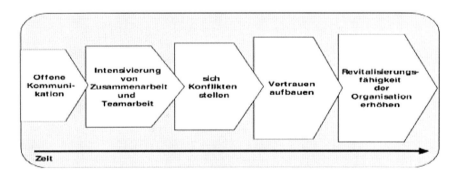

Das Team als soziales System

Das Team als eine Einheit von Individuen, die ein gemeinsames Ziel und Aufgabenstellung verfolgt, ist ein offenes soziales System, welches in ständigem Austausch und in Wechselwirkung mit seinem Umfeld steht. Ähnlich wie die Organisation besteht ein Team aus Struktur- ("blaue Ebene") und aus psychodynamischen Elementen ("rote Ebene") besteht. Diese beiden Ebenen beeinflussen sich sehr stark, bedingen sich gegenseitig und müssen gesamthaft gesehen, verstanden und bearbeitet werden. Ein Team hat seine Grenzen, welches seine Offenheit als System relativiert. Die Offenheit dieser Teamgrenzen ist sehr stark vom Auftrag, vom Selbstverständnis als auch von der team- internen Dynamik abhängig.

Skizze: Teamelemente (Struktur- und Prozesselemente)

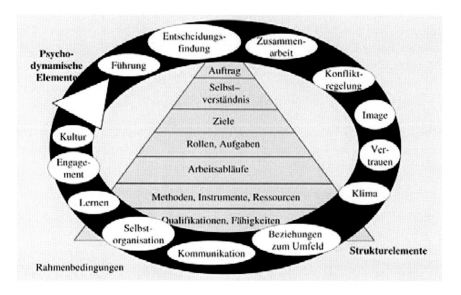

Eine umfassend angelegte Entwicklung von Teams berücksichtigt alle Elemente, die ein Team beeinflussen und es charakterisieren. Bei der individuellen Gestaltung eines Entwicklungsprogramms, wird die Situation des Teams in den folgenden Elementen zu Grunde gelegt.

Teamentwicklung als Führungsaufgabe

Die erste Teamentwicklungs-Veranstaltung ("Teambuilding") wurde im Jahre 1952 durch Robert Tannenbaum durchgeführt und veröffentlicht. Der Erfolg der Umsetzung von Führungsentscheidungen ist maßgeblich vom Aufbau und der Entwicklung erfolgreicher Teams abhängig. In jedem Team läuft ein Entwicklungsprozess. Hier gilt es, Einflussfaktoren auf die Teamarbeit zu kennen und Entwicklungen zielgerichtet zu gestalten. Führungskräfte sollten in diesem Zusammenhang

o die Einflussfaktoren auf die Teamarbeit kennen.
o Vorteile von Teamarbeit erkennen und nutzen.
o in der Lage sein, Entwicklungsprozesse im Team zu steuern bzw. zu korrigieren.
o die Entwicklung ihres Teams zum Leistungsteam fördern.

Eingesetzte Methoden in Teamentwicklungsprozessen

Folgende Übersicht zeigt einige der unserer praxiserprobten und akzeptierten Methoden. Situativ können in den Teamentwicklungsworkshops zusätzliche Methoden je nach Bedarf und Prozess eingesetzt werden. Die Wahl der Methoden wird vom Klienten mitbestimmt. Dies lässt sich jedoch nicht immer durchhalten, da der Klient Teil des Teamsystems und damit betroffen ist. Manchmal kann es sinnvoll sein, eine Teammethode spontan anzubieten, da es hilfreich sein kann. Soviel Vertrauen sollte der Klient auch in den von ihm ausgewählten Berater haben.

Methoden

☐ Arbeiten im "Hier und Jetzt"
Reflexion und Intervention bzgl. der beobachteten und erlebten Gruppendynamik, der verdeckten Teamkonflikte und Spannungen. Konflikte im Team werden offen angesprochen und durchgearbeitet.
☐ Beratung und Briefing mit Auftraggeber
Management-Beratung bezüglich des Vorgehensprozesses.
☐ "Blitzlicht"
Jeder kommt zu Wort. Kurzcheck der Teamsituation. Keine Diskussion, nur eine kurze Momentaufnahme anhand der persönlichen Äußerungen der Teilnehmer.
☐ Dialogforum
Fokussiert wird vor der Gesamtgruppe eine Teilsitzgruppe eröffnet, in die gesprächsbereite Teilnehmer temporär reingehen, ihre Gedanken einbringen, mitdiskutieren und sich wieder in den Gesamtkreis zurückziehen.
☐ Dokumentation
Dokumentation der Interviewergebnisse und simultane Dokumentation im Workshop.
☐ "Dynamic facilitation"-Moderationsmethode
Aktive bzw. sehr zurückgenommene Moderation des Prozesses.
☐ Feedback
Team bzw. Teilnehmer können Feedback bzgl. des Beobachteten und des Erlebten vom Workshop-Coach erhalten.
☐ Individuelles Coaching
Die Teilnehmer werden intensiv von den Coaches betreut, um Arbeiten an den individuellen Problemstellungen zu ermöglichen.
☐ Input
Es können praktikable Modelle vorgestellt werden, die einfach in den Arbeitskontext übertragen werden können.
☐ Interview (Vorgespräch)
Kennen lernen. Aufnahme von Informationen, Sichtweisen, Aufbau von Vertrauen für den Prozess.
☐ Outdoor-Sequenz
Kurze Outdoor-Sequenzen werden eingebracht, um das Teamgefühl zu stärken.
☐ Persönliches Feedback und Vergleich mit erfolgreichen Führungskräften
OEZPA verfügt über langjährige Coachingerfahrung und kann während und

nach dem Teamworkshop persönliches Feedback zur Verfügung stellen. Führungsverhalten kann auf Basis der oezpa eigenen Führungserfahrung reflektiert werden.

- Prozessorientiertes Arbeiten

Die Veranstaltung wird prozessorientiert umgestaltet, wenn es für den Seminarerfolg wichtig ist.

- Reflexion und Dialog

Reflexion und Dialog bedeutet für uns die Dinge von verschiedenen Seiten betrachten, sich austauschen, Position beziehen, sich gegenseitig zuhören, Hintergründe verstehen.

- Reflecting Team

Temporär wird ein Parallelteam aufgebaut, welches eine bestimmte Gesprächssequenz beobachtet und später ihre Gedanken, Phantasien und Assoziationen zu dem Gehörten, Gefühlten und Beobachteten vor der Gruppe entwickelt.

- Skulpturarbeit

Ein Bild bzw. Skulptur z. B. aus Naturelementen, von Menschen dargestellt, um Wirk- zusammenhängen in einem System zu verstehen.

- Storytelling

Eigene Erlebnisse bzw. Geschichten werden erzählt, gewürdigt, Verknüpfungen werden bei Bedarf hergestellt. Kommentare werden ggf. (je nach Intensität des Dialogs bzw. von Konflikten) für alle sichtbar dokumentiert (Würdigung).

- Teamaufstellung

Aufstellung der aktuellen Teamdynamik und der erwünschten Zukunftskonstellation. Lösung von Blockaden.

- Teamcoaching

Coaching des Teams bzgl. der Handlungs- und Problemfelder.

- Teamfragebogen

International bewährtes oezpa-Führungsteamfragebogen kann auf Wunsch eingebracht werden.

- Theatersequenzen bzw. Pantomime

Spielen und Reflexion von Teamsituationen. Teilnehmer spielen nach Briefing selbst, oder professionelle Schauspieler werden mit einbezogen.

- Transfer

Nach jedem inhaltlichen Schritt soll betrachtet werden, was ich konkret für meinen
Arbeitsalltag daraus lerne.

☐ Trainingseinheiten
Kurze Teamtrainingseinheiten Z. B. zu Themen der Kommunikation, Konflikt und effektiver Teamarbeit werden in den Teamworkshop eingebaut.
☐ Übungen
Die ausgewählten Übungen dienen dazu, Inhalte verständlich zu machen und die Selbstreflexionsfähigkeit zu stärken.
☐ Vergleich mit anderen nationalen und internationalen Teams
OEZPA verfügt als Institut seit 1992 über nationale und internationale Expertise im Feld der Organisations- und Teamentwicklung. Diese Erfahrung und Wissen kann bei Bedarf eingebracht werden kann.

Interviews im Vorfeld des Teamevents

Fragen, mit denen Sie eine Teamentwicklungsmaßnahme im Vorfeld vorbereiten können:

o Was ist das konkrete Ziel des Teamevents? Was wollen Sie erreichen? Was soll passieren? Was noch?
o Woran werden Sie feststellen, ob das Ziel erreicht wurde?
o Worauf legen Sie besonderen Wert? Worauf wird es Ihrer Meinung nach besonders ankommen, damit dieses Ziel erreicht wird?
o Was darf auf keinen Fall passieren?
o Wie ist das neu gebildete Team zusammen gesetzt? Warum gerade so?
o Was ist die Aufgabe des Teams in der Realität? Was sind die Teamziele?
o Wer hat das größte Interesse daran, dass das Event/das Projekt in der Realität ein Erfolg wird?
o Wer könnte davon profitieren, wenn dies nicht der Fall wäre?
o Wovon wird es vor allem abhängen, dass das Team sein Projekt/seine Aufgabe erfolgreich meistert?
o Wie ist die Stimmung in den einzelnen Teams bezogen auf die zukünftige Zusammenarbeit? Wie sieht man sich gegenseitig?
o Wie wird das Team in der Realität zusammenarbeiten? (virtuell, an einem Standort, wie lange)?
o Warum ein Outdoor-Teamevent? (falls geplant)
o Wie gut kennen sich die Teilnehmer/die Gruppen untereinander schon?
o Wo sehen Sie die Stärken des Teams/der Teammitglieder? Können wir die

einzelnen Teammitglieder einmal durchgehen?
o Welche Konflikte gibt es/könnte es geben? Im Event? Im Team grundsätzlich?
o Mit welchen Widerständen/Bedenken seitens der Teilnehmer gegenüber dem Teamevent muss ggf. gerechnet werden? (z. B. Wetter, Gesundheit, Ängste).
o Welche Vorerfahrungen zum Thema Teamentwicklung haben die Teilnehmer?
o Wie stellen Sie sicher, dass der Praxistransfer nach dem Teamevent stattfindet?
Wie soll die Begleitung des Teamentwicklungsprozesses nach dem Event aussehen?
o Wie wurden/werden die Teilnehmer über die anstehende Veranstaltung informiert?

Projekte mit dem OE-Ansatz gestalten und prüfen

Die meisten organisatorischen Veränderungs- und Entwicklungsvorhaben werden in Projektform durchgeführt. Deshalb sind OE und Projektmanagement sehr eng miteinander verknüpft. Projekte sind temporäre soziale Systeme. Sie sind Organisationen vergleichbar. Entsprechend haben Projekte einen Bedarf en Begleitung bei der Planung, beim Start, bei der Durchführung, in Krisen- und Konfliktsituationen, beim Abschluss und bei der Evaluation. Die Investitionen für eine OE-Beratung von Projekten kann sich durch die schnelle Durchführung, durch Vermeiden von Reibungsverlusten und durch die Übertragung durch die Lernmomente zu anderen Projekten schnell rechnen.

Es ist sinnvoll OE-Prozesse mit den Methoden des Projektmanagements durchzuführen. Damit ist sichergestellt, dass ein systematischer Start, eine professionelle Meilensteinplanung mit den dazugehörigen Ergebnisanforderungen und eine Projektorganisation mit erforderlichen und klaren Rollen sowie Gremien gegeben ist. Gleichzeitig wird mit einer Abschlussveranstaltung das Projekt mit seinen Ergebnissen und der bisherigen Vorgehensweise überprüft. Projektmanagement kann auch helfen OE- Prozesse zielorientiert zu planen und durchzuführen.

Es reicht jedoch nicht aus nur mit den formalen Projektmanagementmethoden der Planung, Organisation, Steuerung und Controlling organisatorische Veränderungsvorhaben durchzuführen. Von der Projektleitung eines solchen Projektes erfordert es sehr spezifische Erfahrungen in der Veränderung von sozialen Systemen, im Umgang mit Widerständen, in der Bearbeitung von Konflikten.

Literaturhinweise

- Argyris, C./ Schön, D. A. (1999). Die lernende Organisation. Grundlagen, Methode, Praxis.
- Argyris, C.: Flawed advice and the management trap. How managers can know when they're getting good advice and when they're not. Oxford: Oxford University Press 2000.
- Argyris, C.: Managment and Organization Development. The Path from XA to YB. New York: McGraw-Hill 1971.
- Baumgartner, I., Häfele, W., Schwarz, M. & Sohm, K. (1998). OE-Prozesse. Die Prinzipien systemischer Organisationsentwicklung. Ein Handbuch für Beratende, Gestaltende, Betroffene, Neugierige und OE-Entdeckende. (5. , unveränd. Aufl.). Bern: Haupt.
- Beckhard, R.: Organization Development. Strategies and Models. Reading, Mass: Addison-Wesley 1969; dt.: Organisationsentwicklung. Strategien und Modelle. Baden- Baden: Verlag für Unternehmensführung Gehlen 1972.
- Bennis, Warren G.: Changing Organizations. Essays on the Development and Evolution of Human Organization. New York: McGraw-Hill 1966; mit neuem Haupttitel: Beyond Bureaucracy. 1973; Nachdruck San Francisco, Calif.: Jossey-Bass 1993.
- Bennis, Warren G.: Organization Development. Ist Nature, Origins and Prospects. Reading, Mass.: Addison-Wesley 1969; dt.: Organisationsentwicklung. Ihr Wesen, ihr Ursprung, ihre Aussichten. Baden-Baden: Gehlen 1972.
- Bennis, Warren G.; Ward Biederman, Patricia, Organizing Genius: The secrets of Creative Collaboration, Perseus Book Group, 1997.
- Bion, W. R.: Experience in Groups. I-VII. Human Relations 1-4, 1948-1951.
- Blake, R. & Mouton, J. (1969). Building a dynamic organization through grid organizational development.
- Blanchard, Kenneth, Management durch situationsbezogene Menschenführung, Reinbek 1998.
- Boyett, Joseph H. und Boyett, Jimmie, T., The Guru Guide, The Best Ideas of the Top Management Thinkers, John Wiley & Sons, Inc., New York, 1998.
- Brown, J., David Isaacs, The World Café, Berret-Koehler Publisher Inc.,

San Francisco 2005.
- Champy, J. (1995). Reengineering Management: The Mandate for a New Leadership. New York: Harper & Row.
- Colins, J., Immer erfolgreich, DVA Verlag.
- Colman, Arthur D.; Bexton, Herold W., Group Relations: Reader 1, Washington: A.K. Rice Institute.
- Colman, Arthur D.; Geller, Marvin H., Group Relations: Reader 2, Washington: A.K. Rice Institute, 1985.
- Comelli, G. (1985). Training als Beitrag zur Organisationsentwicklung. München: Hanser.
- Conner, Daryl, Managing at the Speed of Veränderung, New York, Villard Books, 1992, Seiten 114-115.
- Cummings, T./Huse, E. (1989). Organization Development and Change. St. Paul, MN: West Publishing Company. (Pp. 5-13).
- Cummings, Thomas G.; Christopher G. Worley. Organization Development and Change. 5. Auflage, St. Paul, MN: West Publishing Company 1993.
- Denning, S. et al: Storytelling in Organizations, Elsevier, June 2004.
- Doppler, K.// Lauterburg, C., Change Management - den Unternehmenswandel gestalten. Campus-Verlag Frankfurt/New York, 10. Aufl. 2002.
- Emery, F. (1959). Characteristics of sociotechnical systems. Tavistock document no. 527. London.
- Fatzer, Gerhard: Qualität und Leistung von Beratung (Supervision, Coaching, Organisationsentwicklung); EHP 1999.
- Felfe, Jörg (Hrsg.): Leadership and Organizational Development. Frankfurt am Main: Peter Lang 2002.
- French, Wendell L.; Bell Cecil H. Jr., Organization Development, 6. Aufl., New Jersey: Prentice-Hall 1999.
- Frenzel, K.; Müller, M; Sottong, H.: Storytelling, Hanser-Verlag.
- Freud, Sigmund, Zur Psychopathologie des Alltagslebens, Frankfurt/Main: Fischer Taschenbuch Verlag, 1975.
- Fuchs-Heinritz, Werner; Lautmann, Rüdiger; Rammstadt, Otthein; Wienhold, Hanns (Hg.) "Lexikon zur Soziologie", Westdeutscher Verlag, Opladen, 3. Auflage, 1994.
- Galpin, Timothy, Connecting Culture to Organizational Veränderung, HR-Magazine, März 1996, Seiten 84-90.
- Gebert, D. (2004). Organisationsentwicklung. In H. Schuler (Hrsg.), Lehrbuch Organisationspsychologie (3. vollst. überarb. und erw. Aufl.) (S. 601-

616). Bern: Huber.
- Gebert, Diether: Organisationsentwicklung. Probleme des geplanten organisatorischen Wandels. Stuttgart: Kohlhammer 1974.
- Goleman, Daniel: Emotionale Intelligenz, München 1996.
- Gould, Hoggett: Organisational and Social Dynamics, Karnac Books, London, 2001.
- Hammer, M. & Champy, J. (1994): Business Reengineering - Die Radikalkur für das Unternehmen. Frankfurt: Campus.
- Hansel, J./ Lomnitz, G.: Projektleiter-Praxis: erfolgreiche Projektabwicklung durch verbesserte Kommunikation und Kooperation. Springer-Verlag, Berlin.
- Hellinger, Bert: Organisatonsberatung und Organisationsaufstellungen. Werkstattgespräch über die Beratung von (Familien-) Unternehmen, Institutionen und Organisationen, Heidelberg: Carl-Auer-Systeme Verlag GmbH, 1998.
- Herzberg, Frederick; Mausner, Bernard et al.: Job Attitudes. Review of Research and Opinion. Pittsburgh, Penn. 1957; Faksimile-Nachdruck New York: Garland 1987.
- Hinshelwood, Robert D. & Skogstad, Wilhem (2000), Observing Organisations: Anxiety, Defence and Culture in Health Care. London: Routledge.
- Hofstede, G., Neuijen, B., Ohayv, D. & Sanders, G. (1990). Measuring organizational cultures: a
- Imai, M. (1994). Kaizen: Der Schlüssel zum Erfolg der Japaner im Wettbewerb. Berlin: Ullstein.
- Kanter, Rosabeth Moss, Barry A. Stein, and Todd D. Jick. The Challenge of Organizational Change. How Companies Experience It and Leaders Guide It. (New York: The Free Press 1992)
- Kaplan, R. S; Norton, D. P. Die strategiefokussierte Organisation, Führen mit der Balanced Scorecard, , Schäffer-Poeschel 2001.
- Katz, D. & Kahn, R. L. (1978). The social psychology of organizations. (2. Aufl.). New York.
- Katzenbach, Jon R.; Smith, Douglas K.: The Wisdom of Teams. creating the high- performance organization. Boston, Mass.: Harvard Business School Press 1993; dt.: Teams - Der Schlüssel zur Hochleistungsorganisation. Wien: Überreuter 1993, 4. ed.
- 1996; München: Heyne 1998.
- Khaleelee, O. (1994), New Futures: New Citizenship, in: R. Boot, J. La-

- wrence & J. Morris (Eds.), Managing the Unknown: by creating new futures. Berkshire: McGraw-Hill, 95-106.
- Kieser, Alfred (Hrsg.), Organisationstheorien, 4. Aufl., Stuttgart; Köln; Berlin: Kohlhammer 2001.
- Kobi, J.-M., Management des Wandels: die weichen und harten Bausteine erfolgreicher Veränderung. Bern; Stuttgart; Wien: Haupt, 2. Aufl. 1996.
- König, E. & Volmer, G. (1994). Systemische Organisationsberatung. Grundlagen und Methoden. (3. Aufl.). Weinheim: Deutscher Studien Verlag.
- Königswieser, R./ Exner, A. (2001). Systemische Intervention. Architekturen und Designs für Berater und Veränderungsmanager. (6. Aufl.). Stuttgart: Klett-Cotta.
- Kostka, C.; Mönch, A., Organisationsentwicklung. 7 Methoden für die Gestaltung von Veränderungsprozessen, München/ Wien 2002.
- Kotter, J. P., Leading Change, Boston: Harvard Business School Press, 1996.
- Larry Hirschhorn, Carole K. Barnett (Hrsg.), The Psychoanalysis of organizations, Philadelphia: Temple University Press 1993.
- Lawler, Edward E., From the Ground Up, San Francisco, Jossey-Bass, 1996.
- Lawler, Edward E.: Motivation in Work Organizations. Belmont, Calif. 1973; dt.: Motivierung in Organisationen. Ein Leitfaden für Studenten und Praktiker. Bern: Haupt 1977, UTB Nr. 586.
- Lawrence, Paul R.; Lorsch, Jay W.: Organization Development. Stategies and Models. Reading, Mass.: Addison-Wesley 1969.
- Lewin, K., Feldtheorie in den Sozialwissenschaften, Bern/ Stuttgart, 1963.
- Lewin, K., Frontiers in Group Dynamics, Human Relations Nr. 1, 1947.
- Lewin, K.: Group Decisions and Social Change. In Theodore M. Neweomb, Eugene L. Hartley (Hrsg.): Readings in Social Psychology. New York: Henry Holt 1947, 340-344;
- 3. Aufl. 1958, 197-211; Nachdruck 1966.
- Lievegoed, B. C. J. (1974). Organisationen im Wandel. Bern: Haupt.
- Likert, Rensis: Motivation: The Core of Management. American Management Association – Personnel Series, No. 155, 1953, 3-21; Nachdruck in Maneck S. Wadia (Hrsg.): Management and the Behavioral Sciences. Boston: Allyn and Bacon 1968.
- Lippitt, Gordon; Lippitt, Roland, Beratung als Prozess: Was Berater und ihre Kunden wissen sollten, Goch: Bratt-Institut für Neues Lernen, 1984.

- Lippitt, R. (1974). Von der Trainingsgruppe zur Organisationsentwicklung oder wie verändert die Mikrodynamik die Makrostruktur? Gruppendynamik, 4, 270-282.
- Long, S.; Schäfer, A.; Socio-Analysis, Australian Inst. Of Socio-Analysis, 1999.
- Looss, Wolfgang (1997). Unter vier Augen. Landsberg/Lech: Verlag Moderne Industrie.
- Lorsch, Jay W., Handbook of Organizational Behavior, Prentice-Hall, 1987.
- Luhmann, N. (1984). Soziale Systeme. Frankfurt: Suhrkamp.
- Luhmann, N. (1988). Organisation. In W. Küpper & G. Ortmann (Hrsg.), Mikropolitik. Rationalität, Macht und Spiele in Organisationen (S. 165-185). Opladen: Westdeutscher Verlag.
- Rioch, M. J.: Gruppenmethoden. Das Tavistock-Washington-Modell. Gruppendynamik 2, 1971, S. 142-152.
- Marrow, A., Bowers, D & Seashore, A. (1967). Management by Participation. New York: Harper and Row.
- Maslow, Abraham H.: Motivation and Personality. New York: Harper & Row 1954; 2. Aufl. 1970; 3. Aufl. 1987; Nachdrucke bis 2003; dt.: Motivation und Persönlichkeit. Olten: Walter 1977; Reinbek: Rowohlt Taschenbuch Verlag 1981; zahlreiche Aufl. bis 2005.
- Maslow, Abraham Harold: A theory of human motivation. Psychological Review 50, 1943, 370-396.
- Maturana, H. R. & Varela, F. J. (1987). Der Baum der Erkenntnis. Wie wir die Welt durch unsere Wahrnehmung erschaffen - die biologischen Wurzeln des menschlichen Erkennens. Bern: Scherz.
- Mayntz, Renate, Soziologie der Organisation, Reinbek bei Hamburg: Rowohlt Taschenbuch Verlag 1977.
- McGregor, Douglas: The Human Side of Enterprise. New York: Macmillan 1960; Neuauflage 1986; dt.: Der Mensch im Unternehmen. Düsseldorf: Econ 1970; Zürich 1974 (XY- Theorie).
- Menzies, J. E. P.: Die Agstabwehr-Funktion sozialer Systeme. Ein Fallbericht. Gruppendynamik 5, 1974, S. 183-216.
- Miller, E. J. (Hg.), Task and Organization. Chichester (John Wiley) 1976.
- Morgan, G. (1997). Images of Organization. (2nd). Thousand Oaks: Sage.
- Nadler, Leonard, (1984). The Handbook of Human Resource Development. New York: John Wiley & Sons (p. 1.12).

- Newstrom, John & Davis, Keith (1993). Organization Behavior: Human Behavior at Work. New York: McGraw-Hill. (p. 293)].
- Oetinger, Bolko von (Hrsg.): Das Boston Consulting Group Strategie-Buch; Econ.
- Ouchi, William G.; Price, Raymond L.: Hierarchies, Clans and Theory Z. A New Perspective on Organizational Development. Organizational Dynamics. Autumn 1978, 25-43
- Özdemir, Hüseyin/ Lagler Özdemir, Barbara (2014): Coaching-Praxis – Ein Leitfaden für Coa-ches und Coaching Auftraggeber. Edition oezpa – SARIM Management Verlag, Bornheim-Walberberg, 2. Auflage.
- Özdemir, Hüseyin (2013): Organisationsentwicklung in einem deutsch-chinesischen Joint Ven-ture in Wuxi/ China. University Kassel Press, Kassel.
- Özdemir, Hüseyin/ Lagler Özdemir, Barbara (2013): Coaching-Praxis – Ein Leitfaden für Coa-ches und Coaching Auftraggeber. Edition oezpa – SARIM Management Verlag, Bornheim-Walberberg.
- Özdemir, Hüseyin, (2010): Change Management Praxis – Strategische Organisationsentwick-lung, ein Leitfaden für Führungskräfte und Berater, Leutner Verlag Berlin.
- Özdemir, Hüseyin, (2008): Fehlzeiten und Fluktuation reduzieren durch Organisationsentwick-lung - Ein Leitfaden für die Unternehmenspraxis. Edition oezpa – SARIM Management Verlag, Erftstadt.
- Özdemir, Hüseyin/ Lagler Özdemir, Barbara (2017): Internal Group Relations Conferences, Karnac, London.
- Özdemir, Hüseyin (2015): Coaching im Rahmen von internationalen Organisationsentwick-lungsprozessen – am Beispiel von sich entwickelnden Gesellschaften. In: Wegener, Robert (et al.) „Coaching in der Gesellschaft von morgen. Kongressband", Springer Verlag.
- Özdemir, Hüseyin (2015): Implementing Group-Relations-Methodology in China (Tavistock concept). Karnac, London.
- Özdemir, Hüseyin (2015): Als OE-Pioniere in China. Ein Organisationsentwicklungsprozess in einem deutsch-chinesischen Unternehmen. Zeitschrift für Organisationsentwicklung, ZOE, II 2015.
- Özdemir, Hüseyin/ Sher, Mannie (2014): Group Relations Work in China – Challenges, Risks and Impact for Organizational Development. In: Different Cultures, Different Rhythms. Chal-lenging Organisations and Society (COS), 2014 Volume 3, Issue 1.
- Özdemir, Hüseyin, (2014): Case Work und Reflecting Team in Coaching-Weiterbildungen, in: Schmid, B./ König, O. (2014): Coaching-Wei-

terbildungs-Tools. Manager Seminare Verlag.
- Özdemir, Hüseyin (2014): Loyalität im Coaching in Organisationen. Rauen Newsletter Verlag. Osnabrück.
- Özdemir, Hüseyin (2014): „Ich brauche dann noch ein Gutachten über meinen Mitarbeiter! Ist das ok für Sie?" „Sie wollen mich doch nicht auch noch coachen, oder?" Coaching Magazin, Ausgabe 02/ 2014.
- Özdemir, Hüseyin (2013): Coaching von Unternehmenszentralen und ihrer Tochtergesellschaf-ten. Rauen Newsletter Verlag. Osnabrück.
- Özdemir, Hüseyin/ Lagler Özdemir, Barbara (2013): Coaching – Beispiele aus der Praxis. In: Fichtner, Armin/ Müller, Werner (Hrsg.): Coaching - Methoden und Porträts erfolgreicher Coa-ches. Band 1. Epubli, Berlin.
- Özdemir, Hüseyin (2009): Organisationsentwicklerische Einführung eines Projektmanagement-systems in einem Großunternehmen, in Supervision und Organisationsentwicklung, 2. Auflage, Harald Pühl (Hg.), Opladen (Leske+Budrich).
- Özdemir, Hüseyin (2008): Organisations-Coaching - Wie Coaching und Organisationsentwick-lung zusammen kommen, Coaching-Magazin - Hg.: Christopher Rauen - Ausgabe 3/2008. (Key word: Organizational Coaching, Leadership).
- Özdemir, Hüseyin (2002): Die Methode der Klimakonferenz als Antwort auf eine vergiftete Atmosphäre - Ein Praxisbericht über die Beratung eines Unternehmens, in Mediation in Organi-sationen, Harald Pühl (Hg.), Berlin (Ulrich Leutner Verlag). (Key word: Conflict resolution, Executive Coaching, Leadership, OD).
- Özdemir, Hüseyin (2000):Wie die Brautschau zum Schlachtfeld wurde: Der Prozess einer Part-nersuche in einem Industriekonzern, in Psychodynamische Organisationsberatung. Konflikte und Potenziale in Veränderungsprozessen, Mathias Lohmer (Hg.), Stuttgart (Klett-Cotta). (Key word: Post Merger integration, Coaching, OD, Leadership).
- Özdemir, Hüseyin (1999): Revitalisierung einer Dienstleistungsorganisation in einem Großunter-nehmen, in Supervision und Organisationsentwicklung, Harald Pühl (Hg.), Opladen (Les-ke+Budrich). (Key word: Organizational communication, leadership, OD, Team development).
- Özdemir, Hüseyin (1995): Gestaltung von organisatorischen Veränderungsprozessen, in „Fami-lie, Gruppe, Institution: Die Vielfalt der Dreiheit", Institut Triangel e. V., Institut für Supervisi-on und Gruppenerfahrung (Hg.), Hille (Ursel Busch Fachverlag, Berlin). (Key word: Re-Organisation,

Communication, Executive Coaching, Change Management).
- Palazzoli, Mara Selvini u. a., Hinter den Kulissen der Organisation, Stuttgart: Klett-Cotta, 1984.
- Peters, T.; Waterman, R. H.; Auf der Suche nach Spitzenleistungen - Was man von den bestgeführten US-Unternehmen lernen kann, 9. Auflage, 2003.
- Probst, G. J. B. & Büchel, B. S. T. (1998). Organisationales Lernen: Wettbewerbsvorteil der Zukunft. (2. Aufl.). Wiesbaden: Gabler.
- Rauen, Christopher: Coaching. Innovative Konzepte im Vergleich; Hogrefe 1999.
- Rauen, Christopher: Coaching; VAP 2003.
- Rehn, Götz: Modelle der Organisationsentwicklung. Bern: Huber 1979.
- Rice, Albert Kenneth: Learning for leadership. Interpersonal and intergroup relations. London: The Tavistock Institute of Human Relations 1965; Paperback 1971; dt.: Führung und Gruppe. Stuttgart: Klett 1965, 1971, 2. ed. 1973.
- Richter, M., Organisationsentwicklung, Bern 1994.
- Robbins, Action-Research-Ansatz. 1993.
- Robbins, S. P., Organizational Behavior. Concepts, Controversies and Applications, Englewood Cliffs: Prentice-Hall, 6. Aufl. 1993.
- Robert R. Blake, Jane S. Mouton, Louis B: Barnes, Larry E. Greiner: Breakthrough in Organization Development. Harvard Business Review 42.6, 1964, 133-155.
- Rosenstiel, Lutz von: Motivation im Betrieb. München: Goldmann 1972, 5. ed. 1980.
- Rückle, H., (2000). Coaching. So spornen Manager sich und andere zu Spitzenleistungen an. Landsberg/ Lech: Verlag Moderne Industrie.
- Rummler, G. & Brache, A., (1990). Improving Performance: How to Manage the White Space on the Organization Chart. San Francisco: Jossey-Bass.
- Sadler, Philip (Hrsg.): Management Consultancy. A Handbook of Best Practices. London: Kogan, Page 1998; 2. Aufl. 2002.
- Schein, E. H. (1995). Unternehmenskultur. Ein Handbuch für Führungskräfte. Frankfurt: Campus. Schein, E. H. (2000).
- Schein, E. H., Prozessberatung für die Organisation der Zukunft: Der Aufbau einer helfenden Beziehung. Köln: ed. Humanistische Psychologie, 2000.

- Schein, Edgar H., Organizational Culture and Leadership, San Francisco, 2. Aufl., Jossey- Bass 1992.
- Schein, Edgar H.: A General Philosophy of Helping: Process Consultation. Sloan Management Review 1, 1990, 57-64.
- Schein, Edgar H.: Process Consultation Revisited. Reading, Mass.: Addison-Wesley 1999; dt.: Prozessberatung für die Organisation der Zukunft. Der Aufbau einer helfenden Beziehung. Köln: Edition Humanistische Psychologie 2000; 2. Aufl. 2003.
- Schein, Edgar H: Personal and Organizational Change Through Group Methods. The Laboratory Approach. New York: Wiley 1965.
- Schelle, H., Projekte zum Erfolg führen. Beck-Wirtschaftsberater im dtv, 2001.
- Schmid, Bernd; Messmer, Arnold: Systemische Personal-, Organisations- und Kulturentwicklung. Konzepte und Perspektiven; EHP 2005.
- Schmid, Bernd: Systemisches Coaching. Konzepte und Vorgehensweisen in der
- Persönlichkeitsberatung; EHP 2005.
- Schon, D. A. (1973) Beyond the Stable State, Harmondsworth: Penguin. Seiten 28-29.
- Schreyögg, Astrid: Coaching. Eine Einführung für Praxis und Ausbildung; Campus 2003.
- Schreyögg, Astrid: Konflikt-Coaching. Anleitung für den Coach; Campus 2002.
- Schreyögg, G. (2000). Organisation. (3., überarb. u. erw. Aufl.). Wiesbaden: Gabler.
- Schreyögg, Georg; Noss, Christian: Organisatorischer Wandel. Von der Organisationsentwicklung zur lernenden Organisation. Die Betriebswirtschaft 55.2, 1995, 169-185.
- Schulze-Oben, Heidrun; Kommunikation im Veränderungsprozess Abschlussarbeit im Rahmen der berufsbegleitenden Ausbildung zur Organisationsentwicklerin/ Organisationsberaterin bei oezpa GmbH, Erftstadt, Juli 2004.
- Senge P. (1996). Die fünfte Disziplin. Kunst und Praxis der lernenden Organisation. Stuttgart: Klett Cotta.
- Senge, P. M. u. a., Das Fieldbook zur Fünften Disziplin: Kunst und Praxis der lernenden Organisation. Stuttgart: Klett-Cotta, 1996.
- Senge, Peter M. et al.: The Dance of Change. The Challenges of Sustaining Momentum in Lerning Organizations. New York: Currency/ Dou-

- bleday/ London: Nicholas Brealey 1999 (596 Seiten); dt.: The Dance of Change. Wien: Signum 2000.
- Shapiro, E. C. et al: Consulting: Has the Solution Become Part of the Problem. Sloan Management Review 34.4, 1993, 89-95; dt.: So werden Berater richtig eingesetzt. Manager 1, 1994, 109-116.
- Sherif, Muzafer; Sherif, C. W.: Groups in harmony and tension. New York 1953.
- Sievers, Burkard (Hg.), (1977) Organisationsentwicklung als Problem. Stuttgart (Klett-Verlag). Steven J. Stowell, Coaching: A Commitment to Leadership, in: Training and Development Journal, Juni 1988).
- Stoner, James A.F. Management. Englewood Cliffs, NJ: Prentice-Hall Inc. 1978.
- Thom, N. (1995). Change Management. In H. Corsten & M. Reiss (Hrsg.), Handbuch Unternehmensführung. Konzepte - Instrumente - Schnittstellen (S. 870-879). Wiesbaden: Gabler.
- Trebesch, K. (Hrsg.), Organisationsentwicklung in Europa. Band 1a und 1b. Bern; Stuttgart: Haupt, 1980.
- Trebesch, Karsten (Hrsg.), Organisationsentwicklung: Konzepte, Strategien, Fallstudien. Stuttgart: Klett-Cotta, 2000
- Türk, Klaus (Hrsg.): Hauptwerke der Organisationstheorie. Wiesbaden: Westdeutscher Verlag 2000 (346 Seiten).
- Turquet, P., Bedrohung der Identität in der großen Gruppe. In: L. Kreeger (Hg.): Die Großgruppe. Stuttgart (Klett-Cotta) 1977, S. 81-139.
- Ulrich, Peter: Motivation statt Kontrolle. Fachblatt für Unternehmungsführung, 1971, Nr. 9, 4-9.
- Ulrich, Peter: Zur Ethik der Kooperation in Organisationen. Berichte des Instituts für Wirtschaftsethik der Universität St. Gallen Nr. 21, St. Gallen 1988.
- Vansina, Leopold (1988), The General Manager and Organisational Leadership, in: M. Lambrechts (Ed.), Corporate Revival. Leuven, 127-151.
- Vansina, Leopold (1992), Mergers and Acquisitions: Lessons from Experience. Centre for Organisational Studies, Barcelona, Working Document 2.
- Varney, Glen (1967). Organization Development and Change. (p. 604). In The ASTD Training & Development Handbook. Editor Craig, Robert. New York: McGraw-Hill.
- Bion, W. R.: Erfahrungen in Gruppen und andere Schriften. Stuttgart (Klett) 1971.

- Weber, Gunthard (Hrsg.), Praxis der Organisationsaufstellungen, 1. Aufl., Carl-Auer-Systeme Verlag 2000.
- Weber, Max; Soziologische Grundbegriffe; 4. Aufl., Tübingen: Mohr, 1978.
- Weisbord M./ Janoff F. (1995). Future Search. An Action Guide to Finding Common Ground in Organisations & Communities. San Francisco: Berrett-Koehler.
- Weisbord M. (1987). Productive Workplaces. San Francisco: Jossey-Bass Publishers.
- Weisbord M. (1992) (Hg.). Discovering Common Ground. San Francisco: Berrett-Koehler.
- Weisbord, M., "Hinweise zum Kontrakt", in: Organisationsentwicklung, Zeitschrift der GOE, Heft 4/1984.
- Wimmer, Rudolf (Ed.): Organisationsberatung. Neue Wege und Konzepte. Wiesbaden: Gabler 1992; 2. Aufl. 1995.
- Wunderer, Rolf (Ed.): Humane Personal- und Organisationsentwicklung. Festschrift für Guido Fischer zu seinem 80. Geburtstag. Berlin: Duncker & Humblot 1979.

Der Autor

Dr. Hüseyin Özdemir, Dipl. Oec., Senior Coach DBVC ist Gründer (1994) und Geschäftsführer der oezpa GmbH, Management Beratung für Strategische Organisations- und Personalentwicklung. Neben seiner Tätigkeit als Führungskraft ist er als Management Berater, Executive Coach und Trainer aktiv.

Dr. Özdemir ist Senior Coach und Mitglied des Sachverständigenrates des DBVC, Deutscher Bundesverband für Coaching. oezpa ist Kooperationspartner der `International Coach Federation, ICF´, bei welcher Dr. Özdemir ebenfalls Mitglied ist.

Dr. Özdemir ist Direktor und internationales Staffmitglied in Group-Relations-Konferenzen/ ORGlab (Tavistock Konzept) und ORGcamp, Programmdirektor der jährlichen berufsbegleitenden oezpa Weiterbildungen in „Coaching & Change"; „Talente coachen", „Organisationsentwicklung & Change Management" und „Interne Prozessberater".

Dr. Özdemir ist Kooperationspartner und Lehrbeauftragter an Hochschulen und Business Schools zu den Themen Führung, Organisationsentwicklung, Change Managemente u. a. am ESMT - European School of Management and Technology, Indian Institute of Management/ Ahmedabad-Indien, LORANGE/ CEIBS Institute of Business Zürich und Hochschule Fresenius, Köln, Witten Management School und Institute of Electronic Business an der Universtiät der Künste Berlin.

Ausbildungen in: Systemischer Beratung, Gruppendynamik, internationale Organisationsentwicklung, Tavistock Institute Group Relations Methodik. Technikerausbildung Telekom, Studium der Wirtschaftswissenschaften und Promotion in Humanwissenschaften (Psychologie). Fachbuchautor zu den Themen Führung, Coaching, Strategie- und Organisationsentwicklung/ Change Management sowie Projektmanagement.

oezpa ist Kooperationspartner der `International Coach Federation, ICF´. Dr. Özdemir ist Mitglied des ICF.

Dr. Özdemir ist Direktor und internationales Staffmitglied in Group-Relations-Konferenzen/ ORGLAB (Tavistock Konzept), Programmdirektor der jährlichen berufsbegleitenden oezpa Weiterbildungen in „Coaching & Change"; „Talente coachen", „Organisationsentwicklung & Change-Management" und „Interne Prozessberater".

Dr. Özdemir ist Lehrbeauftragter an Universitäten, Hochschulen und Akademien zu den Themen Führung, Organisationsentwicklung und Projektmanagement u. a. am ESMT - European School of Management and Technology; Witten School of Management - WSM; Indian Institute of Management - Ahmedabad-Indien; LORANGE Institute of Business – Zurich und Hochschule Fresenius, Köln.

Ausbildungen in: Systemischer Beratung, Gruppendynamik, internationale Organisationsentwicklung, Tavistock Institute Group Relations Methodik. Studium der Wirtschaftswissenschaften und Promotion in Humanwissenschaften (Psychologie). Fachbuchautor zu den Themen Führung, Coaching, Strategie- und Organisationsentwicklung/ Change-Management sowie Projektmanagement.

oezpa GmbH

Das oezpa Institut ist ein seit 1994 sowohl in der Weiterbildung (oezpa Akademie) als auch in der Management Beratung (oezpa Consulting) aktives Institut. Die Weiterbildungen in „Systemischem Business Coaching", „Organisationsentwicklung & Change Management", „Interne Prozessberatung", „Talente Coaching" sowie die inhouse Führungsentwicklungsprogramme und die Beratungsprojekte sind eng verzahnt. oezpa kooperiert weltweit mit Business Schools und ist in sozialen Projekten engagiert („Rettung Amazonas" etc.).

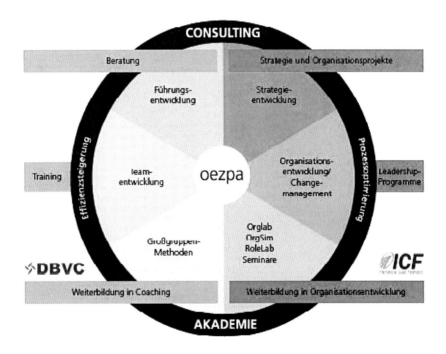

Kontakt Autor

oezpa GmbH – Akademie & Consulting
Institut für strategische Organisations- und Personalentwicklung

Schlosshotel Kloster Walberberg Rheindorfer-Burgweg 39
53332 Bornheim-Walberberg
(bei Köln-Bonn)
Deutschland

Dr. Hüseyin Özdemir
E-Mail: h.oezdemir@oezpa.de
Tel.: + 49 (2227) 92.157.00
Tel.: +49 (172) 861.61.49
Fax.: +49 (2227) 92.157.20
Website: www.oezpa.de

edition oezpa 2016